U0677019

"影视传媒书系"编委会

编　委（以姓氏拼音为序）：

安　燕·贵州民族学院　　　　　　史晓宇·云南师范大学

曹峻冰·四川大学　　　　　　　　史宗历·重庆三峡学院

高　力·西南交通大学　　　　　　田川流·山东艺术学院

庚钟银·辽宁大学　　　　　　　　汪振城·浙江传媒学院

郝朴宁·云南师范大学　　　　　　王　列·河北师范大学

洪　杨·东北师范大学　　　　　　王庆福·上海体育学院

柯　泽·西南政法大学　　　　　　王远舟·西华师范大学

姜永刚·辽宁大学　　　　　　　　夏光富·重庆邮电大学

黎　风·四川大学　　　　　　　　颜春龙·贵州民族学院

黎小锋·同济大学　　　　　　　　杨尚鸿·重庆大学

李红秀·重庆交通大学　　　　　　虞　吉·西南大学

李明海·重庆师范大学　　　　　　袁智忠·西南大学

李启军·广西民族大学　　　　　　张阿利·西北大学

林　喦·渤海大学　　　　　　　　张兵娟·郑州大学

刘广宇·西南交通大学　　　　　　张　阳·安徽大学

卢　炜·浙江传媒学院　　　　　　张应辉·福建师范大学

罗共和·四川师范大学　　　　　　周世伟·宜宾学院

时宇石·渤海大学

广播电视新闻评论

GUANGBO DIANSHI XINWEN PINGLUN

影 视 传 媒 书 系

主　编　郝朴宁　覃信刚

副主编　陆双梅　肖　青

编　写　（以姓氏拼音为序）

代湘云　耿　羽　郝朴宁　李　淼　李学杰

李宇峰　陆双梅　孟　伟　邱　昊　任　意

覃信刚　肖　青　张　辰　张　珂　张　倩

张雯雯　邹建达

重庆大学出版社

图书在版编目(CIP)数据

广播电视新闻评论/郝朴宁,覃信刚主编. —重庆:重庆
大学出版社,2013.9(2021.1重印)
(高等院校影视传媒书系)
ISBN 978-7-5624-7730-3

Ⅰ.①广… Ⅱ.①郝… ②覃… Ⅲ.①广播电视—评论性新闻
—高等学校—教材 Ⅳ.①G222.1

中国版本图书馆 CIP 数据核字(2013)第 217745 号

广播电视新闻评论

主 编:郝朴宁 覃信刚
副主编:陆双梅 肖 青
策划编辑:林佳木 贾 曼
责任编辑:杨 敬 陈小伟 侯倩雯 版式设计:林佳木
责任校对:谢 芳 责任印制:张 策

*

重庆大学出版社出版发行
出版人:饶帮华

社址:重庆市沙坪坝区大学城西路 21 号
邮编:401331
电话:(023) 88617190 88617185(中小学)
传真:(023) 88617186 88617166
网址:http://www.cqup.com.cn
邮箱:fxk@ cqup.com.cn(营销中心)
全国新华书店经销
POD:重庆新生代彩印技术有限公司

*

开本:787mm×1092mm 1/16 印张:16.75 字数:367 千
2013 年 9 月第 1 版 2021 年 1 月第 2 次印刷
印数:3 001—3 500
ISBN 978-7-5624-7730-3 定价:38.00 元

本书如有印刷、装订等质量问题,本社负责调换
版权所有,请勿擅自翻印和用本书
制作各类出版物及配套用书,违者必究

前言
Qian yan

三年前,应重庆大学出版社之邀,参加了系列教材编写会,受同仁们的信任,担任了广播电视新闻系列的主编,并同时担任了该系列《广播电视新闻评论》的主编。也许是曾经染指影视剧创作,总主编西南大学的虞吉教授请我和西南交通大学的高力教授负责编写《影视剧作教程》,重庆大学出版社的雷少波先生也认为合适,友人之盛情,难以推辞,借着茶兴,签下了合同。接下来的时间里,我和高力教授邮鸿频传,总算如期完成。但是《广播电视新闻评论》却被搁置了下来。

去年《影视剧作教程》面世,学界好评,算是交了友差,开始全力以赴撰写《广播电视新闻评论》,再次得到了朋友们的倾力相助。云南广播电视台台长覃信刚先生不但提供了大量一线素材,还亲自撰稿审稿,为我分担不少。陆双梅和肖青两位博士,在撰稿之余,统稿求注,保证了书稿的学术规范,以保证教材的高质量。没有这些朋友的相助,靠一己之力,绝无今日之厚重。陆双梅博士在统稿之时,恰在清华大学访学,请京城学者斧正,尽得宽慰之辞,聊以自慰。

本教材是云南师范大学传媒学院郝朴宁教授领衔的"现代影视艺术研究团队"学术研究的成果之一。教材借鉴了众多广播电视新闻评论的采写经验,众多广播电视媒体组织和部门的新闻工作者,以其辛勤的工作实践,为我们提供了写作的素材和研究的案例。写作的过程中也从各种版本的广播电视新闻评论著作和教材中汲取了宝贵的营养,并听取了兄弟院校教授广播电视新闻评论课程同仁们的中肯建议。

教材总体架构是在作者多年的教学与媒体实践经验的基础上形成的,力求将广播电视新闻评论操作层面的评析与理论层面的学理阐释相结合,体现教材的理论意义和应用价值。与同类教材相比,本教材最主要的特点是——列举和论述了云南广播电视新闻评论的实作案例,尤其是第五章广播电视新闻评论策划,以云南人民广播电台《新闻追踪》栏目总体策划的文本作为具体的案例,翔实地呈现了云南本土广播电视新闻评论的实践经验,彰显了教材的区域特色。

教材中引用的案例数量较大,涉的论述主题范围较广,案例的基本选取原则是以中国新闻奖的获奖作品和优秀新闻评论案例为主。在具体的案例评析中,我们不揣冒昧评析了它们的不足之处,全书引用的案例未能一一征求原作者的意见,诚挚感谢的同时也深表抱歉,并希望得到原作者的谅解。

该教材框架设计完成后,众人合力耕耘。邱昊、肖青、李宇峰、代湘云、郝朴宁、张雯雯、覃信刚、陆双梅、邹建达、李淼、孟伟、任意、张辰、张珂、张倩、耿羽、李学杰分别承担了各章的撰稿工作。全书分工如下:第一章由邱昊撰写;第二章由肖青撰写;第三章由李宇峰撰写;第四章由代湘云撰写;第五章、第七章、第八章由郝朴宁、张雯雯撰写;第六章由郝朴宁、覃信刚撰写。最后由郝朴宁、覃信刚、陆双梅、肖青负责统稿。对于大家的付出,在此表示真诚的感谢。

全书倾注了团队成员对广播电视新闻评论实作案例和教学经验的认真思考和评析。但因能力有限,书中的缺点、错误和偏颇之处在所难免,期待着得到批评指正。

重庆大学出版社的雷少波先生、邱慧女士,西南大学的虞吉先生对于该教材的编写,也给予了真诚的帮助,在此送上真诚的感谢。还要真心感谢该书的责任编辑们,她们对该书也付出了真诚的心血。

郝朴宁

2013 年 5 月 1 日

目录
Contents

第一章 广播电视新闻评论概述

第一节 新闻评论的属性

一、什么是新闻评论

在中国,新闻评论是伴随着近代报刊的产生而产生的。早期西方传教士在中国创办的第一批中文报刊开始刊载少量言论,可视为中文报刊言论的发端。1874 年王韬在香港创办的《循环日报》,是我国第一份以政论著称的报纸,被称为是"中国人自办日报之成功最早的第一家"①。该报开始大量评说中外时事和鼓吹社会改良,王韬发表的政论文章后来被收入《园文录外编》一书,是中国第一部报刊政论文集。维新变法时期,梁启超主编的《时务报》等维新派报刊大量刊登政论,确立了政论在中国近代报刊上的重要地位,开创了中国新闻史上的"政论报刊时代"。此后,伴随着中国革命的发展,政论文体成为不同时期重要的舆论场域,在推进中国革命发展的进程中扮演着重要角色。新中国成立后,以《人民日报》为首的党报评论在新的形势下,经过不断的探索和实践,结合新情况、新问题,联系实际,有力地推动和指导了实际工作的开展。

尽管在 1957 年到 1976 年,我国的新闻评论经历了一段"灰色"时期,但这并没有阻止新时期新的社会语境和媒体语境下新闻评论进入到一个全新的发展阶段。在新闻评论已经走过的漫长发展历程中,评论文体跟随时代的变换几经更替、几经沉浮,发展到今天,其评论形式、评论手段、评论内容以及功能都有了很大的变化。由于新闻评论具有较强的现实针对性,因此它比其他任何文体都更能显示出与一个时代的密切关联,它跟随时代主题的变化而变化,并成为大众生活中重要的一部分。

新闻评论作为一种新闻体裁,在中国历史发展的不同时期发挥着重要的作用,那么究竟什么是新闻评论呢?尽管在不同的社会、媒介环境和文化情境中,新闻评论的内容和功能存在差异性,但对于新闻评论的关键性认知还是比较一致的,那就是:**新闻评论是依托新闻事实而发表的看法和观点。**从这样的一个基本认知出发,出现了对新闻评论定义的不同表述,比较有代表性的有:

---

① 丁法章.新闻评论学[M].上海:复旦大学出版社,2000:221.

新闻评论,是针对新近发生的重要事实、典型报道,公众普遍关心的重大问题,或人们思想中的突出问题,直接阐明编辑部或作者的意见和态度,从而反映舆论和引导舆论,并影响读者、听众、观众的思想和行动。

新闻评论是就当天或最近报道的新闻,或者虽未见诸报端但确有新闻意义的事实,所发表的具有政治倾向的,以广大读者为对象的评论文章。[①]

新闻评论是媒体编辑部或作者对最新发生的有价值的新闻事件和有普遍意义的紧迫问题发议论、讲道理,有着鲜明针对性和引导性的一种新闻文体,是现代新闻传播工具经常采用的社论、评论、评论员文章、短评、编者按、专栏评论和述评等的总称,属于论说文的范畴。[②]

新闻评论是传者借用大众传播工具或载体,对新近发生或发现的新闻事实、问题、现象直接表达自己意愿的一种有理性、有思想、有知识的论说形式,新闻评论在报纸、广播、电视和网络上有不同的表现方式,或文字、或声音、或音像结合、或图文并茂,在新闻传播中发挥着重要作用。[③]

从以上对新闻评论发展的简单回顾和对新闻定义的不同表述来看,我们可以做出以下小结。第一,新闻评论是一个伴随着历史的演进、社会的发展、文化的变迁和技术的进步而不断发展变化的具有历史性、社会性和文化性的概念。时代的要求和技术的推进将催生出新的评论主体、评论渠道、评论内容、评论功能以及评论形式。例如:早期的新闻评论以报纸评论为主,评论主体以社会精英为主要群体,评论多为政论,功能较单一。而网络技术的发展和民主社会建设的需求,推动普通公民借助互联网等新媒体平台成为新闻评论的新主体,新时期新的社会事项成为评论的内容,评论的渠道也由过去的报纸、广播、电视为代表的传统媒体向网络为代表的新媒体发展,评论的社会功能呈现出多元化趋势,新的形式不断出现,新闻评论的内涵和外延都得到了丰富和发展。第二,新闻评论是依托于新闻事实,以大众传播媒介为载体,以传播意见、言论为主要目的一种新闻体裁。新闻评论是面向公众进行的公开意见或观点的表达,新近发生的事实、现象或问题是第一性的,评论是第二性的。

二、新闻评论的特点

新闻评论的特点是指它与其他新闻体裁在本质属性上的区别,大致可以概括为以下三个方面。

(一)新闻性

新闻性是所有新闻作品的根本属性,自然也是新闻评论的根本属性。新闻性是新闻评论区别于其他评论文章和理论研究的第一属性。具体说来,主要体现在真实性和时效性两个方面。

---

① 范荣康.新闻评论学[M].北京:人民日报出版社,1988:5.
② 丁法章.新闻评论教程[M].上海:复旦大学出版社,2002.
③ 赵振宇.论新闻评论的根本特性[J].新闻大学,2006(01).

1. 真实性

新闻评论是对新闻事实发议论、讲道理，因此必然以新闻事实为评论的基础，坚持真实性原则，具体来说，就是新闻评论依托的事实是已经发生、存在和正在发生的真实情况，评论所涉及的新闻事件，其要素要真实，不能为了表述观点的便利而虚构新闻事件的五个"W"和一个"H"。同时新闻评论的真实性还要求评论不能单纯满足于反映事物的现象和外部联系，要善于从事物的总体关联中把握事实，在此基础上对事实进行评论，从而使观点有利于引导人们深化对事物基本趋向和本质的认识。

譬如，2010年9月到11月，腾讯QQ和360安全卫士之争。事件的起因源于360安全卫士推出个人隐私保护工具"360隐私保护器"，指责腾讯QQ软件窥视用户隐私。接着，腾讯正式起诉360安全卫士不正当竞争，要求对方停止侵权、公开道歉并作出赔偿；360安全卫士随后回应称将对腾讯QQ提起反诉。之后双方数次过招。11月，腾讯QQ发布"致广大QQ用户的一封信"，决定将在装有360安全卫士软件的电脑上停止运行QQ软件。

针对这一事件，《人民时评》发表了评论员文章，指出："从格力美的员工肉搏，到蒙牛伊利的诽谤事件，再到如今腾讯360的攻防大战，到目前为止，中国很多企业依然不懂得如何处理竞争关系，最终往往是'杀敌一千，自损八百'。尤其对拥有亿万用户的大企业来说，其产品的意义往往超出了普通的商业意义，而具有了对社会和公众的公共服务价值。越是在这样的背景下，公众对其寄予的期望也就越高。此时，倘若有关企业不从内心真正尊重用户，忘记服务用户这一根本市场法则，甚至试图利用自己的市场垄断地位，在竞争中拿用户利益做筹码、当炮灰，那么，苦心经营建立起来的用户信任将很快被挥霍殆尽，基业长青的梦想也将成为无源之水、无本之木。"①②

这篇评论文章源于腾讯QQ和360安全卫士之间发生的恶性竞争事件，事件推进中的事实是评论的依据，评论是就这些真实的事件发表的观点，可以说，没有这些事实作为评论的依托，评论就成了无源之水，无本之木。同时评论没有把重点放在对腾讯QQ和360安全卫士谁是谁非的简单判断上，而是透过事实现象看问题本质，为各方正确认识问题、解决问题、总结经验教训提供引导性的观点，为今后可能发生的类似隐患打预防针，充分发挥了新闻评论舆论引导的作用。

当然，先有事实后有评论不是说新闻评论中必须出现新闻事实，有时，对人们已经从相关的新闻报道中知晓的事实，新闻评论也可能会在评论文章中略去新闻事实直接进行评论，这并不影响其评论的真实性。例如，人民时评在《"躲猫猫"是激活人大调查的契机》一文中就略去了此前多家媒体报道过的"躲猫猫"事件的相关新闻事实，直接进行评论："'躲猫猫调查委员会'触网刑事侦查，在法律的'铜墙铁壁'前黯然收场，是必然，也是应然。以网友为主的民间调查的'致命伤'，在于其法律地位的缺失带来的调查乏力

---

① 人民时评.互联网"战场"不能让网民当"炮灰".[EB/OL].[2010-11-05].http://news.sohu.com/20101105/n277176225.shtml

② http://news.sohu.com/20090224/n262437678.shtm

和身份尴尬。法网面前,恐怕任何长效化、机制化的努力都'插翅难飞'。"[①]

2.时效性

时效性是指新闻事件发生与传播之间的时间差,它是新闻评论的生命力之所在,在新闻事件发生后,新闻评论要反应迅速,及时对新近发生或发现的新闻事件进行评论,并在最短的时间内传播出去。时效性是对新闻评论的新闻性另一方面的要求,这是由新闻时效性的特性决定的。新闻评论的时效性不仅能赢得受众、争取主动,而且能增强传播效果。媒体对受众的影响力与其对新闻事件的反应速度基本是成正比的。2010年10月31日,举世瞩目的上海世博会成功落下帷幕。《人民时评》在当天及时作了评论,在充分肯定了世博会所创造的辉煌的同时,评论员说道:"世博会是中国经济转型的一个支点,然而,要真正转变经济增长方式,走上可持续发展的道路,就必须打破现有的观念,突破体制的桎梏,如果唯GDP论英雄的考核方式不变,没有行政管理体制的改革,没有来自社会的更广泛监督,即使有世博会这样强有力的支点,中国经济也难真正走上稳定、协调、高效的科学发展轨道。"评论将人们所关心的"闭幕后,上海世博会中被广泛认同的发展理念如何成为社会发展的推动力?"这一问题及时提出来并发表观点。这样的评论与新闻事件联系紧密,能引导人们对正在发生、发展的新闻事件予以即时思考,充分体现了新闻评论的时效性。

随着互联网的发展,当前网络新闻评论也开始勃兴,新闻评论的时效性得到了更充分的体现。网络评论的即时性,其时效性不是以天计,而是以小时计,对国内外的各种新闻即时发表评论,一般在新闻事件发生后1小时左右即可上网发表评论,这对传统媒体的新闻评论提出了严峻的挑战。

(二)政论性

新闻评论的政论性是指新闻评论要从思想、政治、伦理的角度以说理为主要手段来明确阐明对于所论述事物的看法。这里强调的是对所要评论的新闻事实表明观点的时候不能仅从业务技术的角度简单地就事论事,而要从思想、政治、理论的高度探寻普遍意义。新闻评论经常被称为媒体的旗帜和灵魂。灵魂者,思想也,透过事件现象一针见血地指出其本质,辨明是非善恶、针砭时弊、为大众指明发展的方向,体现了新闻评论深刻的思想性。

关于新闻评论的政论性,有两种观点值得我们关注,一种观点认为,政论性不等同于政治性,随着我们生活的日渐丰富,新闻评论议题也日趋多元化,除了政治议题之外,还有很多非政治领域需要关注,因此那些针对政治问题所进行的评论只是新闻评论中的一部分。仅用政治性来说明新闻评论的特点,是对新闻评论狭隘化的理解。而另一种观点认为,政治性是新闻评论的本质特点之一。其理由是,新闻媒体总是代表一定的阶级、政党或政治集团的利益,因此我们的新闻媒体,作为党和人民的喉舌,必须有鲜明的立场和态度,代表党和人民的根本利益发言。其实这两种观点并不冲突,只是它们各自从不同的层面来理解新闻评论的政论性罢了。第一种观点是从新闻评

---

① 徐元锋."躲猫猫"是激活人大调查的契机[EB/OL].2009-02-24[2013-07-12].http://opinion.people.com.cn/GB/8861925.html.

论议题的范围来说的,而第二种观点则是从新闻评论表达观点的立场和态度来说的。对非政治性的议题进行评论,同样不能违背党和人民的根本利益,否则再有见地的观点都没有存在的价值了。

譬如,2010 年 8 月 1 日,海关第 54 号公告规定,对入境居民旅客携带超出 5 000 元人民币的个人自用物品征收高达 20% 关税,其中新潮电子产品 iPad 成为被"重点关照"的对象。但记者在采访时发现许多过关人士抱怨,他们在香港购买的 iPad 明明仅花了 4 000 元,却也被按照 5 000 元的纳税门槛强征,对此海关给出的解释是"一一核对发票不方便""有的超出有的不足,5 000 的价格是平均价",而这个"平均价"以海关自行制定的"完税价格表"形式存在,旅客携带的物品是否要交税,要由这张"价格表"来认定。对此,评论员发表评论:"立规矩者,自己必须先'规矩',而所立规矩更应'循规蹈矩',符合法律法规和社会公认的道德、常识。"[①]这则新闻评论的议题不是政治议题,评论员发表的观点立场鲜明,呼吁执法者要坚持党性,从人民的根本利益出发依法行政,不要为了方便征税而损害人民利益,有一定的思想高度。

(三)说理性

新闻评论要从思想、政治或伦理的角度来明确阐明对于所论述事物的看法,必须以说理为手段。在确凿的事实基础上,通过一步步的论证,让受众自愿接受评论者的观点,而不是把观点强加给受众,这体现了新闻评论思想的力量。说理的方式有很多种,用具体的事例来说明自己的观点,是新闻评论最常采用的方法。或者用被大家普遍接受的理论、观点来证明尚待说明的观点,或者通过事物之间的比较来进行论证,除此之外,还可以运用喻证法、演绎法、归纳法、反证法等论证方法,对所要得出的结论进行充分的论证。例如,2010 年 11 月 12 日,正值我们国家面临通货膨胀的时期,北京相关部门准备将民用管道燃气的价格进行上调,在讨论价格调整问题的听证会上,仅有两名听证代表反对涨价。针对这一事件,评论员在《燃气难道非得涨价不成吗?》一文中假设了可能导致天然气涨价的几个理由,然后一一给予了驳斥:假设一,涨价是为了弥补民用管道煤气供应公司的亏损。但对于公共事业部门,若发生亏损,应该在部门内部挖潜、降低运营成本的基础上依靠财政渠道来解决对市民生活用气的补贴问题。假设二,涨价是为了运用经济手段来提高对民用管道燃气的节约力度。但现在尚无证据显示,在市民的日常生活中普遍存在着由于燃气价格便宜而导致的浪费现象。假设三,涨价是因为政府财政无力在生活用燃气上对市民进行补贴。但我们的城市,其税收增长远远超过 GDP 的增长速度,为什么还要盯住市民的钱包呢? ……进而得出结论:当前,我们现在正面临着严重的通货膨胀或通货膨胀压力,市民的生活成本在急剧上升,食品类价格快速上涨,市民的生活压力空前的大。而生活燃气又是一个生活必需品。……在这样一个特殊的敏感时期去调整燃气这个真正关系到国计民生的公共服务的价格,岂能不严重恶化市民对通货膨胀的预期? 岂能不加剧市民的恐慌情绪?[②] 这篇新闻评论有理有据,通过事实讲道理得出"燃气不该涨价"的结论,令人信服。

---

① 陈在田. iPad 千元关税:方便旅客还是方便征税[N]. 新京报,2010-11-06(社论版).

② 《新京报》社论:燃气难道非得涨价不成吗? [N]. 新京报,2010-11-13(社论版).

三、新闻评论与新闻报道的异同

新闻报道和新闻评论，分属两种不同的文体。新闻报道是对新近发生或正在发生的事实的报道，以传播事件性信息为目的。而新闻评论则是对新闻事件所发表的言论的总称，以传播意见性信息为主要目的。它们之间既有相同点也有不同点，下面我们就来具体分析二者之间的异同。

（一）事实的报道与意见的表达

新闻报道和新闻评论都是新闻作品，具有很强的现实性，是基于当下新闻事件而产生的文本。因此不论是对新闻事件的报道还是对新闻事件的意见表达，都必须以事实为本源，任何建立在虚假事实基础上的报道或评论都是有违新闻职业道德的。但是它们之间又有所不同。新闻报道强调尊重事件的本来面貌对事件进行客观性反映，新闻的五个"W"是报道的重点，不允许出现作者的主观判断；而新闻评论主观性强，基于事实本源，作者可以提出自己对所涉事件的观点和意见，针砭时弊，正本清源，文章中有论据、论点和论证。

以"江西宜黄事件"为例，该事件发生后，多家媒体对其进行了报道。《南方都市报》于2010年9月12日发表了相关新闻报道，文章围绕何时、何地、何人、何事、何因等事件的关键要素进行了叙述，从文章中读者能够非常清晰地了解到事件发生的具体情况。整篇新闻报道并未对事件涉及的利益双方发表观点和看法，关注的是事件的5个"W"和一个"H"。[①]

针对该事件，《人民时评》于2010年9月14日发表了新闻评论，从文章标题《主张权利不能总靠"自伤"》，我们可以明确地看出作者的观点，评论用简短的文字回顾了事件经过之后，提出明确的观点："以身体当筹码，用生命要权利，无奈的选择，原因就在于诸种公力救济方式的失效。"之后在论证的基础上提出了解决公力救济实效的办法："对于拆迁的种种问题，不能仅仅寄望于某一部法律的完善。更重要的，是疏通各种权利救济渠道。完善的权利救济机制，不仅给被拆迁者的权利主张找到合理出口，也能提高他们的抵御能力和补救能力。权利救济不能等到矛盾激化那一刻。被拆迁者通常处于弱势地位，谈判筹码与谈判能力都相对弱小，保障他们的知情权和参与权，对其权利救济有积极意义。拆迁房屋评估制度、听证制度等的完善，是在拆迁之前就应有的救济手段。纠纷发生之后，或可考虑引入独立的第三方裁决机构，提高行政裁决的独立性和程序正当性。而法律理应为公民提供更有力的救济。突破行政诉讼藩篱，打通'民告官'的司法渠道，让拆迁的争议可以走上法院裁断。同时，设立专门的法律援助基金等特殊司法援助手段，也是当为之举。"

从"宜黄事件"的新闻报道和新闻评论的对比中，我们可以看出，新闻报道是对新闻事件的叙述，新闻评论是对新闻事件的态度和看法。当然，新闻报道虽然是对客观事实进行传播而形成的信息，可是，被报道出来的新闻其实不是客观事实本身，而是报道者对客观事实进行主观反映之后形成的观念性的信息，也就是说，客观的事实背后

---

① 谭人玮.江西抚州强拆致3人自焚　现场警察拒绝救援[N].南方都市报,2010-09-12.

也有一定的意见表达。但是,我们应该注意到,这种意见表达相比起新闻评论的直接、明确的意见表达来说是一种"无形的意见",它是通过对事实的选取来达成的,因此,较新闻评论的舆论引导力要弱得多。在《南方都市报》对宜黄事件的报道中,从记者通过当事人的口对事实的叙述中我们可以看到记者对当时自焚事件发生后现场警察的不作为行为是持否定态度的,对事件中的自焚者持同情态度。聪明的记者很善于利用对不同事实的选择来表达自己的"无形观点",新闻背景和直接引语的运用就是他们经常采用的方法。

(二)现象的呈现与本质的挖掘

从上述对"宜黄事件"的报道与评论中不难看出,新闻报道与新闻评论虽然是基于事实的消息传递与意见表达,但它们两者之间是有明显区别的,新闻报道往往侧重于报道事实本身,现象的呈现是其关键。而新闻评论不仅报道事实现象,还侧重对事实进行深入思考,透过事件现象挖掘其本质。《人民时评》的评论文章使我们清楚地认识到,自焚事件的发生是被拆迁者在表达自己的诉求、主张自己的权利,是一种自助式的私力救济。但这样做的代价是巨大的,效果却是微小的,对权利的救济应该有更好的途径。

评论员从制度的深层次寻找了导致被拆迁者用生命要权利的根本原因——在于诸种公力救济方式的失效:"行政救济成为'自纠游戏'——参与拆迁,甚至在拆迁中获利的相关管理部门,也是拆迁纠纷的行政裁决机关,既当运动员,又当裁判员,这样的行政裁决难免失效。司法救济同样'鞭长莫及'——发生矛盾时,拆迁方往往先申请裁决,使得被拆迁者只能提起行政诉讼,而法院就只能对行政裁决简单做出维持或者撤销的判决,难以真正解决问题。而听证等救济方式,也因为拆迁双方信息、资本等资源的不对称而难以生效。"据此,提出了上文的解决诸种公力救济方式失效的途径。

由此可见,新闻报道着眼于利用具体事实再现事件的来龙去脉和事件的本来面目,即现象的呈现;而新闻评论着眼于由表及里、由浅入深地对事件进行分析,引出事件具有指导意义的规律性的认识,引发人们进行深入思考,挖掘事件发生的本质原因。

(三)叙述描写与议论说理

新闻报道和新闻评论的上述区别导致了它们二者在表达方式上的不同,前者主要运用叙述、描写的手段,要求事实真实、准确,符合事件本来面貌。后者主要诉诸议论说理,要求论点正确、论据充分、论证合理。在"宜黄事件"的新闻报道中,报道重事实、重依据,比如:"据钟如翠称……""根据记者得到的现场照片可见……""南昌大学第一附属医院烧伤科主治医师肖主任表示……",整个报道完全是对相关信息的直接或间接引用,叙述是其主要表达手段。与此相对的新闻评论主要是在说理的基础上发表议论,《人民时评》全文对事件的回顾性叙述只有如下简单的一段文字:"拆迁再次引发悲剧。9月10日,江西抚州市宜黄县凤冈镇在拆迁时发生一起烧伤事件,拆迁户三人被烧成重伤。"其余的文字基本是议论性的语言:"自焚或意图自焚,更多的是在表达自己的诉求、主张自己的权利,是一种自助式的私力救济。""实际上,对权利的救济途径肯定不止这一条。""用生命要权利，无奈的选择，原因就在于诸种公力救济方式的失效。""对于拆迁的种种问题，不能仅仅寄望于某一部法律的完善。""救济，只是权利受损后的补救手段。或许，更重要的，是赋予公众、社会更多的权利，以平等的协商、有效的程序，在不正当行为发生之前，就扑灭可能引燃自焚者的火星。"文章的议论由浅入深，层层深入，一步步揭示出事件的本质，说理是最终的目的。

另外，及时性也是新闻报道与新闻评论的区别之一。一般来说，新闻报道对时效性的要求更强，"新闻是易碎品"是对新闻报道时效性最好的解释，随着媒体报道技术的发展，新闻由"今日新闻今日报"已发展到"现场新闻现场报"，特别是面对重大突发性新闻事件，时效性更是成为各大媒体报道独家新闻，抢占舆论制高点的重要手段之一。新闻评论也讲时效性，但相比起新闻报道，其时效性没有那么强，事件发生了，孰是孰非，意见的表达较之事件的发生有一个延后的过程。必须抓住事件本质，梳理论据，进行合理论证，使表达的意见能够深入透彻，引导正确的舆论方向，使得大多数新闻评论不能在事件发生的同时进行评论。加之某些复杂事件的发生常常需要一个过程，因此也就限制了即时评论的发表，《人民时评》对于"宜黄事件"的评论就是在事件发生四天之后作出的。当然，可预见性的新闻事件，新闻评论的发表就相对及时，前文我们提到的关于上海世博会的新闻评论就是实例。

四、新闻评论的重要性

新闻评论是一种观点表达，它通过对新闻事实进行分析、解释、评价，或揭示新闻事实的本质及发展趋向，或对新闻事实做出政治判断、道德判断、价值判断，或提示人们应如何面对发生的事件并作出正确的反应或是通过沟通交流的方式帮助社会达成共识，彰显对现实社会和政府决策层的巨大影响力，从而成为引导舆论的一支重要力量。

新闻评论的舆论效应既缘于这一文体自身的基本写作特征，也与新闻传统的历史渊源有着密切的联系，同时也是媒体实现社会功能的主要手段和媒体体现社会价值的重要内容。因此，新闻评论常常被誉为媒体的旗帜和灵魂。这种对新闻评论重要性的认识早在1954年邓拓的《怎样改进报纸工作》一文中就有明确的论述："报纸的评论特别是社论决定着报纸的政治面貌。一篇社论是一期报纸的旗帜，其他形式的评论文章也都代表报纸的政治见解，因此，报纸的评论工作应该被看成是思想工作的主要表现形式。"这段论述虽然只是针对报纸媒体，但对其他媒体的新闻评论也同样适用。

新闻评论引导舆论一般是通过议程设置来达成的。议程设置理论认为大众传播往往不能决定人们对某一事件或意见的具体看法，但可以通过提供信息和安排相关的议题来有效地左右人们关注哪些事实和意见以及他们谈论的先后顺序。新闻评论可以"利用话语，通过符码的特别使用，从而把某些有关话语主题的特定意义置于优势地位，形成舆论、扩大舆论、矫正舆论"①。美国著名传播学学者罗杰斯和迪林在对议程设置相关研究进行完整的回顾和梳理之后，更明确地表达了议程设置理论的不同过

---

① 格雷姆·伯顿. 媒体与社会:批判的视角[M]. 北京:清华大学出版社，2007:319.

程,提出了议程设置中的媒体议程、公众议程和政策议程的扩展模式。① 按照罗杰斯的议程扩展模式,媒介议程是媒体内容在关注各种问题和事件时,表达出来的意见和态度,这是议程设置的第一个阶段;通过新闻报道和新闻评论,公众对相关问题和事件形成不同的意见和态度,即公众议程;公众议程在某些方面影响到政策制定者的行为,就形成议程设置的第三个阶段——政策议程。

2003 年的"孙志刚事件"很好地诠释了议程设置的扩展模式。2003 年 3 月 17 日晚,在广州工作的 27 岁的湖北青年孙志刚,在去网吧的路上,因未携带任何证件,被广州市天河区黄村街派出所送至广州市"三无"人员收容遣送中转站收容,几天后,他在收容所中因被伤害致死。4 月 25 日,《南方都市报》发表了题为《谁为一个公民的非正常死亡负责》的新闻评论,评论在回顾了事件经过之后追问了一个问题:"谁应该为孙志刚的死负责?"评论发表意见时这样说道:"目前收容制度受到了一些质疑甚至人大代表的批评,但是,其作为一项正在实施的制度仍然具有效力。我们的有关部门在执法时必须依法办事。根据《广东省收容遣送管理规定》,拥有有效证件、固定住所和生活来源的孙志刚根本不属于收容对象。"这篇评论被多家网站转载并在网络中引起强烈的关注,在网络传播的影响下,孙志刚案件引起了全国民众的极大关切,中央和广东省领导亦给予了高度重视,案件得以迅速侦破,涉案人员得到了法律制裁。5 月 14 日,3 位法学博士联名向全国人大常委会法制工作委员会上书,建议审查国务院 1982 年颁布的《城市流浪乞讨人员收容遣送办法》,5 月 23 日,5 位著名法学家联名上书全国人大常委会,进一步明确提出启动特别调查程序的程序性要求,以推动全国人大常委会对收容遣送制度进行违宪审查,从而使事件进入实质性法律操作层面。6 月 18 日,国务院第 12 次常务会议通过《城市生活无着的流浪乞讨人员救助管理办法》,8 月 1 日起正式施行,同时,实施了 21 年的《城市流浪乞讨人员收容遣送办法》宣告废止。

"孙志刚事件"体现了不同阶段的议程设置的社会推动力,并最终推动了"国家对于城市生活无着的流动乞讨人员的救助与管理办法"的出台,完善了国家的法制管理。同时,该事件也体现了新闻评论的现实针对性。新闻评论是一种和现实结合非常紧密的文体,它要求针对当前的新情况、新问题发表观点和看法,选题内容包括当前党制定的方针政策,国内外出现的重大事件,现实生活中的热点、焦点问题等,这些问题都带有普遍性和紧迫性,因此,新闻评论需要通过对新闻事实多方面的解读来阐述方针、政策、思想,追本溯源、挖掘本质、释疑解惑。从这个层面上说,新闻评论的重要性还体现在服务大众、帮助缓解社会矛盾方面。

譬如,2009 年 12 月 29 日,卫生部新闻发言人指出,国家有关部门经过对乙肝病毒携带者是否影响他人健康进行周密认证,拟进一步明确取消入学、就业体检中的"乙肝五项"检查,禁止将携带乙肝病毒作为限制入学、就业的条件。《人民时评》发表评论《把歧视的"病毒"彻底删除》,文章在分析了导致我国长期以来的乙肝歧视的原因在于对乙肝病毒传染渠道的错误认识,指出乙肝不是消化道传染病,乙肝病毒主要

---

① Dearing,J. W. &Rogers,E. M. 1992. Communication Concept 6:Agenda-setting. Thousand Oaks,CA:Sage.

经血液、母婴和性接触传播,握手、拥抱、同一餐厅用餐和共用厕所等无血液暴露的日常接触,不会感染乙肝。卫生部新闻发言人对我国对乙肝病毒"泛检"现象造成的不良效应进行了罗列,之后指出:"回归理性,回归常识,是一个社会成熟进步的标志。从本质上说,乙肝病毒携带者并非一群特殊的'病人',我们没有理由将其归入另类,更没有理由用误解和偏见剥夺他们平等入学、就业的权利。乙肝病毒携带者如此,艾滋病病毒携带者如此,身高、相貌、智商、出身等个体差异更是如此。维护社会的公平正义,就是要维护每一个公民的权利。无论他们存在怎样的差异,都应获得同等的尊重。体检表的乙肝五项即将被删除,是一个具有象征意义的事件。它意味着,乙肝歧视将成历史,人的尊严更加挺立;它启示我们,在一个日益和谐的社会里,人的权利终将得到平等的呵护。"该评论透过国家的一项具体政策,层层深入,抓住现象之后最本质的问题,通过说理论证,不但使人们明确了乙肝病毒传染渠道,而且肯定了特殊人群应该享有的平等权利,让人们正确对待类似乙肝病毒携带者的弱势群体,在一定程度上缓解了某方面的社会矛盾,推动社会关系的进一步和谐共处。

近年来网络技术发展日渐成熟,互联网的无中心开放结构、平等交互的特性使之成为人们自由共享的集合体。信息传播的权力不再垄断在少数媒体机构中的专职传媒工作者手中,受众从广度和深度的不同层面参与到信息传播的过程中来,由传统的单一受众转变为传受一体的双重角色,并推动了网络新闻评论的兴起和发展。新兴媒体的涌现,传播权力的"民众化",使得新闻评论的主体由专业传播者向大众参与转变,新闻评论由此成为构筑公共精神的重要助推器。在躲猫猫事件、周老虎事件、厦门PX项目事件、圆明园防渗工程事件等一系列重大社会事件中,民众通过网络平台发表的新闻评论引发的社会效用在很大程度了促成了上述事件的合理解决,推动并培育了人们的公民意识,使民众进一步意识到对公共利益的自觉维护与积极参与以及对政府权力监督的责任。因此,新时期新闻评论的发展与互联网等新兴媒体的出现有着密切的关系,虽然本教程主要讨论的是广播电视等传统大众传播媒体传播的新闻评论,但是广播电视新闻评论同样与互联网等新兴媒体平台上出现的民众评论有着重要的关联性。

第二节 广播电视新闻评论的属性特征

一、广播电视新闻评论的构成要素

广播电视新闻评论是随着电子技术的发展,新闻评论体裁与广播电视媒体相结合的产物。它是以广播电视为媒体载体,综合运用声音、画面等手段,就新近发生的事件、重大社会问题、公众普遍关注的问题等发表意见、做出分析判断或述评的一种新闻评论的新形式。

新闻性、政论性和说理性仍然是广播电视新闻评论的本质特征,但广播电视新闻评论又具有自己的个性特色,和报纸新闻评论相比,广播电视新闻评论可以依托的传播符号更加丰富。

在《新闻评论与电子媒体》一书中,王振业等人认为,"新闻评论是当代新闻媒介共用的基本体裁或话语形式之一。相对于传播内容而言,新闻媒体和新闻体裁都属于形式范畴。二者的区别在于:新闻媒体是依托一定物质、技术条件,用以传达各种形态信息的传播形式(硬载体);新闻体裁则是以各媒体拥有的表意符号,展现具体内容的表现形式(软载体)。它们之间围绕传播和展现内容的需要,形成了支配和适应的互动关系,即媒介依据自身的需要和条件创造、运用体裁,体裁通过调整、改善自己的表现功能适应、服务于媒介的关系"①。因此,在广播电视新闻评论的实践操作中就涉及一个核心问题,即广播电视等电子媒介应该怎样发挥自己独特的传播技术特征,能动地运用新闻评论这一共用体裁来发挥它们的社会评论功能。

从传播特征来看,广播电视与报纸等静态媒介相比,其最大的区别是可听可视和动态传播,广播电视传播要素有:

(一)声音

声音是一种有声语言,电视新闻评论中的声音主要包括言语(如对白、解说词等)、音响和音乐。

解说词是对人物、画面等进行的讲解、说明,或介绍人物的经历、身份、所作出的贡献、对其评价等,或就事物的性质、特征、形状、成因、关系、功用等进行说明、解释。在《电视解说词写作》一书中,徐舫州对解说词的作用作了六点归纳。①弥补画面不足,完善电视形象报道。主要体现如下:对事件发生的历史、时代背景和总体社会环境的介绍;对新闻事件各个要素的介绍;对人物关系和事件各方面联系的介绍;调动观众的再造想象,使他们从无形的画面上感受到有形东西的存在,以充实画面形象,弥补现有画面形象的不足。②整合画面信息,创造明确的指示关系。主要体现在:放大画面的信息点,强调突出关键性细节;对无序的画面信息进行整合;对多义的画面指向进行规定和引导。③挖掘画面内涵,丰富提升画面的表现力。④调动观众的想象和联想。人类对声音的感受过程由五部分组成,即感觉、知觉、记忆、思维和情绪。这是人们接受声音的一个由表及里的认知过程,是在外界刺激下,通过持续的想象来完成的。也就是说,声音能够带给受众丰富的心理想象,受众在听声音的过程中,根据自己多层次的需要结合声音的内容会充分调动想象力"由声想景""由声想情",从而来完成对作品的读解。⑤连接画面,顺利过渡转场。⑥直接抒发感情,阐述道理。②

音响是除了言语和音乐以外的所有声响,主要作用是增加真实感和表现力。从属性上可以分为自然音响、社会音响(比如街市声、动作声等);从声源上可以分为实有音响(指直接来源于发声体的真实声音,可以是现场同期声,也可以是前期或后期录音);模拟音响(指用人工方法模拟出的所需音响)。

音乐是为节目创作或配置的乐曲或歌曲。音乐可以参与表现内容,深化主题,使

①　王振业,李舒.新闻评论与电子媒体[M].北京:中国广播电视出版社,2004:2.
②　徐舫州.电视解说词写作[M].北京:北京师范大学出版社,2007:147-188.

人们加深对节目的印象和理解,还能实现各部分之间的自然过渡,增加节目的完整性,同时还可以帮助节目形成一定的节奏。

同期声、解说词、音响、音乐共同构成了广播电视评论节目的有声言语,它们相互依赖,各自发挥自己的作用,使评论成为一个完整的有机体。

(二)画面

画面由一些具象符号如色彩、形象、动态、空间构成。它是电视新闻评论独有的表现元素,也是其最重要的表现手段。画面可以直接再现事物、场景以及记录事件发生、发展的过程,给人以身临其境的感觉。一个富有视觉冲击力的画面是电视新闻评论作品的精髓,流畅、富于个性的画面语言有助于更客观、更有力地反映事件发展的本质特征和评论者的观点、态度。

有了画面,电视新闻评论就具有了声画兼备、视听结合的特点。画面表现元素的运用使电视新闻评论能够做到"将抽象的论述性语言与形象的画面语言相结合,使其具备在道理上说服人、在画面上感染人、在感情上打动人"。[①] 当然,要达到这种效果,需要把声音与画面、听觉与视觉有机结合起来,使它们完全融为一体,靠画面的表现力是无法单方面达成的。

声音和画面结合的形式主要有以下几种:①声画合一。这是指电视声音和画面反映的内容完全一致,声音和画面所拍摄的内容同步发生,视听高度统一。画面中出现的人物和物体就是声音的本体,声音为具体说明画面中的事物或情景而存在。声画合一的组合是电视传播中最基本的组合方式,具有真实可信、通俗易懂的特点,符合一般受众的接受习惯。电视新闻评论中的同期声语言、同期声音响等都是声画合一的组合方式。②声画对位。声画对位又分为两种情况,一种是声画对列,一种是声画对立。前者是指声音与画面各自以其表现逻辑和构成规律并行发展通过相异的时间进程来组成整体趋同的空间。后者则是指声音和画面分别以相对独立的时空逻辑各自展开,形成对比或对立。画面编辑、声画合成是保证"声画对位"的重要一环。记者在新闻现场采摄的画面只是一种语言符号,本身不具备表述能力,必须按照一定的规律进行组合运用,才能表达一个相对完整的意思。电视新闻评论的画面编辑要根据新闻内容合理组合,使有限的画面能客观、准确传达信息和表达观点。

在电视新闻评论中,一般很少存在纯粹只用声画合一与声画对位的情况,常常综合使用它们二者的组合方式。电视新闻中的同期声讲话与同期声音响、主持人与记者在现场报道的声音,都是与电视画面形成声画合一的组合方式,而在现场报道中,若画面是刚刚发生的新闻事件与新闻事实,而记者的述评已经在追溯历史背景和社会原因,甚至在作纵向和横向的背景分析与资料比较,这里的声音和画面就是对位的组合方式。因此很多电视新闻评论节目中,声画合一与声画对位的综合组合方式常常需要灵活运用。

(三)字幕、图表与图示

字幕是显示屏上映出的文字。字幕在电视新闻评论中的作用大致有以下几种:

---

① 文龙,秦硅,涂光晋.新闻评论教程[M].北京:中国人民大学出版社,1998:391.

①通过对关键解说词或同期声的字幕表现,对所述内容起到强调、提示的作用;②有些同期声因声音质量问题影响听的效果,运用字幕可以调动观众视觉器官,通过看来弥补;③字幕还能简化、精减解说词,为解说词起到补充、说明的作用,观众通过视觉和听觉同时接收信息,有利于加深对新闻信息和观点的理解与记忆;④字幕可以点缀和美化荧屏。正确处理好字幕的字体选择、打出位置、色彩应用、出入方法等细微环节,可以增加观众的审美视点,促进画面构图设计的完善。⑤字幕有时还能弥补某些画面的不足,帮助实现整个新闻画面组合的连续性和完整性。由于字幕具有多重功能,它已经成为画外音、解说词之外的"第二解说"。如果字幕能和图像完美地结合在一起,就能大大提高电视新闻评论的可视性。

　　随着电脑特技绘画技术的日益普及,各种图示、图表在电视新闻评论节目中也承担了日益重要的信息传递和观点表达的作用。它一般采用电脑制表、绘图等方法,对电视新闻的整体信息,或其中的个别信息作形象的阐释和说明,以增强传播效果。图示图表在电视新闻中的作用主要是:简洁直观,便于受众理解。当节目涉及一些抽象概念、复杂数字或用简短语言难以表述清楚的信息时,用图示图表加以辅助显示,避免了枯燥性和抽象性,增加了直观性和趣味性。例如在关于军事冲突的电视新闻评论中,经常运用图示标明相关的地理位置,使受众对抽象的地理信息一目了然。再如,关于渗灌工程等相关工程类的新闻评论,用电脑图式把工程建造的原理、程序绘制出来,在很短的时间内,观众就能清晰地知道一个复杂工程的关键信息,这比用解说词要直观清楚得多,这样做同时还能增加电视新闻评论画面信息含量。图示、图表一旦与电视画面结合,就不同于单纯的报刊中图画,而成为视觉形象的组成部分,能增加单位时空内电视画面的信息含量和传播效果。

　　下面,我们通过获得2010年第二十届中国新闻奖的电视评论《温州:望"楼"兴叹》,来说明广播电视新闻评论节目的多媒体特征。

◇◇ **案例**

《温州:望"楼"兴叹》

　　【口播】(主持人)观众朋友,欢迎收看今天的《温州房产报道》。"居者有其屋"是千百年来,人们最为朴素的民生追求,但是,"高高在上"的房价,却是萦绕人们心头的一件"房心事"。在温州,高房价更是让人感到生畏,望"楼"兴叹。

　　【标题】温州:望"楼"兴叹

　　【现场同期声】(字幕:香滨左岸购房户)

　　(香滨左岸购房户A)作弊,不公正,不公正,完全不公正,因为我们一家人包括朋友有200多票,一个名字、一个姓氏都没念到。

　　(香滨左岸购房户B)(我们)在银行排队,起早摸黑,钱由高利贷借过来30万元,百姓买套房子不容易。

　　(香滨左岸购房户C)既然是公开开盘,那么你就要公开对待老百姓,是不是?为什么要虐待我们?而且还打我们,打我们。

　　【配　音】这是12月18日上午发生在温州国际会展中心的一幕,开发商摇号作弊引起群情激愤,现场乱成一团。而早在几个月前,苍南的"绿都花城"因前期发放的购房名额过多,造成销售现场失控,最后出现售楼大厅被砸事件。

【现场同期声】(字幕:绿都花城购房户)

(绿都花城购房户A)我们彻夜排队,排到号,然后进不了场,你说这个(事情)合理不合理?

(绿都花城购房户B)限我们十分钟到里面选房,等选完了才告诉我们价格,我们就像猪被绑上去,杀猪一样的感觉,买房子不知道价格。

【现场同期声】(记者:杨育彦)

(杨育彦)这里是平阳县东和景苑售楼处的外边,现在是11月21日晚上的11点钟,天空正下着雨雪。这里有很多人,穿着棉衣,甚至是披着棉被在这里排队,为了能够买到22日,也就是明天早上八点半开盘的房子。

【现场同期声】(字幕:东和景苑购房户)

东和景苑购房户:多少人晚上在这儿受罪。

【配　音】如此火爆的购房场面,有媒体用"买楼如买菜"来形容温州楼市,实在不为过。但是,这并非楼市的正常现象。这种非正常现象引起了全国媒体的关注,也成为了网络舆论的焦点。在温州某网站里,记者发现,只要有温州楼市和房价的帖子,就会引起热议。网友们以"该死的房价""可怕的房价""房价让不让人活""房价是老百姓永远的痛"等激烈的言辞发出他们的声音,甚至有的义愤填膺,把矛头直指开发商和政府。

【采　访】(字幕:购房者)

(记者)一套房子算起来总价是要多少?

(购房者)400多万,450多万。

(字幕:温州市民)

(温州市民A)这么高的啊,根本就买不起。

(温州市民B)我觉得像温州这种房价,我们连考虑都不敢考虑,想都不敢想。

【配　音】如此高的房价不仅让温州本地人难以承受,更让那些来温州创业的白领们遥不可及。严军,温州民丰集团运营总监,1997年大学刚毕业的他,被高薪聘请到温州,受到全班同学的羡慕。如今,早已成家生女的他,和妻子共同在温州打拼了13年,收入不菲。夫妻俩一次次燃起在市区购房的强烈欲望,却一次次被高房价的现实给浇灭了。他也多次因房东易主造成居无定所,最后被迫租住在郊区的房子里。

【采　访】(字幕:严军)

(严军)市区这里的住宅面积比较小,都是老房子,而且很不固定。一次是在水心汇昌(住宅区),三月份搬进去,七月份就让我搬出来了。那个房东说,要么你就买,我卖给别人了,房东要自己住,你必须要搬出去。我没办法,后来就搬到龙霞(住宅区)。龙霞(住宅区)没住多长时间,后来又搬到上陡门,连续搬了三次家。

【配　音】有关机构7月份在广州发布的"中国城市房价排行榜"中,温州房价位居榜首,新房均价达到17 116元,比上海高出了将近2 000元。短短几个月时间,温州房价飙升73%,而12月份温州市区新房均价已达每平方米35 000元,继续领跑全国。

而更令人瞠目的是,连温州下属的乐清、瑞安这样的县级市房价也突飞猛进,新开楼盘更是以2万元至3万元的单价直逼大城市。

房价成为温州这座城市的重负和心病,已是不争的事实。然而,值得注意的是,房价飙升背后的推手,并不是温州经济的快速复苏。2009年上半年,温州GDP增速仅为4.5%,在浙江省内位列倒数第二。与此相反,温州房价却屡次蹿升至全国第一,这令许多经济专家感到不解和忧虑。

【采 访】(字幕:原中央政策研究室副主任 郑新立)

(郑新立)一般来讲,房价收入比,房价能够控制在一套普通住宅价格,相当于本地居民的家庭年收入的6倍左右是比较合理的。

(字幕:SOHO中国董事长 潘石屹)

(潘石屹)土地价格跟房子价格要抑制住,如果再这样暴涨下去会出危险的。

【口 播】面对高得离谱的房价,我们不由得发出这样的质疑,温州的高价房真的物超所值吗?为何一涨再涨,居高不下呢?

【配 音】温州历来人多地少,土地紧缺往往被认为是房价水涨船高的诱因,但这不是此次楼市"发飙"的唯一罪魁祸首。特别是今年,在金融风暴并未见底的情况下,楼市却异常火爆,这显然与温州人"炒"的天性发作相关。

【采 访】(字幕:购房者)

(购房者)现在反正温州人都这样子,买涨不买跌。

(字幕:中介工作人员)

(中介工作人员)真正买房住的人不多,都是拿来炒的。

(记 者)那譬如像今天开盘的"香缇半岛",他们拿出来的房子通常可以挣到多少钱?

(中介工作人员)就目前来讲,开盘价好像是37 000元左右吧,这个价位,如果好的房型,外加50万元是没问题。

【配 音】据估计,温州民资有7千亿元之巨。今年受到金融危机影响,加上山西煤炭投资受挫,温州人大量的外在资金陆续回流。而在投资渠道单一的温州,加上相对宽松的货币政策,本地楼市无疑就是温州民资突围的首选目标。

【采 访】(字幕:房地产资深研究者 颜志军)

(颜志军)我们温州很多的中小企业,这些制造型企业,2009年的外贸形势没有明显转好。那么,很多人获得信贷以后,拿到这些资金无法用于扩大再生产,他们就把这部分资金又放到楼市里去,所以造成温州楼市半年内疯涨。

(字幕:温州大学房地产研究所所长 石海军)

(石海军)在金融危机下,温州人的敏锐触觉,显然感觉到了通货膨胀带来的威胁,因此购买楼盘就成为他们保值、增值最直接的选择。

【配 音】正是这样的心理作祟,楼市抢购风潮不可避免地卷土重来。这种"占楼为王"的投资方式使温州"空房"现象司空见惯。

【采 访】(字幕:温州大学房地产研究所所长 石海军)

(石海军)我们曾经组织学生对新城的几个楼盘进行过调查,我们发现很多的新楼盘,它的入住率还不到40%。

【配　音】房价与地价、楼市与地市,互相作用、互为因果。"炒房"与"炒地"成为今年温州楼市的"两驾马车"。在瑞安,今年竟然出现数百亿资金疯炒地基的现象,并出现一条长500米的路上有70家中介为之提供交易的奇观。这种返回地指标交易被演绎成一个类似17世纪荷兰"郁金香"的怪胎,"炒"得如此极致,不由让人担心一个随时都可能出现垮塌的"空中楼阁"。同时,一个个创全省、全国第一的"地王"呱呱坠地,成为了温州房价迅速蹿高的实际操手。

【采　访】(字幕:房地产资深研究者　颜志军)

(颜志军)因为土地是政府垄断的,土地就你一家卖,你想卖什么价那是你定的。虽然说现在是"招、拍、挂",但是几百家企业都要吃饭啊,他没有土地开发量,企业就没有资质,所以千军万马纷纷去抢这块地,导致地价上涨。

【口　播】近日,全国人大财政经济委员会副主任贺铿面对媒体直言不讳、一针见血地说:"中国房价攀升的两大推手是,地方政府炒地、社会资金炒房。"看来,房价暴涨的原因已显而易见了,但是高房价带来的影响和后果又是什么呢?

【配　音】有专家认为,温州房价已经出现虚高,楼市泡沫已不言而喻,一旦泡沫破灭,其后果相当严重和可怕。

【采　访】(字幕:原中央政策研究室副主任　郑新立)

(郑新立)如果出现泡沫,像日本和中国香港那样,那么对经济将会产生毁灭性的打击。

【配　音】温州是民营企业的发祥地。如今,大多数企业遇到了"成长的烦恼"——缺乏人才,温州经济也正面临着转型升级的关键期,在这个节骨眼上,因招不到合适人才,有抱负的企业只能选择外迁。面对人才缺乏的压力,温州市政府曾多次大规模地向全国主要城市招才纳贤,但是最后都收效甚微。温州人才难留,房价高罪责难逃。

【采　访】(字幕:温州大学商学院常务副院长、经济学博士　张一力)

(张一力)在温州来讲,实体经济的比例跟房地产比例严重失衡,大量的投资都集中在房地产上面。这几年,温州的民营经济、实体经济的转型提升并没有比其他城市快多少,如果说我们失去了发展先机的话,我觉得这一点,高房价对民营经济的影响是非常大的。

(字幕:严军)

(严军)我以前的几个同学来到温州的时候,也只在温州待了两三年,因为温州的房价确实很高。

【配　音】每年,许多外地人带着憧憬潮水般涌入温州,两三年后又像潮水般渐渐退去。逃离温州,甚至被网友看作应对温州高房价的唯一出路。而更可怕的是,高房价会让城市偏离健康的发展轨道。

【采　访】(字幕:房地产资深研究者　颜志军)

(颜志军)这里的企业无法提升,很多企业就迁移到外地去了,有些企业又进不来。所以,对整个城市的产业、城市化进程、人口的扩张、整个城市人才引进,各个方面都造成了很大的弊端。

（字幕：温州大学商学院常务副院长、经济学博士 张一力）

（张一力）如果是再这么涨下去的话，我觉得可能会形成一种恶性循环，就把钱投在房地产上面了。这个房地产如果有利可图的话，房价就会再涨，也会把更多的钱吸引进去。

【配 音】高房价、高消费，显然无法让人们在温州安居乐业，温州离宜居城市相距甚远。

【采 访】（字幕：温州大学法学院院长 毛毅坚）

（毛毅坚）非常心痛地看到，由于高房价，使这个城市的生活品位和品质急剧下降。

【配 音】同时令人担忧的是，翻倍增长的房价，在高利润的驱使下，不仅使暗流涌动的地下金融沉沙泛起，也使金权交易的腐败现象得以滋生，今年轰动全国的温州"安置门"事件仍然余音未散，警钟长鸣。

【采 访】（字幕：购房户）

（购房户）都是那些当官的，私底下跟我说，我已经选好房了，加20万元、10万元卖给你，你找不到的、买不到的。我们真是忍无可忍了。

【配 音】虽然温州楼市早在20世纪90年代初，就已经全面进入市场化，但是楼市并不能只让市场说了算，毕竟这是关系百姓切身利益的最大民生问题之一。那么，面对不断高涨的房价，政府到底能否调控呢？

【采 访】（字幕：SOHO中国董事长 潘石屹）

（潘石屹）我觉得政府对钱和土地啊都是可以调控的，应该适当地调控一下。如果政府不调控，市场上面只能按照房价去调控。

【配 音】这几年，政府和有关部门也不断出台购房政策以稳定房价，但是由于没有真正落实到位，房价仍然我行我素，离人们的期望越来越远。

贺晓武，博士生，两年前作为一位"高知"引进到温州，但至今夫妻俩仍蜗居在20平方米的斗室里。今年岁末，在距他工作单位只有一步之遥的茶山中心区A号地块又一次被28家房地产公司竞相拍出天价。贺晓武得知消息，再一次感到茫然和无奈，或许对贺晓武来说，他内心的失落和悲愤只能在时下热播的电视剧《蜗居》当中得到释放和消解了。

（加：电视剧同期声）

【口 播】"安得广厦千万间，大庇天下寒士俱欢颜"，这是一千多年前大诗人杜甫的期盼。但是，到了21世纪的今天，堂堂的博士还得蜗居于斗室，我们这个时代真是辜负杜甫老先生的厚望了。那么到底有什么办法遏制房价呢？首先是我们的政府要确实负起责任，要积极干预楼市。比如最近热议的土地出让金全归中央、炒房收益征80%重税等措施；再如政府要切实监控楼房的销售、二手房买卖等各个环节。其次要大量推出经济房和廉租房，跟市场争价，只要供需趋于平衡，"炒"的市场就会自然消亡。另外还要制定有益楼市健康发展的土地政策和货币政策等。虽然稳定房价是一项系统工程，但是只要政府和有关部门真正齐抓共管，房价这匹脱缰了的"野马"最终会得到驯服,并回归理性。我们相信到那个时候,在现实生活中,再也不会听到刚才《蜗居》电视剧中,那女人凄厉的哭声了。谢谢收看本期节目,再见!

（作者:陈振仕,杨育彦,金道武;温州广播电视台;2009 年 12 月 28 日。）

二、评论视角的选择

视角,通常是指人们认识、分析、探索事物的出发点和落脚点。广播电视新闻评论的视角,就是指探究新闻事实、表达意见的出发点和着眼点。同一新闻事件,从不同的角度观察、思考,便会得出不同的观点。在确保评论视角的正确性的前提下,我们应该注意以下几个方面。

第一,选择独家视角,注意视角的新颖性。在新闻媒体市场竞争越来越激烈、新闻传播渠道越来越多元化、新闻信息越来越丰富的时代,受众已经不再满足于对新闻事件进行简单的信息接收。一个新闻事件,特别是关系到国计民生的新闻事件的发生,除了了解事件的发生、发展过程,受众更关心的是对新闻展开深度解读的信息,他们希望通过解释性信息的接收可以直接指导现实生活。事件为什么会发生、背景是什么、事件会有什么发展趋势、对今后会产生什么影响以及媒体对事件持什么态度、观点,这都属于新闻解读性信息的范畴。其中,媒体对事件持什么态度、观点,观点的正确性、独到性关系到其新闻评论是否能发挥舆论功能以及能发挥多大的舆论功能的问题。广播电视记者要对新闻源进行不断思考,从深度挖掘,从而通过独家的新闻评论视角来有效提升媒体的舆论引导力量。诚如我们前面所强调的,视角的新颖性必须建立在视角的正确性基础上,不能为了追求其新颖性而进行错误的是非、真伪、善恶评价。

第二,选择民生视角,注意视角的平民化。新闻评论的功能除了监督、引导舆论之外,还有服务大众、缓解社会矛盾的功能。因此广播电视新闻评论视角的选择还要注意从民生出发,尽量做到平民化。怎样做到民生视角的选择呢?这就要求记者遵循以人为本的原则,以受众的需求为根本出发点来选择评论的视角,渗透对受众的人文关怀。具体来说,就是新闻评论要在新闻内容、主题的选择上持平民立场,倾向于针对同平民利益密切相关、最具现实意义的问题加以评论。在论述方式上,注意从宏观着眼,微观着手,从过去追逐发展的大效益、大场面、大意义等所谓的宏观角度转换到关注民众生活点滴的微观角度,站在百姓的角度说话。在语言表达上,采用一种平民能够理解的通俗形式。同样需要注意的是,平民化也不能一味地为了取悦于受众而丧失了评论的严肃性。

第三,选择时代视角,注意视角的现实性。时代,是指历史上以经济、政治、文化等状况为依据而划分的某个时期。时效性是新闻评论的本质特点之一,因此在评论视角的选取上要注意紧贴时代,使观点具有现实针对性。

第四,选择本土视角,注意视角的贴近性。新闻评论视角的本土化就是要对本地信息进行深层挖掘,对外地信息进行本土化解读,以及采用适合本土受众口味的方式进行评论。新闻评论视角的本土化倾向既是社会转型和受众需求重心变化的原因,更是媒体争夺细分市场的结果。通过对新闻评论视角本土化的探索,可以使节目加强与受众、与实际问题、与生活的贴近性,提高节目的可视性和亲和力,更好地实现广播电视评论的社会功能。

要找到一个好的评论视角,要求记者能够进行深入的采访,人们要准确地反映客观事物,必然会碰到一个观察和反映事物角度的问题。仅就事物的角度而言,一般事物都有多种多样的角度。在这些角度中,有的能反映事物的本质和主流,有的只是反映那些非本质和非主流的东西。而能反映事物本质和主流的角度也不是单一的,它们有的是显著的,有的则是隐蔽的。这就需要我们去认识、把握和比较,从中选择最好的角度。而要做到这一点,记者就需要对客观存在的新闻事物进行全方位、立体化的采访,从各个不同的角度掌握来自各个不同方面的大量的新闻素材,为选择最佳的评论视角打下广泛而坚实的基础。

同时,在深入采访的基础上要进行周密的思考。思考是一个在调查的基础上进行研究的过程,也是一个将感性认识上升到理性认识的过程。通过分析,将采访得来的大量的新闻素材进行整理、加工和研究,"去粗取精,去伪存真,由表及里,由此及彼",在正确、全面、深刻地认识新闻事物本质特征的基础上,从各种各样的新闻角度中去选择最佳角度。

这里需要补充强调的是,各个媒体在进行视角的选择时,还要考虑到自己媒体的定位。这是因为,新闻视角凸显着媒体的风格定位。不同的媒体因其服务对象和市场需求的不同而有着不同风格定位,这就使得媒体在报道同一新闻时,必然要选择符合自己风格定位的新闻视角,从而有别于其他媒体。另外,新闻视角体现了媒体的价值诉求。一个事件或事实在成为新闻前,要经历采访、写作、编辑制作三大流程,在这一流程中,如何对大量的新闻素材进行取舍、判断,不同的媒体有着不同的价值取向和判断标准,而新闻视角就是各媒体不同新闻价值观最直接、具体的体现。

三、视听结合与评论的形象化

借助电子技术手段,通过独特的声画符号系统建构,广播电视新闻评论形成了具有鲜明个性的表述方式,显示了强大的传播效果。这种效果主要是通过"形象化"来达成的。下面我们就从这个角度来谈谈上文我们提到的关于广播电视媒体应该怎样发挥自己独特的传播特色,能动地运用新闻评论这一共用体裁来发挥其评论功能的问题。

(一)要运用好声音元素

首先,用好同期声。同期声是指新闻现场的人声或自然环境中的声响,它能真实地表达人物的思想情感、性格特征和现场氛围,在还原现场气氛、增加信息量上具有其他视听元素不可替代的作用,生动地运用同期声能够最大限度地缩短媒体与观众的心理距离,增强节目的真实感、表现力和感染力。例如,2008 年 4 月 7 日,来自云南省的张光泽父子俩途经 25 个省,行程 5 万多公里,沿途以自己的方式宣传奥运。他们来到营口后,记者前去采访报道。年近九旬的父亲与放弃工作的儿子,卖掉房子,贷款 30 多万元,为的就是这次"全国之旅"。乍看起来,他们的行为有点难以让人理解。面对镜头,父子俩说出了心声,说出了别人无法体会到的感受。这些感受只有用同期声的方式表达,效果才能达到最好。

再来看某期节目的同期声运用,新闻报道的是时任总理温家宝视察农村的情况,总理的亲民形象通过同期声表现得淋漓尽致。

(温总理)地里今年能收多少?

(农　民)有些话不好说。

(温总理)你想说什么就说什么。

(农　民)我家种100多亩地,每年1亩地平均交100多元。

(温总理)你说个具体数?

(农　民)要交115元。

(温总理)像你这样,农业收支相抵还欠钱的,100户当中有多少户?

(农　民)百分之四十。

(温总理)(惊讶的表情)有百分之四十?

(农　民)是的,比我不如的还有。

其次,用好典型音响。典型音响是指在重大或具有典型意义的新闻事件采访中,对突出、强化、升华主题有重要作用的录音素材,是直接体现主题,代表事物个性的音响。利用好典型音响要求作者不要公式化运用音响。比如说到农业丰收就用割麦机的隆隆声,说到学校就用学生琅琅的读书声,说到铁路运输就用火车的轰鸣声,这样的公式化音响使音响失去了它应有的感染力和表现力。同时还要注意,评论中的音响往往只是事实的一部分,一般不能成为完整的论据,不能代替论据的语言表述,因此,音响和语言表述应是相互补充、有机结合的。作者只有把那些在现场捕捉到的具有新闻价值的生动鲜活的典型音响配以精当客观的语言表述,才能再现新闻事件的是非原委和新闻人物的音容笑貌,使所要进行的报道和评论形象化、立体化,使人听了如临其境,从而增强评论的可信性和感染力。

再次,重视多元评论主体的互补。相对于平面媒体,有声媒体更便于与受众进行直接交流,贴近受众,亲近自然一度是广播电视节目追求的第一目标。主持人(或记者)取代播音员正是提升亲和力的一种有效尝试。主持人的点评是广播电视新闻评论类节目的重要组成部分。点评的内容是主持人(记者)对新闻价值的准确把握及对社会现实情况的深入了解,也是主持人(记者)语言个性走向成熟的标志之一。

同时,一些权威嘉宾的点评也会加大节目的评论力度,比如中央人民广播电台中国之声在节目改版后把权威嘉宾直接请进直播间,对最新发生的时事新闻做出现场点评;中央电视台新闻频道也在节目中增加了电话连线权威专家做及时点评的内容,这些尝试都取得了很好的收听、收看效果,增加了节目的权威性和厚重感,取长补短,使有声评论化弱为强。

受众的参与论证,主要是由记者通过现场采访来实现,受众从自己的角度就主题的某一方面来评说,作为对评论员评说的补充。有些时候也可以转化为主体,由受众主评,主持人(记者)来串连、补充、引申。

另外,广播电视评论的语言还要注重口语化,讲求音律和谐,朗朗上口,通过生动形象的论述语言加强论证的力量,把听众的注意力吸引到评论的话题上来。如广播评论《莫把衙门抬下乡》,题目就是从群众俗语"抬起衙门就知县"转化来的,一个"抬"字活灵活现地勾画出了那些形式主义者的形象。同时,广播电视新闻评论还可以充分利用有声语言的各种传情因素,如语调、声调、节奏、语境等,恰如其分地在说理、叙事过程中注入情感,采用谈心的方式交流对话,加强评论的亲和力。

(二) 运用好画面元素

可以从以下几个方面加以注意:

第一,捕捉有代表性、具有视觉冲击力的画面。画面是电视新闻反映新闻事件最重要的手段和最主要的元素。富有视觉冲击力的精彩画面是电视新闻评论作品的精髓,而流畅、富于个性的画面语言有助于更艺术地、客观地反映事件发展的逻辑顺序,表现现场最具本质特征的动作流程。

第二,注意抓拍现场原始镜头。最能体现电视新闻独特个性的是与采访同步的新闻人物和新闻事件的原貌原状。来自现场的新闻画面最真实,最有生命力,也最能吸引观众。为什么重大突发事件的直播,连续观看几个小时观众仍不知疲倦,就是因为真实,观众足不出户就能看到真实的现场实景。

第三,运用好细节画面。"所谓细节,一般是指作品中与人物性格、事件发展、生活情境等产生有机联系的局部或细部叙述单元。它是构成作品整体的基本要素。"[1]

一般认为细节在电视新闻中有如下几个方面的作用:①画面细节能够准确高效地传递新闻信息,深化新闻内涵,提高观众对电视新闻的记忆效果。《焦点访谈》早年播出的一期节目《"罚"要依法》,在利用细节画面方面非常到位,生动地反映了当地交警乱收费的问题。交警蛮横粗暴的态度引起了观众的公愤。即使到今天,还有很多观众记忆犹新。

◇◇ **案 例**

《"罚"要依法》

[记者乘坐运煤车偷拍,在黎城县遇到了这样一件事]

(记　者)多少?

(山西省黎城县交警大队民警)(刘代江)20元。

(记　者)给10块算了。什么钱这是? 这是什么钱?

(刘代江)来来来,下来告诉你。下来我告诉你。

(记　者)啊?

(刘代江)下来我告诉你。

(记　者)你给我写上吧?

(刘代江)我给你写的有啊。

---

① 郝建军.电视纪实的魅力[J].中国广播电视学刊,1996(10).

（记　者）照顾一下吧。

（刘代江）再来 20 元。

（记　者）谢谢,谢谢。

（刘代江）拿来!

（记　者）你照顾一下算了。

（刘代江）快点!

（记　者）谢谢。

（刘代江）40 元!

（记　者）多少?

（刘代江）往前走一下好不好? 往前走一下,不要你钱了,往前走,往前走,往前走一下好不好?

运煤汽车司机:算了,再说就揍你了。你给他 40 元算了,你不要再掏钱了,给他 40 算了。

（中央电视台,《焦点访谈》,1997 年 11 月 25 日播出。）

②画面细节能够增加单位时间传播的信息量。一条新闻要在几十秒的时间内准确地表述事实,满足观众的信息要求,除了新闻稿写作要尽量精练准确之外,还要用极具说服力的画面去表现事实,引导观众思考更深层次的问题。画面细节的提炼为节省新闻时间、增加单位时间的画面信息量提供了条件。在电视新闻中,利用画面细节特有的局部放大的表现力和快速变化的优点,可以使新闻更加浓缩,说服力更强,传播的信息量更大。

除此之外,用录像资料、照片等间接的形象材料来表明已过去的或难以捕捉到的事实,这也是画面表现的一种特殊形式,当需要说明某些问题,需要向观众介绍片中的情节时,与之相对的画面是已过去补拍不到的历史,这时,资料和照片的补充,对画面的表现就显得十分重要了。

（三）注意画面、语言、声音等元素的补充映衬

电视新闻评论节目视听兼备,决定了电视新闻评论必须充分利用连续活动画面的优势,画面是电视新闻最重要的要素。图像符号系统给观众的最大感受就是它的活动性和现场感。因此,电视新闻评论主要以视觉逻辑为主。但电视新闻评论应该是由语言、声音、图像三重要素共同构成的。一个好的电视新闻评论节目必须是画面、语言、声音这三大要素的和谐统一。从电视的媒体形式特性来看,语言文字和声音应该统一在画面的内容之中, 语言文字通常要"写画面",声音与音响的出现通常要起到显示画面背景的真实性、生动性和可感性作用。我们不能因为电视画面如此重要就否定语言解说的基础性,更不能声画两张皮,导致电视新闻评论结构的分裂。

"形象化"还可以从叙事艺术和后期编辑的角度来加以开掘。先从叙事的角度来说,故事化叙事就是一种开掘广播电视新闻述评节目"形象化"的途径。罗兰·巴尔特认为,世界上的叙事无处不在,戏剧、舞蹈、杂技、电视、广播、报纸、小说都是叙事的承载物。叙事的承载物遍及口头或书面的有声语言、固定或活动的手势以及所有这些材料的有机混合。而电视新闻述评节目的故事化,就是利用电视这一叙事媒体,采用各种叙事技巧,把各种叙事元素结合起来,将各种信息有效地传递给观众,从而达到传播信息、引导舆论的目的。

传统的电视评论模式,往往按照严格的逻辑推理,追求理性的思辨色彩,通常是对一类现象进行逻辑组合,分析推导出结论,或是由此及彼、从点到面的散发式联想。其优点是逻辑严密、主题集中;其缺点则是弱化了感性的特点,影视语言的优势得不到充分发挥。引入"讲故事"的评论模式,有助于将图像叙事的审美感受过程还原为日常生活的一部分。真正创造和释放了电视图像叙事的威力和作用,能够把评论隐含在故事的叙事之中,在故事层面上解决观众在日常生活中遇到的矛盾,以平常人的视角切入叙事,反映社会中的大多数,触摸生活脉搏,这种评论的力量相比于简单的说教,更能使节目在讲述故事的同时揭示深刻的社会道理,在潜移默化之中将道理深入受众心中。

另外,后期编辑也可以在很大程度上加大广播电视新闻评论的"形象化"。电视特技手法增多,给电视新闻评论节目的编辑提供了更多的创造机会。目前,各种各样的字幕机、软硬件不断升级,使得屏幕画面字幕的特技效果繁多,有硬切、慢转换等。硬切一般用于节奏快的剪辑,中间无任何过渡,慢转换在使用过程中较完整,感觉比较流畅,不同的特技效果可以增加节目的艺术效果,能给观众一种意境美感。此外,在节目制作当中需要对镜头作一些处理,用慢动作,或者快动作交叉剪辑,或是运用蒙太奇手法突出人物的性格特征,然后加一些转场特技,增加节奏感,更好地服务于主题,以上的编辑技术对于广播电视新闻评论的"形象化"特征有了很大的促进和表现。

同时,编辑们能够借助先进的电子编辑技术,画面的分割,同时传递两路以上的信息,在卫星微波进入电视的时代,在外采访的记者每时每刻从现场发回消息,都能在节目播出时,插入到节目中,丰富节目的信息含量,增强广播电视新闻的说服力和表现力。

思考题:

1.什么是新闻评论?新闻评论的特点是什么?

2.怎样理解新闻评论政论性的特点?

3.简述新闻报道与新闻评论的异同。

4.新闻评论的重要性体现在哪些方面?请结合当前的社会语境来说明。

5.广播电视新闻评论的特点体现在哪些方面?

6.怎样理解广播电视新闻评论"视听结合与评论的形象化"的特色?请举例说明。

7.在选取广播电视新闻评论的视角时应考虑哪些因素?请举例说明。

第二章　广播电视新闻评论的传播渠道

第一节　大众媒介的新传播时代

一、广播的传输方式

广播的传输方式即广播信息的传送形式。根据信息传送方式的不同,广播可以分为两大类:无线广播和有线广播。

(一)无线广播

无线广播即通过无线电波传送广播节目信息的传输方式。由于利用了无线发射的方式来传输音频信号,无线广播无须立杆架线,覆盖范围较广,性能稳定,扩容性强,音质清晰,从根本上解决了传统的有线广播布线困难、安装复杂、覆盖范围有限、扩容性差、音质模糊等问题。

要实现无线广播,首先要将声音信息转变为音频信号,其频率范围为 16~20 千赫。然后用音频信号去调制作为载体的载波信号,通过发射天线将调制后的信号形成无线电波辐射出去。载波的频率必须数倍于音频,称为射频。在同一地区内,各电台或各套广播节目都有指定的载波频率(如中央人民广播电台第一套节目中波段为 693 千赫),听众根据载波频率的不同来选择自己需要的节目。

无线广播根据不同的划分标准,可以分为多种类型。

1. 调幅广播和调频广播

按照调制方式的不同,广播可以分为调幅广播和调频广播两种。

调幅广播(AM)即采用调幅调制方式的广播。使载波振幅按照调制信号改变的调制方式称为调幅,经过调幅的电波就是调幅波。它保持着高频载波的频率特性,载波的振幅随音频信号而变化。20 世纪初的无线广播都是调幅广播,其优点是接收机比较简单,在服务区域内都能收到稳定的电波,无论是在山高谷深的地区还是在高楼林立的城市,都不会因多径反射而产生信号失真的现象。但缺点是射频频率低,容易受到雷电等自然噪声和人工噪声的干扰,并且不易消除。

调频广播(FM)即采用调频调制方式的广播。使载波的频率按照调制信号改变的调制方式称为调频,经过调频的电波就是调频波。20 世纪 40 年代以来,调频广播得到迅速发展。与调幅广播相比,调频广播具有噪声小、声音的保真度高、音质好、抗干扰能力强等优点,特别适合于播送高保真度的音乐和语音广播节目。调频广播还可以把原声场中所感受的空间印象(即立体感)如实地传送给听众,以增加广播节目的感染力,因此目前的立体声广播一般都采用调频方式广播。当然,由于调频波系统的频带宽度比振幅调制宽得多,调频广播也不可避免地表现出传输距离短、有效性差等缺点。

2. 长波广播、中波广播和短波广播

无线电波是一种电磁波,其频率越高,波长越短。因此,按照电波频率的高低不同,广播可以分为长波广播、中波广播、短波广播和米波广播等。

长波广播(LW)即使用频率为 150～285 千赫的无线电波进行的广播,其波长为2 000～1 050 米,故称为长波。长波在我国没有用以广播业务,仅用作无线电通讯和导航业务。

中波广播(MW)即使用频率为 300～3 000 千赫的无线电波所进行的广播,其波长为 1 000～100 米。目前,我国采用的是 1979 年世界无线电行政大会的规定,中波广播的实际频段范围是 526.5～605.5 千赫,其波长为 570～187 米。中波广播均采用调幅方式,既可以利用沿着地球表面传播的地波进行传播,也可以依靠高空电离层反射的天波进行传播。由于无线电波碰到导体时会出现一部分电波被吸收、电波能量变弱的现象,白天以地波形式传播的中波因受到大地表面介质的吸收而传播不远,以天波形式传播的中波也因密度增大的电离层的强烈吸引而难以返回地面,于是就造成白天难以收到远处的中波电台。夜间,大气不再受阳光照射,电离层密度减小,导电性能变差,对电波的吸收作用也大大减弱,这时中波就可以通过天波的途径,传播到较远的地方,因此夜间能收到的中波电台明显增多。

短波广播(SW)即使用频率为 2.3～26.1 兆赫的无线电波所进行的广播,其波长为 130.43～11.5 米。传统的短波广播均采用调幅方式。由于短波广播频段范围内的地波衰减很大,不能形成有效的服务区,而该频段的电波在大气的电离层可以形成较稳定的反射,因此短波广播主要以天波形式传播为主。短波广播信号经电离层反射后,可以传播到几百甚至几千公里之外,故而可以用作国际的广播或对边远地区的广播和节目传送。基于这一特点,世界上大多数国家都利用短波来进行全球范围内的广播。但由于高空电离层随时间、昼夜、季节而变化,这也使得短波广播的可靠性和稳定性较差,收听到的声音忽大忽小、时高时低。

超短波广播(USW)也称高频(VHF)波广播、米波广播,即使用频率为 87～108 兆赫的无线电波所进行的广播。我国的超短波广播均采用调频方式。超短波在传输特性上与短波有很大差别。由于频率很高,波长很短,绕射能力很弱,地面上的一般障碍物都对其有较大影响,加之地表对超短波的吸收很强,超短波广播一般不适于地波形式传播。同时,由于其能够直接穿透外层空间,高空电离层无法进行反射,超短波也不适于天波形式传播。因此,超短波主要依靠空间直射波进行传播,其传播距离最短,仅为直线视线距离。超短波的波长较短,所以收发天线尺寸可以较小。在短距离通信时,只需要配备很小的通信设备,因此超短波广泛应用于移动通信方式。与中波广播相比,超短波的优点是抗干扰性能较强,音质优美,最适于立体声广播。为了扩大超短波的服务范围,需要增加发射天线的高度,或者把发射台建在高山上。如果接收点超过视距,就必须依靠微波中继站进行转发。

(二)有线广播

有线广播是利用金属导线或光导纤维所组成的有线传输分配网络,将广播节目信号直接传送给用户接收设备的区域性广播传输方式。其传播通道可以利用专用的传输分配网络,也可利用电信传输网络和低压电力传输网络。

我国是世界上有线广播最发达的国家之一。早在 1946 年,我国就开始在部分地区调适安装有线广播。至 20 世纪 80 年代初,我国已全面形成了以县广播台(站)为中心,以乡(镇)广播站为基础,连接千村万户的农村有线广播网。

与传统的无线广播相比,有线广播使用有线光缆传输广播信号,从根本上克服了无线信号传输受覆盖区域、信号发射、障碍物干扰等因素影响音质不稳定的缺点,具有抗干扰能力强,可有效控制接收范围,传输频带宽,能构成双向传输系统等优点,具有独特的优势。因此,有线广播可以与无线广播互相补充,共同组成完整的广播传播网。

二、电视的传输方式

电视传输方式即电视信息的传送形式。根据信息传送方式的不同,电视可以分为三大类:无线电视、有线电视和卫星电视。

(一)无线电视

无线电视也称地面电视,是通过无线电波传输电视节目信息的传输方式。电视台通过讯号发射站和电视塔等设施,在大气层以无线电波方式发射讯号,观众不用连接有线电视接收线,只需要在房屋顶上装载天线接收讯号,就可以免费收看电视节目。在早期没有人造卫星的时代,世界各国的电视台大多以这种方式播放节目。尤其在发展中国家或地区,相当数量的低收入观众因可以免费收看无线电视而对其特别青睐,无线电视也因此成为这些国家或地区最广泛的电视节目传输方式。

早期无线电视所接收到的信号为模拟信号(模拟电视),而模拟信号容易受到天气及地形环境的影响,产生折射或反射的现象,因此会导致电视信号不稳定,电视画面产生雪花、残影等异常现象。普通用户只能通过调整天线的方向,或是改用具有梳形滤波器的电视机,来稍微改善电视画面质量。

近年来,许多国家和地区纷纷改用数字信号来传送电视节目,无线电视的接收与画面质量均有大幅度改善。但这仍然无法从根本上改变无线电视覆盖面相对较小、频道数量有限的缺陷。

在我国,由于传送效果与经济效益均不佳,无线电视在城镇和市区基本上已经被淘汰,改由有线电视替代。但在乡村及偏远地区,因有线电视工程施工困难,在很长一段时间内仍主要依靠无线电波来传送电视节目信号,以确保中央电视台综合频道、本省与本市的综合频道这三个频道的电视节目信号能够全面覆盖本地区。近年来,随着我国"村村通"工程的大力实施,这些地区的电视覆盖率明显提高,电视的收视质量也有了明显改善,无线电视信号已经变为填补缝隙的手段。

(二)有线电视

有线电视又称电缆电视,是利用金属导线或光导纤维所组成的有线传输分配网络,将电视节目信号直接传送给用户接收设备的区域性电视传输方式。

有线电视首先出现于20世纪40年代的美国,最初的系统是用在公寓大厦的共享天线电视。后来随着大功率宽频放大器技术的发展,出现了传输范围包括一个城市的电缆电视系统。20世纪六七十年代以来,由于同步通信卫星的使用,全球许多国家的地区性有线电视传输网络已经逐渐发展成为全国性的有线电视传输网络,成为与无线电视相辅相成、互为补充的重要的电视传输系统。

我国的有线电视起步比较晚。1974年,原中央广播事业局设计院等单位在北京饭店安装我国第一个共用天线电视系统,标志着我国有线电视的诞生。20世纪80年代中期,少数企事业单位和中心城市开始以电缆方式建设企业或城域有线电视网络,但规模和范围都相对有限,传输的电视节目一般在10套左右。1990年11月,国务院颁布实施《有线电视管理暂行办法》,这标志着我国有线电视进入了高速、规范、法制化的发展轨道。全国各大中城市开始广泛铺设电缆,短短十几年的时间就已经发展到相当普及和十分庞大的规模,发展速度惊人。据粗略统计,截至2010年底,经国家广电总局批准的有线电视台有1 300多家,有线电视网络长度超过400万公里,有线电视家庭用户数超过1.75亿户,占全球家庭用户数量的三分之一,规模居世界首位。

由于借助电缆和光缆进行电视信号的传输,有线电视与传统的无线电视相比,最大的优点就在于电视信号稳定,画面质量较高,频道资源利用充分,可以同时传送几十套电视节目供用户选择。尤其是随着数字信号压缩技术的进步,有线数字电视比原来的模拟电视更是显示出诸多优点:高清晰度的电视画面,优质逼真的音响效果,丰富多彩的节目内容,方便快捷的节目指南,电视观众的选择更加灵活自由。

(三)卫星电视

卫星电视是利用人造卫星来传送电视节目的传输方式。卫星电视的传输过程一般是,电视台通过卫星地面基站发射经过数字编码压缩的电视微波信号,由设置在赤道上空的地球同步卫星进行远距离接收,然后再把这些微波信号转发到地球上的指定区域,最终用户使用卫星天线将接收的信号通过解码器解码后,输出到电视终端以供收看。

卫星数字电视是近几年随着数字信号压缩技术的进步而迅速发展起来的。采用传统的模拟电视技术,电视图像的每行和每帧都要传送,即使行与行之间,以及帧与帧之间的变化相对较小。而数字电视技术传送的则是相邻的行与行、帧与帧之间的差别,然后把原来的电视图像完整地恢复出来。因此,与传统的模拟电视相比,数字电视的画面质量和音响效果都有较大程度的提升。同时,采用数字信号压缩技术后,通过卫星传送的电视节目比过去采用模拟技术传送的节目数量有了显著增加。一颗卫星上一般有 20 个转发器，每个转发器只能转播一个模拟频道，但却能同时转播 6～8 个数字频道，有效地提高了频道资源的利用率。所以，使用模拟电视技术，用户只能收看到几十个频道，而使用卫星数字电视技术，用户就可以收看到数百套电视节目。不仅如此，数字信号压缩技术还可以对电视节目信号进行加密处理，极大地保证了电视节目传输的安全。

在全世界范围内，卫星数字电视革命是 1994 年从美国的 Direct TV 公司开始的。它在全北美播出 175 个频道，首次使用 DTH 方式，将数字电视信号直接传送到用户终端，普通家庭只要使用较小的碟形天线就可以接收。在开播当年，用户数量已经超过 80 万户。到第二年，用户数量已经超过 150 万户。

我国的卫星电视于 20 世纪 80 年代中期开始起步，经过近三十年的发展，已经取得了显著的成效。1984 年 4 月，我国成功发射了"东方红二号"实验通信卫星，拉开了中国自办卫星电视的序幕。1989 年，我国决定在地广人稀、节目传输困难的新疆、西藏、四川、云南、贵州等边远省区实行省台第一套节目上星播出，以提高这些区域尤其是贫困边远山区的电视覆盖率，这开了我国省级卫视上星播出的先河。1995 年 11 月，中央电视台通过"中星五号"通信卫星播出 5 套数字压缩加密电视节目，拉开了我国卫星电视数字化的序幕。1998 年 12 月，中央电视台使用"鑫诺一号"通信卫星进行"村村通"广播电视直播实验，央视的八套电视节目和大部分省级卫视都集中在这个平台上。随着数字技术的不断成熟，截至 2005 年，我国的卫星电视模拟信号全部转换为数字电视信号传送。2008 年 7 月，我国发射的"中星九号"通信卫星投入运行，不仅免费传输 47 套标清电视节目，而且对后期传输的电视信号进行了加密，并增加了数字付费电视，规范了直播卫星电视市场，同时实现了直播卫星的全面商业化运行。2012 年 1 月，我国首个 3 D 电视频道落户"鑫诺六号"通信卫星，借助于有线数字电视网络，数字付费电视得到了一定的发展。

三、媒介融合与信息覆盖全球化

早在 20 世纪 60 年代，加拿大传播学者马歇尔·麦克卢汉就提出了"媒介即讯息"的著名观点。在他的名著《理解媒介：论人的延伸》一书中，麦克卢汉明确指出，从漫长的人类发展过程来看，真正有意义的"讯息"不是各个时代的媒介所传播的内容，而是媒介本身。换句话说，任何新媒介的产生，不但极大地影响到人类的感官能力，而且会触发社会组织与社会结构的巨变。媒介最重要的作用就是"影响了我们的理解和思考的习惯"。因此，对于社会来说，真正有意义、有价值的"讯息"不是各个时代的传播的内容，而是这个时代所使用的传播工具的性质，它所开创的可能性以及带来的社会变革。人类有了某种媒介才有可能从事与之相适应的传播和其他社会活动。进而言之，媒介是社会发展的基本动力之一，每一种新媒介的产生，都开创了人类感知和认识世界的方式，传播中的变革改变了人类的感觉，也改变了人与人之间的关系，并创造出新的社会行为类型。

半个世纪以前，麦克卢汉先知般的思想可谓惊世骇俗，引起了学术界乃至全社会的广泛关注和争论。然而,随着报纸、广播、电视等传统媒体的广泛普及,以及以网络为代表的新媒体的出现和崛起,时至今日,"媒体即讯息"的观点早已被实践所检验和证明。

我们正生活在一个被多重媒介包围的时代。从某一个具体的区域来看,世界上几乎每一个角落都受到多种媒介的同时覆盖,如报纸、广播、电视、网络等。就传统的电子媒介自身而言,广播和电视都可以通过多重途径、多种渠道得到传播,如广播可以通过有线和无线的方式进行传播,电视可以通过无线、有线和卫星等通道进行传播,而且随着网络的迅速崛起,广播和电视也可以通过网络的途径进行传播,呈现出媒介融合的趋势。传统媒体和新媒体,无线、有线和卫星,多重媒介、多种渠道同时并存,共同传播。可以说,随着信息传播技术的飞速发展,报纸、广播、电视等传统媒体和以网络为代表的新媒体多元共存,多重媒介完全实现了信息的全球化覆盖,世界已经成为不折不扣的"地球村"。

第二节　广播新闻评论的传播

一、广播的传播特点

任何媒介的传播特点都是由其传播手段决定的。广播以无线电波为传输方式,以声音为唯一的传播符号,并最终诉诸受众的听觉,这些传播手段决定了广播有别于其他传播媒介的传播特点。

(一)广播传播的优点

1. 传播迅速,时效性强

广播依靠电波进行传送,传播速度高达每秒30万千米,相当于绕地球7圈半。对于普通人的正常听觉来说,广播声音信号的传送与听众的接收几乎没有时间差。加之广播的采录设备小巧灵活、机动性强,制作相对简单,记者可以迅速完成新闻的采制报道,能够在第一时间发布信息,甚至可以在新闻事件的发生发展进程中进行同步报道,并且能够在顷刻之间将新闻信息传送到千家万户。因此,与报纸新闻需要经过采访、写作、编辑、排版、印刷、发行等诸多环节才能最终到达读者手中相比,广播的出现使传统的新闻时效性概念发生了根本性变革,新闻可以从"新近发生的事实的报道"转变为"正在发生的事实的报道",新闻的时态也由过去时转变为正在进行时。

2. 覆盖面广,传播广泛

广播通过无线电波传播,基本不受地理空间、交通条件的限制,只要是电波能够覆盖到的区域,人们就可以收听到广播。与电视媒体相比,广播信号发射、传播、接收的技术手段和硬件设施要简单得多,因此更容易扩大覆盖范围,提高广播信号覆盖率。尤其是在国际的对外传播方面,广播作为一种跨地域、跨国界的传播媒介,可以超越国界的限制和封锁,彰显出得天独厚的优势。因此,世界各国在进行对外宣传,尤其是对敌对或意识形态不同的国家或地区进行对外宣传时,广播几乎无一例外地都是最佳的首选媒介。即使在今天,卫星电视虽然已经覆盖全球,但由于受到被覆盖国家或地区政府的诸多限制,跨国界卫星电视的实际接收可能性却是极为有限的。相比之下,国际广播虽然也常常受到被覆盖国家或地区政府的干扰,但由于广播的接收设备较为简便,目标国家和地区的受众依然有可能和有条件收听到广播信息。

3. 受众广泛,群众性强

广播通过声音符号来传播信息,只要人们能够听懂这种有声语言,就可以有效地接收它所传播的信息。因此,与报纸的受众必须具备一定的识字能力和文化水平相比,广播的受众基本不受文化程度的限制,无论识字不识字,文化水平高还是低,只要听觉正常就可以成为广播的听众。并且,与报纸的文字语言相对更抽象、更理性,探讨的现象或问题更复杂,表达的思想观点更深刻相比,广播使用的有声语言则相对更加通俗、浅显、易懂,对现象或问题的阐述也相对更加直白、具体,这也使得广播更加深受那些文化水平较低、理解能力有限的听众的普遍欢迎。

4. 伴随收听,方便灵活

广播以声音作为唯一的传播符号,仅仅诉诸人们的听觉。因此,与报纸和电视相比,听众在听广播的过程中,眼睛和双手都能够解放出来,人们可以一边做其他事情一边收听广播。而且,听广播不必像看报纸或看电视那样,需要在一个固定的位置,身体保持静止状态才能有效阅读或收看。由于广播以收音机作为常规的收听设备,体积小巧,携带方便,收听灵活,所以伴随式收听和移动式收听就成为受众在广播信息接收方面最为显著的特征。无论是在房间里洗漱、就餐、做家务,还是外出散步、锻炼、乘车,随时随地都可以收听,极为方便灵活。尤其是随着近年来城市建设的不断扩大,私家车的日益普及,人们居住的地方距离上班地点越来越远,每天都有大量的人群花费相当多的时间奔波在路上。在此背景下,相比其他媒介,广播可以在路途中伴随式收听的优势更加凸显。目前,各个城市火热开办的交通广播正是充分发挥了广播的优势,以适应越来越多的出行受众对信息的需求。

5. 声情并茂,参与性强

广播通过有声语言来传播信息,其本身就具有较强的信息承载功能,能够传递较为广泛的信息内容,而且播音员(主持人)的语音、语调、语气、语态等也都蕴含着丰富的情感色彩,具有一定的表现力和感染力。为了便于听众能够准确有效地接收信息,广播语言通常采用口语化的方式,将一些抽象、深奥、难懂的概念和观点转换为通俗、浅显、易懂的口头语言加以表达。虽然播音员(主持人)与听众并不见面,但他们实际上却处于一种类人际传播的状态。记者、主持人、播音员在话筒前以一种人际对话的方式传递信息,声情并茂,亲切自然,娓娓道来。听众在收听广播节目的过程中,也随时可以通过拨打电话的方式,与电台的主持人进行直接的对话和交流。尤其是在一些夜间播出的情感类广播节目中,听众的参与和交流就表现得更为突出。

（二）广播传播的缺点

1.转瞬即逝，难以保存

广播依靠声音符号来传递信息，而声音的特点是转瞬即逝，不留痕迹，不具有可保存性。如果听众当时没有听清楚或没有听懂，既没有机会倒回来重听一遍，也没有可以停下来思考的间隙，日后更不可能再去查证，无法做到像读报纸那样，可以反复阅读，深入思考，仔细体会。所以，广播往往只能告知相关新闻事件的整体情况，很难展开深入细致的描述和抽象深奥的理论分析，听众从广播当中也只能获取一些整体性的、概要性的、粗略性的信息，如果想了解更详细、更深入的情况，往往还得求助于报纸等纸质媒体。即使是在录音技术和设备高度普及的今天，普通听众如果要对广播节目信息内容随时随地进行贮存，依然是一件非常困难的事情。

2.线性传播，选择性差

报纸具有平面性，其内容以"面"的形式呈现在读者面前，尽管编辑也会根据一定的编辑思想和新闻价值标准对不同稿件的版面位置作出编排，以突出重要的新闻信息，但读者仍然可以根据自己的喜好随意选择阅读的顺序和内容。而广播则不同，它是线性传播，按照时间顺序来编排节目，使信息内容以连续不断的"线"性形式逐一呈现出来，听众不具有选择的主动性，只能被动地听从电台的节目安排，依时间顺序收听节目，既不能任意选择收听的先后顺序，也不能自主选择自己喜爱的节目和内容。因此，在特定的时间段内，听众只能按编排顺序逐一收听广播节目，而不能做"跳跃式"的选择，听众的选择权是极为有限的。

二、广播新闻评论的特点

广播新闻评论是根据广播传播技术而采写、录制和播出的新闻评论，是广播媒介就当前具有普遍意义的新闻事件和重大问题发表议论，有着鲜明的时效性、针对性和指导性的议论文体。

作为新闻评论的一种，广播新闻评论与报纸新闻评论有许多共同之处，如强烈的新闻性、论述的时效性、评说的特指性、文体的政论性、论证的逻辑性等。由于传播手段和方式的不同，广播新闻评论又呈现出有别于其他媒介新闻评论的个性特点。

（一）短小精悍，言之有物

广播新闻评论要短小精悍，言之有物。受到广播"线性结构"传播和节目时间长度的限制，广播评论如果长篇大论、冗长空洞，不仅会使观众心生厌烦，诱发"关机意识"，而且还会明显削减节目有限时间内的信息量，降低传播效果。这就意味着广播新闻评论在体裁上首先要体现短小精悍。

"短"本身并不是目的，而是实现广播新闻评论预期目标的必然要求。广播是偏向时间的媒介，随时间流逝而线性展开的传播方式决定了每一个广播节目都有着明确的时长限定和时间要求，不可能在一个节目中无休止地反复讲述或讨论某个事件或话题。广播新闻评论只有短小精悍，才能在有限的节目时间中容纳更多的内容，为听众提供更多的信息。

　　同时,广播新闻评论和其他媒体新闻评论一样,也具有鲜明的政论性。政论性的内容往往具有一定的概括性、抽象性和哲理性,其论证过程又充满了逻辑性和思辨性。听众通常需要聚精会神、专心致志地收听,才能听得明白、理解得透彻。然而在现实生活中,普通听众专注收听的持久性和耐久力却是相当有限的。一旦广播新闻评论过长,超出了大多数听众专注收听的耐久力范围,势必影响听众的理解和接受。因此,从听众的接受角度出发,广播新闻评论也必须短小精悍,才有利于听众的收听。

　　为了做到短小精悍,言之有物,广播新闻评论一般要求文字精练,言简意赅,在短短几百字或千字左右的篇幅中,以简洁明快的语言集中阐明一个事件或问题的价值、影响、意义等。

　　获得第二十一届中国新闻奖二等奖的广播评论《政府“拍脑袋”决策,好事也难办好》,就是一篇短小精悍、言之有物的优秀评论。2010年广州亚运公交地铁全免费,是引起全国轰动的一件大事,免费紧急叫停后,包括新华社在内的多家中央媒体都就此发表了评论。而作者作为“跑线”记者,了解到的情况更全面、深入,从而揭示出与众不同的深刻主题:政府办惠民的好事,也不能拍脑袋出政策。

◈◈ **案 例**

《政府“拍脑袋”决策,好事也难办好》

　　广州市政府昨晚紧急叫停刚刚实行了一周的“亚运公共交通全民免费”政策,取而代之的是向市民发放现金交通补贴,补贴的标准是户籍家庭及居住半年以上外来家庭每户150元,集体户口每人50元。

　　朝令夕改,政府的决策显得儿戏,无形中暴露了现在政府运作中的一大软肋:决策缺乏科学的程序,即便是给老百姓谋福利的好事,也不一定能把好事办好。

　　在免费政策施行的第一天,广州市交委主任洗伟雄曾高调宣称广州将创造一项史无前例的纪录。

　　【出录音】无论是在国内或者国际上,举办这么大规模的运动会的盛事,一个城市敢于提出来“公共交通免费”,我感觉到目前好像还没看到一个城市。【录音止】

　　但没有多少人知道,这项“创举”来源于领导的追求“创意”和“大胆”决策。

　　据知情人透露,广州市政府当初要各部门提交“亚运公交优惠礼包”的设想,没有一个部门提出“免费”的方案,提议最多的是参照北京奥运和上海世博的做法,发放交通补贴或降价。但这些提议被一位领导批评为不够创意和大胆而被否决。领导“免费”的设想提出后,地铁公司经过反复论证,还是担心承受不了增长的客流,但这种担心并不能左右领导的“大胆”决策。

　　回想起免费坐地铁一周的经历,很多市民觉得不可思议。

　　【出录音】(市民欧阳先生)我想引用那几天坐地铁时一个老太婆说的话,她说,免费好是好,但是真的出了问题就不得了,好几次真的就差点从楼梯那儿被推下去,基本上是这样子。【录音止】

　　【出录音】(市民陈先生)坐车都不用钱了,好像进入了共产主义一样,但是地铁的人流实在是太大了,排队的时候都要排两三次或者是要等一刻钟,甚至一刻钟以上才

可以进到地铁里去坐车,上下班不方便。【录音止】

在现实面前,广州市相关政府部门不得不承认之前的政策存在失误,广州市交委副主任颉亚林:

【出录音】公交和地铁客流高达1700多万人/每天,地铁的客流创下了历史新高,大大超过了地铁运输的能力,对安全、秩序造成了比较严重的影响,也对市民上下班出行造成了极大的不便。【录音止】

但不少市民对此不依不饶。

【出录音】(市民王先生)既然给大家说是有免费乘坐公交、免费乘坐地铁,大家都挺高兴,到了现在说是安全原因(要取消)。在制定政策之前就应该考虑这些问题了,而不是到了现在一个星期以后说免费取消。我觉得太儿戏了,这样搞法。【录音止】

为什么好事办坏了?广州市政协委员韩志鹏一针见血:

【出录音】这本来是一项民心工程,但很多地方政府做民心工程的时候,反正我是有种恩赐、赐予的意思,这个东西是我给你的。没有经过民主决策,也没有经过科学决策,完全没有听取民意就这么出台了。现在怕出事,就来个朝令夕改,这种随意性会给社会带来很大的困扰。【录音止】

从番禺垃圾焚烧场选址等公共事件来看,广州市政府已经努力在一些决策上做到科学民主。但民主建设的进程显然还很漫长,在这次惠民的好事上,政府就犯了"拍脑袋出政策"的错误,就算在后来的纠错过程中也是如此。

作为纠错措施出台的《发放交通现金补贴方案》,同样受到不少质疑。

【出录音】(市民陈小姐)每户150块钱,那我一户有6个人,每天都要坐车,那怎么算呢?对不对?这样就觉得不合理嘛。【录音止】

《补贴方案》昨晚9点在广州政务中心公布,昨晚6点一场匆忙的"征求意见会"在广州市交委召开,与会的大多数人大代表、政协委员、市民代表都提出能不能直接降低公交票价或为"羊城通"充值,以减少群众麻烦和行政成本。但征求意见会结束还不到一个小时,补贴方案就正式公布,方案内容一字未改,各方的意见和建议都成了走过场的声音。

广州市政协委员韩志鹏指出,政府再次犯了"拍脑袋决策"的错误:

【出录音】现在已经是资讯社会了,都"地球村"了,是吧,政府在出台这项政策的时候,为什么不征求一下大家意见呢?比如说,交通补贴发多少、怎么发,上个网甚至是发个微博,如果这些问题事关老百姓利益的话,一个钟头,就会有成千上万的市民的响应。【录音止】

垃圾处理等影响公众利益的事,政府已经能做到事前征求民意,需要进一步明确的是,惠民的好事也需要科学决策。但在部分官员的脑子里,公共交通全民免费也好、现金补贴也罢,反正是政府给老百姓的,我政府爱怎么给就怎么给。

广州市交委副主任颉亚林已经代表政府部门为之前的政策不当公开向市民道歉:

【出录音】我在这里就对市民造成的不便表示歉意,希望市民给予谅解!【录音止】

知错能改,显示出政府应有的勇气和魄力,但对现代政治文明来说,这还远远不够。现代社会的基石是法治,权力只有在完善的监督下才能发挥良好的作用。政府如果还不能够明确和恪守"凡是涉及公众利益的事情必须征求民意"这个原则,不把好现代社会中政府必须走的"程序关",好事就不一定能办好。政府"拍脑袋决策"这种瞎折腾不仅会造成社会资源和财富的巨大浪费,还极大地影响着政府形象,进而危及社会运行秩序。

（广东人民广播电台,2010年11月7日,《今日点评》播出,采写记者黎辉。）

(二)深入浅出,通俗易懂

广播新闻评论要深入浅出,以生动浅显的方式来表现深刻的主题和内容。对于广播新闻评论来说,"浅"与"短"是基于听众收听能力的两个方面,"短小精悍"着眼于适应大多数听众专注收听的持久性和耐久能力,"深入浅出"则侧重于照顾大多数听众的接受能力和理解能力。

由于广播对受众几乎没有文化程度和知识水平的要求,听众基本上可以"零门槛"进行收听,这就决定了广播听众之间的接受能力和理解能力存在着较大差别。为了让参差不齐的听众大部分都能听懂那些具有一定概括性、抽象性、思辨性的政论内容,广播新闻评论要求充分调动各种手段,把深刻的思想内容转化为生动浅显的表现形式,以通俗浅显的方式来适应大多数听众的接受能力,增强广播新闻评论的传播效果。

从选题的角度看,"深入浅出"就是要缘事而发,以小见大,善于从发生在听众身边的小事或现象中提炼出深刻的主题、思想,以及带有普遍性、规律性的道理。与报纸新闻评论相比,广播新闻评论的理论性要稍弱一些,纯粹抽象的说理论证既不利于发挥广播的优势,使评论变得呆板而沉闷,缺乏吸引力,也不利于广大听众的有效收听,增加了听众理解的难度。因此,广播新闻评论必须做到就事说理,缘事而发,从听众身边的故事入手,从老百姓关注的话题入手,在选题上真正贴近大众。通过具体形象的事件,引出相关的议论和评价,使广播新闻评论能吸引听众的注意力,引起广大听众的共鸣与思考。

从论证的角度看,"深入浅出"就是想方设法把深刻的内容,尤其是比较概括、抽象的道理讲得浅显明白,入情入理,让人一听就懂。任何新闻评论在分析说理的过程中,都必然要运用概念、判断和推理等逻辑手段,以及同逻辑手段相对应的词语、句子和章法。论证说理的抽象程度,在某种意义上取决于抽象概念的使用程度和逻辑推理的繁复程度。因此,广播新闻评论要做到深入浅出,就应当尽量控制表达的抽象程度,对评论中的某些抽象概念加以形象化的阐释、说明,同时充分运用具体事例、数字、常识、历史事实,以及概括社会生活经验的成语、谚语、歌谣、格言等人们熟悉的材料,通过举例子、打比喻、作对比等各种方法来说明道理,帮助听众有效理解抽象的论证说理内容。

从表达的角度看,"深入浅出"就是尽量使用通俗化、形象化、大众化、口语化的语言,把深刻的内容和抽象的道理讲得浅显、通俗、易懂。广播使用有声语言进行信息传播,诉诸人们的听觉。广播稿不能像报纸文字稿件那样,使用较长的句子、较多的修饰语和较为抽象的书面语言,这不利于广播节目信息的准确传播和听众的有效收听。相反,广播节目,尤其是广播新闻评论节目要求播音员、主持人和评论员把抽象、概括的书面语言转化为通俗、形象的口头语言,句子相对简短,修饰语较少,通俗浅显,使听众容易理解。为了拉近与听众的心理距离,使听众在心理上产生一种"人际性"的交流式收听,广播新闻评论的语言甚至还可以大量使用口语化的语气助词,如"啊""呀""哎""嗯""呢",以一种对话式、商量式、探讨式的口吻进行讲述,从而为听众倾听创造一种良好的心理氛围,使听众受到强烈的感染和打动,最终实现广播新闻评论的预期目标。

获得第二十二届中国新闻奖一等奖的广播评论《严禁酒驾带给社会的启示》,就是一篇源于生活、源于思考、深入浅出、通俗易懂的优秀评论。最初,同事朋友们严格遵守"酒后不驾车"的"突出表现"给了记者很强烈的"印象"——为什么大家如此严格遵守这一规定,而且不论职务高低、不论从事什么职业,都对这一规定严格遵守呢?记者开始"跟踪"这一现象。从确定主题,到跟踪采访,长达数月的时间。记者就"严禁酒驾取得良好社会效果,到底带给社会怎样的启示?"这个问题进行了大量的采访,从社会偷窃行为,到环境保护问题,再到渣土车伤人现象、上访问题等,大量的采访让记者有了越来越多的思考,最后将对比的重点放在了"食品安全"问题上。

◇◇**案例**

《严禁酒驾带给社会的启示》

今年5月1号起,正式生效施行的我国刑法修正案(八)中,对"醉酒驾车"和"违反食品安全"的惩处都前所未有的加大力度,两者都是"只要有行为、不论结果"都将处以严厉的刑事处罚。然而相同的力度却有着不同的结果:全国醉酒、饮酒驾车同比大幅下降;而食品违法行为却屡见不鲜。为什么"严禁酒驾"能够在全国取得良好效果,它带给社会其他领域怎样的启示呢?来听记者丁芳发来的新闻综述:

【出录音】"请问有没有喝过酒"?"没有""用力往这个位置吹?滴……噢,显示绿色,您没有喝过酒。谢谢配合。""有没有朋友因为酒驾被抓住过啊?""现在没有,以前多,我们是百分之百执行。因为现在抓得严,有典型了"!【录音止】

24号晚,恰逢周末、又是西方的平安夜,23点的西藏路、淮海路路口依旧人来车往。此时,全国范围的"查酒驾"统一行动拉开帷幕。黄埔交警豫园中队在此路口设卡检查。在记者跟随采访的两个小时时间里,这个点共检车辆约150辆,却没有查到一起酒后驾车行为,黄埔交警支队勤务路设科李科长告诉记者:

【出录音】去年我们查酒后驾车最早晚上8点半开始查,基本查到11、12点时已经"战果累累"了。5月份"入刑"以后,查一百部车都不一定有一部。各个区交警支队基本上每天晚上都有设卡。从1月份到4月份,醉酒驾车55起,5月1号到现在为止,5起,下降90%多。【录音止】

25号早上的黄埔区交警支队汇总数据显示:在24号晚的统一行动中,黄埔共设检查点8个,从23点到凌晨2点共检查车辆1 800辆左右,查获酒驾5起。难怪有社会学者称,"严禁酒驾"取得的成效,可以说是共和国62年历史上,"执法见效"最成功的案例之一。市交警总队事故处陈伟群科长介绍,截至 12 月 15 号的数据显示,今年整个上海酒驾人次也大幅下降。

【出录音】今年 5 月 1 号醉驾"入刑"后,到目前全市查处的醉酒驾车是 1 091 起,同比下降约 78%。饮酒驾机动车同比下降约 57%,下降的趋势很大。【录音止】

酒驾大幅下降的成效在全国带有普遍性。如此良好的社会效果只是因为法律上加大惩处的缘故吗?社会学家、上海大学教授顾骏认为,重典固然重要,但更重要的是"执法力度的加大"和所有人在法律面前的"同一待遇"。某知名音乐人案就是一个典型案例:

【出录音】它的严格执法程度从未有过,所有的人都不能幸免,拒绝通融,拒绝具体情况、具体分析。法律要发挥作用,必须对一切人有效。如果管不住一部分人,法律就管不住所有的人。再有力度的法律规定都没有了意义。【录音止】

交警总队勤务处王世杰科长说,现在在查处酒驾方面,不仅对民警执法环节的要求不断提高,对执法者自身的行为要求也比任何时候都严。

【出录音】"警务通"一抓到了,这个警务通就上传到所有公安系统里了,你连求情的时间都没有,就现场了,我们从各个环节堵住漏洞。酒后驾车是严重违法行为,一律"顶格"处理。这是一视同仁的,不管你有什么职务、处于什么岗位,只要你酒后驾车了,就必须清理出公安队伍。【录音止】

"严禁酒驾"的确已在全社会取得良好的社会效果,然而法律同样严格"对待"的食品安全问题,依旧和社会其他领域的许多治理一样,面临着"走不出"的困境。市食品安全委员会办公室副主任顾振华介绍:

【出录音】上海一年食品安全方面违法案件少说有四五千件,这些查处大部分都是以罚款的形式来进行处罚,上海每年大概有两位数的数字追究刑事责任已经很不错了,而酒驾抓到一个就是刑事责任。【录音止】

多年从事法制研究的上海市社联党组书记沈国明对这一现象也非常感慨:

【出录音】刑法修正案(八)里即规定了醉酒的问题,也规定了食品安全的问题。而且有个共同点,不管有没有压死人、吃死人,它是不管后果的,只要你有这个行为,就判刑了。它的力度和醉酒是一样的,但是你看连人家都不知道。说明执法认真不认真、造势情况如何、宣传怎样都很重要。【录音止】

不可否认,食品安全的查处难度远远高于醉酒驾车,一件食品安全事件的认定远非像"吹口气"来得那么容易。沈国民认为,食品安全问题的确复杂,但再复杂的事件也有解决的路径,切断"利益链"让法律做主,很重要。

【出录音】如果我这个企业在什么区,我对其 GDP 的贡献很大,区里也不希望我垮掉的。地方政府就有这种很微妙的态度,在某种程度上,他们都有保护伞,他不是一对一,不知道背后有多少力量,都有部门利益、地方利益。所以,大家基于利益这个角度来权衡对法律的态度,这使得很多法律都不能得到很好的执行。【录音止】

法治社会要求,每个人或每个部门都只对法律负责。严查酒驾的"人人平等",凸显了法律的作用和威严。然而当下,环保、拆违等很多领域在执法时往往强调事物的特殊性。上海市联合律师事务所高级律师江宪和顾骏教授分析说,当总是强调特殊性

时,问题就出现了:

【出录音】我们目前走到今天,确实是由于我们总在强调事物的特殊性,忽视了法律主要是针对事物的普遍性的。我们现在总是把法律当作一种很实用的东西,我要用的时候用一用,千万不要搞成法律只是治一部分人,却放过另外一部分人的。执法者首先必须守法,法律管不住执法者,执法者就管不住普通人。【录音止】

改革开放以来,中国加快"立法"建设,基本解决了无法可依的状态。江宪律师说,中国当今的问题不是法制缺失的问题,而是要充分体现法律的公正性和严肃性:

【出录音】我们现在的问题是有法不依的问题。在有些事情上严肃执法了、有法必依了,但有时又有法不依了,这样造成整个社会起起伏伏(上海方言)。【录音止】

建立一个健全的法制社会,受益的将是社会中的每一个人,而每一个人又都是法治社会的推手。市绿化市容局的一组数据值得深思:今年1月至10月,本市工程渣土车涉及的交通事故共50起,其中28起是由助动车主、自行车或行人负主要责任。上海人大法工委主任丁伟说,公众在强调权利的同时不能忽视责任和义务,"警在法在"的现象要改变:

【出录音】现在整个国家法律的发展趋势是不断限制公权制。对公权制加以限制我认为是社会进步的标志。相对来讲,私权利就扩张了。现在普通社会公众你们准备好了没? 如果你们遵法守法意识没跟上的话,那,我认为这个社会也会不稳定的。【录音止】

越来越多的事例告诉人们,社会治理没有什么其他办法,唯有依法。

人们只要敬畏法律、把法当真,管理部门像查处酒驾一样来查处所有的违法行为,社会一定有条不紊。

(上海人民广播电台,2011年12月26日,《990早新闻》,采写记者于芳。)

第三节 电视新闻评论的传播

一、电视的传播特点

电视和广播都是通过无线电波或导线进行节目信号传输的,相同的传播手段决定了它们两者具有某些共同的传播特点,如迅速及时、覆盖面广、受众广泛等优势,以及转瞬即逝、选择性差、不易保存等劣势。同时,电视在使用有声语言符号的基础上,还增加了图像、文字等传播符号,既诉诸受众的听觉也诉诸视觉,这又决定了电视具有鲜明独特的传播特点。

(一)电视传播的优点

1.声画并茂,双线互补

电视是以画面和声音为传播符号的媒体,它既传送运动的图像信息,又传送包括同期声、解说词、画外音、环境音响、背景音乐等在内的声音信息,必要时还可以配上字幕,传达文字信息。声画并茂的传播方式,使电视既诉诸观众的视觉,也诉诸观众的听觉。

在各种电视节目中,声音与画面的关系大致有两种,声画合一与声画对位。在声画合一的情况下,电视画面与声音传播的具体内容完全一致,即画面中出现的人和物就是声音的发声体,或者声音就是在具体说明画面中的事物情景。而在声画对位的情况下,电视节目中的声音和画面则分别表达不同的内容,各自独立发展,但两者又彼此配合、彼此策应,通过声画结合的蒙太奇技巧,产生声音和画面各自原来不具有的新的寓意,从不同的方面说明同一事物的含义。无论电视节目中的声音与画面处于何种关系,它们总是相互补充,相得益彰,分别从听觉和视觉两个通道来消除受众对电视节目内容认知的不确定性,从而实现双线互补的传播效果。

2. 形象直观,现场感强

这是电视传播最为突出的特点和优势。随着电子声像技术的不断完善,电视传播活动从摄录各类素材到编辑、播出、传输、覆盖和收视等各个环节都具有越来越高的保真度和传真力。电视通过画面、声音等传播符号,把客观对象具体可视的外在形象如实地呈现在观众面前,事实的形态、细节、情景、气氛、声音等,不需要经过不同传播符号形式之间的"编码"与"解码"转换,就可以直接为观众所接受和认知。

而报纸和广播相比之下都要逊色很多。报纸的信息传播首先要由记者、编辑将他们耳闻目睹的新闻事实转换为文字符号,编排在报纸上加以传播,而读者在阅读报纸时则需要根据自己的理解,将文字符号在头脑中还原为声画并茂的新闻信息本身。广播依靠声音进行信息传播,通常也要经过记者将所见所闻转换为文字符号,再由播音员将文字符号转换为声音符号,然后通过电波传送出去的过程,而听众在收听广播时,同样需要对声音符号所负载的信息内容进行理解和转换。即使广播中传送的是现场采录的实况声音,听众也需要利用人的感觉器官之间的相通性把声音信息在头脑中转化为图像,而这种图像对客观事实的还原程度则取决于听众自身对声音信息的理解把握和想象能力。

根据传播学原理,传者对新闻事实的转述层次越少,噪音(非有用信息)越少,该信息中所蕴含的有效信息量就越大,可信度也越高;反之,则有效信息量越小,可信度越低。因此,相比之下,电视信息在传播过程中所经过的"编码"与"译码"程序是最少的,它把新闻事实形象地、直观地、原原本本地呈现在观众面前,让观众"耳闻目睹",如同"身临其境",呈现出极强的现场感。

3. 内容丰富,手段多样

电视是一种包容性、综合性极强的媒体。要维持日常不间断的播出,其节目内容之丰富,品种之庞杂,题材之广泛,表现手段之多样,可以说是现有的其他大众媒介所无法比拟的。电视将新闻传播、舆论导向、资讯服务、娱乐消遣、艺术审美、知识教化等各种功能融于一体,触角伸向社会生活的各个方面,各个角落,无所不包,无所不及。

从节目内容上看,电视既可以汇聚各类新闻,及时、形象地传播国内外发生的大事,又可以针对新闻事件加以评论,提供对事态的评断和分析,帮助人们更好地认识和理解生存环境的变化;既可以汇聚各种精彩的体育赛事和优秀的影视作品,雅俗共赏,让观众获得身心的愉悦,又可以在屏幕上呈现各种游戏娱乐节目,充分发挥电视的娱乐功能;既可以汇聚天气、交通、旅游等各种信息资讯,为百姓的日常生活提供服务,又可以通过广告信息传播,直接或间接地促进商品流通,拉动消费需求,繁荣社会经济。

从表现手段上看,电视既能发挥大众媒介的诸多优势,形成强大的传播效果,又可以借鉴其他艺术门类的形式、经验、技巧,丰富电视节目的艺术手段。正因为电视广泛地兼容了绘画、雕塑、音乐、舞蹈、建筑、文学、戏剧、电影等艺术表现形式之精华,同时又具有自己鲜明的艺术特征,故而也被人们称为"第九艺术"。

4. 人际"交流",亲切自然

与报纸、广播等传统大众媒介相比,电视是最便于展现人际交流的媒介。电视所展现的人际交流通常有两种形式,一种是电视节目中主持人、嘉宾、现场观众之间的对话、讨论和交流,另一种就是节目主持人、评论员、播音员、记者等直接面对电视观众的讲述。无论是哪种形式,电视屏幕上的人际交流总是伴随着生动、形象、直观的图像,包括说话的特定环境,说话人的表情、眼神、手势、姿态、服饰,以及交流双方的位置、距离等,都在传递着交流者之间的种种关系。这样的交流状态最接近于日常生活中的人际交流,也最容易诱发屏幕前电视观众的临场感和参与感。同时,电视屏幕上的人际交流在空间上与观众近在咫尺,就好像是与观众"面对面"展开的交流与对话,主持人、评论员、播音员态度诚恳、亲切自然的讲述方式,也最易于获得人际传播的效果。

5. 家庭收视,轻松融洽

电视是迄今为止所有大众传播媒介中最具家庭性质的媒体。由于电视机不像报纸、收音机那样轻便灵活,可以随身携带,随处阅读或收听,加之电视设备对传输线路的特殊要求,电视机通常都被固定放置于房间尤其是客厅的中央位置,家庭成为电视信息传播的最主要的"终端"。这种特殊的位置和环境,决定了电视往往成为家庭成员茶余饭后消遣娱乐的聚集"中心"。

因此,有别于报纸和广播在信息接收方式上多为分散式、个体性的阅读和收听,电视通常是以家庭为单位而进行的集中式、群体性收视。家庭成员共同围坐在电视机前,一边收看电视节目,一边谈论交流,气氛轻松、和谐、融洽,最能体现家庭生活气息和家庭成员间的亲密关系。

(二)电视传播的缺点

1. 画面信息的有限性和浅表性

电视以运动的图像作为最主要和最基本的传播符号,但运动图像的局限性本身也就成为了电视信息传播的主要障碍。一方面,电视画面能够如实记录镜头前正在发生的事件、人物及场景,但却无法表现那些已经发生,却未能及时记录下来的新闻现场尤其是用电视新闻手段去进行典型报道时,电视画面能记录和呈现的信息往往较为有限,因为那些可以表现典型丰富内涵的新闻素材对于有现场规定性的摄像机来说已经是"过去时"。另一方面,电视画面能够记录的仅仅是客观事物的外在形象、状态和情景,但却很难直接表现事物的内在规律、人物的内心世界,以及那些抽象性、概括性、理论性较强的概念、哲理和思想观念,也难以表现那些不具备形象性和可视性的客观事物,如空气、分子、离子等。虽然电视也可以通过解说、旁白、字幕等语言文字手段,或图片、实物、历史资料等加以弥补,但过于依赖这些辅助手段则会明显削弱电视画面的主体地位,影响电视传播优势的充分发挥。

2. 可视性增强导致可想性减弱

由于图像信息的具体性、形象性、直观性,电视一方面可以将客观事物直接呈现在观众面前,观众不需要经过想象和联想就可以亲眼"目睹"各种人物、事件、情景的全貌和过程,这使电视呈现出其他媒介无可比拟的优势,同时也在客观上限制和削弱了观众的想象力。正如"一千个读者就有一千个哈姆雷特",人们在阅读报纸、杂志或书籍时,通常会结合自己的生活阅历、价值观念、情感体验、文化素养等,在头脑中对文字描述的人物、事件、场景等进行想象和"还原"。而一旦电视画面将这些信息形象直观地呈现在观众眼前,受众心目中原本千差万别的"哈姆雷特"就被一个定型化的电视形象所取代了。

另一方面,电视是偏向时间的媒介,变化无穷的电视画面会不断刺激观众的注意力,使观众更多关注流动中的画面信息。在时间的流逝中,在一个接一个的画面镜头中,观众不断接收到画面所传达的信息,但往往还来不及对这个画面做出进一步的思考,下一个画面又接踵而至,并取而代之。与画面处于统一或对位关系的声音同样转瞬即逝。这就使得观众在有限的时间内只顾观看电视画面,而无暇去思考,人们思考的机会也由此被剥夺了。

二、电视新闻评论的特点

电视新闻评论是根据电视传播的特点而采写、录制和播出的新闻评论,是电视媒介就当前具有普遍意义的新闻事件和重大问题发表议论,发挥舆论功能,进行舆论引导和舆论监督的议论文体。

由于综合运用了画面、声音、文字等多种传播手段,电视新闻评论几乎容纳了广播新闻评论的所有优点。而且除了具有突出的新闻性、时效性、针对性、指导性等新闻评论的共性特征之外,电视新闻评论还因其鲜明的图像特点而具有自己独特的个性特征。

(一)多种符号融合传播,凸显"形象化评论"

报纸新闻评论通过文字符号进行传播,广播新闻评论通过声音符号进行传播,它们都只诉诸受众的单一感官——视觉或听觉。因此,受众在接收到相关的文字信息或声音信息时,对报纸新闻评论或广播新闻评论的第一感受仍是平面的、抽象的。只有经过充分调动自己的想象和联想,把这些抽象的符号信息在头脑中转化和"还原"为某种具体的形象,报纸新闻评论或广播新闻评论才会具有一定的形象性。

作为新闻评论的一种,电视新闻评论同样离不开概念、判断、推理等抽象化的逻辑思维。但声画并茂、形象直观的论据的使用,则使电视新闻评论呈现出形象思维与抽象思维有机结合的突出特点,电视新闻评论也因此而更加具有感染力和说服力。

具体而言,电视传播的最大优点就在于形象的直观性。在电视新闻评论中,论者的思想观点和论证的逻辑过程都是抽象的、无法直观体现的,但作为论据的事实、数字、资料等则是可以具体感知的。电视以画面和声音为基本的传播符号,同时综合运用了图像、照片、图表、解说词、同期声、实况音响、音乐、字幕等多种传播手段,使电视新闻评论的论据得以形象、直观地呈现在观众面前,从而形成了独特的"形象化评论"。而这一点,恰恰是传统的报纸新闻评论和广播新闻评论所无法企及的。

获得第二十二届中国新闻奖二等奖的电视评论《名不副实的"公考"培训班》,就是充分利用了电视画面、声音、文字等多种传播手段,对广西南宁无证办学的"公考"培训进行了揭露和曝光。公务员考试被称为"中国第一考",公务员考试的考前培训机构生意火爆,利润惊人。2010年,广西南宁刚刚发生过严重的公务员考试泄题事件,泄题的源头就是无序竞争的"公考"培训机构。事件刚过不久,很多"公考"培训机构为了招揽考生又不惜铤而走险,采取无证办学、夸大宣传、假借名师和命题老师名义等恶劣手段欺骗考生,以攫取高昂的培训费。在这个背景下,该片作为第一家敢于向名不副实的"公考"培训机构"开炮"的媒体,用细致的调查、充分的证据,揭开了这个行业的混乱内幕,戳穿了他们的欺骗行为,体现出了媒体的社会责任感。

◇◇ **案例**

《名不副实的"公考"培训班》

下周,备受瞩目的2011年广西壮族自治区公务员考试将举行公共科目笔试,近14万名考生将争夺6 000个岗位。面对被称为"中国第一考"的公务员考试,有一个巨大的市场正在形成,那就是公务员考试辅导培训。然而,记者在南宁市调查发现,公务员考前培训市场真是鱼龙混杂、名实难副。

【解 说】在南宁市一家名为宏章教育的"公考"培训机构,记者看到,可以容纳200人的教室几乎坐满了人,为什么这家"公考"培训班的生意如此"火爆"?

【同期声】(考 生)我们是在图书市场里面看到它的广告,上面写有每年的猜题命中率达到90%,然后上线的考生达到多少多少,我们才打电话去联系,找他们培训的。

【同期声】(考 生)在我们学校打广告的,谁广告响我们就选择谁。(谁的广告响?)宏章教育是打得最响的。它宣传的老师是区党校的老师,人力资源部的老师,我们才选它的。

【解 说】记者在宏章教育的网页上看到,"豪华师资阵容,成就梦想之路"的宣传广告甚是诱人,而"所有授课老师均为历年公务员考试阅卷专家、广西壮族自治区区考资深专家"这句话则更令人动心。要知道,如果有阅卷老师和区考专家来授课,一定能够吸引大量考生前来报名。真实情况究竟如何呢?

【同期声】(记　者)是哪里老师讲课?

(宏章教育工作人员)是我们请的北京的历年的阅卷老师、教授。全广西只有我们公司最有保障。

(记　者)你说有阅卷的老师,有改卷的老师,谁知道是不是阅卷的老师?

【解　说】就在这时,一个女孩从里面跑出来,故作神秘地说。

【同期声】(宏章教育工作人员)其实是这样的,那些老师我们不公布的一个原因是他们本身是阅卷老师,不能够(公开),你应该知道的,他们是不能够出来这样讲课的。

【解　说】在记者的一再要求下,这几位工作人员终于把任课老师的名字告诉了我们。

【同期声】(宏章教育工作人员)申论是张××老师、行测是朱××老师,他们都是北京市委党校的。

【解　说】宏章教育真的有这么大本事从北京市委党校请到这么多老师吗? 记者就此事进行了电话咨询。

【同期声】

(记　者)你好,请问是北京市委党校人事处吗?

(北京市委党校人事处)对,你好。

(记　者)我是广西南宁的。

(北京市委党校人事处)您说!

记者:是这样,我们参加了一个公务员考试培训班,我们班上有几个老师说是从你们北京市委党校过来的。我把名字告诉你,想问问你们学校有没有这几个人。一个是叫作朱××。

(北京市委党校人事处)没有,没有这个人。

(记　者)张××呢?

(北京市委党校人事处)没有。

(记　者)那你们平时有没有往广西这边派老师来讲课呢?

(北京市委党校人事处)没有啊!

【解　说】原来所有被称作来自北京市委党校的老师只不过是宏章教育拿来招徕考生的幌子而已。这也难怪被广告吸引进来的考生在上了一段时间的课以后就发现受骗上当。

【同期声】(考　生)等我们到了上课的地点,发现和它广告上宣传的教授都货不对板,都不是那些老师来上课。

【同期声】(考　生)自己有一种被欺骗的感觉。找来的老师甚至就是照本宣科,拿着那本资料跟你在那里读。

【解　说】在宏章教育的网站上,记者发现,他们的上课老师要么是历年申论阅卷专家,要么是公务员面试培训专家。但是奇怪的是,这些专家一张照片都没有,连名字都没有写出来。记者好不容联系到了排在首位的覃老师。

【同期声】(覃韦初)我的名字不值钱,但是我名字后面有一个身份,有一个职务,有一个经历,这个值钱。(他们)就是用我的名字、我的身份去赚钱。

【解　说】覃老师退休前曾任广西壮族自治区人事厅人事考试中心主任,是广西公务员录用面试考官培训首席专家,也是公务员面试辅导权威考官。但是,覃老师坦言宏章的宣传并没有征得他本人同意,而且他早已不在宏章教育讲课。

【同期声】(覃韦初)他们用我的名去招生,不仅仅是这个培训机构,还有好几个培训机构都这样写。(但是没有你的照片。)不敢,因为打照片出来,到时候一讲课,我这个老师没有出现,他们很明显就觉得欺骗了考生,学生就会找他们麻烦。(像命题的老师和参加阅卷的老师可以到那些培训机构去当老师、去辅导吗?)这是不可能的。培训机构和我们的公务员考试管理机关是不可能有任何的关联的。可以想一下,老师在命题的时候是要封闭起来的,封闭期间那不可能和外面有任何的联系。

【解　说】覃老师告诉记者,南宁市参加过命题或者评卷的老师屈指可数,而且这些老师是不可能在有命题和评卷任务的前提下还去培训机构讲课的,但是他们的名字都被培训机构挂起来卖钱了。

【同期声】(覃韦初)这些老师很多人还一无所知。他们的名字被卖了,去卖钱了,他们一点都不知道,被蒙在鼓里面。(那如果说遭遇这种情况,你觉得应该怎么做呢?)现在比较无奈,他们胆子那么大,就是钻了一个空子,钻了我们管理上的漏洞。

【解　说】除了在师资上做虚假宣传,我们在图书市场还看到了形形色色的公务员考试培训教材和试卷,这些书籍没有一本不打着"专用""通用""指定"的字眼。

【同期声】(广西壮族自治区党校教授,李德敏)目前的教材在社会上发行的很多,有二三十种,我都看过了。但是,不可否认也有很多教材,有很大一部分教材,抄袭性比较强,抄人家的。商业性比较浓。

【解　说】个个都说自己是"专用",有的甚至还搬出了所谓"广西壮族自治区公务员录用考试教材审定委员会"和"考试命题研究中心"之类的机构来为自己贴金。难道真的有这样的机构吗?

【同期声】(覃韦初)没有这种机构。人事厅没有这种机构,人力资源与社会保障厅是专门管公务员考试、公务员录用管理的,他们自身没有这种机构,他们也不可能去审查这种教材。因为国家规定是不能指定教材的。

【解　说】记者随后向广西壮族自治区公务员局进行了正式核实。

【同期声】(广西壮族自治区公务员局考录处负责人)(电话采访)我们公务员局没有制定类似的专用教材,也没有教材审定委员会、考试命题研究中心这样的机构。在这里,我们广西壮族自治区公务员局郑重声明,广西公务员录用考试历来(也含今年)不指定考试辅导用书,不举办也不委托任何机构举办考试辅导培训班。目前社会上出现的任何以公务员考试命题组、专门培训机构等名义举办的辅导班、辅导网站或者发行的出版物、上网卡等均与本自治区公务员主管部门无关。

【解　说】记者在网上搜索"公务员考试培训",搜索结果竟然高达1 430万条!记者发现,南宁市的"公考"培训机构主要有宏章教育、华图教育、新青年文化培训等几家,除了宏章教育,其他的培训机构是否名实相副呢?

【同期声】

（记　者）办学许可证有吗？

（华图教育）办学许可证，有的啊！

（记　者）在哪里啊？

（华图教育）没有拿出来，因为没有地方放。我们和工商部已经签了协议的，我们到任何一个地方都可以开这个培训的……已经跟工商部签过协议了。

（记　者）工商部啊？

（华图教育）对，工商部，北京的那个。

（记　者）国家工商局啊？

（华图教育）对啊！

（记　者）办学资格应该是教育部门管的吧？

（华图教育）都可以，只要签订了那个协议都可以在其他省份办这个培训。

【解　说】根据我国《民办教育促进法》的规定，要从事教育培训业务，必须要到所在城区的教育局办理"社会力量办学许可证"，而在工商部门注册的营业执照根本不能从事教育培训。记者对南宁市青秀区内的宏章、西苑、华图、新青年、对外交流协会这五所学校进行了资质查验。

【同期声】（南宁市青秀区教育局副局长，李明强）根据我们查询档案，新青年文化培训学校在我们这里是备案的，其他的四所学校在我们这里是没有备案的。

（记　者）您说的没有备案是不是指的就是没有办理"办学许可证"？

（李明强）对。要办学必须要取得教育行政主管部门颁发的"办学许可证"。

（记　者）没有"办学许可证"就开学的话属于什么行为呢？

（李明强）它这就属于非法办学。按照《民办教育促进法》，这是要（予以）查处的。

【解　说】原来，把自己吹得天花乱坠的这些公务员培训机构竟然是连办学资格都没有的非法学校。既然是非法办学，为什么还能生存壮大，甚至生意红火呢？

【同期声】（新青年文化培训学校副校长，周涛）一个呢这个市场很大，本身这个市场是有这个需求的，另外一个呢，可能是相关职能部门监管不到位，包括我们的市场的需求者，我们的学员。他们也不明白相关的法律法规，导致有人上课，有人就愿意去交钱。据我们了解，这项工作涉及教育、民政、工商、物价等一系列部门，而这些相关的部门去监管这个市场，形成大家都去抓反而都抓不好的主要原因。

【解　说】说公务员考试培训一本万利一点也不过分，因为它几乎是史上最昂贵的培训，听几天的课至少要1 000元，而所谓的"保过班"学费更是高达10 000元到28 000元！在"中国第一考"的滚滚洪流中，在职能部门交叉监管的真空地带，这样的非法培训班有的竟然已经生存了七年之久！

【同期声】（新青年文化培训学校副校长，周涛）有很多教育咨询服务公司都想在这当中赚取一桶金，源于没有办法取得考生的信任，甚有的根本资质不齐全。那么，就采取了一些歪门邪道，去买卖题目，和考生交易，这个市场非常混乱。

【播　后】2010年广西公务员考试泄题事件其实就是培训市场混乱无序、监管缺位所导致的恶果。今年的公务员考试开考在即，我们希望有关部门真正负起责任，净化和规范"公考"培训市场,堵塞权利寻租空间,为国家选拔人才创造一个健康良好的外部环境。

好,感谢收看今天的节目,再见!

（广西电视台,2011 年 4 月 17 日,《焦点调查》,采写记者陈树胜等。）

(二)充分展现纪实信息,增强"现场"效应

报纸新闻评论的传播,首先需要记者、编辑、评论员将自己对某一新闻事件或重大问题的态度、立场、观点、评价等转化为文字符号。广播新闻评论的传播,同样也经过了记者的文字转化,以及主持人、播音员使用有声语言的二次转化。在不同传播符号之间的多次"编码"与"解码"的转化过程中,新闻事件的现场已经被高度平面化、概括化和抽象化。

因此,如果说报纸新闻评论和广播新闻评论注重的是观点的阐述和论证,那么,电视新闻评论则更强调事实和论据的呈现。换言之,报纸新闻评论是直接发表意见,而电视新闻评论更倾向于"用事实说话"。

为了实现"用事实说话",电视新闻评论往往采用长镜头加同期声的记录方式,在保证声画同步的情况下,尽可能完整地记录事实、展示观点。不论是节目中记者的现场采访、调查、追踪,还是新闻事件的起因、发展、过程,抑或不同人士对新闻事件的态度、看法、评价,电视新闻评论基本上都是采用长镜头加同期声的方式,既保证了画面时空的真实性、完整性与立体性,体现出强烈的"现场"效应,又打破了镜头内外的界限,拉近了观众与评说者之间的距离,满足了观众的求真心理和参与欲。

获得第二十一届中国新闻奖二等奖的电视评论《假酒真相》,可以说是一篇具有强烈现场感的优秀新闻评论。记者暗访周密翔实,编辑手法细腻,内容层层深入,有递进有细节,具有极强的可视性。节目紧扣民生,首度揭露了整个假酒产业链条。

◇◇ **案 例**

《假酒真相》

（演播室主持人　敬一丹）您好,观众朋友,欢迎您收看《焦点访谈》。如果问葡萄酒多少钱一瓶,您可能会说几十块钱的也有,成千上万的也有,那要看品牌、品质和产地了。那您听说过五块钱、十块钱就能买一瓶葡萄酒吗? 这样的酒属于什么品牌? 它具有什么样的品质? 它的产地在哪儿? 这样的酒是怎么造出来的呢? 记者在北京市的酒类批发市场看到,这里就有这样的葡萄酒。

【解　说】城北回龙观交易市场是北京市主要的酒类批发市场之一,这里有几十家摊位批发各种葡萄酒。记者发现,这里销售的葡萄酒价格相差非常悬殊。贵的五六百块钱一瓶,便宜的一瓶还不到 10 块钱。

（记　者）一瓶 30 多(元)?

（摊　主）一箱(六瓶),一箱。

（记　者）一箱 30 多(元)?

（摊　主）对。

【解　说】至于这些酒为什么这么便宜？摊主们往往都闪烁其词。

（摊主2）其实让我说我也说不清楚。

（记　者）什么地方生产的？

（摊主2）昌黎的。

【解　说】据了解,在北京市场上很多低价葡萄酒都来自河北秦皇岛市昌黎县,记者前往那里进行了调查。

一进昌黎县,就看到这里密集分布着众多葡萄酒生产企业,大大小小加起来有近百家。在昌黎县更好酒业公司,记者看到了这种出厂价才五块钱一瓶的葡萄酒。

（昌黎更好酒业有限公司销售经理　王敬宇）我这是30(元)一件。

（记　者）30(元)一件。

（王敬宇）合五块钱一瓶。

【解　说】在秦皇岛丘比特葡萄酿酒公司和昌黎韩愈酒业公司,记者也发现了几块钱一瓶的低价葡萄酒。

（秦皇岛丘比特葡萄酿酒有限公司总经理　马剑飞）合五块钱(一瓶)吧。

（昌黎韩愈酒业有限公司销售经理　阎中雨）六块钱的质量争取让它能够合格。

【解　说】在记者的追问下,更好酒业公司的销售经理,终于透露了葡萄酒如此便宜的秘密。

（记　者）是不是全汁啊？

（王敬宇）最低档的不是全汁。我们灌的汁是水多酒少。

（记　者）酒汁少,这个酒汁啊占百分之五十？

（王敬宇）占不上。

（记　者）大概能占百分之多少？

（王敬宇）占百分之二十差不多,百分之二十的汁。

（记　者）其他的是啥呢？

（王敬宇）其他的是水呗。

【解　说】他告诉记者,酒汁里酒少水多自然便宜,但要当真酒卖,仅仅掺水还不够。从外观到口感,还要用特殊的原料调制。

（记　者）那颜色怎么弄呢？颜色不淡了吗？

（王敬宇）颜色用色素嘛。

（记　者）那味怎么弄？

（王敬宇）味嘛,要加辅料,全靠辅料调呗。

（记　者）啥叫辅料呢？

（王敬宇）就是里面加酒的成分,调酸、调色的往里加。

【解　说】按照我国2003年公布的《中国葡萄酿酒技术规范》规定:葡萄酒必须用100%的葡萄原汁,经过发酵酿造而成。像这种用少量葡萄原汁加水和各种添加剂勾兑出来的葡萄酒,说白了就是假酒。

而记者在进一步采访中又有了惊人的发现,原来居然还有比这些掺水假酒成本更低的假酒。这家对外没有挂牌子的厂子叫昌黎嘉华葡萄酿酒公司,车间里的大红标语上写着,这个酒厂采用的是同行业最先进的酿酒工艺。而就在调酒车间的角落里有一个小屋,里面堆满了各种包装袋和塑料盒,厂里的技术员说这里面的东西都是勾兑葡萄酒用的原料。这种柠檬酸用来调酒的酸度,而这种苋菜红色素则是用来调酒的颜色。在所有这些用来生产葡萄酒的五花八门的原料中,唯独没有造葡萄酒必须具备的葡萄原汁。

(记　　者)就是一点(葡萄)原汁都没有?

(昌黎嘉华葡萄酿酒有限公司　技术员)没有。

【解　　说】那么这些用水、酒精、香精、色素调制出来,甚至不含一点葡萄原汁的假葡萄酒,对消费者的健康又会带来哪些影响呢?

(中国酿酒工业协会葡萄酒技术委员会教授　黄卫东)由于他这种不规范的生产,那么他就可以更容易造成一些有害微生物的污染,甚至一些有害物质的进入,它会引起我们头疼、心率不正常,甚至致癌。

【解　　说】随着当地葡萄酒造假生意越做越大,一些看似与葡萄酒完全无关的企业与生意也随之火爆起来。临近昌黎县城的秦皇岛龙山泉酒业公司的主要产品是白酒和食用酒精。让人意想不到的是,这个白酒厂的主要客户居然是昌黎县的一些葡萄酒厂。

(记　　者)有多少家葡萄酒厂在你这进酒精?

(秦皇岛龙山泉酒业有限公司总经理　杨洪玉)反正有个七八家,不都从我这进,有时候我也忙得送不过来。

(记　　者)你一年卖给葡萄酒厂的酒精有多少吨?

(杨洪玉)卖四五百吨。

【解　　说】原来,酒精正是许多葡萄酒厂用来勾兑假酒的原料之一。被造假葡萄酒带火的不仅是白酒厂,还有当地的食品添加剂买卖。在昌黎县城汽车站附近的鑫亿食品添加剂店,老板告诉记者,由于不少葡萄酒厂从她这进货,卖的时间长了,连她都知道造假葡萄酒的主要配方了。

(鑫亿食品添加剂经销处经理)低档的使用我的东西多,像这个色素、酒石酸、柠檬酸、柠檬酸钠、丹宁、香精。

【解　　说】假酒调制好了,想要卖得出、卖得火,还需要一个重要的环节。在嘉华酒厂,销售经理从一个立柜里搬出一个纸箱,里面全是假冒的各种国内外名牌葡萄酒的标签。

(昌黎嘉华葡萄酿酒有限公司销售经理　程和明)(仿真度)95%以上,一模一样不可能,咱没人家的真软件。谁说做得一模一样,我跟你说,那是谁也做不出来。

(记　　者)一般的消费者?

(程和明)消费者看不出来。

【解　　说】假酒贴上假标签,摇身一变成了名酒,销量自然不成问题。

(记　　者)你这儿一年大概能走多少酒?

(程和明)40万箱。

（记　者）40万箱啊？都是贴标的吗？

（程和明）对。

【解　说】按照一箱六瓶计算，仅嘉华这么一个小酒厂，一年就能销售240万瓶假冒的名牌葡萄酒。那么这些假商标又是从哪儿来的呢？这里是离昌黎县城不到五公里的一个抚宁县留守营镇凡南彩色包装公司。车间里机器轰鸣，正在印刷假冒的名牌葡萄酒包装和标签。

（记　者）你印这些大牌的标没事吗？

（该彩色包装有限公司业务员　常磊）没事，现在拉菲啊、长城啊、张裕……

（记　者）都能做？这事会不会有风险？

（常磊）有呗，现在查得相当严。

【解　说】公司业务员告诉记者，他们生产的假酒标在当地供不应求。虽说查得严，但公司做这种生意已经有十几年了，没有出过什么大事。从各种勾兑原料到假商标、假包装，昌黎县及周边已经形成了一个造假酒一条龙的完整链条。经过这样的产业链，最终出炉的假葡萄酒经过批发，再销售到零售市场，利润相当惊人。

（知情人）它的原汁的成本不会超过一块钱，但到市场之后就不一样了，如果采取贴牌或者傍名牌，或者纯造假的情况下，它的利润比例就会在几倍、几十倍甚至上百倍。

【解　说】据调查，这些生产假酒的工厂一般都有正规的生产许可证，但是要找到他们却不是一件容易的事。这是当地一家知名的葡萄酒企业，野力葡萄酿酒公司。

绕过该公司的两个大车间，又经过一道小门，最后进入一个院子，制造假酒的更好酒业公司的生产车间就设在这个院子的深处。那么，作为一家当地著名，在全国也小有名气的公司，野力怎么会允许一家造假企业在自己的厂子里生产呢？

（记　者）你这个更好和它具体是什么关系？

（王敬宇）它们是什么关系呢？我说了嘛，就是一个公司注册了三条（生产）线，野力是做品牌的，卡斯特（公司）和这更好（公司）是做贴牌的。

（记　者）是一个老板吗？

（王敬宇）其实老板就是一个。

（记　者）其实是一个？

（王敬宇）对。

【解　说】原来更好公司和野力公司本来就是一家，用野力公司的名义来生产真酒，用更好公司来做假酒，谋取更大的利润。

（知情人）就是一个工厂有几个名称，私自注册的公司是看不到的，又没有牌子，这就是规避打击的一种办法。

【解　说】对于制造假酒的行为，当地有关部门并不是没有监管措施，在不少葡萄酒厂的车间里都安装着这样的监控摄像头。

（王敬宇）是县技术监督局安的，它就是监视你啥呢？就是监视你做假货。

（记　者）它能24小时间监控吗？

（王敬宇）24小时监控。

【解　说】据了解,这些摄像头都连通到了当地的质监部门,还设有专人监控。但在不少酒厂记者看到,工人们就在这些摄像头底下,毫无顾忌地灌装着假冒的名牌葡萄酒。在嘉华酒厂,成批的假冒长城牌葡萄酒就直接堆放在监控摄像头的下面。

(记　者)那监控的话,那在这贴标,它不都看得一清二楚吗?

(程和明)没事没事,我都不怕你怕啥呀?

(演播室主持人　敬一丹)在昌黎县,一些葡萄酒厂的老板造起假来似乎已经没了什么顾忌,您听这话"我都不怕你怕啥",表面看起来是那些安装在造酒车间里的探头成了摆设,可是实际上是当地各个部门的监管成了摆设、成了空壳,这就纵容甚至催生了一条造假酒的产业链。大量假葡萄酒就这样源源不断地被制造出来被销售到各地,坑害着消费者。那么,造假者为什么不害怕? 监管体现在哪儿? 昌黎县里的监管部门面对着这样的问号。

(中央电视台,2010 年 12 月 23 日,《焦点访谈》,采写记者潘明、张敏、赵丽颖。)

(三)多元角色参与论证,富于亲和力和说服力

报纸新闻评论是新闻记者、编辑或评论员针对某一新闻事件或重大问题所发表的议论,它所反映的既是执笔人自己的个人观点,也在某种程度上代表了编辑部的意见,所以,报纸新闻评论就单独的每一篇而言,都是一种"一言堂"式的新闻评论。广播新闻评论中虽然已经出现了多种声音,但它是以节目主持人或评论员为核心的,其他人的声音只能是少量的介入,作为辅助性的论据或论证。相比之下,电视新闻评论则因多元角色的共同参与而形成群体式、参与式的论证,体现出较强的交流性、亲和力和说服力。

电视新闻评论的评说者通常包括以下三个方面的人员:一是新闻记者、主持人、评论员,他们通常是在对新闻事件和相关人士进行广泛采访的基础上,形成某种能够代表编辑部或媒体的基本观点和看法;二是专家、学者,他们对某一领域的问题有着专门的深入研究,其看法往往具有专业性和权威性,论证也显得深思熟虑、逻辑严密;三是普通群众,他们通常置身于事件或问题之中,对事件或问题有着切身的感受,虽然其观点可能比较偏执,缺乏理性,但其论证过程是建立在自己亲身体验、亲眼目睹或亲耳听闻的基础之上,具有真实、生动、感人、充满情绪色彩等特点。

多元角色共同出现在电视新闻评论中,记者与普通群众、现场观众与主持人、主持人与专家学者之间形成了多向交流的局面、从而使电视新闻评论呈现出"群言堂"式的特点。例如,获得 2009 年度云南广播电视奖电视节目一等奖的《帝国泥潭——从越南到阿富汗》。

◇◇ 案 例

《帝国泥潭——从越南到阿富汗》

(主持人)你好,欢迎收看《新视野》特别节目。美国从 2001 年发起阿富汗战争到现在,已经进入到第八个年头,久拖不绝的战争就像进入了一个看不到出路的黑暗隧

道。虽然在前段时间一个民调显示说,52%的民众认为阿富汗和当年的越南相似,还有人说美国已经陷入当年苏联入侵阿富汗的危机,深陷泥潭而无法自拔。美国的阿富汗战争、美国的越南战争和当年苏联入侵阿富汗的战争,这三场战争究竟有那些相似和不同,美国真的会在阿富汗战争上遭受越战式和苏联式的悲剧吗? 今天,我们请到两位嘉宾来和大家共同交流这个话题,在我们昆明演播室的是我们的特约评论员叶海林先生。叶先生你好。

(叶海林)(以下简称"叶")你好。

(主持人)跟我们保持通话的是中国国防大学李莉教授。李教授,你好!

(李　莉)(以下简称"李")你好,菲菲。

(主持人)李教授,第一个问题先问您,您觉得现在已经打了八年的阿富汗战争,会成为奥巴马的越南战争吗?

(李)我觉得从我的感觉来讲,它不太可能成为美国的第二个越南战争。

(主持人)叶先生,你的观点呢? 你觉得这个悲剧会重演吗?

(叶)就算美国现在还没有在阿富汗重现越南的教训,但起码一只脚已经踏进去了。而且关键在于,现在还没有迹象表明它在阿富汗准备踩"刹车"。如果按照这个趋势的话,滑向越南战争的可能性还是比较大的。

(主持人)两位的观点虽然不同,但是相同的是这三场战争都是大国打小国、飞机大炮打小米加步枪——至少前两场战争,越战和苏联入侵阿富汗战争最终也都是弱国战胜了强国,成为了两个帝国不堪回首的噩梦。

[短片一]帝国如何步入泥潭?

三场战争都是弱小农业国家与世界超级大国的对抗,是高科技武装装备与游击战术的纠缠。其实两场战争都遭遇了溃败,成为帝国命运的拐点,入侵阿富汗甚至导致了苏联的解体和冷战的纠结。

由于担心越南成为社会主义国家,东南亚其他国家会像多米诺骨牌一样产生连锁反应,美国大举出兵开往越南帮助南越政府与越南南方民族解放阵线作战。而至于苏联,则是因为其一手扶持的阿富汗傀儡政权倒台后,苏联人担心新的掌权者倒向西方,于是以十多万的兵力,越过国境线入侵阿富汗。看似仓促的决策开始了两个超级大国的战争噩梦,他们在入侵越南和阿富汗之初根本没有想到他们会遭遇溃败撤军的结局。

1975年4月30日晚上,美国驻西贡(现胡志明市)大使馆的院子里,挤满了惊恐万状的人,他们都推挤着朝向大使馆屋顶跑去,准备乘直升飞机逃跑。此时,胜利的北方军队已经涌进西贡城,那一刻美利坚的荣耀失落殆尽。

1989年2月15日,最后一批苏联军队撤出阿富汗。当最后一辆坦克驶上苏阿边境的运河大桥时,驻阿苏军司令格罗莫夫跳下战车,久久回望,那一刻,帝国的梦想土崩瓦解。

(主持人)叶先生,美国有越战的教训,有苏联的教训,而且如果它了解一点阿富汗历史的话,应该知道阿富汗历史上从来就没有被外族征服过。那既然如此,为什么美国还要打这场战争?

（叶）其实这个事情很有意思，"911"以后，美国人在阿富汗发动了针对塔利班基地组织军事行动，往后的美国本土是安全的。打垮塔利班，也就是把塔利班打到东部和南部的山区后，美国本土没有再遭遇恐怖袭击。就这一点而言，这场战争已经结束了，为什么还要一直坚持下去？是要打一场全球性的反恐战争，也就是说，我们从美国的政策意图来说，不是在阿富汗摧毁这个老巢，而是在世界范围内解决恐怖主义问题。这是小布什的政策初衷，我们暂且相信他确实是这么想的。

（主持人）李教授，这个问题你怎么看？

（李）我觉得是这样，这里面他就涉及一个美国的全球战略问题，摊开整个全球的战略版图，我们就会发现就其他国家而言，其军事战略都是以其本国为目标，同时在本国的领土上来划分他的战区的。这里面唯一一例外的就是——美国。我们摊开全球的版图，整个全球都是美国的战区。比如说，它有非洲司令部，它有中亚司令部，等等。它的各个司令部之间可以实现无缝连接，那么，全球都是美国的版图。我们可以看到，任何有冲突的时候，美国总统首先问的就是，我的航母在那儿吗？因此，我觉得这一系列物质上的支撑，包括美国它自身天然的一种优越感，使得它认为就是我有能力发起一场战争，而且我有能力把它打赢。我觉得这个是美国的自身优越感造成的。

（叶）谈论这种军事优先逻辑的往往都是从美国和苏联的角度来说的往往都是非军人。越南战争在肯尼迪时代的时候，他主要的依靠第一手战地信息是美国驻越南顾问团的团长，也就是后来美国驻越司令部的第一任司令"哈里斯"提供的。此公是乔治·巴顿的副官，或者我们还不如说是他的马鞭。这个人有一个外号，叫"枪通条"，就是通步枪的那个附件。这个人完全没脑子，他绝对忠诚，但智力水平绝对低下。所以，在美军当中他是一个很不受职业军官尊重的军官。这么一个系出旁门的军人，他在越南的时候给白宫发了很多报告都是非常乐观的，这种腔调就是我只需要武器，就给你打平了。这是因为他没有实际指挥经验，就是一个很糟糕的战地信息搜集者。他和一大帮没有实际经验的角色精英搞出了一个灾难式的越南战争。

（主持人）也就是情报中出了问题。

（叶）在这种情况下，非军人对军队的这种迷信又忽视了真正的军队意见，导致了仓促地投入三场战争。其实这和小布什的情况很类似，小布什当年也是依靠一帮军官联合体的这些大老板去做的决策。……这些政治家们本身的军事经验并不丰富，但是他们却要迫使军队按照他们的意愿去行动。

（主持人）李教授，那么现在在奥巴马政府当中决策阿富汗战争的这些人又是什么样的人，他们的逻辑又是什么呢？

（李）我认为是这样。本身我们知道奥巴马他在军事整个经验上，他是有欠缺的。所以，他在比如说军事智囊团这方面，我觉得还是有一定的弥补的这样的一个作用。包括在今年上半年的时候在阿富汗战场上的利剑行动，就是打击塔利班的。还包括今天下半年巴基斯坦政府在接受美国援助的情况下发动的"战争之母"行动。我觉得纵观这些情况，包括在驻巴美军最高司令的一系列最新的这些政策，我认为奥巴马本身他是在依靠军方的一些代表为阿富汗最终的军事政策出谋划策。

（叶）这有一个原因。在美军当中也有人这样说，就是因为奥巴马知道自己的军事背景很浅,他需要职业军人给他提供这个意见。这一点是他比肯尼迪强,更强的一点。他能够放下身段来去倾听来自不同利益集团、不同背景的人的声音。像琼斯、罗布特·盖茨,这些人都还是比较专业、比较稳健的人。问题出在他的国务卿,就是希拉里·克林顿,她是不是一个对国际事务有充分认知的人,到目前为止的质疑声是非常大的。

(主持人)美军和苏军的强大是毫无疑问的。他们当年打败了日本法西斯。打败了德国法西斯,乃至于赢了第二次世界大战。但是他们为什么就打不赢像越南、阿富汗这样的弱国。小蚂蚁是怎么样战胜大象的呢?我们来看个短片回顾一下战争当中的较量和胶着。

……

(主持人)李教授,如果说军事干涉解决不了阿富汗问题,那么你觉得阿富汗问题的解决出路在哪里?

(李)我觉得这里面很重要的一点就是,还是要按照咱们原来国际社会所提倡的一个观点,就是阿富汗政府,它要有一个强有力的这样一种统领的手段,自己的民族的问题,还是要靠自己民族去解决。我觉得这个可能是一个理想化的状态,而且从现在这个情况来看,已经面临着美国自身也有一个很大的困境,而阿富汗政府呢,他本身又没有一个可以说能够独立、自主的这样一种权利。同时呢,目前塔利班本身的这样一个活动状态,我觉得也没有一个收敛的趋势,所以更多的可能还是要首先从整个社会的环境开始,那么可能才能最终对这个问题有所解决。

(主持人)叶先生,听起来这个问题有点老生常谈,但是还是要说一说到底怎样来解决阿富汗问题。

(叶)我们先来回顾一个人说过的一句话,让你来听这句话,你会觉得这句话是谁说的?

【放录音】

(主持人)麦克纳马拉或者是麦克里斯特。

(叶)对,你会认为这是一个美国人,其实说这句话的人是格罗莫夫,是苏联入侵阿富汗时的一个苏军的最高指挥官。在"8·19"事件之后,格罗莫夫元帅也自杀了,那么他的死跟他的这个教训的总结和苏联的垮台很有关系。这段话精确地反映出了阿富汗一个永恒的问题,美国人和苏联人面临的是同一个困境,苏联人用武力没有解决的问题,美国人也不太可能用武力去解决。那么美国有一个选项,就是他正在酝酿去跟塔利班谈判,谈判的结果是组织一个联合政府,美国好撤退。因为塔利班决不会在美军没有撤退的情况下去介入这个政府,那么塔利班就完了,这是塔利班的政治底线。我可以再往前推想一下,如果这个联合政府真的组成了,美国撤退以后,联合政府会在六周以内就垮台。然后,内战重起,塔利班会占领政权,会占领卡喀布尔,去重新使阿富汗进入1994—1998年那个时代,这个可能性是非常大的。

(主持人)但是我想起来塔利班有一句谚语:"你们有时钟,我们有时间。"现在可能我们无法东山再起,你等着吧,迟早有一天我们终究会回来。

(叶)他不在乎的就是时间,而美国就是没有时间。当然,我们可能再回头再想一步,就算这种情况出现,对美国来说已经无所谓了,因为那个时候美国已经离开阿富汗了。美国当初打那场战争是为了让美国本土更安全,那么,现在如果美国如果离开了,把阿富汗再更换一个它不喜欢的政府,它最多是以后不跟这个政府打交道而已,并不会因此必然导致美国本土遭受危险这种前景。从这个角度来说,那么美国的作战任务已经完成了,它只是在完成任务之后好长时间还赖着不走而已。

(主持人)究竟现在的这场阿富汗战争会不会成为奥巴马的越南战争我们没有答案,在准备这次节目的过程当中,我们有很大的感触,就是历史竟然有那么多的相似的地方。奥巴马的当选开启了一个崭新的时代,也许和他的前任相比,有更多抛开历史负担的机会。如果说他的当选是历史性的,那么他会不会成为一个历史性的总统呢?全世界都在等待奥巴马的选择。

好,非常感谢两位嘉宾精彩的解读和观点,谢谢。也感谢您的收看,再见!

(节选自[云南电视台,2009 年,《新视野》],作者:王淑萍[撰稿编导],朱正波[编辑],崔庆海[编辑],董萍[包装],姚菲菲[主持],胡世欣[配音]。)

思考题:

1.与报纸评论比较,广播和电视评论各自有哪些基本的传播特点?

2.简述广播新闻评论的优缺点。

3.简述电视新闻评论的优缺点。

4.谈谈你对媒介融合时代,广播电视新闻评论发展趋势的理解。

第三章　广播电视新闻评论的符号构成

第一节　符号和符号学

一、符号的定义

语言学家罗曼·雅各布森曾经说过:"每一个信息都是由符号构成的"①,这表明,符号是人类传播信息的重要载体,传播正是传播者借助于一定的符号向接收者传递信息的过程。符号与传播者身处的社会文化有着密切的联系,例如中国人在婚礼的举行过程中穿着红色来传达喜庆的含义,美国人则会选择白色或者黑色来表示对婚礼的尊重,因此,在具体的传播活动中,符号的选择在一定程度上决定着传播的效果,换言之,任何的传播活动都离不开符号。

那么,什么是符号? 人类对于符号的思考和认识,可以追溯到古希腊时期。生活在公元前5—前4世纪的古希腊医学家波克拉底被称为"符号学之父",他把病人的"征候"看作符号。② 此后,基督教思想家奥古斯丁给符号下了一个简洁的定义:"符号是这样一种东西,它使我们想到在这个东西加诸感觉印象之外的某种东西。"③也即,符号是指代某一事物的另一个事物,它既对应了物质存在物,也是人的一种心理感知。奥古斯丁的定义直接影响了现代符号学的奠基人皮尔士,皮尔士把符号学定义为符号、客体和意义之间的关系,并指出,符号代表客体或解释者头脑中所指的具体事物。④

在皮尔士之前,英国的哲学家洛克对于语言、文字作为符号在思维活动中的传播作用的思考值得我们关注,他在1690年发表的《人类解释论》中写到,符号"就是达到和传递……知识的途径""我们如果想相互传达思想,并且把它们记载下来为自己利用,则还必须为观念造一些符号""因为所考察的各种事物既然都不在理解中(除了它

---

① 特伦斯·霍克斯.结构主义和符号学[M].瞿铁鹏,译.上海:上海译文出版社,1987:129.

② 黄华新,陈宗明.符号学导论[M].郑州:河南人民出版社,2004:1.

③ 于建章,叶舒宪.符号:语言和艺术[M].上海:上海人民出版社,1988:12.

④ 斯蒂文·小约翰.传播理论[M].陈德民,等,译.北京:中国社会科学出版社,1999:112.

自己），因此它必须有别的一些东西来作为它考察的那些事物的符号和表象才行"①洛克对于符号作为人类知识信息传播中的作用在很大程度上影响着现代学者们对于符号的认识和定义。

波兰哲学家沙夫在《语义学引论》写道："人类传播过程，虽然在它的过程和功能方面是复杂的，却有一个明显的事实，人们是在行为中，即在合作中（因为所有的行为都是社会行为），经过符号的中介传递明确的意义，从而进行传播。"②

美国哲学家莫里斯则指出："人是突出的应用符号的动物，人以外的动物诚然能对作为别的事物的符号的某些事物作出反应，但是，这样的符号却没有达到人类的言语、写作、艺术、检验方法、医学诊断和信号工具所具有的那种复杂性与精致性。……人类文明是依赖于符号和符号学系统的，并且，人类的心灵和符号的作用是不能分离的——即便我们不可以把心灵和这样的作用等同起来。"③莫里斯的定义提醒我们，人类的符号和动物界的符号有着显著的区别。例如，蜜蜂通过"8"字舞来传递蜜源的信息，狗通过尿液来划定自己的地盘，这些都是动物的符号行为，但是动物的符号更多是一种先天的、本能的生理机制发出的，而不像人类的符号有着复杂和精致的文化内涵。语言是人类最早的信息传播符号，不同地域孕育了不同的语言表达方式，许多族群的语言完全不一样，很好地说明了人类符号系统的复杂和丰富。除了语言，人类还会通过动作、表情、音乐、绘画技艺等其他拥有某种具体意义的行为和手段来传播信息，交流思想，这些行为和手段都被视为人类信息传播过程中的符号。

综上所述，在日常生活中，人与人之间的交流和沟通需要借助某一特定手段加以实现。这些手段可以是语言、动作、表情、音乐以及其他的包含某种意义的行为。因此，在这个意义上，符号是用于"代表另一事物的某物"④，是信息的外在形式或物质载体，是信息表达和传播中不可缺少的一种基本要素。⑤

二、符号学概述

符号学，即"关于记号、记号过程或记号系统的理论性和应用性研究"。符号学研究分为一般符号学和专业符号学。前者研究符号学的一般理论，后者则是针对特定领域中的符号展开深入研究，例如语言符号学、影视符号学、广告符号学、建筑符号学等。

符号学的研究经历了从语言到非语言的扩展过程。结构主义语言学家索绪尔认为，语言学只是符号学的一个分支而已。"我们可以设想有一门研究社会生活中符号生命的科学，它将构成社会心理学的一部分，因而也是普通心理学的一部分；我们管它叫符号学……它将告诉我们符号是由什么构成的，受什么规律支配……语言学不过是这门一般学科的一部分，将来符号学发现的规律也可以应用于语言学，所以后者将属

① 约翰·洛克. 人类理解论：下［M］. 北京：商务印书馆，1985：164.
② 沙夫. 语义学引论［M］. 北京：商务印书馆，1982：81.
③ 张国良. 传播学原理［M］. 上海：复旦大学出版社，2009：175.
④⑥ 李幼蒸. 理论符号学导论［M］. 北京：中国人民大学出版社，2007：59-60.
⑤ 郭庆光. 传播学教程［M］. 北京：中国人民大学出版社，1999：43.

于全部人文事实中一个非常确定的领域。"①索绪尔尽管提出了超语言学的符号学构想,但其研究基本围绕着语言符号学展开,并没有对普通符号学进行论述,因此,索绪尔实际上并未建立普通符号学。在索绪尔之后,符号学领域的研究逐渐从语言符号范畴延伸到非语言符号范畴,并在二十世纪出现了系统的符号学理论,形成了分别以瑞士索绪尔系统、美国皮尔士系统、法国格雷马斯系统和意大利艾柯系统为代表的四种符号体系②,本教材重点介绍索绪尔和艾柯的符号研究理论。

(一)索绪尔的语言研究

索绪尔对语言学最大的贡献在于开创了语言共时层面的研究,即对语言结构或曰语言法则的研究。在索绪尔语言学中,最为核心的两对术语是语言(langue)和言语(parole)、能指(signifiant)和所指(signifié)。

索绪尔将人类的语言行为分为三个层面,一个层面是作为言语活动整体层面的langage,作为结构层面的langue和作为使用层面的parole。其中,语言(langue)是索绪尔关注的重点,指的是语言的结构、法则、系统。"它是言语活动的社会部分,个人以外的东西;个人不能创造语言,也不能改变语言;它只凭社会的成员间通过的一种契约而存在。另一方面,个人必须经过一个见习期才能懂得它的运用。"③而言语则是运用语言(langue)进行交流的具体活动。"与作为法规和系统的语言结构相对,言语在本质上是一种个别性的选择行为和实现行为,它首先是由组合作用形成的……总之,语言结构既是言语的产物,又是言语的工具,这一事实具有真正辩证法的性质。"④语言(langue)类似于某一游戏的游戏规则,每一位游戏者在进行游戏时均须遵守这一规则才能将游戏进行下去。人与人之间能够凭借语言实现交流和沟通,其基础在于交谈双方遵循着同样的语言规则,而不同语系的人们之间难以用语言进行交流,本质上因为双方使用了不同的语言规则。因此,罗兰·巴特总结认为,"语言结构就等于是语言(Langue)减去言语。语言结构既是一种社会性的法规系统,又是一种值项系统。……语言结构是语言的社会性部分,个别人绝不可能单独地创造它或改变它。它基本上是一种集体性的契约,只要人们想进行语言交流,就必须完全受其支配"⑤。

语言符号联结的两项要素不是事物和名称,而是抽象的概念和感觉的音响形象——后者是指一个词的声音和音节的音响形象。因此,索绪尔把概念和音响形象的结合称为符号。其中,概念即为所指(signifié),音响形象为能指(signifiant)。两者关系如图3.1:

① 费尔迪南·德·索绪尔.普通语言学教程[M].高名凯,译.北京:商务印书馆,1980:38.
② 李幼蒸.理论符号学导论[M].北京:中国人民大学出版社,2007:22.
③ 费尔迪南·德·索绪尔.普通语言学教程[M].高名凯,译.北京:商务印书馆,1980:36.
④ 罗兰·巴尔特.符号学原理:结构主义文学理论文选[M].李幼蒸,译.北京:三联书店,1988:117-118.
⑤ 罗兰·巴尔特.符号学原理:结构主义文学理论文选[M].李幼蒸,译.北京:三联书店,1988:116-117.

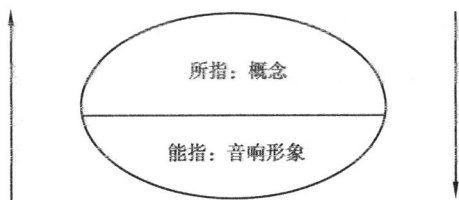

图 3.1 能指、所指关系图

英语用"tree"这一词的发音来表示"树"这一概念,而汉语则用"shù"表示。"tree"和"shù"即为能指,共同指向所指"树"这一概念。"能指和所指的联系是任意的,或者,因为我们所说的符号是能指和所指相联结所产生的整体,我们可以更简单地说:语言符号是任意的。"①也就是说,在汉语中,"树"这一概念必然地和"shù"这一音响形象联系在一起,并且这种联系之间没有任何的逻辑关系,而是任意的,或者说是约定俗成。只有语言共同体中的所有人都接受两者之间的联结,人们才可以形成交流。

(二)艾柯的符号代码理论

意大利符号学家昂贝多·艾柯提出了当代最全面的符号理论②。艾柯把符号的稳定性和其在使用过程中的变异性结合起来,提出符号学应该包括"代码理论"和"符号产生理论"。用符号表示事物的过程是词义表示或指号过程,它是一个由四部分组成的体系:①世界中的条件或物体;②符号;③一整套反应系统;④一套符号和物体、符号和反应之间的对应规则。物体、符号和反应可能性系统组成一个"S-代码",即代码系统。在现实生活中,人对于"S-代码"系统的使用有着人的因素,由此,"S-代码系统"转向了"代码",即由个人或群体使用的一套对应的规则,人的不同,使用目的的不同,都会导致对应规则的不同。接着,艾柯讨论了人们使用符号的四个方式,一是识别,即人们用符号来指代某种具体的事物行为;二是举例,即人们指示代表某物的例子;三是复制,即把任意的符号与其他符号结合起来使用;四是发明,即提出组织符号的新方法。正是基于人们复杂的使用符号的方式,任何内容、符号和反应系统之间可以产生无限多的方式在互相之间发生联系,任何符号可以有许多可能的内容或符号功能。③

三、符号的类型

一般来说,普通符号学之"普通"指的是研究对象(即符号)范围的普遍性。这一概念的产生源自语言符号向其他符号类型的延伸。索绪尔所建立的符号学体系限制于语言符号的研究;而罗兰·巴尔特等学者则在他们的理论中表现出突破语言符号的

① 费尔迪南·德·索绪尔.普通语言学教程[M].高名凯,译.北京:商务印书馆,1980:102.
② 见 Robert T. Craig and Karen Tracy(eds.),Conversational Coherence:Form,Structure, and Strategy(Beverly Hills, Calif.:Sage,1983).
③ 斯蒂文·小约翰.传播理论[M].陈德民,等,译.北京:中国社会科学出版社,1999:122-125.

对象范围,意图建立普通符号学理论。在普通符号学理论体系建构过程中,一般将普通符号分为语言类符号和非语言类符号。皮尔士则将普通符号分为三种类型:图像符号、指示符号和象征符号。下面,我们分别介绍两个不同分类系统中的符号类型。

(一)语言符号和非语言符号

语言是人类在劳动和社会协作过程中创造的符号系统,其本身随着人类社会的发展经历了漫长的发展过程。对于语言的起源,基督教圣经旧约的《创世纪》里专门有一个关于语言起源的犹太传说,耶和华上帝用土造成的野地,各样走兽和空中各样飞鸟,都带到那人(亚当)面前看他叫什么,那人怎样叫各样活物,那就是它的名字。那人便给一切牲畜和空中飞鸟、野地走兽都起了名。① 传说认为,语言起源于人类对世界万物的命名。实际上,音韵学的研究也表明,口语最早是用不同的声音对人类周围的万物命名开始的,通过命名,混沌的世界开始变得清晰和有序,人类开始根据各种命名来对世界上的万事万物进行划分和分类,继而在归纳分类中寻找各种事物具有的规律和特殊的性质,人类对于世界认识的神话伴随着人类语言的发展深化。德国著名释义学家伽达默尔认为,语言本身就是一种世界观,人因为有了语言,所以有了一个"世界",同"世界"有了一种"关系",对世界有了一种特殊的"态度"。"无论我们用什么语言,我们获得的只是一个更为扩大的方面,一种世界观。"② 换言之,人类发明并使用语言,也就将人类自身与其他动物进行了根本性的区分,从此进入语言传播的世界。人类正是借助语言,传递丰富而复杂的各种社会信息。随着语言的发展,人类可以传递的信息越来越丰富,与此同时,人类的思维能力也得到了极大的训练和提高。美国传播学家德弗勒认为,语言与思维是不可分割地联系在一起的,思维的规则与说话的规则相同,思维也就是内向操作语言。③ 因此,语言和思维是相辅相成的,彼此促进的,人类的语言发展历史就是人类思维能力不断发展变化的历史,语言的发展,思维能力的提高,最终推动着人类的进步和发展。时至今日,口语一直是人类在日常生活中最基本、最重要和使用频率最高,也最为灵活的符号系统,只要有正常的发声器官,人人可以用口语来进行传播活动。口语传播具有方便快捷、生动灵活、极富感情性等传播优势,但是,作为音声符号的口语,也存在传播的局限:依靠发声器官进行的口语传播,只能在有限的空间中进行传播,而且转瞬即逝,信息只能留存于头脑中,而不能进行保存。

非语言符号,即除了语言符号以外的其他符号形式。非语言符号可以分为6类:①身体动作或运动行为,诸如手势、姿势、面部表情和眼睛活动等;②类语言(又称附属语言),即音质、语调、音量、音速和其他功能性发声;③环境空间,即个人和社会对空间的利用以及人们对这种利用的感知;④嗅觉,即经由嗅觉渠道传递的信号;⑤触觉,即经由触觉渠道传递的信号;⑥衣服和化妆品等人工制品的利用及感知。④ 如果

---

① 岑麒祥.语言学史概要[M].北京:世界图书出版公司,2008:6.
② 张汝伦.意义的探究[M].沈阳:辽宁人民出版社,1986:214.
③ 郭庆光.传播学教程[M].北京:中国人民大学出版社,1999:29.
④ 张国良.传播学原理[M].上海:复旦大学出版社,2009:191.

从接收者的角度来看的话,非语言符号可以分为视觉符号、听觉符号和感知类符号三大类。在信息的传播过程中,非语言符号的传播特点有以下几个方面:①传播性。在人类的互动活动中,非语言符号总是不停地传播传播者信息。例如,老师在讲课,老师的语调和语速是老师讲课状态最好的表达符号;老师的衣着和举止同样在传播着不同的信息。②情境性。非语言符号与具体的传播语境有着密切的联系。同样是流泪,在获得金牌的领奖台上和在送别的人群中具有不同的意义。③可信性。俗话说不仅要"听其言"而且要"观其行"就说明,非语言符号在很大程度上是传播者个人的整体性格特征的综合表现,而且很多非语言符号本身是不能被理性思维控制的,也就更加容易展现出传播者的真实意图。因此,非语言符号比语言符号更加可信。④组合性。非语言符号往往是多个符号合作传播信息的。例如,演讲者在演讲的时候,他的语言、动作、音调、表情和手势等共同协作,向听众传播信息。⑤隐喻性。非语言符号在传播信息的过程中常常带有隐喻性。例如,久别重逢的故人紧紧地拥抱彼此,不同程度的拥抱力度传递着不同的感情信息。此外,非语言符号在很多场合是对语言符号的一种补充。例如,老师一边表扬学生,一边用手轻拍学生的肩膀,轻轻拍打传递了更加丰富的信息。①

(二)皮尔士的符号分类

皮尔士对于符号的三分法是基于符号定义为符号形体、符号对象和符号解释的三元关系,例如,"镜花水月"是符号,镜中花和水中月是符号形体,是真实的镜和水的符号对象,作为虚幻景象的比喻是符号解释。皮尔士把符号分为图像符号、指示符号和象征符号的根据,就是符号形式与对象之间的关系。

1.图像符号

与语言符号能指和所指之间的任意性不同,图像符号能指和所指之间的关系具有相似性,也就是说,图像符号的符号形式是用肖似的方式来代表对象的,其最为典型的就是影视的画面符号。如相片与人之间的关系具有相似性。在相似性符号下,皮尔士划分了三种类型:一是图画——能指与所指之间具有明显的相似性;二是图表——反映了其所包含的对象之间的排列或位置关系;三是隐喻,能指与所指之间存在一般类似性。

2.指示符号

指示符号,是符号形体与被代表的符号对象之间存在着一种直接的因果或邻近性的关系,使符号形体能够指示或代表符号对象的存在,因此,指示符号的符号对象总是一个确定的、与时空相关联的实物或事件。例如,花园里的指示牌"槐树",对应的就是槐树这种特定的植物;交通道路上的各种指示牌对应着具体的交通情况和设施。此外,一些现象总是伴随着或影响着另一些现象(或事件)的发生,其中某一现象(事件)可以因为时空的邻近性而成为另一现象(或事件)的指示符号。例如,风与风帆之间的关系中,风帆的飘动在于风的存在,风成为风帆飘动的原因;烟与火之间的关系中,

① 张国良.传播学原理[M].上海:复旦大学出版社,2009:194.

烟是火的结果。

3. 象征符号

象征符号的符号形体与符号对象之间没有肖似性或因果相承的关系,他们的指代关系具有任意性和约定俗成性。两者之间的关系通常由人为确定,并取得广泛的认同。例如,中国对少数民族语言的界定都是建立在一定的种群文化约定的基础上的。此外,一些抽象的概念和情感,也多用象征符号来代表。例如,玫瑰花象征爱情,五星红旗象征中华人民共和国,等等。①

皮尔士将符号按照符号形体、符号对象和符号解释的三元关系划分为图像符号、指示符号和象征符号,并非是说三种符号是严格区别的,不可逾越的。事实上,在现实生活中,人们创建符号、使用符号和识别符号的过程中存在各种各样复杂而多变的情况,同一个符号形体可以因人、因地、因事的不同而划归为不同的符号类别,由此产生符号分类的复杂性问题。对于广播电视新闻评论的符号类型,不能简单地套用以上的符号类型,而应该根据广播电视新闻评论的符号载体以及广播电视新闻评论与其他新闻评论在符号类型上的差异性来进行划分,一方面便于对广播电视新闻评论的符号构成进行阐释,另一方面便于彰显广播电视新闻评论的独特性。与报纸新闻评论相比,广播电视新闻评论的符号有语言符号,也有非语言符号。评论员的口头评论是广播电视新闻评论中的语言符号,音乐、音响、画面和评论员的音色、音质和音调,着装和姿态语言等则属于非语言符号。在具体的广播电视新闻评论案例中,符号形体、符号对象和符号解释因听众和观众的不同,传播事件的不同和传播情景的不同而呈现出不同的传播效果,也就呈现出更加复杂的符号类型。为了便于同学们认识和思考,我们对于广播电视新闻评论的符号构成,主要是从广播和电视这两种媒介的渠道特征来划分的,广播和电视传播的信息,最主要的特点是"声画并茂",因此,我们将以声音符号和图像符号来划分广播电视新闻评论的符号类型。

第二节　广播新闻评论中的声音符号

一、声音的特性

广播新闻评论主要是通过声音符号来传递信息的,声音是由发声体振动引发弹性介质的振动(声波)导致的动物听觉感受器的感知,②声音的特性直接关系着广播电视新闻评论信息传播的效果,在具体的广播电视新闻评论节目中,声音符号由语言符号、音响符号和音乐符号构成,音响和音乐在第一章广播电视新闻评论的特征中已经有所论述,本节主要讨论声音的特性和语言符号在广播新闻评论中的运用。下面,我们首

---

① 黄华新,陈宗明.符号学导论[M].郑州:河南人民出版社,2004:71-73.

② 仲富兰.广播电视评论教程[M].上海:复旦大学出版社,2007:52.

先来看声音的特性,其主要表现在以下方面。

(一)声音的空间感

声源通过振动使空气受到压缩之后形成疏密相间的密度分布,进而形成声波传到人的耳朵,引起鼓膜振动,人就感受到了声音。声波在传递过程中产生反射、干涉、共振等现象,形成了声音的大小、远近、方向等不同感觉,进而形成了声音的空间感。声音在客厅、空旷的操场、教堂等不同的空间具有不一样的空间感,这使得声音具有了表现空间的特殊能力,形成了广播电视新闻评论的现场感和评论信息的画外空间——画外空间打破了广播和电视所建构的传播空间的限制。例如,北京人民广播电台1998年4月9日播出的新闻评论《从"泰坦尼克号"说起》,节目通过航船的沉没来比喻地球因为人类不断的索取也有不能承受的时刻,从而呼吁大家关爱地球,重视环保。节目开始之前,电影《泰坦尼克号》的主题歌曲渐起,将听众带至飘摇的泰坦尼克号的航行空间;在节目高潮部分,评论员表达了"……如果我们中的大多数继续漠视环保,漠视诸如汽车尾气排放这些具体问题的话,那么生命之舟的分崩离析,就是终有一天会发生的事情……不知道那时候,会不会有人能想起泰坦尼克号,想起那艘据说是永远不会沉没的船"。主题歌渐强,为听众带来了一个"画外空间"。①

(二)音量

音量是声波传到人耳之后所产生的声音强弱的感觉。声音的强弱会影响人的生理和心理。比如,街道的繁忙嘈杂容易引起人的烦躁感,而漆黑环境中的宁静则容易引起人的恐惧感和孤独感。在通常情况下,人说话时声音在60分贝左右。超过60分贝表现的是人的愤怒、严厉等态度,而低于60分贝则可能表现出人的胆怯、柔弱等心态和性格。例如,辽宁人民广播电台2001年12月20日播出的评论节目《"慕马大案"警示录》,内容是评论沈阳市原市长慕绥新、原副市长马向东等16人受贿贪污案的。节目一开始,评论员说道:"法律是正义的,也是无情的。一切腐败分子即使拥有再大的权力,也不能超越法律的尊严。"接着是出警笛(音量很大),接着是2001年12月20日《全省新闻联播》的一段新闻录音。节目中大音量的警笛声渲染了"严肃、恐惧和压迫"等不同的听觉感知。

(三)音高

音高是指音源在振动空气时所产生的声音的频率。不同的人发出的声音有不同的音高。萧伯纳曾经说过,在为戏剧选择演员时,不仅要考虑角色与演员的性格,还需要考虑到演员本身的音高,"挑选一个女高音,一个女中音,一个男高音,一个男低音。如果他们的对白用的全是一个调子,一种速度,那是极其不能令人满意的,且最终是令人厌倦的"。例如1993年广播新闻一等奖的北京人民广播电台记者梁言、张友信采制的录音新闻《隆福大厦火灾目击记》。"记者:听众朋友,现在是8月12日晚上11点5分。我们刚刚接到一位听众的电话说隆福大厦起火了,我们现在正在赶往现场。……记者:市长,您是什么时候赶到现场的? 市长:哎呀! 你现在还采访我,赶快把火救完

---

① 王振业,李舒.新闻评论作品选[M].北京:中国广播电视出版社,2007:105.

了就算了,小伙子。……消防员的喊声:李强,接她一下,接她一下,好了好了。……"节目中记者、市长、消防员的不同音高构成了一场"救火交响乐",将听众带到救火现场,感受着救火过程的十万火急。[①]

(四)音色

音色是声音之间的区别。不同的乐器即使音高和音量相同,但我们依旧可以根据它们的音色对它们进行区别,音色由泛音的多少、频率和振幅决定。从广播电视新闻评论节目中的评论员的角度来看,音色可以理解为"是否悦耳动听"。一般来说,我们希望男性评论员的音色雄浑或俊逸;女性评论员的音色则是柔和或甜净。当然,不是所有的评论员天生都有一个好的音色,而且就广播电视新闻评论节目而言,听众和观众更加看重的是评论员的评论观点是否具有说服力,而不仅仅是语音本身。

二、广播评论的语言符号

声音符号以听觉为主要感知方式。在广播电视新闻评论中,声音符号包括音乐、同期声、解说词。声音符号是广播新闻评论唯一的信息传递载体,是电视新闻评论重要的信息载体。

解说词是新闻评论者叙述和评价新闻事件的主要手段,它提供了图像符号所不能提供的确定性信息,如新闻事件发生的时间、地点、过程等信息,同时也是评论主体表达对新闻事件的基本态度和评价的主要途径。

同期声包括现场同期声和采访同期声。现场同期声是由摄像机在拍摄新闻事件过程中同时录下的现场音,能增加新闻画面叙事的现场感和真实感;采访同期声则是记者根据叙事和评价的需要,对于新闻事件有关的对象进行访问而获得的语言材料。

音乐在广播电视评论中具有渲染气氛、形成叙事节奏、间接表达评论主体对新闻事件态度和看法的作用。

三、语言符号在广播新闻评论中的作用

语言符号是广播新闻评论最基本的符号载体,它在广播新闻评论中发挥着传递信息、表达观点等多方面的作用。具体体现在以下方面:

第一,展现新闻事件的基本状况。新闻事实是广播新闻评论的基础,只有事实明晰,广播新闻评论才具有了基本的事实支撑。因此,广播新闻评论首先需要将新闻事件的基本情况进行清晰的说明和展现,从而为进一步展开评论奠定事实基础。

第二,为评论提供论据。论据是广播电视新闻评论的论点的支撑。语言符号具有较强的信息传递能力,评论者须使用逻辑性较强的语言符号对论据进行阐释,并寻求论据与论点之间的因果关系,从而达到言之有理,言之有据。

第三,清晰表达评论者的观点。语言符号具有非语言符号所不具备的确定性特征。因此,无论在广播新闻评论还是电视新闻评论中,语言符号均是评论者表达自身对新闻事件所持观点的基本手段。

---

① 曹璐,罗哲宇.广播新闻业务[M].北京:中国传媒大学出版社,2012:91.

因此,语言符号在广播新闻评论中处于核心的地位。在某种程度上,语言符号的使用是否得当,决定了广播新闻评论的事实是否清楚、论据是否有力、观点是否清晰,甚至决定了广播新闻评论的成败。

四、广播谈话与听众参与

广播谈话节目的出现意味着说话主体的变化,普通人开始从"听广播说"逐渐转换为"我在广播上说"。而公众的说话行为进入大众传播环节后将会在公众中唤起更强烈的民主意识,最终形成谈话节目与公众民主意识间的互动。

(一)谈话:从听话者到参与者

中国广播谈话节目的出现与当代社会转型、广播文化观念的转变以及公众的需求有着极大的关系,而谈话节目本身就是对联结国家与个人的公共领域的建构。在哈贝马斯看来,公共领域是"我们的社会生活的一个领域,在这个领域中,像公共意见这样的事物能够形成。公共领域原则上向所有公民开放。公共领域的一部分由各种对话构成,在这些对话中,作为个体的人们来到一起,形成了公众……当他们在非强制的情况下处理普遍利益问题时,公民们作为一个群体来行动;因此,这种行动具有这样的保障,即他们可以自由地集合和组合,可以自由地表达和公开他们的意见"[①]。公共领域是一个话语空间,其最大的特色在于公众可以聚集在一起,以谈论的方式对公共事件和私人事件进行讨论,进而形成公众意见以对国家和个人产生影响。可以说,公共领域介于国家和社会之间,充当着两者的调节器和修正仪。

改革开放以来,尤其是 20 世纪 90 年代以后,中国社会经历了一次全面的结构性调整,计划经济向市场经济模式的转轨、单一封闭的传统文化向多元开放的现代文化的转变。在此宏观社会背景下,"人的主体意识不断提高,人的主体意识与主体精神开始得到社会的承认与尊重"[②]。此外,从现代社会人的心理需求来看,社会分工越来越细,导致个体差异也随之增大,再加上物质利益冲突的激烈,使人们个体间的联系逐渐局限于契约性的协作关系,人际关系淡漠成了现代社会的通病。而在谈话节目出现之前,普通听众只有听话权,而没有说话权。谈话节目倡导"尊重人""让人说话",从此普通听众也有了表达自己意见的机会。因此,谈话节目的出现促进了听众之间的交流和沟通,在交流中化解社会转型带来的困惑。沈阳广播电视台自 1993 年开办至今的晚间热线谈话类节目《星光夜话》,在开办之时"正值改革开放进入转型的阵痛时期,特别是东北地区大中型企业的百万产业工人面临重新择业的压力,给沈阳众多家庭和听众带来工作、生活、情感等各方面的困惑;同时人们对未成年人教育和培养也倍加关注。这个时候社会很需要一个媒体窗口来倾听诉求、化解疑惑"[③]。

谈话节目创造出一种多声部、立体网络状的人际对话模式。它把有着不同社会背景、不同心态的人联络在一起,打破了日常人际交往中地理空间、身份地位的隔阂与界

① 汪晖,陈燕谷. 文化与公共性[M]. 北京:三联书店,2005:125.
② 郝朴宁. 话语空间——广播谈话节目研究[M]. 北京:中国社会科学出版社,2005:7.
③ 朱光. 星光夜话:十八年魅力依旧[J]. 中国广播,2011(19).

限,从而建立了一种新颖而独特的人际交流网络。在这个扩大的、多层次的网络中,它甚至可以使身份地位差异极大、在日常生活中难以形成对话关系的人们达到一种沟通和理解。一方面,听众、主持人、谈话参与者多方面相互启发、引导,使某一话题得以延伸、拓展和深入;另一方面,观点的对峙与呼应促发了更大范围、更多阶层的参与。多声部、网络式的广播对话真正实现了人际传播的扩大化效应。因而,从这个意义上而言,广播谈话节目通过塑造公众论坛给予普通听众以说话权,而说话的过程无疑增强了听众的自我意识,"使得广大听众不愿意总是处在一种被动接受的地位上,而是希望由'接受者'到'参与者'的转换,"①也就是说,在给予少数听众说话权的同时,唤起了大多数听众的表达欲望,从而唤醒听众的民主参与意识。"它不仅提供了一个人们说话的场所,更重要的是它体现了一种新的思维方式,体现了一种人文关怀,即每个人都有平等说话,表达权利的机会。"②

(二)人际交流与大众传播

日常生活中的交流是人际传播,传播的双方是面对面的,地位是平等的,信息的传递是双向的;而在大众传播当中,信息的流动则几乎完全是单向的,即由具有大众传媒话语权的传播者传达给分散处于不同环境中的大众。在这个过程中,听众无法直接参与传播过程,其对传播过程和传播内容的影响相当有限。

广播谈话节目以人际交流的即时互动构成节目内容,在心理层面上满足并延伸了人际交谈的愿望。同时,谈话节目将人际传播和大众传播充分结合在一起,以人际传播的形式来实现大众传播目的,最终达到对人际传播的平等性、协商性和大众传播的广泛性的有机整合。在整个节目的播出过程中,人际传播是谈话节目获得传播效果的核心——谈话空间具有人际性,而传播方式是大众的。也就是说,谈话空间具有人际传播的性质,主持人、听众以彼此平等的身份进行交谈,展开实时的思想观念和情感的交流,这就在形式上打破了大众传播单向的信息传递方式。同时,谈话空间作为大众传播过程中的一个环节,经过广播媒体的放大,创造了一种广域的人际传播空间,成为现代社会里的自我与他人、与世界建立联系、加强沟通的重要渠道。

从谈话内容来看,广播谈话节目所涉及的话题一般可以分为公共事件和私人事件。公共事件包括党和国家的重大方针政策的制定和变化、经济改革、市场行情、股市涨落等,对于公众而言,这类事件能够具有可见性和可听性,并往往为公众的生产生活的日常决策所必需。正因为与人们的直接利益或间接利益关联,有关这些事实的意见或主张自然也就有重大的利害关系。

无论是公共事件还是私人事件,一旦它进入到谈话节目中,经过媒体转换后就会具有双重性。这种双重性表现在:公共事件的私人化以及私人事件的公共化。就公共事件而言,"它们原本发生在一个处于公共领域内的机构化的背景中,但是他们通过大众传播媒体的记录与传递而获得了新的情形:变得公开化并面向大量的接受者——这些接受者并不在现场,也不曾目击事件的原始发生,他们只是通过传播而获得关于

---

① 郝朴宁.话语空间——广播谈话节目研究[M]北京:中国社会科学出版社,2005:7.
② 何勇,潘可武.广播是让人说话的[J].现代传播,1998(2).

公共事件的知识"①。尤其是当公共事件作为谈话节目的话题时,谈话的人际传播环境赋予话题以个性化色彩,并在公众接受时形成了个性化的理解,具有了私人色彩。同样,就私人事件而言,"他们原先发生在私人的领域,但通过被大众传播记录、报道与传播获得了公共性"。私人事件进入到谈话节目后,被赋予了合理性,而且,处于私人领域中的其他听众在解读过程中与自己的私人经验进行协商,形成自我认同和反思,从而使得私人事件获得公共色彩。也就是说,当广播采用谈话这种人际传播的方式之后,它在某种程度上使人们自以为找到了一个替代式的情感诉求对象。一方面,它为接受个体提供了对象化的生存之镜,从这面镜子中,接受者通过情感体验与交流,实现了自我与他人、个体与社会的沟通与理解;另一方面,它的关爱使传者与受者之间有了一条人性相通的情感纽带。

从整体上而言,公共事件的私人化与私人事件的公共化本身是在为公众提供参与空间,并在由私人组成的公众群体中引起广泛的交流和协商,激发不同的思维角度、不同的思维层面、不同的思维方法、不同的判断标准和不同的价值取向之间的交流和碰撞,从而提升群体的民主参与意识,摆脱传统广播节目那种灌输式的传播方式。

吉林梨树县广播站1984年8月7日播出的广播谈话类节目《致富路上说养猪》就是一个很好的例子。虽然这个案例与我们的心理距离比较遥远,但是它很能说明广播谈话类节目的特征,就是要站在听众的角度,从听众的接受心理来播出评论节目,而且在文本中,我们可以看到评论的写作者和播音员都在不断地创作一种"人际传播"的情景。该节目着眼于当时养猪数量下降,政府头疼的现象,通过杏山乡养猪专业户刘惠民靠养猪致富的事件说起,号召农民朋友不要小看零钱凑整钱的"养猪事业",积极为政府分忧解难。

◇◇**案例**

《致富路上说养猪》

农民朋友! 今年上半年,咱县生猪存栏数比头年下降了不少。原因是一些农民觉得眼下来钱道有的是,养猪是零钱凑整钱,没账算。说起来,这话也不是一点道理也没有。大凡出手一头猪,总得个一年半载的工夫,少说也得用四五百斤苞米,确实是零钱凑成整钱。可话又说回来,零钱也是不能小看的,零钱能堆金山。这个理儿过去咱都是经着过,不少人家不就是靠养猪的零钱凑成的整钱娶了媳妇、渡过了难关吗? 今天,咱们走上了致富路,也有养猪的一份功劳。

要说养猪没账算,人家好多户还不同意呢。就说杏山乡养猪专业户刘惠民吧,他这两年就是靠养猪发的财。他有5头母猪,一年卖90来个猪(仔),20多口肥猪,纯收入都在5 000元以上。刘家馆乡勿兰村有个张仁,人家养猪很有道。他先办了个酒厂,用酒糟喂猪,成本就花不了多少钱。这两个例子说明,养猪要想有账算,一是得多养,反正一只羊也得赶,两只羊也得放;再就是得会养,想方设法降低本钱。专业户养猪有利可图,一般户养猪有没有账算呢? 有哇! 现在各家各户都有承包地,俗话说:

①② 陶东风. 大众传播·民主政治·公共空间[C]∥王岳川. 媒介哲学. 开封:河南大学出版社,2004:133.

"种地不攒粪,等于瞎胡混。"一头猪就是一座小型化肥厂,猪多肥多粮多嘛! 一家养个三头五头猪,底肥的问题就解决了,地还会越种越肥。胜利乡差不多一人一猪,全乡每年少买化肥近千吨,省 4 万块钱。这还不说,谁家没点泔水,不养猪就得扔,多可惜呀!

在算养猪账的时候,咱还不能忘了国家。眼下养猪下降,政府挺为难,大伙儿应当为国分忧,多养猪。再说大家的日子都好过了,谁家不想改善改善生活呢? 没有猪肉,那日子能香吗?

(采写记者高峰、孙燕杰等。)

第三节　电视新闻评论中的图像符号

图像符号是电视新闻评论区别于广播新闻评论的主要符号类型。也正是因为图像符号的存在,电视新闻评论才具有强大的现场感和表达力。电视新闻评论的符号类型分为图像符号和声音符号,具有视听兼备的特质。同时,图像符号本身除叙事功能之外,还具有评价功能。

一、图像符号的类型和表现功能

图像符号以视觉为主要感知方式。在广播电视新闻评论中,画面符号主要包括电视新闻评论中使用的画面、图表和字幕。

图像是电影电视主要的传播手段。在电视新闻评论节目中,图像可分为主持人图像和与新闻事件有关的图像。前者通过展现主持人的肢体语言和面部表情来表现其在叙述和评价新闻事件时所表现出的基本态度。后者则从视觉层面展示新闻事件的相关信息,同时也提供了对新闻事件展开评论的事实证据,即所谓的眼见为实。

字幕属于语言符号的二级符号系统,其在电视新闻评论中的基本功能包括简明扼要概括新闻评论的核心观点(标题字幕)、为新闻评论提供确定性信息(如被采访者的身份信息)和数据支撑。

图像符号的功能包括以下几个方面。

(一)新闻事件的形象化再现

图像的叙事功能主要表现在图像按一定的逻辑关系对新闻事件进行视觉再现,赋予电视新闻评论以形象性特征。图像往往被作为人物在场或事件曾经发生的事实证据。通过图像和声音之间的相互印证,能够从视觉和听觉两个通道对新闻事件进行形象的叙述,增加新闻事件的现场感染力。同时,图像符号具有较强的信息细节的不确定性,因此,需通过声音符号(解说词)对图像内容加以具体的确认。新闻事件的叙述功能是电视新闻评论的基本功能。

(二)事件发生或人物在场的证据

图像在某种程度上成为了当前电视新闻评论最有力的证据之一。"以图像说话"

使图像成为了事件曾经发生过以及人物曾经在事件现场的证明。此类画面一般称之为关键画面,即最能说明新闻事件的实质。并非所有的电视新闻均存在关键镜头,但是对于电视新闻评论节目来说,每一期节目均应该具备证据性镜头,因为电视新闻评论中一旦缺乏关键性的证据镜头,而解说词中又有相关内容,则会使新闻评论的可信度大大降低,甚至会引起观众对事实本身的猜疑。

(三)隐性评论功能

与声音符号的明确的评论功能不一样,图像符号的评论功能在通常情况下是以隐性的方式发挥作用的。其隐性主要体现在主持人的非语言符号、摄像记者本人所采取的拍摄点以及构图三个方面。

第一,主持人的非语言符号能表现主持人对于新闻事件的基本态度和看法,主要表现为主持人的眼神、面部表情、手势等符号要素当中。

第二,拍摄点的选择所形成的价值判断。在拍摄高度中,仰拍和俯拍具有较强的价值评价性。其中,仰拍因摄像机的位置低于被摄主体的水平高度,被拍摄对象显得高大挺拔、具有权威性,因此画面带有赞颂、敬仰、自豪、骄傲等感情色彩,常被用来表现崇高、庄严、伟大的气概和情绪。而俯拍则相反。在远景、全景、中景、近景、特写五种景别中,特写具有放大形象、强化内容、突出细节的作用,具有相当强的情感冲击力,它能激起观众的同情心。

第三,画面布局显现拍摄者的褒贬态度。从构图角度来说,画面大致可分为中央与边缘、顶部和底部两种。其中,中央对边缘有支配作用,往往具有比较强烈的象征色彩;而当被摄对象处在顶部位置时,则能强调其拥有的权力、威望,尤其是当画面内有两个或两个以上的、大小比较接近的人物时,处于画面底部的人物处于被支配位置。

(四)字幕的说明和概括作用

字幕在电视新闻评论中的说明概括作用表现在:一是作为标题存在的字幕具有对电视新闻评论进行概括展示的功能;二是被采访者字幕具有确认被采访者姓名、身份、职位等信息的功能;三是字幕以数字形式出现时,具有较强的说明性功能,在部分情况下也具有证明功能。

二、电视评论画面解说词与同期声

解说词和同期声是电视新闻评论中的观点建构和传达的主要手段。解说词和同期声属于声音符号,两者在电视新闻评论发挥的功能各不相同。

(一)解说词的功能

解说词的功能在于与图像符号的相互配合和补充。从解说词的角度来看,这种配合和补充要求解说词提供图像所不能提供的信息,同时也尽量不要重复图像已经提供的信息。具体表现在如下几个方面。

1.解说词具有信息确认功能

解说词属语言符号,其最典型的特征就在于所提供的信息具有确定性。因此,解说词应当提供画面所不能提供的信息。这些信息包括新闻事件的五个要素。从理论上讲,画面也能提供新闻事件的五个要素,但是,画面所提供的五要素具有相当的局限性,例如,画面能提供关于事件发生的地点,但这一地点却具有较大含糊性,一方面,对事件发生地较为熟悉的观众能基本确认地点要素,但这种确认需要较长的时间,并且具有模糊性,另一方面,对事件发生地不熟悉的观众则无法获知此信息的。因此,解说词的主要功能之一是提供画面所不能提供的信息。这些信息能够在较短时间内为观众所知晓。

2. 解说词具有搭建新闻评论结构的功能

尽管将画面为主、解说词为辅或者将解说词为主、画面为辅的观念不利于充分认识画面与解说词之间的关系,但是,在电视新闻评论的实际制作过程之中,首先是由解说词搭建起电视新闻评论的基本结构的。因此,解说词在某种意义上来说,对电视新闻评论的基本结构的影响大于画面的影响。

3. 解说词具有清晰或含蓄地表达评论主体观点的功能

因为画面在信息表达上的模糊性和不确定性,而语言符号具有表达的确定性,因此,解说词在电视新闻评论中被作为表达评论主体基本观点的主要手段。解说词在表达评论主体观点的过程中,还具有激发观众想象和联想,使评论得到升华的功能。

◇◇ **案例**

中央电视台"新闻 1 + 1"2011 年 1 月 21 日 《把"公共"还给图书馆!》稿件的内容节选

【主持人】公共图书馆是用来做什么的?是进去读书的,还是进去御寒的?公共图书馆到底谁能进?是生活已经富足了的市民,还是衣食无着的乞丐?公共图书馆到底能发挥什么样的作用?是让有学识、有知识的人更加有学识?还是说,能够让那些看不到希望的人看到希望?这一切问题在杭州图书馆有了答案。

【解 说】"我无权拒绝他们入内读书,但您有权利选择离开。"这句话出自一个图书馆馆长,杭州市图书馆馆长褚树青。在图书馆工作了 30 年的他,从来没有像这几天这么忙,事发来自一条微博:"杭州市图书馆对所有读者免费开放,包括乞丐和拾荒者。"一夜之间,杭州图书馆馆长褚树青,在最近迅速成了舆论的焦点。

(本台记者 赵奕)这两天在杭州,好像各大媒体、网站,包括《光明日报》、新华社,都跟他们有接触。这个事情弄得确实还是比较大,好像反应也比较大。他们这两天,我听办公室的主任说,感觉就是她的电话从来都没有停过。

【解 说】其实,早在 2008 年 10 月份,当时杭州图书馆的新馆建成开放,有媒体采访图书馆长褚树青,说到图书馆免费、公平时,褚树青就作了以上回应。而就是这句两年多以前说过的话,在最近通过一位网友微博上旧事重提后,引发了大家的回应。到今天,这条微博已经被 16 000 多人转发,有 4 000 多人评论。

(杭州图书馆馆长 褚树青)图书馆服务的宗旨,从公共图书馆诞生起,它就是服务所有人群,尤其是服务社会底层人群的。因为一般来说,社会的上层,他不存在读书困难或获取知识困难的问题。但图书馆的存在,就是来弥补社会本身存在的、某一部分人群他没有办法方便或者快捷地获取知识和文化这一缺陷的。

【解　说】就在自己的言论引发巨大关注的时候,图书馆馆长褚树青对媒体做了一点澄清,那就是,他的原话其实是"我无权拒绝他们入内读书,但您有权利选择换个区域"。虽然原话不如网络版给力,却依旧让很多人推崇不已。

(褚树青)无论是一个儒者,或者是一个丐者,只要走进来都是读者。

【解　说】杭州市图书馆新馆在国内赫赫有名,数项排名第一。但是免费开放的做法早已有之,开始于八年前建馆之初。杭州市委市政府给图书馆确定的性质是"平民图书馆""市民大书房"。在图书馆里,阅览图书不需要办理任何手续,没有任何费用,而且不需要押金。即使是借阅读书,也仅仅出示一张市民卡就能办理。所以,当这条两年前的新闻被再次挖掘出来,并成为热议的话题时,杭州图书馆的工作人员第一感觉不是惊喜,而是诧异。

(褚树青)可能大家觉得突然碰到这个以后,觉得好像这个题目挺新颖。其实我们作为公共图书馆,无论是杭州图书馆还是其他城市图书馆,都一直在这么做。

【解　说】对于为何自己突然成了名人,馆长褚树青实际也相当不解。因为国内的很多图书馆也都在这么做,他表示,为什么大家对公共图书馆这么不了解,需要反思。

(褚树青)实际上到公共图书馆的各种人群都有,也包括外来民工和我们认为的拾荒者。但是他们进来的目的,到了图书馆,他能够走进来,本身就说明他没有对命运屈服,本身就说明他对命运充满希望。

【解　说】时至今日,在赞誉之时,我们依然可以从网络上听到不解的声音。环境被破坏怎么办? 书被损坏怎么办? 设备被损坏又该怎么办? 面对媒体,馆长褚树青用一个数据做了解答:"目前杭图的图书丢失率远低于西方国家及日本的平均水平的0.5%。"

(赵奕)其实那些所谓的农民工兄弟或者是乞丐,他们在很多方面都很注意,反而是那些觉得好像自我价值特别高的人,做得却不如那些农民工朋友,或者是乞丐那么好。

【解　说】旧闻怎么会成为新闻,这或许才是值得关注的现象……

在《把"公共"还给图书馆!》中,解说词"旧闻怎么会成为新闻,这或许才是值得关注的现象"明确表达了评论者对于杭州图书馆向所有公众开放图书馆引起热议的现象的态度,并将话题直接引入到了对其原因的关注,一方面,明确表达出评论者对事件的观点和态度,另一方面,通过解说词的张力给观众留下思考的余地,引发观众对于该现象的进一步思考。

(二)同期声的功能

同期声包括采访同期声和现场同期声。两者均与画面一起同步摄录,但在电视新闻评论过程中所发挥的功能各不相同。现场同期声指在摄录新闻事件相关画面过程中获得的同期声,主要包括环境音、现场音等。现场同期声的主要功能在于通过增强画面的现场感和空间感,进而强化画面的真实感。

采访同期声则是在对被采访对象进行访谈的过程中同步摄录的话语。与现场同期声不同,采访同期声具有明确的、清晰可闻的语言符号信息。其功能包括:①展现被采访对象对于新闻事件的认知、态度和评价;②通过采访同期声的限制性使用,可形成电视新闻评论的节奏感;③辅助解说词建构电视新闻的叙事结构。

◇◇**案例**

中央电视台"新闻1+1"2010年11月16日《谁在制造"看病难"?》稿件的内容节选

(主持人　董倩)欢迎收看"新闻1+1"。看过病的人都知道,在北京的一些大医院,要挂上专家号是非常难的。举个极端的例子,早上起来六点半开始挂号,不到七点号就都没了。这种现象就导致很多想看专家号的人,要排上两三天,甚至更长的时间。但问题是他们这么辛苦地排,就真的能等来希望吗? 看完接下来记者调查的这个短片,会加剧人们对一些医院医疗秩序的担心。因为,现在发现除了号贩子,还有医院内部的一些人也在打这个主意。

(记　者)你们排了多长时间?

(患者家属)一天,24小时。

【解　说】这是北京很普通的一天,普通得没有人会在意这医院门诊大楼外早早排起的等待着挂号的长队,一天两天,甚至三天五天,等待就只为能挂上号,和大名鼎鼎的医生见上一面。在这个普通的一天里,记者发现,在北京儿童医院和那些苦苦等待的患者家属相比,有一些人他们挂号似乎并不很难。

(记　者)那多少钱啊?

(号　贩)300块钱。

(记　者)这么贵。

(号　贩)特级的,不好挂。

(记　者)300块钱包括挂号钱吗?

(号　贩)挂号钱、卡钱都给你办好了。

(记　者)挂号钱本身多少钱?

(号　贩)挂号钱最好的医生,国家规定是14块钱。

【解　说】他们就是传说中的号贩子,一个正常价格为14元的专家号,号贩子们叫到了300元。但是如果患者承担不起,还是老老实实排队,结果会是什么呢。

(号　贩)天天排第一都没希望,就必须得想办法。

(记　者)想什么办法啊?

(号　贩)就想办法约呗,就找到护士什么的,送点钱什么的。

(记　者)给护士送点钱?

(号　贩)有路子吧。

(记　者)那你们送钱他们能收吗?

(号　贩)这不熟了吗,中间有人呗,中间没人肯定不行。有中间人,我们直接也不行,中间有人呗。

【解 说】中间人,那么在医院中真有所谓的中间人存在吗?这些中间人是什么人?这些号贩子和中间人又是什么关系呢?

(记 者)什么叫加号啊?

(号 贩)就是找大夫,大夫给你写个条子,允许我再多看一个病人。机器就给你开了,要不就锁机器挂不出来啊。

(记 者)你有这个条吗(医生开的条)?

(号 贩)就是有,没有这个怎么看病啊。我现在就得去给您拿这个了,别的拿不出来了。

(记 者)不可能吧,找大夫给写是吗?

(号 贩)对啊。

(记 者)这不会是假的吧?

(号 贩)窗口能挂出号能是假的吗?窗口里边能跟我一样骗您吗?

【解 说】为最大限度地接诊和方便患者,不少医院都有加号的惯例。通常由患者在第一次看病之后,为了复诊和医生直接预约,患者拿着医生签名的同意加号的预约条,到挂号处加号。医生在看完当天的号之后,为加号患者进行诊治。那么,难道医院为患者开出的方便之门,这些珍贵的医疗资源,被所谓的中间人和号贩子利用了?

(号 贩)钱重要还是身体重要,中国人观念老改不了。

(记 者)能办吗下午?

(号 贩)行,那你赶快过来吧,有客了。

【解 说】在协和医院,记者最终以300元的价格买下了骨科某专家的加号。记者被带到了位于协和医院门诊楼五层的骨科诊区,等候前来和我们接头的这名号贩的上线。五分钟之后,一名年轻男子凑了过来,这名男子居然真的从上衣里面的口袋中掏出了一张专家预约条给记者。

(号贩的"上线")你拿这个找他就行了。

(记 者)就是我拿着这个去跟他说行。这个是谁啊?

(号贩的"上线")内分泌科李××,让你来找他的。

(记 者)是医生吗?

(号贩的"上线")对。

(记 者)还是护士?

(号贩的"上线")医生。

【解 说】令人意外的是,听说先前的关系条是花钱买来的,骨科门诊的医生颇为意外,说他根本不认识写关系条的内分泌科的李医生。

(记 者)就我刚给你拿来的那个条,就内分泌科的那个大夫,你们不认识。

(北京协和医院医生)对,我都不认识。而且他还有指名点姓,点出来,我都不认识他叫什么名字。因为我不知道,我以为真是我们(单位同事介绍的熟人)。因为有时候我们自己本单位的人,互相谁都认识,互相帮忙开个条。

【解 说】今年8月开始,北京市公安局已经开展过一次打击号贩子的行动。警方以 17 家号贩子活跃的医院为重点,查获号贩子、医托 130 人。然而,号贩子背后隐约可见的中间人影子才更加让观众担心。患者苦等几天都排不到的号,甚至方便患者复查的预约号,号贩子却能通过各种各样的渠道轻易获取,进而变成一张张的钞票。那么究竟谁是中间人? 这背后究竟还有多少不能为人所知的秘密?

在上述案例中,记者将解说词和采访同期声交叉剪辑在一起,构建了整篇电视新闻评论的基本结构,也形成了较快的节奏。同时,记者在解说词中所说的评价性话语均紧接相关内容的采访同期声,以增加评论话语的可信度和真实性。通过解说词的叙述和采访同期声的讲述,将普通群众看病难的问题凸显出来,为进一步展开评论打下事实基础。

思考题:
1. 符号的定义。
2. 语言符号的传播特征。
3. 非语言符号的类型和传播特征。
4. 语言符号在广播新闻评论中的功能。
5. 怎样理解广播谈话在大众传播过程中建构了"人际传播的情景"。
6. 图像符号在电视新闻评论中的功能。

第四章　广播电视新闻评论的基本模式

第一节　口播评论

一、口播评论的定义

　　口播评论,即广播电视播音员、节目主持人或评论作者单纯依靠"有声语言"向受众传播新闻评论信息的"口说耳听"的评论形式。口播评论不包含实况音响、采访录音、画面视屏等其他符号元素。[①] 口播评论的产生直接来源于报刊评论,也就是将报刊的文字评论通过口头语言表达出来,经由广播和电视向受众进行传播。口播评论与报刊评论相比,有两个特征:①受众更加广泛。因为报刊的受众需要具备一定的识字能力,广播电视的受众只要有健全的听觉系统都可以接收信息,所以,广播电视新闻评论的传播受众更加广泛;②内容更加通俗易懂。报纸评论是通过文字进行传播,文字具有静态的,逻辑严密等行文特征,而广播电视新闻评论主要是通过语言进行传播,语言的形象和生动,促使广播电视评论传播的信息更加的口语化和通俗易通,也更利于受众的接受。

　　我国的广播电视新闻评论的发展开始于20世纪70年代末80年代初,早期的广播电视新闻评论在很大程度上延续了传统报刊评论的多种形式,诸如本台评论(社论)、本台短论、评论员文章、编前编后语等。其中,评论员文章这一形式有署名和不署名的两种形式,不署名的代表的是媒体组织的观点;署名的,就是由播音员自己撰写的,或者是评论作者撰写的,代表的是个人的意见和观点。在广播电视新闻评论的发展初期,以不署名的评论为主。署名的评论文章又发展出两种形式,主持人评论和评论员评论(专栏评论),两种评论形式都主要存在于新闻报道中。改革开放以后,主持人评论的形式在电视新闻评论中得到广泛运用。广播电视新闻评论得到社会的普遍认可并产生广泛影响的标志性事件是1994年4月1日,中央电视台《焦点访谈》的开播,以及同年10月1日中央人民广播电台《新闻纵横》的创办。[②]

---

①　王振业,李舒.广播电视新闻评论[M].北京:中国传媒大学出版社,2009:191.
②　仲富兰.广播电视评论教程[M].上海:复旦大学出版社,2007:52.

随着媒体技术的进步,新闻评论观念的发展,广播电视新闻评论的传播模式从单纯的口播向运用音响、音乐、图像等多元符号手段的多媒体传播模式发展,衍生出了声情并茂的音响评论、交流式谈话体评论等其他传播形式。

二、口播评论的基本模式

(一)本台评论

本台评论,实际上就是把报刊评论中的"社论"搬到广播电视的传播平台。社论,从本质上说,它不是一种特定的文体,而是一种写作制度。"它代笔报刊、通讯社、广播电台、电视台编辑部的权威性言论";"它集中反映并传播一定政党、社会政治集团或社会群众团体对当前重大事件和迫切问题的立场、观点、主张,是影响并引导社会舆论的有力的评论形式。政党机关报的社论一般代表同级党组织的意见"。① 所以,社论是最为重要的新闻评论和舆论工具,是媒体编辑部就重大问题发表的评论,是定期出版物(报纸、杂志)中最为重要的评论文章。毛泽东同志就专门针对社论的写作提出过要求,他对省委书记们指出:"精心写作社论是一项极为重要的任务,你们自己、宣传部长、秘书长、报社总编辑,要共同研究。第一书记挂帅,动手修改一些最重要的社论,是必要的。"②

在广播电视新闻评论中,本台评论的特质和表现如出一辙。有以下三个特征:首先,本台评论是一种新闻事实与党性意见的统一;其次,本台评论一般针对的新闻是国家当前重大事件、典型事件或重大问题发言并引导公众舆论;再次,本台评论出现的频率不是很高,但都是精心写作的作品,文风严谨庄重,在写法上"评"重于"论"。

与社论一样,本台评论的任务就是代表编辑部就国内外(或省、市、自治区)政治、经济、思想、文化诸领域带有全局性的重大问题,进行分析评论,及时表明党的立场和态度,阐明党的路线、方针和政策,指明当前形势、今后任务和奋斗方向。日常选题时,它着重考虑传达和阐述事关全局的新部署、新精神、新政策。同时,国家的重大政治活动(如党的代表大会、人民代表大会)、重要的外交活动、重大节日、纪念日、盛会等都会发表本台评论。

◇◇ **案例**

中国广播网 2010 年 3 月 11 日的本台评论

针对该年年初以来,中国东部和南部沿海地区的一些工厂出现的"用工荒",以及相矛盾的就业压力巨大这一经济发展中的"两难"现象发表评论《中国经济如何走出"两难"困境》——"对于这类关于国民生计大业的经济问题,在论述过程中引用了国家领导人、经济学家的发言和看法,突出决策的指导性和前瞻性,也表明了评论的权威性。

……有专家指出,此轮国际金融危机,冲击的不仅是中国的经济增长速度,更重要

---

① 马少华.新闻评论[M].长沙:中南大学出版社,2005:170.

② 毛泽东新闻工作文选[M].北京:新华出版社,1983:202.

的是冲击了中国的经济发展方式。……中国经济要走出现在的'两难'境地,转变经济发展方式已势在必行。温家宝总理在今年的政府工作报告中称,2010年是中国继续应对国际金融危机、保持经济平稳较快发展、加快转变经济发展方式的关键一年。只有着力加快转变经济发展方式和经济结构调整,着力推进改革开放和自主创新,中国才能化解自身的深层次矛盾和外部环境的不利影响,迈入可持续的发展轨道。……

同时,从国情出发、从老百姓的生活利益实际出发来看待问题、分析问题,提出真正关系民户生计的需求,让人民知晓国家政策对他们的保护,稳固百姓对未来美好生活的信心;

……另外,要转变经济发展方式,还必须改变目前经济增长过分依赖投资和出口的状况,实现消费、投资和出口的均衡发展。为此,需要进一步增加城乡居民收入、扩大居民的消费需求、积极做好各项社会保障工作,为居民大胆消费减少后顾之忧。……"

评论从社会现实出发,结合专家观点和国情发展,针对"用工荒"和"就业压力大"的矛盾进行了逻辑严密的评析,并对问题的解决,提出了有建设性的办法。

再例如,针对青海省玉树县2010年4月14日晨发生的7.1级强烈地震,中央电视台《新闻联播》在4月18日发表了本台评论,充分表达了全国人民在重大灾难面前团结一心的民族精神。

◇◇ **案 例**

中央电视台《我们都是玉树人》

现在播送本台评论《我们都是玉树人!》。

首先,赞扬了在这次灾难发生后,举国上下不同群体、不同层次开展的救援和搜救行动,弘扬了中华民族对生命可贵的珍视,人们用实际行动阐述了"灾难无情人有情":

这两天,在青海玉树地震灾区,无论是党员干部还是各族群众,无论是救援大军还是海内外同胞,都在与时间赛跑,不放弃任何时机全力搜救、救治和帮助受灾群众。

接下来有力地呼应了标题,并且肯定了"家国一心"的意义。

我们都是玉树人! 正是有了这种上下一条心的国家力量,三江源头才出现了一个又一个生命奇迹。

全力以赴救人仍是当前救灾的关键。争分夺秒,科学救灾。玉树不倒,青海长青。

《我们都是玉树人》在新闻事件发生当天的"新闻联播"中播出,及时有效地传达了党中央对玉树人民的关注和重视。文章最后几句传达了国家全力搜救人民群众的决心和实力,也代表党和国家以及全国各族人民表达了对青海玉树地震遇难同胞的支持,很好地振奋和鼓舞了身陷苦难的同胞。

(二)本台短评

首先应明确的是,"短评"并非是由于字数少、篇幅短来定义的,而是新闻评论中的一种常见规格。广播电视新闻评论除了少量本台评论员文章、述评、谈话类评论外，大量的评论形式是本台短评。短评一般以新闻报道的某一客观事实或社会上存在的某一典型事实为立论的依据，选择的论题范围与内容也相对集中，是评论中的轻武器。通常为一事一议，阐明一个道理或一个主要观点，或者将其中的道理引申开来，使之具有新的高度和广度。

在广播电视新闻评论中，短评经常配合新闻报道播出，很少单独发表，从新闻中来找主题，或在大量的事实中选取一个方面加以发挥，阐明新闻事实的社会意义和时代价值。

短评的传播特点是，短评是篇幅短小、内容单一、分析扼要的编辑部评论，其规格介于评论员文章和编前、编后语之间；运用广泛灵活，说理脉络清晰，论断一语中的。总而言之，精练的形式、明确的论点是它最大的特色。例如，1980 年下半年，有些地区片面理解"发挥本地优势"的经济原则，各类小酒厂、小烟厂、小茶厂等小型企业一拥而上，扰乱了市场秩序，对原有的正规大、中型企业造成了不良的影响和经济后果。针对这种情况，为了及时在群众中传播正确的经济思想，同年 10 月 21 日，中央人民广播电台发表了题为《经济联合要注意客观经济效果》的短评："发挥优势要顾全大局，要注意客观经济效果，牢固树立全国一盘棋的思想。"这条短评在当时的时代背景下，指明了利弊关系，纠正了狭义的经济发展策略，传播了新的思想和观点，言词简约而意义深远。

◇◇**案 例**

中央人民广播电台"新闻和报纸摘要"

2010 年 5 月 26 日短评《努力学习，无愧使命》

评论内容：

中国之声"新闻和报纸摘要"6 时 49 分报道，武警广东总队汕头支队支队长魏文涛，通过学习不断提高履行职责使命的能力，带领支队多次圆满完成多样化军事任务，荣膺第十三届中国武警十大忠诚卫士……

新闻播报结束后，"中广"作出短评，分析总结了魏文涛的学习成长生涯。

入伍 25 年，魏文涛在人民军队这所大学校里，始终树立正确的学习观，把学习作为成长的阶梯。正是长年的学习和磨炼，使魏文涛练就一身过硬功夫，出色完成 100多次执勤任务，并在解救人质的生死关头临危不惧，于千钧一发之际一招制敌；刻苦学习，使他不断增强带兵能力，破解带兵难题，将理性思考转化为 57 万字的研究成果。

接着引出"献身使命"这个关键词。

献身使命，是革命军人核心价值观在能力上的具体体现。新世纪新阶段，人民军队的使命任务在拓展。要当好国家和人民利益的捍卫者，就要努力造就一批像魏文涛这样勤于学习、具有文韬武略的新型军事人才。使命任务拓展到哪里，就把学习的视野延伸到哪里。掌握科学的方法，打下牢固的思想基础，不断提高能力素质，以无愧于肩负的历史使命、无愧于伟大时代。

评论仅从使命感这个点切入，集中讨论了个人价值的意义所在。由此可以看出，与评论员文章相比，短评的篇幅更加短小精悍，力求简明扼要地阐述观点，集中分析论题论据，在形式的使用上也更加灵活；比起及时发言、点到为止的编前/编后语来说，短评通常找准一个切入点、抓住一点来做集中议论，论点鲜明突出。由于它所涉及的面极有针对性，遵循一事一议的规律，短评在某种程度上也有着自己的生存和发展空间。

此外，短评与本台评论的区别还在于评论题材的亲民性。例如，2008年初我国多个地区遭遇重大雪灾，中央人民广播电台"中国之声"连续两天推出特别直播《爱心守望，风雪同行》，收到了无数条听众短信。这些短信来自祖国四面八方，用关切的语言真挚的情感，向被困在风雪危难中素不相识的人们送去关心和祝福。据此，同年1月23日，中央人民广播电台台发表了短评《大雪中的温情》。

◇◇**案 例**

《大雪中的温情》

不少被困者纷纷回应，表达感激之情。我们的编辑主持人见证、传递了这一份份滚烫之心，并被感染、鼓舞，为爱心中体现的民族凝聚力而骄傲；为困难中的勇气、自信、坚韧而自豪。我国十几个省份持续出现了罕见雨雪凝冻灾害，考验着市场经济条件下的道德精神，检验着政府部门的执政水平。

"群众利益无小事，民生问题大于天""向人民负责，才是真负责"。这些观念在各地各部门应对雪灾的实际行动中，磨砺得更加鲜明。大雪无情，许多人却感受到春天般的温暖，这种温暖情怀需要不断延续。眼下抗击雪灾的任务还很重，我国中东部地区还将迎来大范围雨雪天气，繁重的春运今天也要拉开大幕。面对新的考验，我们要以沉甸甸的责任感继续做好抗击雪灾工作，搞好春运，交上一份合格的民生答卷。

针对持续20多天的大雪，2008年2月4日，中央电视台《新闻联播》发表了评论："现在播送本台短评《让灾区百姓过好春节》。"这条短评只有两百来字，但却让观众欣慰地获悉：

◇◇**案 例**

《让灾区百姓过好春节》

京珠高速公路今天全部疏通，华中电网39条高压线路已经恢复运行，全国主要供应地海南的瓜菜正在24小时不间断运往灾区。

随后，短评进一步提醒：但是灾区还有部分高速公路拥堵，疏导任务依然艰巨。春节期间南方部分地区还将出现恶劣天气，交通安全仍不容轻视。老百姓的心里有了底，因为党和政府已经采取措施，最后，评论号召大家：

一定要确保粮、油、肉等重要商品的市场供应，妥善安排受灾群众的生活，让灾区的老百姓过好春节。①

短评还擅长将大新闻与民生进行结合,提高了评论的传播效果。例如,中央人民广播电台在2010年广州亚运会期间,发表过一篇上关乎国家盛事,下关乎百姓文化体育生活盛宴的短评《亚运见证中国前行》。

◇◇ **案 例**

《亚运见证中国前行》

据中国之声"新闻和报纸摘要"报道,广州亚运会主火炬昨晚在喝彩声中点燃,岭南古城吸引了整个亚洲惊叹的目光,璀璨辉映的开幕式再次给世界带来难忘和惊喜。

从北京到广州,20年圣火依旧,20年成就辉煌。从北京奥运会的荣耀与成功,转战到广州亚运会的璀璨揭幕,让人不禁展望到了又一个辉煌即将诞生,一种盛世接力的氛围油然而生。

从"熊猫盼盼"到"祥和如意乐羊羊",从全民募捐到市场运筹,从"市政建设"到"民生优先",从"金牌至上"到"平常之心"。折射出的不仅仅是一个古老国度经济上的奇迹,更记载着国家发展理念和民众心态的提升与成熟。

20年,亚运与中国重逢或许是一种巧合,却深刻而鲜活地见证了一个国家走向富强文明的历史进程。感谢亚运,它让我们视野更加广阔,脚步更加坚定,在民族复兴成长的道路中开启新的征程!

(三)本台评论员评论

评论员文章分为署名和不署名两种形式,所论述的内容的重要性和广泛性,介于本台评论和本台短评之间,属于中型的评论武器。

对于广播电视新闻评论来说,常用的评论员评论以本台评论员评论(不署名)为主,它一般代表了电台、电视台编辑部的意见,反映编辑部的观点和倾向,并不代表个人;而署名评论员评论又大致分为"特约评论员"和"评论员专栏"两类。

冠以"特约"或"专栏"二字,意在加重作者的身份,他们往往都是党政机关或理论学术机构的权威人士,评论的议题大都是举足轻重、关乎国家和社会的重大问题,所以相对来说比不署名的本台评论员评论更加郑重,专题性和理论性尤为突出,政论性也更鲜明。在这些特定的前提下,编辑部采用这样的形式来发表意见时,其目的都是为了强化自己的立场和观点。当然,"特约"或"专栏"在形式上有了更大的自由性和灵活性,可以带有作者的个人色彩和风格,善于多角度地展开论述,有较强的系统性和逻辑性。

本台评论员评论在写法上特点是"论"重于"评",需要更深入地阐明道理,篇幅稍长。通常不会像特约评论员评论那样系统全面地论述一个问题或现象,而是针对当前

---

① 刘小峥."本台短评"对新闻节目的审美重构[J].当代电视,2010(2).

实际工作的某一个方面、某项政策或活动贯彻过程中,选定一个重要的侧重点和方向进行分析评论,一般带有专门性、部门性,且又具有普遍意义。例如,青岛人民广播电台 2003 年"新闻快评"播出的评论节目《南雁北飞》,节目针对"原厦门大学副校长王小茹教授带着他所在的厦门大学某重点实验室的原班人马共 17 人整体搬迁到青岛"这一人才流动的新闻事件进行评论,节目评论过程中,就专门请出本台评论员进行具体问题的点评。

◇◇ **案 例**

评论内容节选

……

(主持人)接下来,请出本台新闻评论员祝洪珍,由她代表本台编辑就这一话题发表评论。……为什么今天的"南雁北飞"还是会受到这么强烈的关注呢?

(祝洪珍)之所以引起关注,从表面上看,至少有两种原因。一是王小茹的到来带来了他所在的厦门大学现代分析重点实验室的原班人马,这和以前学术界单枪匹马的人才流动不一样,来的是一个 17 人的高层次团队。青岛和厦门虽然同属于沿海城市,但是厦门毕竟是特区,经济发展一直很快,而且在海洋科研领域,许多方面厦门和青岛也是实力相当,两强相遇较量的结果当然会令人关注。

……

(祝洪珍)好的,从计划经济时代单纯的人才调动到"星期六工程师"的出现,可以看到人才流动经历了由"刚性"流动到"柔性"流动,再在一个更高层次上由"刚性"流动向"柔性"流动的转变。这种新的"柔性"流动,砍掉了束缚人才施展才能的明枷暗锁。厦门和青岛的一放一收之间不仅顺应了人才流动的必然规律,更折射出站在改革潮头的现代化国际城市所应有的人才观念。正所谓国以才立,政以才治,业以才兴。我们讲人才强国就要形成一种人才辈出、人尽其才的局面。科学的人才观是非常重要的,在全国上下对人才问题越来越重视的今天,这次"南雁北飞"所捎来的,正是在新形势下我们应当尽快更新人才流动观念、创新人才使用模式的新春的消息。

(四)编前/后语

广播电视新闻评论中的"编前/后语"也是来源于报刊评论形式中的"编者按"。

"编者按"的评论形式在报纸中是比较常见的。例如,《河南日报》2007 年 7 月 25 日发表的"走进卢氏土坯房"系列报道,正文前的编者按这样写道,卢氏县委坚持土坯房办公 50 年不变,经本报等媒体报道后引起强烈反响。为进一步落实省委书记徐光春重要批示的精神,深入报道卢氏县牢固确立忧患意识、公仆意识、节俭意识,发扬艰苦奋斗的精神、厉行勤俭节约的作风、坚持执政为民的思想,把有限的财力用在推动发展上,走进县委土坯房,深入乡村企业,走访干部群众,采写了这组深度报道。即日起刊发,敬请关注。通过编者按的形式,不仅强调了新闻报道的重要思想,而且对读者起到很好的引导作用。

"按",在现代汉语词典中的解释是:作者或编者附加的说明或判断。那么,也就是编者为了让读者看得更明白或者得到更多的信息而增加的一些特别的说明,写在前面(文中、或后面)的话,也被称作"案"。

所以说,编者按是编者在获取新闻信息后连同稿件一起发表的说明、批注或考证性文字,它不是一种固定的单独运用的文体,而是在编稿过程中经常使用的一种处理方式,是最简短、最轻便的言论形式之一,编前/后同出一辙。如2009年2月26日《新京报》发表的一篇编者按全文如下,"'圆明园铜兽首拍卖'已经超出了文物范畴,演变为一起媒体事件。在情绪日趋激昂的情景下,我们更需要倾听多样的声音。两位评论者的观点未必完全正确,但作为一家之言,则具有参考的价值。"

编前/后语通常控制在百字左右,甚至更短,有时仅三言两语,但力求能够切中要点。它没有独立的标题,位置也较自由。在今天的广播电视新闻评论中,编前/后语一般有两种编法。一是可以作为编前语附在新闻正文之前做引言提示、交代背景;二是可以作为编后语放在最后做点评或引申、补充材料或借题发挥,起到强调重点、表明态度的作用。通常情况下编后语的具体应用更加广泛一些。

广播电视新闻评论的编者按采用口头语言的形式,内容更加通俗易懂,形式更加灵活。因为有评论员、播音员和主持人的出现,他们在的编者按传播得更加自然和流畅。例如,中央电视台2001年1月4日播出的《跑了题的研讨会》,节目报道了2000年底在广西南宁召开的一个经济全球化与科技成果转化学术成果研讨会,会议8天的日程,集中研讨的时间仅有1天,其余时间都是购物和游玩,节目的最后,主持人评论道,"到此,我们不难发现两个问题,就是主办者巧立名目,实际上他们就是在公款旅游这瓶老酒外贴上了'经济全球化'这样一个崭新的商标;第二,他们挖空心思,钻了政策的空子。尽管这些年来有关部门三令五申严禁在国内风景名胜区借开会名义行公款旅游之实,但是,不让在国内开会,我就把地点放在国外。如果这种趋势不赶紧加以制止的话,说不定真的会像那位会议代表所畅想的那样,在不久的将来,在新马泰、在欧洲会再一次看到他们这些人的身影。"①

三、口播评论的特殊形式

(一)广播述评

述评,又称新闻述评或记者述评,指的是以新闻事实为基础的叙述与评论。它是一种以夹叙夹议、边叙边评的方式,来反映社会热点或国内外重大事件或问题的新闻体裁,也是一种介于新闻报道与新闻评论之间的边缘体裁。

20世纪30年代我国知名新闻记者郭步陶先生在他的专著《编辑与评论》中写道:"述评不一定天天有,每经过一星期,将国内外重大事件,综合叙出,缀以简要评语。"②然而,随着社会的发展,特别是媒体技术的进步,人类进入信息化时代之后,述评这种体裁在广播电视新闻评论中又发挥了重要的作用。述评的一个特点是评论散文化。

① 梁建增.焦点[M].北京:文化艺术出版社,2002:11.
② 郭步陶.编辑与评论[M].上海:上海商务印书馆,1933.

新闻评论散文化有其历史渊源,在我国报刊评论发展史上,报刊评论这一"舶来品"在中国立足之始就与夹叙夹议的散文体裁相融合,"形成了述评式言论的胚胎"①。散文化的报刊评论就是早期多样化的评论中的一种,通过散文生动形象的意境美以及松散自由的结构形式引入到评论中,可以使受众一边联想一边产生思维的视觉,弥补生硬评论的形象缺失。散文化的述评体现的是一种自由平等的语调和寓情于理的感化,述说式的交流为受众传达了一种媒体对个体的尊重,和以往严肃、教化、居高临下的评论相比更显亲和力。

总体来说,新闻述评是介于新闻和评论之间的一种叙与议、事与理相融合的体裁,不仅报道新闻事实,必要情况下还需把新闻背景或来龙去脉加以描述,不同于其他评论中的不完整性引用,新闻述评中的事实材料结构完整独立,照顾到了事件的源流和背景,但也不是简单的信息堆砌,与评论结合的时候还需注意两者的内部结构,将它们合理的整合;在对事实进行分析和解释,对某种形式、某个当下的普遍性问题发表看法时,还需及时剖析事件来揭示其本质和发展趋向,达到启发和引导的作用。那么,总结起来述评的主要特点是,述评结合,以评为主;以评带述,以述推评。

述评这种独具个性的新闻体裁,既要摆事实又要讲道理,不仅要对新闻事实进行比较全面的讲述,还要在叙述具体事实的同时进行议论。述与评两者的功能虽然各有侧重,但这种模式并不意味两者在篇幅比例上是均等的,确切地说是以评为主,评论才是通篇的重心。叙述的目的在于评论,叙述功能服务于评论功能,叙述是评论的基础,评论是叙述升华的途径。

通常情况下叙述内容多过于评论内容,叙述是手段,评论才是目的。例如,中央人民广播电台2010年2月28日发表的述评:对于武汉市农业局曝光"问题豇豆"的做法,三亚市农业部门表示了"特别的不理解",他们称,发现相关的问题但按照通常做法只限于内部通告,这已经是业内的"潜规则",武汉曝光这些问题豇豆在他们看来"于国于民都无益"。武汉市农业局曝光"毒豇豆",破坏了了"内部通告"的业内"潜规则"?更荒唐的是,三亚市农业局综合执法支队副支队长也认为,按照常规,兄弟单位应该打个招呼,他们可以派技术人员下基层调查,严控源头,但兄弟单位这次的做法"太不够朋友",不仅没有给他们留面子,也没有给农业部门留面子。……在播音员或主持人叙述新闻内容的同时,其所选择的新闻事实报道角度,已经透露出了媒体或评论员对该事件的倾向和态度了,评论性语言在恰当的字里行间进一步去揭示事物的本质,完成由感性到理性认识的过程。

(二)电视主持人评论

电视主持人评论是指主持人以第一人称"我"的口吻来阐述对某一问题的意见或看法,在形式上极具个人话语风格的隐性署名评论。

其部分特征类似于广播述评,可以由主持人单独对事件进行犀利尖锐的批判,或在新闻播报的间隙插入只言片语的点评,也可以由主持人参与嘉宾谈话,夹叙夹议地开展评说。譬如,2009年11月9日,中央电视台新闻频道《24小时》播报新闻"英国

① 丁法章.新闻评论学[M].上海:复旦大学出版社,1997.

经济学大师、伦敦商学院教授理查德·波茨以及经合组织首席经济学家约尔延·埃尔梅斯诃夫在7日接受记者采访时表示,全球经济的复苏很脆弱,经济刺激政策的退出时机未到。他还表示,中国当前的一个问题是消费不足,解决这个问题行之有效的办法是提高中国人的工资"。播完这则新闻后,主持人邱启明直接作出以下评论:"其实工资一直都在涨啊,关键是中国的老百姓喜欢存钱,你发得再多,人家都存起来,不用。"这句话一出,顿时引起轩然大波。主持人评论这一形式与其他电视口播评论最大的区别就在于它是主持人直接代表自我对话观众,而不是代表媒体发声或代替评论员播音,"我口表我心"的表达方式为新闻评论注入了生机和活力。但它对主持人的挑战也是显而易见的,不仅需要主持人在新闻叙述的关键点处加入恰如其分的评论,帮助观众理解和思考;还需在叙述和评论中注入情感,吸引观众参与到整个新闻过程中来,消除观众在接收视听信息上产生的"审美疲劳"。

2008年北京奥运会期间,中央电视台公布最新调查显示近七成公众最关心中国能拿多少金牌。针对这一举动,新闻主持人发表评论说:"这种调查当然能在一定程度上反映出当前之民意,但更深地反映出了很多民众不明金牌从何而来的道理。我甚至可以说,越是普通民众越是关心奥运拿多少金牌,他们不知道金牌拿得越多他所受损越多……"再如,主持人一边播报新闻一边点评,"北京奥运百米新飞人博尔特的父亲谈论儿子打破世界纪录时信誓旦旦地说,'肯定是番薯使他夺冠。'他还表示牙买加的特产番薯能给予选手们力量。在牙买加,番薯被认为是一种对身体非常有好处的食品。改革开放前,中国人吃了好几十年地瓜,也没吃出过一个跑得哪怕像点样的啊。难道牙买加的地瓜很特别吗?"最后一句戏谑式的点评让人捧腹大笑,但笑过之余也同时被评论本身透出的一丝悲哀和讽刺所触动。由此可见,电视屏幕上主持人直接出面评论的形式是非常灵活多样的,它将新闻事件的叙述过程和对论点进行逻辑辩证过程两者统一,避免了带着观点来找例子说教或喋喋不休地指点江山,而是把观点隐藏于巧妙的结构安排上,不言自明。

1996年1月28日《东方时空》改版,加强了新闻节目主持人在整体节目中的主播作用,由过去每个小专栏都设有各自的主持人,改为由一位总主持人来主播贯穿4个小专栏,同时,推出了每次3分钟的小栏目《面对面》。这个栏目采用了主持人评论的方式,评说的题材,灵活运用,引发主持人议论的可以是本人的亲身经历,更多的是对某个报道的延伸发挥或对当天报道内容的反馈评点,或对国内外发生的重大新闻及时评述。[①] 节目虽定位于主持人的随感评论,但最终是为了主持人队伍中培养评论员这一目标而设置的。改版后的《面对面》淡化了原来《东方之子》有评价性意味地选择人物,跟着新闻和热点走。访问方式上也有了些变化,或者由总主持人采访,或者让出镜记者采访,突出了访谈的特点,体现了主持人的个性,熔分析、评述为一炉。

譬如,2010年2月11日中央电视台《东方时空》对国足进行了报道,并对比赛本身和中国足球的前景进行了分析。《东方时空》先是配合"打破梦魇"这样的新闻背景标题由主持人对昨天国足3∶0大胜韩国的比赛进行了评述:"昨天晚上,相信无数中国

---

① 叶子.电视新闻节目研究[M].北京:北京师范大学出版社,1999:332.

球迷是在惊喜当中入睡的,就在中国男足的恐韩症成为老病根之后,他的病突然好了。春节来临之际,中国男足没有给国人添堵,一个漂亮的3∶0将老冤家韩国队斩落马下,结束了32年逢韩不胜的尴尬历史。"

节目还引用韩国媒体《朝鲜日报》的报道,韩国队惨败之后,愤怒的球迷一度让韩国足协官网瘫痪,韩国主帅许丁茂则将失利原因归咎于裁判,并声称自己是不幸的人,丢掉了韩国足球面对中国足球胜利的传统。

随后,主持人声情并茂地配合国足昨晚3∶0大胜韩国的比赛画面对中韩两国32年来的战绩进行了分析,并进行了述评:"在本届东亚四强赛之前,几乎没有人看好这支在打假反赌风暴、以及高层地震背景之后的中国男足,然而身处质疑、丑闻、批评之中的中国足球在昨晚却爆发出惊人的战斗力,以一种充满血性的方式打破了32年的耻辱纪录。3∶0的结果加上积极的比赛过程甚至让现场的中国球迷送上了'我爱你'这样多年来未见的呐喊。"

随后主持人评述道:"昨天的比赛再次让人意识到足球是圆的,一切都有可能,但是一场3∶0的大胜是否意味着我们就能彻底摆脱恐韩症,是否能够成为中国足球的强心剂呢?"并就这些问题对北京电视台著名体育评论员魏翊东和体坛周报副社长颜强进行了电话采访。魏翊东认为国足取胜的原因是多方面的,集训时间长,球员比较齐整都是客观原因,而且和日本队的比赛也激发了国足的状态,而韩国队则因为和香港的比赛过于轻松。相对来说,颜强就显得比较冷静,认为从长远来看,中国足球的问题并不是一场比赛能够解决的,尤其是联赛不会因为一场比赛而改变。因为联赛追求的是不同俱乐部球迷的情感链接。从足球这个概念来讲,国家队只是一部分,不应该过于强调这场比赛的伟大意义,如果我们过于强调这场比赛的伟大意义,那不免以偏概全。

节目的最后,主持人引用前国足主帅米卢的博客作出总结:"这场比赛能够对球迷带来一些信心,亲爱的中国队员们,你们身上最重要的东西今天又回来了,那就是自信!"

这段节目中,主持人不仅妙语连珠地分析了事件的前前后后,并且调动了幽默而又犀利的情绪语言,赋予整个话题形象生动的感染力。主持人的述评成为了节目的核心部分,既展现了主持人的即席评说能力,也起到了很好的组织串联作用,还发挥了议题的思想提炼能力,为新闻评论节目增加了丰富的表现功能。

第二节 谈话体评论

一、谈话体评论的定义

传播学经实践证明,最好的传播效果是受众参与的一种活动性的面对面的接触。[①] 谈话体评论是主持人用一种类似与听众面对面交谈的口吻,来阐述对事物的见解或意见的节目。评论的主持人(播音员)可以单独与观众"谈话评论",也可以邀请嘉宾一起参与"谈话评论",也就是说在特定的环境中,由主持人引导、谈话参与者(嘉宾、场内外观众)围绕某一主题或事件阐述和讨论各自观点。节目的主体就是参与者,节目的内容由事件、问题和观点组成。

对于谈话体评论来说,谈话的方式只是它的表现形式,而其实质则在于以完全平等的态度、口吻面向受众论事说理。[②] 譬如,江苏省广播电视总台新闻综合频率 2007 年 11 月 1 日,播出的评论节目片段:"古语说得好'春种一粒子,秋收一季粮。'到了秋天,你到我们江南农村去看看,满眼都是金灿灿的金黄色,那个美啊,那是哪儿都没法比的! 不光是沉甸甸的稻谷堆满了仓,再看看打你面前走过的人,那个幸福感,那份喜庆,家家像过年。……瞧,多新鲜啊,农民用'掌上电脑'种水稻,还有电子管理、学习系统这些道道,可不比城里的 IT 白领学问少。……"

节目中,"你""那个美啊""多新鲜啊"等语气词,既是口语化风格的发挥,也拉近了距离,完全摒弃了居高临下的说教方式,仿佛"你、我"是早已熟知的朋友,用一种亲切的语气来跟"你"拉拉家常,自然能够让人心悦诚服地听下去。

另外,谈话体评论所涉及的题材范围也非常广泛,按节目的内容划分大致可以分为以下四类:新闻时政类、社会生活类、情感交流类和专业话题类等,大多以谈话、聊天的形式在平等的交流基础上,沟通和共享各自对事物的看法和意见。

随着新媒体技术的出现和发展,谈话类节目借助现代传播手段,选择人们熟悉和感兴趣的话题,创造一个人与人之间的亲切、真实、自然情感交流的空间,通过谈话的形式传到人们的耳际和眼前,实实在在地把传播者与受众的距离拉近了。可见,它已不仅仅是个体之间简单的信息交流,而且体现了人们生存空间的开放拓展以及个性理念的成熟与提高。

二、广播谈话体评论

广播谈话类节目从 20 世纪 90 年代初期出现以来,逐渐成为受众喜闻乐见的一种形式。但回顾广播发展的历史可以发现,广播的社会沟通功能是近几年来才得到社会

---

① 叶子.电视新闻节目研究[M].北京:北京师范大学出版社,2008:52.
② 王振业,李舒.广播电视新闻评论[M].北京:中国传媒大学出版社,2009:209.

的广泛认识并发挥其社会作用的。广播谈话节目这种形式从无到有,从封闭走向开放,蕴含了一个生存空间不断扩大的过程。它的社会沟通功能不断地得到凸现,体现出社会生活中多种意见的交流探讨,多种观点的交锋争论,最后实现充分的沟通和理解,迅速成为大众关注的热点和维持高收听率的热门节目。

目前,广播使用的新闻性谈话节目在内容上与报刊上的思想评论类节目有着相似的特点,即谈话体评论的任务是要对现实生活中带有倾向性的思想领域的问题,对新人新事新风尚新经验,进行分析,发表看法,也适用于就典型事例来解释某种政策。

另外,谈话节目最关键的是言之有物。著名主持人杨澜曾说过:"如果没有充分的案头准备,提问往往是肤浅的。来宾会认为在同一个小学生讲话,甚至对牛弹琴,谈话的兴趣肯定不高;没有准备的提问也往往是散发型的,东一榔头西一棒子,没有重点。半个小时的采访时间一晃就过,而留给观众的却是一片模糊……"[①]因此,谈话类节目的关键在于,要为参与谈话的嘉宾创造一个"想要和愿意谈话"的情景,同时考虑到听众置身于"正在收听"的情境,还需要营造轻松的谈话气氛,注意"谈"的口评,亲切与自然的风格是嘉宾和听众所乐于接受的。

广播与电视相比,广播是"有声评论",电视是"形象化评论"。电视观众往往是坐在一起边听边看,广播的听众则是个体,广播谈话体评论能够模拟出听众的对话对象正在一旁听取别人交谈的感觉,唤起听众强烈的参与感,从而进入主动收听、主动思考的情境。

(一)广播对话

对话式广播评论将一人口播变成两人口播对话,常常以"你问我答""一来一去"的形式交流。一般男女搭配,二者配合默契同时又各有自己的特色。它不仅消除了一人口播的单调感,还自然而然地给予了观众两种不同语言风格的视听体验,有的主持人语言口语化风格很明显,意在谈话式的"人际交流"中拉近和本地听众的距离。

虽然对话的内容一般是提前准备或事先排练过的,或者两位对话者不在同一空间内主持节目,但两位对话者相互配合,创造了一种较为真实的对话氛围。例如沈阳新闻广播的《沈阳新闻》节目中推出的《观点连线》,着重评析本市的热点现象。2009年1月4日,针对"沈阳市供暖测温退费政策为什么出台了两个多月却一直没有真正得到实施的问题",节目以记者连线直播间对话的方式作出了解读:

(主持人)去年10月,市供暖办说过,沈阳市推出供热测温是想更好地维护消费者的自身利益;可进入采暖期后,他们却说,"测温"和"退费"不是最终目的,目的是监督供暖企业,让每个人的家里都能热起来。这是怎么一回事呢?

(记　者)第一种说法强调的是法治,第二种说法强调的是我们要理解和包容。这其中抵触的部分反映了现实矛盾——供热企业这些年收费难、经营难,但依然按照政府要求在供热;另一方面,这些企业改革滞后、效率低下、成本过高,却还有着很强的

---

① 杨澜.我问故我在——杨澜访谈录[M].上海:学林出版社,1999:8.

赢利冲动……

对于今天的广播来说，丰富的媒体手段已经信手可得，为了增强评论的真实感，录音对话的介入成为一种新的普及形式，即对话形式的录音评论。由主持人展开一个议题，采录不同时间、不同空间、不同职业、不同背景的对话插入其中，录音与演播室的切换应用自如，一种声音代表了一种观点，而节目本身就是种种观点的聚合体，集思广益的形式提升了评论的权威性与客观性。譬如，获得 2007 年第十八届中国新闻奖广播评论一等奖的作品《和平的赛场需要更宽广的民族胸怀》，就是以这样的方式，在社会上引起了强烈共鸣和反响，宣传效果极佳。

◇◇ **案 例**

《和平的赛场需要更宽广的民族胸怀》

（主持人）中国观众为什么要给德国队掌声而给日本队嘘声？不言而喻，比赛的时间恰巧是"九一八"的前夕，日本军国主义 70 年前给国人的伤害是无法让中国人忘记的，况且在"二战"后，德国与日本队战争的态度也截然不同。对于赛场上中国观众给日本队的嘘声，福建社科院历史研究所研究员麻健敏教授认为：

【录　音】（麻健敏）中国人对日本的侵华历史记忆是刻骨铭心的，我们中国不会忘记这段历史。但是不忘记不等于说我们在不适合的场合发表我们的看法，表露我们的感情，尤其是在体育这个和平的赛场上，这种世界性的赛场上。我们研究历史、了解历史的目的是什么呢？就是总结我们人类历史发展的经验和教训，就是为了现在更好的发展，让人类有更美好的明天。

（主持人）牢记历史、总结历史是为了人类更好的发展。然而，当我们把牢记历史的民族情感转化成球场上的嘘声时，这显然是与发展相违背的。其实，在国际赛场上停止我们的嘘声并不代表我们忘记历史，反而是为民族自身的发展和民族与民族间的发展尽了自己的一份力量。著名体育评论员文国刚老师从体育的实质以及奥运的历史阐述了同样的观点：

【录　音】（文国刚）为什么奥运会会出现呢？就是欧洲人考虑到国家与国家之间老是打仗，所以他们要找一种方式让大家不打仗，寻求一种和平的环境。奥运休战就是奥运会的时候所有交战国都不打了，都来共同参加奥运会。体育本身就代表一种和平，运动员他本身代表一种和平大使的形象。赛事本身我觉得尽可能不要政治化，而且这一点非常重要。

（主持人）"神圣休战"延续了 1 000 多年，使古代奥运会摆脱了战争的困扰，成为和平与友谊的盛会，这对现代奥运会产生了深远的影响。1956 年，澳大利亚墨尔本第 16 届奥运会，当时处于分裂状态的东、西德国被组织到一支队伍里，共用一面有着奥林匹克五环的黑红黄三色旗；1964 年第 18 届东京奥运会，组委会选中了广岛原子弹爆炸日出生的一个年轻人做圣火的运送者，以向受害者表示敬意和呼唤世界和平；2000 年，在澳大利亚悉尼奥运会上，朝鲜和韩国运动员也在统一的旗帜下联合入场……人类对和平的祈愿贯穿了整个奥运历史。

2008 年奥运会即将在北京举办,全世界的目光都将聚焦在崛起的中国,中国也将向世界展示"同一个世界 同一个梦想"的和平期盼。福建师范大学传播学院院长颜纯钧教授表示:

【录　音】(颜纯钧)一次成功的奥运会对一个国家来讲,是很好的形象传播过程。举办一次成功的奥运会,对于我们中国在世界范围内塑造自己的形象、改变自己的形象是非常重要的一个机遇。让奥运会变成全球、全世界人民的节日,这个期许实际上是中国政府和中国人民在获得 2008 奥运会举办权的时候,当时在争取的时候我们的基本观念,争取到之后,也是我们实现的一个目标。

(主持人)对中国人来说,作为一个正视历史、不忘却历史,但是更有宽阔民族胸怀的大国国民,更应该树立正确的爱国主义观,更应该在 2008 奥运会举办的过程中去配合奥运组委会、配合中国政府倡导的和平理念。福建 2008 年奥运火炬手李姗姗将在明年参与圣火的传递,同时她也在传播着人类和平的种子:

【录　音】(李姗姗)我想体育竞技它有两个目的,一是追求更高、更快、更强;另一个其实就是促进世界和平,让所有的人参与到体育当中来。如果真的在球场上对特定国家喝倒彩的话,那么可能达不到相应的目的,反而会影响到我们国人的形象。所以,我觉得既然我们是在一个开放的中国,就应该用这种开放的心态去面对不同的民族、不同的国家,去接纳和包容他们。

(主持人)听众朋友,爱国主义的旗帜要高举、民族精神要发扬。但是面对赛场上的国外和平使者,用喝倒彩的方式去表达自己的情感,我们认为这是狭隘的民族情绪的宣泄,绝不是爱国主义情怀的表达。我们真诚地希望,在今后在国内外赛场上、在明年的奥运会上,我们的观众会用掌声为国内外的所有运动员鼓励、喝彩!和平的赛场需要更宽广的民族胸怀,每位到中国比赛参加奥运会的选手都是我们的朋友,我们要让全世界记住北京奥运的掌声,记住中国的掌声!

(福建广播影视集团广播都市生活频率　2007 年 9 月 23 日播出。)

(二)座谈连线式

相比起对话式评论来,座谈连线式广播评论更能发挥主持人、嘉宾、记者及被访连线者的即席评论能力。对话式评论是事先准备好文字评论稿,经编辑和排练形成的模拟真实对话表演;而座谈连线式评论则是主持人或嘉宾事先打好腹稿或写一个提纲,顺着思路或形势临场直接评论的过程。通常的座谈式评论是几位座谈者同处演播室,面对面一起交流意见。但现如今人们的生活节奏加快,要能同时让所以相关的人集中到同一时空就非常困难,并且谈话节目的现场也不能同时容纳很多的谈话者(造成人多口杂的混乱场面),座谈连线式就很好地解决了这些问题。主持人和到场的嘉宾在演播室,议论的过程中连线身在异地的嘉宾(或记者专线),还可以专门设定群众热线拨打参与讨论,即打破了时空的界限,也增加了节目的资讯多元渠道的趣味感。议论过程中专线和热线不断收取信息和意见,推动讨论的进程,既有互动又有观点,很好地调节了整个节目的节奏。

譬如,从 1999 年开始的全国上下合校、并校狂潮,使得高校规模大幅度盲目扩张带来了一系列的问题,中央人民广播电台就这一事件发表了题为《高校扩张,隐忧凸显》的广播评论。

◇◇ 案 例

《高校扩张,隐忧凸现》

新闻片头导语:(略)

(主持人)迅速的扩张增加了社会的教育资源,人们受高等教育的概率在上升,可以说成效显著。同时,高校扩张过程中积累的问题正逐渐显现。在扩张中,级别的提升、形象的提升往往比质量的提升来得更快。

随即,新闻评论的话筒像接力棒似的一条一条专线传递下去。

【记者口播】各位听众,我是记者杨路。我在吉林长春向您报道。2000年6月,原吉林大学与吉林工业大学、白求恩医科大学、长春科技大学、长春邮电学院4所学校合并。2004年8月,吉林大学又兼并了中国人民解放军军需大学。目前,吉林大学在校全日制学生超过6万人。就在校学生人数而言,成了国内综合性院校中的"龙头老大"。

【记者口播】我是记者陈秉科。从去年以来,媒体就盛传聊城大学以天价建造了中国第一豪华校门。记者在现场看到,这座大门直线距离一百四五十米,两层楼高,整体弯成弧形。从正面看过去,大门共56根柱子,形成27个门洞……(渐隐)

【记者口播】各位听众,我是记者申玉彪,我在四川成都报道。成都理工大学是一所工科院校,除了原有的工科专业外,学校近年来还设立了商学院、文法学院、外国语学院、艺术传播学院、影视学院等。……由于学科建设趋同化,高校之间出现了互相争夺生源、争夺师资的现象,在某种程度上造成了教育资源的浪费。

【记者口播】我是记者杨博。在广州市小谷围岛上,有一个占地面积18平方公里、建筑面积230万平方米、四面环水,拥有起伏的地形、连绵的水岸、15万在校学生的一个新城市。这就是被当地教育部门称作"国内运作最好的大学城"——广州大学城。而在这一繁华的背后,入驻的10所高校总额120亿元到200亿元的银行贷款也堪称全国之最。

(主持人)近些年在高校的合并扩张中,好像是每个学校都想办成哈佛、牛津,都想办成北大、清华。小的做中、中的做大、大的再大。理想虽好,但并不现实。记者在调查中发现,合并扩张的"1+1",未必都能得到大于2的高效益。

【出录音】(吉林大学校长助理)(付景川)中国的合校,它的动机和它的思路是无可挑剔的,但是忽略了现有高校的基础。

(记　者)不是学校自发的行为?

(付景川)对,它更多的是政府行为,就是为了做大、做强。

(吉林大学某青年教师)数学式的相加,只能达到量的突破,并没有质的改进,并且在质上,有一些负面的因素。

　　……

节目播出时,短信平台上听众发言也相当踊跃。在节目中有报道,有评论,报道中所披露的事件冲突感强;评论时,问题抓得很准,客观公正,掷地有声。[①]

对于一个好的谈话节目,谈话的参与者需要同时达到以下两种要求。

第一,主持人要求有统筹全局的能力,保证谈话过程不会偏离核心轨道,还要让观点和见解在争执和辩论中(争执与辩论碰撞出来的火花常常会成为节目最精彩的部分)逐渐向一个方向升华,起到穿针引线的作用;

第二,嘉宾需要选择健谈型、善于交流和挖掘话题的人才,并且嘉宾与嘉宾之间应当有所区别,各人有个人的自我特色,避免听众产生参与者们都是某种观点和后台的"吹鼓手"或"傀儡"的厌烦感。嘉宾的个性是节目迅速抓取观众注意力的首要因素,他们富于个人色彩的语言表达、观点意见是其个性的主要表现形式,也是谈话类新闻评论节目的重要资源。

由于脱离了稿件和表演的因素,座谈连线式评论就把主持人和嘉宾推到了评论的第一线,敏捷的思维和语言的控制力就显得尤为重要。既要保持自我强烈的评论风格和独特的视角,但也要时刻把握评论的尺度和当前的时事政策。畅所欲言固然重要,但是体察到媒体的舆论导向功能和社会影响效果,把握政策导向,可以说是做好谈话类广播节目的基本要求。

在演播室中,谈话情况分为两种,一种是主持人和到场嘉宾在演播室的即席评论,另一种是记者在新闻现场的即时评论。演播室讨论的议题通常比新闻发生的时间晚一些,主持人和嘉宾能够有或多或少的时间差来捋清思路;而记者在新闻现场作出的反应必须迅速、准确,直面事件当机立断地来评论,就更加考验脱口评论的能力。现在更多的情况下,记者现场传回新闻事件到演播室,由主持人和嘉宾来作出即时评论,把现场的谈话、思考时间压缩得更短,以此来提高节目中新闻评论的效率。

三、电视谈话体评论

(一)电视谈话体评论节目的基本环节

在世界信息多样化的今天,受众的需求已不仅仅局限于了解"世界是什么样",而更多的是追求"世界为什么会是这样""我该在这个世界怎样"。他们不仅需要有很好的倾诉渠道,而且需要一种"权威的声音"来进行引导……电视谈话体评论节目因此而出现。该类节目通过实践传播和面对面交流,使得观众在观看电视评论节目的过程中产生了一种心理上的参与感,观众不再是被动地观看,而是积极地参与到节目中,满足了观众对电视新闻节目新的审美需求。

从节目结构来看,电视新闻谈话体评论节目由"谈什么""谁来谈""在哪谈""怎么谈"四个环节构成。

首先,"谈什么"体现在节目的选题上。《新闻会客厅》制片人包军昊曾说:"谈话节目的瓶颈在策划环节,谈话节目的龙头是选题,策划是谈话节目生命力的源泉。"[②]

---

① 翟惠生.中国新闻奖作品选:2007年度第十八届[M].北京:新华出版社,2008:262.

② 陈竞.广播谈话节目的发展方向[J].青年记者,2010(7).

可谓"题好一半文",这是很有道理的,好的选题是电视谈话体节目成功的重要前提。世间瞬息万变,新闻事件每分每秒都在世界的各个角落发生,并以卫星发送的速度24小时不间断播出。同时,据有关部门统计,目前全国各级电视台谈话类节目将近200个之多。这说明我们的观众并不缺乏新闻的信息量,他们缺乏的是对新闻事件的选择和深入。谈话评论节目播出之前有很多问题要事先去思考:这个事件是大家应该关注的吗?这个事件是真实的吗?有哪些媒体在关注这个事件?态度有什么不同?这个新闻为什么会发生?它会影响到什么?公众对这个事件做出的反应是什么?为什么会做出这样的反应?这些反应反过来会影响这个新闻下一步的发展吗?诸如此类。确立了准确的谈话话题,手握遥控器的人们才会被吸引停留,而不是随意选择、频频换台,接下来评论特色才能在谈话中得以有效地发挥。同时,话题的选择必须要有导向性,所选的话题能够配合当前形势,突出重点。

其次,"谁来谈"就是主持人和嘉宾的选择了。1996年3月16日,中央电视台《实话实说》节目开播,鉴于嘉宾的选择搭配、主持人风格定位与现场组织策略等,它被称赞为"中国电视说话方式的根本变革"。电视谈话体评论谈话参与者的选择,一方面可以参考广播谈话体评论的一部分要求,另一方面还要追溯谈话体本身这个载体。电视谈话节目的英语原文为"TV Talk Show",其字面的意思是"电视交谈的展示",港台电视从业人员则音义结合地译为"电视脱口秀"。它给人的直觉突出了电视主持人"脱口而出"的语言机敏和较多的表演色彩,不但声音相近而且也颇为形象生动。对于电视谈话节目来说,主持人是节目的核心元素,"主持人若不得力,节目的档次、品位就会被拖下来;反过来,主持人得力,就有助于提高节目的档次和品位"。① 许多电视谈话节目是以主持人的名字命名的,譬如《一丹话题》《小崔说事》。在整个节目过程中,主持人的名字反复多次出现,以强化其在观众心目中的地位。因为主持人实际上是节目的商标,主持人的风格往往就是一个栏目的风格,是形成一个电视谈话节目自身独特品格的最重要元素。另外,还应当注意一些细节,善于采用充满人情味的表达方式,把嘉宾带入谈话的状态,让谈话者有宾至如归的感觉,把自己想要说的都说出来。到这个程度,节目已经成功了一半。总体上说,电视谈话体评论节目的基本特点就在于"谈",它是特定的谈话人选在相对固定的谈话环境中,进行有针对性的讨论。因此,参与谈话人员的选择、主持人的驾驭能力及节目的定位等是一个有机的整体,还需从整体出发去权衡各个组成部分。

接下来,"在哪谈"这里所指的是议题拿到哪个节目中去谈。各个电视台的谈话节目虽然层出不穷,但每个节目的定位和表达方式都有自身鲜明的特色。例如1996年5月17日开播的《新闻调查》,是中央电视台最具深度的调查类栏目。栏目在创办之初就明确提出要做中国的《60分钟》,对节目制作形态作出了初步界定:双机拍摄、记者现场采访、现场述评,对事件进行多角度分析、递进式探究。从开播至今,经历了三个发展阶段:多元探索时期、发展时期、成熟期。在初期阶段,正值转型中的中国社会,栏目着重关注的是重大新闻事件、国计民生改革热点和大时代背景下的新闻故事。

① 蔡帼芬.明星主持与名牌节目[M].北京:北京广播学院出版社,2004:168.

到了发展时期,调查分析和述评的重心悄然发生了变化,节目明确定位于"探寻事实的真相",社会上和生活中的那些道德与利益、生活与真相的冲突掀起了新一轮的高收视率。随着栏目的逐渐成熟,中国的媒体环境也发生了巨大的变化,相互之间强烈的竞争促使它的定位又改为"做真正的调查性报告",节目在业界和受众中都获得了非常多的奖项和好评。在市场化的道路上,节目的品牌意识越来越受到自身和外界的双重强化,观众呈现分众化的态势,每一个议题都独一无二,只有匹配相适应的栏目,才能发挥最好的状态,实现评论节目的社会功能,得到观众的认可。

最后一项"怎么谈",是关于评论的策划。新闻选择在先,新闻策划在后。什么才是好的评论节目?怎么能确保评论要素的突出?人们只是在"谈论"新闻,还是在对新闻作出判断?这是有本质区别的。再者,一个节目如何让评论也变得有趣、如何在瞬间吸引观众注意力、如何安排新闻细节,让新闻的叙述有持续的吸引力,以及如何让表达深刻地留在人们的记忆之中等,都是策划所必须攻克的难题。资源共享平台上的电视评论类节目很少会有自己的独家新闻,只有自己的视角、自己的观点和自己的态度,而这些独特性从何而来,表达方式的策划至关重要。要想让节目具备不一般的思想深度和理论高度,在节目内容中需要有质疑和反思两种声音存在。但在展现质疑和反思的时候,并不单只是徒增戏剧性来取悦观众,而是敢于用几股力量的抗衡来加强说服力和可信度。如凤凰卫视的"时事开讲""新闻今日谈"都是两个人交谈,但只由一位评论员发表看法,另一位主持人提出问题,做"请教状",这种方法对节目来说可操控的程度比较大。而中央电视台的"国际观察"也采用这个模式,不过有两位评论员,评论员们的观点有时还略有不同,操控难度比前者略大一些;加上主持人在场控制节奏,节目的可看性就更强。评论类节目的内容不宜以"刻板说教"的形象面对观众,更不能以"讨好观众"为目标,在方式方法上,尽可能地通俗易懂、追求节奏的互动感和元素的丰富性,做到大局的稳定性与可操控性,但又不失犀利与真实。

(二)访谈式电视新闻评论

访谈式的电视新闻评论,一般是指主持人或记者以访(提问)为主,嘉宾以谈(回答)为主,共同表明态度、发表议论的节目。在形式上,它可以是一对一的访谈,也可以是一对多的访谈;可以在演播室,也可以在现场或其他场景;同样,它也不拘泥于面对面谈话的方式,连线访谈也照样兼容。在选择访谈的对象方面,多为公众关心的新闻当事人、专家学者、相关知名人士等。

电视评论的访谈模式,是在20世纪80年代初才开始走上荧屏的,20世纪90年代创办的《焦点时刻》《焦点访谈》《新闻调查》等栏目,引起了社会的关注,这类节目开始正式走上电视访谈评论的正轨。其中,发展到今天的《焦点访谈》,可以说是最为典型的访谈型电视新闻评论节目。在其诞生的近20年中,曾经得到中华人民共和国三任总理的题词和赠言,受到了党和国家领导人以及老百姓的广泛关注和重视,也是中央电视台收视率最高的栏目之一。多年来该节目选择"政府重视、群众关心、普遍存在"的选题,坚持"用事实说话"的方针,反映和推动解决了大量社会进步与发展过程中存在的问题。在节目形态上,采用演播室主持和现场采访相结合的结构方式,使报道有着落、评论有依据,脱离了评论节目的规定性,把以往依托新闻报道变成纯粹的深度报道、深度探索,让事实真相直接曝光于全国上下,变成一股不可忽视的干预力量作用于社会,推动事件、问题的发展和妥善处理。如节目《管不住的排污口》,对浙江省奉化市大埠工业区块内部分电镀企业违法偷排污水问题进行曝光。节目播出后,奉化市委、市政府立即成立调查组,就《焦点访谈》曝光的问题进行查处。经调查,奉化市新星镀业有限公司、奉化市青云镀业有限公司、奉化市大桥明化电镀厂和奉化市中兴镀业有限公司四家企业存在偷排行为。即刻,四家违法企业就已被依法关停,相关负责人也得到依法惩处,在全市范围内展开了违法排污企业大排查行动,并进一步健全环保监管体系……其播出的节目,无一例外地得到各方高度重视,有力引领舆论、监督地方整改。

鉴于《焦点访谈》的影响力,许多电视台纷纷效仿其成功模式,开播了"观察""透视""纵横""关注"等类似的栏目。这类节目无外乎有四个特点:首选重大的社会问题和热点现象,面向群众;探索式调查,访问与曝光为手段,善于就实论虚;用"不确定"的现场感增加真实性,震撼观众;资料形式多种多样,广聚视听。

我们通过一个具体的案例来加深对访谈式电视新闻评论节目的认识。2007年12月5日发生在山西洪洞县新窑煤矿的矿难是国内2006年以来死亡人数最多的一起责任事故。为隐瞒事故真相,当地有关部门设置重重障碍阻挠记者正常采访调查(采访对象被当场威胁,采访过程被粗暴干涉)。但在记者的努力和社会压力下,事故的真相逐步被揭露出来。针对这一事件,中央电视台新闻调查推出了节目《山西洪洞"12·5"矿难调查》。

◇◇**案 例**

《山西洪洞"12·5"矿难调查》

(演播室主持人)……发生事故的新窑煤矿距洪洞县城40公里,当记者闻讯赶往矿区时却发现短短的路途上路卡一个接着一个。

(山西省洪洞县交警1)关了,关了,把你那个关了,关了,把你那个关了。

(记 者)为什么关?

(山西省洪洞县交警1)关了。

(山西省洪洞县新窑煤矿事故现场工作人员)我们接到的命令,就是说不允许采访。

(山西省洪洞县新窑煤矿矿工1)这都是假的。

(记 者)以前不让带?你们干什么?我们采访。

(山西省洪洞县新窑煤矿矿工1)你们是哪里的?

(山西省洪洞县交警2)现在外面不要人。

(记 者)为什么?什么不要人?我们了解一下情况,你们干什么?不要打人啊你,为什么?

(山西省洪洞县新窑煤矿矿工1)你们是干什么的?

节目中的采访大多是在身体对抗和运动中完成的,节目的真实性非常震慑人心。

【**解 说**】从洪洞县第一时间提供给外界的信息上可以得知,发生事故的新窑煤矿是个证件手续齐全、合法开采的煤矿。合法开采发生事故,为什么要采取如此严厉的措施拒绝记者的正常采访呢?矿工们提供的信息让人逐渐明白了这极力要隐瞒的原因是什么。

(山西省洪洞县新窑煤矿矿工1)9号煤是黑窑,都不是正规的。

(记　者)是不允许开采的。

(山西省洪洞县新窑煤矿矿工1)不允许开采,偷采的,每年到这里常年开采。

【解　说】这位矿工所说的9号煤就是发生爆炸的9号煤层。据了解,新窑煤矿只取得了这个地区的2号和3号煤层的开采权,9号煤层新窑煤矿根本就没有开采权,属于越界开采国家资源的行为。因为是非法行为,因此9号煤层基本上不具备安全措施。

(山西省洪洞县新窑煤矿矿工1)瓦斯探头,什么都没有。

(记　者)瓦斯探头也没有?

(山西省洪洞县新窑煤矿矿工1)没有。

(记　者)通风设备呢?

(山西省洪洞县新窑煤矿矿工1)就是那个,9号煤层什么都没有。

(记　者)9号煤层就是发生事故的那个?

(山西省洪洞县新窑煤矿矿工1)就是发生事故的那个,它什么都没有。

……

(山西省洪洞县安全生产管理局调度室负责人)(贺正荣)报上来人数也没有超。

(记　者)也没有超。有没有自救器? 通风系统是否正常?

(贺正荣)这个没有报。

(记　者)就说人数没有超,有没有越界开采都没有报?

(贺正荣)都没有报。

(记　者)这是谁报上来的?

(贺正荣)咱们矿上报过来,安全员签字,驻矿的人签字。

(记　者)基本上平常这种监管就是安全员来报,你们不下去亲自到矿上了解情况吗?

(贺正荣)咱们这个现在人不够。

……

从记者的访问中,日常粗放管理、监督不力等问题在矿上普遍存在,却根本无人问津,由此可以推断,这起矿难的发生绝非偶然,而是必然。

(演播室主持人)目前公安机关已经控制了这起事故的相关责任人33人,其中刑事拘留21人、移交司法机关8人,对矿主和该矿的实际控制人已经发出全国通缉令。

……

节目播出后,不仅让广大受众了解了事故真相,同时也给地方管理敲响了警钟。[1]

---

① 翟惠生.中国新闻奖作品选:2007年度第十八届[M].北京:新华出版社,2008:318.

这期节目用大量的访谈来充实内容,对多方资源合理的安排到不同段落中,直接把事实真相展示给观众,艰难的调查过程也成了评论过程的推手。

2010 年 12 月 6 日起,中央电视台一套综合频道推出了电视新闻专题纪实栏目《看见》,它的官网上有这样一段文字介绍:"作为一档记录现实题材的专题节目,《看见》观察变化中的时代生活,用影像记录事件中的人,努力刻画这个飞速转型的时代中,人的冷暖、感知、思想与渴望,期待和观众一起,了解陌生,认识彼此;端详相似,审视自我。"从节目定位,我们可以看出,节目中媒体与公众、记者与采访对象之间存在着双重的互动模式,利用新闻议题的引入和面对面的访谈,通过大众传播和人际传播两条路径来实现"新闻共享的意义"。

"视力表"图像是《看见》栏目片头一个重要的符号,为之呼应的口号是:"为一个清晰的世界努力。"它最早是一档记录现实的午间专题栏目,出于拓展节目深度的考虑,逐渐加强了对新闻内核的开掘。在陆续播出的《专访药家鑫案双方父母》《林书豪:与骄傲为敌》、日本大地震一周年特别节目《气仙沼的这个春天》《熊之辩》等,独特的视角和新闻态度,被社会广为关注,像一面面镜子直接反映社会的形态、良心和道德。节目结构大致分为三个部分:序幕引言、故事和专访交叉、结语。在整个过程中,栏目的态度努力做到公平呈现,尽量避免直接评论,而是以一种支持的"语态"去推行某种"更先进的判断",并在访谈中逐渐树立这种判断。

制片人李论在谈到栏目的定位时曾表示:"其实《看见》不是纯新闻专题的选题标准,选题渠道也没有什么限制,制作过程中没有太多考虑与其他类似节目的区分。它既不是一个纯粹的新闻栏目,也不是一个人文节目,所以栏目的定位采取的就不是用领域或题材划分的方式,而是用节目的视野、所关照的是什么来框定栏目特色。我们要求每个选题都能'看到人',更准确地说是希望能看到当下这个时代的人,这可能是我们的栏目定位。我们的兴趣在于研究人,期待通过节目打造一种人与人之间的沟通平台,通过'看见'别人来寻找生活中的你我。"无疑,这是一种正在发展中的新型电视新闻评论形态。

(三)沙龙式电视新闻评论

沙龙式新闻评论又称"论坛式"新闻评论,它是由节目方邀请专家权威、政府官员、各方代表聚集一堂,围绕某一新闻事件或社会话题进行的议论、漫谈、辩论,达到各抒己见、增进参与者之间交流和理解的目的。

这类节目的最大特点就是"百家争鸣"。节目以一个明确的事件或问题为讨论焦点,参与的人员大部分都是有着充分的准备,类似于开会模式进行,与一般评论节目的区别在于,这个讨论的焦点不需要得出一个明确的或唯一的答案。它具有显著的交流感和互动,在各持己见的观点中,观众的启发来源是多角度的,他们在听取这些讨论后自由地选择自己的立场,得出自己的结论。如群体现场交谈的《实话实说》栏目,它最初的栏目宗旨就是:"每周一个话题,每题一个热点,每点一次舌战,每战一道火花。"台上台下打成一片,在生动活泼的气氛中,谁都可以自由地发表自身或其所代表阶层的立场观点,分享社会生活或人生体验。现场很多观众的发言和提问,实际上也代表着电视机前的观众持有的一些疑问。在现场既有专家的指导性见解,也有来自民间的群众性意见,可谓仁者见仁、智者见智,没有明确的是非色彩。

另外,中央电视台新闻服务类节目《大家看法》也属于沙龙式电视新闻评论,通过主持人和观众联络员在演播室连线事件当事人、嘉宾,并让场内场外热心观众参与互动,来共同点评、讨论与交流。节目场内邀请了一定数量的嘉宾和观众,场外也连线了相应数量的嘉宾和观众,在节目内外形成一个巨大的交流圈。《大家看法》的宣传语是这样描述的:"《大家看法》,让你的声音在这里体现价值。节目旨在针对高热度新闻故事、高关注度法治话题,展现见仁见智的缤纷看法、表达针锋相对的犀利观点。周末版特别节目《我建议》,汇聚民意,促进沟通。针对时下最具新闻关注度的民生法治话题,邀请代表委员、专家学者、公众人物及相关政策法规决策者共同参与讨论,为民生法治出谋划策。"从这个意义上说,无论以什么样的形式组织谈话评论,根本的目的还在于促进"人际交流"的效果,坚持"为人民群众着想的"原则,反映社会公众的疑虑,引发他们的共鸣,直至联想和思考的目标。

第三节　广播电视新闻特色评论

一、广播音响评论

广播靠声音传播这一编码特征,决定了声音的丰富多彩性所赋予它的优势。在广播新闻评论所采用的多种形式中,音响评论通过对现场实况音响的直接采集、记者报道和录音资料等手段来表现新闻现场情景、新闻事件和新闻人物,能从真实性、形象性和感染力三个方面增加评论美学价值、提高听众的审美享受,在我们面前最大限度地展现出声音的魅力。

(一)音响评论的界说

"音响"是什么? 根据《汉语大词典》的释义有三:第一义,声音。如《列子·周穆王》:"音响所来,王耳乱不能得听。"刘义庆《世说新语·言语》:"若不一叩洪钟,伐雷鼓,则不识其音响也。"唐元稹《清都夜境》诗:"南厢俨容卫,音响如可聆。"周立波《湘江一夜》:"再往后,是马蹄涉水的哗哗的音响。"第二义,指诗文的声韵效果。如明代谢榛《四溟诗话》卷一:"诗宜择韵……若眸、瓯、粗俗之类,讽诵而无音响。"《红楼梦》第八十九回:"我听见你吟的什么'不可愦,素心如何天上月',你搁在琴里,觉得音响分外的响亮。"第三义,犹消息、踪迹。如《剪灯新话·申阳洞记》:"虽求寻之意甚切,而荏苒将及半载,竟绝音响。"《续儿女英雄传》第三回:"张永丢了一女,名唤小蓉,年十七岁,因北关听戏,天晚未回,寻找十几天,不见音响。"[①]

就第一义的声音来说,不仅包括了人的话语,社会活动中所有物体发出的声音,还包括了大自然的一切生物、自然现象所发出的声音。然而,运用于新闻广播评论中的

---

① 汉语大词典[M].北京:汉语大词典出版社,1993:657.

音响,就不再那么单纯了,它还引申了第三义的踪迹之说。与新闻事件息息相关,使得它更具新闻佐证(客观存在)和辅助的特性。因此,广播评论中的音响评论是运用于新闻广播播出文本(节目)、旨在反映客体状况、经过预先采录、穿插于主体话语之间的特殊声音形态。①

(二)音响的种类

音响评论,也称录音评论,指兼用音响和评论语言表现内容的广播评论形式。所用的音响大致包括了实况音响、访谈音响、口头报道三类:

1. 实况音响

实况音响或称现场音响,其全称是新闻现场实况音响,是指记者录制的被报道的新闻事物所发出的真实音响及其环境发出的各种声音。譬如,2007 年杭州市广播电视台播出的节目中的一个片段:

(实况)赛场嘘声一片(主持人)听众朋友们,您现在听到的是杭州黄龙体育中心观众看台上传来的嘘声……

实况音响是新闻评论节目中的主要内容,它以身临其境的真实来感染观众,让新闻事件本身说话。那些能直接说明主题、表现主题的音响叫主题音响或骨干音响;有些音响虽不能直接说明主题,但能表现新闻事件的时间、地点、条件和气氛,叫烘托主题音响又称环境音响。

2. 访谈音响

访谈音响,指的是在节目涉及的范围内,节目播出前的不同时期对相关人士所做的访问录音。采取对话形式制作录音述评,是广播从口播式评论到音响评论的重要转变。访谈音响在节目中运用的最大特征便是:第一,访谈音响虽然是一问一答的形式,但在评论节目中播出时,大多都省略了提问,直接将被访者的回答与评论相接。譬如下面的案例:

(主持人)记者昨天到唐山曹妃甸工业区采访,工业区管委会常务副主任薛渤㳄透露,"曹妃甸拒绝了 100 亿元污染项目投资"。理由很明确。
【出录音】我们现在追逐的第一个目标,就是实现污染的"零排放"。你这 100 亿(元)投资,超出我们的"消化能力",我们当然不能考虑。**【录音止】**
(主持人)100 亿元!对于一个工业区来说,这是一个多么具有诱惑力的数字。曹妃甸断然"拒绝"值得欣喜,但并非所有的地方都"揣"着这本明白账……②在这里,为了评论节目的简洁与高效,记者访问时的提问录音并不一同播出。

第二,包含了谈话双方的主观意识,有谈话的特点。访问录音时,提问者和受访人均有足够的时间去思考内容的利害深浅,问题与回答的可控性较强。

第三,过滤环境音,突出访谈人声。由于采录的特殊性,访谈音响的清晰度比实况

① 王振业,李舒.广播电视新闻评论[M].北京:中国传媒大学出版社,2009:235.
② 河北电台 2007 年 8 月 28 日播出,据收听录音带。

音响更高,随着音响评论途径的多样化,以及访谈音响独特的表现功能,它也成了音响评论的一股主要力量。

3. 口头报道

凡是记者从新闻事件的现场发回的不包括实况音响的录音报道,称作口头报道。[①] 简单地说,就是录音中只有记者自己一个人发出的声音播报,没有其他人声或环境声。口头报道的运用是灵活的,有时候在新闻事件的现场,可能并没有适合的现场音响,也没有适合的采访对象,这时记者在现场直接发回的报道,也是具有非常强烈的新闻时效性的。

(三)音响评论的选择

这种突出广播特色,以运用音响为主要特征的评论形式,在运用中对音响的选择,也是尤需慎重的。

首先,"音响"它只是声音的一部分,不是所有议题都适合运用音响评论。有的事件现场环境复杂,难以取得与事件相关联的现场实况音响,难以过滤掉那些与事件无关或反而混淆视听的音响,如果将这些模糊不清的音响堆砌到评论中,不但不能增加信息的来源,反而会让听众产生莫名其妙的感觉,破坏节目的预期效果。

其次,"音响"在评论中的插入和安排要适量。音响就是事实本身,不同的音响其价值也各异。新闻事物发出的声音、新闻人物的谈话录音、记者或目击者的现场描述、知情人的电话录音、相关事件跨地域的音响、当事人的原始录音等,它们都能把听众带进一个又一个新闻现场,增加感染力和真实性。但在有限的节目篇幅内,不可能无限且盲目地填塞资料,相反,运用适量但精湛的音响资料,更能有效地支持话题和论点。

最后,评论与音响的组合配置十分关键。根据评论节目的定位及风格,每一种素材的价值都会发生新的变化。素材中有的利于反证,有的利于正论,有的在这档节目中是非常重要的音响,但到了别的节目,就变得可有可无。总的说来,音响这种论据,在节目中为的是恰当地引出话题、支持或反驳论点、最终树立观点引导舆论。在配置上,音响需要与前后文互相照应,不能喧宾夺主,也不能默默无闻。

◇◇ **案例**

《赵州桥下的污水》

(主持人)……不久前,张家口赤城县举行了隆重的表彰大会,10 多家高能耗、高污染企业不受罚反获奖,被县委县政府授予"明星企业"称号,理由也很明确——他们都是当地的纳税大户。……1 400 多年前隋朝建造的赵州桥下,漫漫流淌着乌黑、刺鼻的洨河水。洨河边大石桥村村民张来英对此十分无奈:

【出录音】(张来英)难闻得很,呛得受不了。村里得癌症的多得很,30 多岁就死了,一年死了 5 个年轻的。你说发展了,发展到底图个啥?

(主持人)近年来,我国每年因环境污染造成的损失约占 GDP 的 10%,有些省市

---

① 李岩.广播学导论[M].杭州:杭州大学出版社,1997:309.

扣除治污成本,很可能是零增长,甚至负增长! 国家发展和改革委员会主任马凯的话更发人深省:

【出录音】(马凯)我们付出的环境和资源的代价不是大,而是过大。这种局面不改变,再往前走,资源难以支撑、环境难以容纳里市、社会难以承受、发展难以持续。中国经济走不好,也走不远,甚至明天要为今天的增长付出更加沉重的代价。**【录音止】**

在这里,音响成为了话题的事实基础,正面的音响和即将形成的论断配合,反面的音响吸引观众关注,还造成了某种现象不攻自破的戏剧效果。

二、电视图像评论

(一)电视图像评论的界说

根据实验证明,人的大脑接收来自眼睛的信息是耳朵的 30 倍,即视觉信息冲击力和感染力要超过听觉 30 倍。而电视,是所有传播手段中最直接的一种媒体,它主要通过非语言符号——图像传达信息,同时配上语言符号即字幕和解说统一视觉、听觉及思想。图像的传播效果在于将抽象的内容诉诸形象来表述,省略了信息传收之间的"解码"和"编码"两个步骤,也将信息量在传播过程中的流逝降到最低。

法国著名符号学家罗兰·巴尔特认为,符号学研究旨在对一切包裹着"自然法则"的现实作揭露,言语的过程是"神话"化的过程。[①] 对于文字符号而言,由于其能指在形象方面与所指几乎没有任何相似处,所以言说与被言说之物的关系的非自然性就比较容易理解。而电视画面一类的图像符号似乎自动地具有自然性,因为画面与现场视觉有一致关系。

对于电视图像评论来说,图像包括静态的图片也包括动态的影像,既有演播室的画面,也有事件现场和采访现场的画面。这些画面多用来表现事件发生的现场、资料性短片、客观事物状态或场景、演播室主持人或评论员的一举一动和神态、配合说明的屏幕文字或"抠图"等,它所能调动的功能性符号非常多,使用起来也很灵活。如《焦点访谈》的一期节目《莒南县法院扣留人质》,其中有两个十分典型的细节。莒南县法院从地方保护主义出发,拘禁欠债的厂长,把他们作为人质来要债,这一做法是完全违反法律程序的。当《焦点访谈》记者去采访时,院长不仅不正面回答记者的问题,还用嘲笑、蔑视的态度对待记者。院长晃悠着记者的采访证问:"这是不是金的?"又用手比划着,装着肩扛摄像机的模样说:"您这是想干什么? 想把我的形象向全世界播放?"在这两个细节中,院长的神态、表情、动作等非语言形象符号与他的语言相互衬托,再加上后期的定格处理,直观形象地把这个院长的蛮横无理,身为执法者却不懂法律、不遵循法律原则办事的行为表现得淋漓尽致。[②]

这种独特的电视评论形式在认识的时候需要做一些区别。首先,图像评论以声画兼备、视听结合区别于口播评论,防止把图像评论与电视评论等同起来,或者同口播评

---

① 罗兰·巴尔特.符号学历险[M].北京:中国人民大学出版社,2008:7.

② 廖艳君,等.新闻评论[M].北京:清华大学出版社,2010.

论对立起来。其次,图像评论作为电视新闻评论的类型之一,既涵盖了已有的具体形式,也随时吸纳新的形式,是一个不断发展的开放性系统,当今操作起来多结合用于"电视评论"(以理驱事,事随理走)和"电视述评"(因事说理,缘事立论)中。最后,图像评论中的语言符号以"解说"和"访谈"产生的回答为主,作为第一手的实证材料。根据以上的论述,电视图像评论的概念可从中窥知一二。

(二)电视图像评论的主要特征

电视图像评论是相对于电视口播评论而言。电视图像评论与电视口播评论最显著的区别在于:口播评论主要以口语表达为主要手段,而图像评论除了运用声音表达以外,还大量调动画面、同期声、屏幕文字等服务内容,体现评论的理性与情感。它的主要特点如下:

1.画面的传真性

画面的传真功能使图像评论对于作为论据的新闻事实的"转述",让人产生有如身临现场、直接面对客观事实的感受,颇为具体、形象,成为推理和评论的桥梁。同时,采访的环境、空间及方式等,也在传达着潜在的信息。如《沂蒙山好党员杨振刚》节目中,富有表现力的画面形象结合简练的文字语言及现场音响,不单获得了良好的传播效果,还是声画结合的典范。

◇◇**案例**

《沂蒙山好党员杨振刚》

【画　面】杨振刚在治理土地。

【解　说】杨振刚,这个在国防施工中为救战友而负伤的一等伤残复员军人,在带领群众治理"穷山恶水"的战斗中,实现了他"让父老乡亲过上好日子"的心愿,向党交了一份"党心换民心,黄土变成金"的合格答卷。

【画　面】杨妻为他按摩。

【解　说】他在国防施工中负伤后,留下了严重的后遗症,靠一副铝合金卡子和一根拐杖支撑着身体……含辛茹苦的妻子每晚都要给他按摩一个多小时才能使他入睡。

【画　面】杨振刚和杨庄村民交谈。

【解　说】杨振刚,这位喝沂蒙山河水长大的硬汉子,像一颗火种,燃起了杨庄人创业的大志……

【画　面】梯田。

【画　面】杨振刚和群众一起行进。

(同期声)"……我虽然残废了,但我是一名共产党员,只要我还能动,就要带领乡亲们干下去!"

【解　说】古往今来,八百里沂蒙山造就了无数英雄儿女,如今全国劳模杨振刚,一个年轻共产党员的名字,又写进沂蒙山的历史中。①

---

① 叶子.电视新闻节目研究[M].北京:北京师范大学出版社,2008:150.

在这期节目中,画面配合解说用特写镜头展现了一系列细节:拐杖、铝合金与胸椎、胸卡、妻子按摩的动作,病痛带来的痛苦表情等,又用杨振刚的同期声"喊"出了作为一个共产党员的精神!在电视呈现的这个真实世界中,看着画面主人公的神态和举止,观众不仅深受感染,也深感震撼,这时的评论早已"不论自立"。

2. 多种符号元素的配合

多种符号的相互配合,既把客观事物之"象"呈现于观众面前,又从中引出相应的看法和见解,自然而然地融画面、声音和屏幕文字于一体,将抽象变具象。如中央电视台《新闻周刊》2008 年 4 月 5 日的节目《不一样的中国股市》,该节目的导言是这样写的:

在过去的这段时间,中国股市持续扮演着高台跳水的角色。不要说去年 10 月份的沪市最高点 6 124,就从今年一季度来说,从年初的 5 261 点,到 3 月 31 号的 3 472 点,跌幅就高达 34%,这种短期的跌幅是中国股市 15 年以来从来没出现过的情况。统计数字显示,仅这一个季度中国 A 股市值就蒸发掉 12 万亿元,这个数字相当于去年全国 GDP 的 40%,正所谓爬得高也跌得狠。而在这枯燥的数字的背后,是无数股民投资者的心理跳水过程,恐慌、非理性情绪、推倒重来、麻木、裸奔、一把回到从前,诸如此类的语言此起彼伏。这种高台跳水的局面正常吗?是一种纯粹的市场行为吗?这其中蕴藏着危机吗?本周视点关注奇怪的股市。

在导言开始播报后,针对这一连串的数字和股市的专业名词,电视图像用生动的图像和 Flash 动画图表加以配合,使观众不至于听过数字后头脑空白一片;同时,股民们的神态表情和比划的手势,各式各样的投资状态和形象,个性化的语言同期声等,现场的气氛和情景把观众的情绪充分地调动起来,使得节目在一开始就被观众所读懂而产生兴趣。

3. 采用蒙太奇编辑技巧搭建节目框架

在充分顾及观众的视听体验的同时,采用蒙太奇思维有机地建构节目本身的内部结构,使得图像评论本身具有非常坚实的内部逻辑和论证实力,并不流于表象。蒙太奇是音译的外来语,原为建筑学术语,意为构成、装配。在法语中是"剪接"的意思,到了俄国被发展成一种电影中镜头组合的理论。它最早被延伸到电影艺术中,后来逐渐在视觉艺术等衍生领域被广为运用。

然而,画面有了声音,不再是单纯的视觉的解释,而是声音与画面的关系,放大到一部影片或一期节目中,蒙太奇思维就是对各种符号的有序组接与整合,使之成为一个和谐的整体。在电视图像评论中,这样的技巧是十分必要而又出彩的。用什么样的逻辑关系来拼接现场和演播室,哪个片段用来叙事或立论,采访和无人的景象组合又会得到什么新的意义等,这都是编导们必须去思考的,蒙太奇的思维不但贯穿于节目的全过程,在节目制作的素材搜集阶段也会有所指向,这一技巧直接影响到了节目的质量。在思辨性极强的图像评论中,不仅要用生动形象的事实说话,也要以事实的逻辑力量说理,内部的结构就是逻辑的一种体现。譬如 1994 年 11 月 15 日吉林市发生了一场特大火灾,以收藏世界最大的陨石而著称的吉林市博物馆以及图书馆在火灾中损失严重,针对这起重大火灾造成的后果和引起的现象,19 日《焦点访谈》播出了节目《惜哉文化》,该节目通过蒙太奇的组接,呈现出较好的传播效果。

◇◇**案例**

《惜哉文化》

节目一开始就是记者赶赴现场拍摄到的画面:

【画　面】熊熊燃烧的博物馆和图书馆热焰腾空,从建筑物的各个窗口向外喷着火舌,消防队灭火的场面,人声嘈杂。

【解　说】……这个博物馆里收藏有世界级国宝吉林陨石标本,其余还有各级文物上万件。

节目的第一部分中,首先就用惨烈的现场画面和同期声震撼观众,大多数人在他们的生活经验中从未见过这样的画面,同时配合的解说表明了事故的严重性和巨大的损失。那这些火灾中的文物到底命运如何? 接下来的画面用细节做了展示:

【画　面】(由大火燃烧时的场面切换到火灾后的现场)火灾后的博物馆、图书馆一片焦土瓦砾和残垣断壁,恐龙化石早已荡然无存,残破的展台上残留着几根固定恐龙化石的铁丝。

【解　说】大火熄灭之后,人们看到,正在这里巡回展出的一具珍贵的恐龙化石已经付之一炬,其余损失不详。整幢大楼将近一半面积被烧毁。

画面触目惊心! 文物被烧至毁灭性的现实不容置疑。在面对这样无可挽回的霾耗时,电视机前的你是怎样的心情? 而作为当地的人民群众又是怎样的态度? 火灾现场的画面转向了受访群众的画面。不出所料,一片愤怒和惋惜! 现场画面与访谈音响并用。

【画　面】(采访聚集在现场的群众)现场群众一片惋惜和气愤的情绪。

(市民甲)这个博物馆在我们心中是非常神圣的地方,今天看到烧成这个样子,我们江城人民心中感到特别气愤。

(市民乙)太可惜了。那些文物太可惜了,太可惜了。

(记　者)损失有多大,你清楚吗? (这是所有人包括观众都抱着侥幸想知道的问题)

(市民乙)无法估量,无价之宝。

沉重的现实下,悲愤之余,事故的问责是首当其冲的。那谁又该问责呢? 画面给出了相关人员的采访现场。

【画　面】(采访博物馆党委书记武国礼)最后以手挡开记者。

(记　者)那你看到的情况呢,损失有多大?

(武国礼)你不已经看到烧成这样吗。不要照了,不要照了,我不好回答你的问题。

(记　者)为什么?

第一责任人访谈未果,这是一种责任的逃避还是某种力量在作祟,继续寻访司法。

【画　面】采访吉林市公安局丰满分局副局长。

（记　者）你能给我们讲一下里面大致损失的情况吗？

（副局长）不清楚,现在不清楚。

（记　者）根据现在已经勘察的情况呢？

（副局长）我不负责现场勘察。

（记　者）你不负责勘察,那我们可以进去看一下吗？

（副局长）按照市政府领导的意见,现在正在清点,一律不让进去,连我们都不能进。

（记　者）这是市政府的意见？

（副局长）哎,对。

顺藤摸瓜,采访市政府首要官员。接下一段采访：

【画　面】在一家宾馆门前采访吉林市市长战月昌。

……

（记　者）那么损失有多大？

（战月昌）这个不好说。

【画　面】在市政府的一间办公室里,市文化局领导赵廷贵在发言。

【解　说】11月16日,市政府召开新闻发布会,通报火灾情况。

【画　面】在被焚毁的博物馆和图书馆现场采访馆长助理史吉祥;穿插被焚毁的文物特写。

（记　者）据你所知,损失了些什么东西？

（史吉祥）我刚刚到那边顺便看了一下,我们的考古品全完。出土文物、传世文物、书画,还有其他木的、纸的东西全完,已经全部没了。关键是可惜什么呢？这文物如果没有数据跟着,这东西也不值钱。

记者：这次资料也损失了很多？

（史吉祥）资料全没了。图书数据、文献数据、照片、录音、录像数据全没了。

记者：那么这些损失不可弥补吗？

（史吉祥）永远无法弥补……

至此,节目通篇的第一个段落中,围绕的第一个问题——"损失到底有多大"似乎有了答案。那就是无可估量、无法弥补、全完。

接下来的第二个段落,第二个问题——"火灾的主要原因是什么"接踵而至,针对夜总会开业的消防审查、改建验收、手续不全等问题做了曝光。

【画　面】火灾现场外景,围观的群众。

【解　说】大火之后,作为火灾起源的银都夜总会成为人们议论的中心。这个夜总会是租用市博物馆的房屋改建而成,每年上交市文化局租金30万元。

【画　面】火灾现场采访市民。穿插火灾后特写镜头;"博物馆""图书馆"的招牌不见了,而铁制的"迪士高舞厅"的招牌,依然高悬在残破乌黑的屋顶。

……

【画　面】采访"带有几分倨傲"的副市长徐祚祥。

徐表示夜总会开业的时候经过了消防部门的审查和验收,手续齐全,并且他本人昨天已经核对这个问题了,观众看到这里贻笑大方的同时,不免感到悲哀。

【画　面】在新闻发布会会场采访文化局副局长赵廷贵。

【画　面】在市工商局采访局长张铁军。

赵廷贵在采访中推卸了责任,张铁军面对记者的提问非常肯定夜总会手续齐全、不存在任何问题。可接下来他们振振有词的承诺却跟消防支队队长的回答相互矛盾。

【画　面】记者在中央电视台办公室电话采访吉林市消防支队队长徐士采;穿插火灾现场全景和一些特写镜头。

(记　者)你们从来没有给他们(夜总会)出具过消防方面的验收证明是吧?

(徐士采)没有。

(记　者)它为什么能擅自开业呢?

(徐士采)这个问题你刚才提了,我也不好谈,我说不太清楚为什么能够开业,现在都挺复杂,具体我也说不太清楚。

节目到了这里,第二个问题——"火灾的主要原因是什么"已经浮出水面。但还没有结束,在节目的第三个部分——尾声中,画面蒙太奇的组接使得道理不言自明。这段官员采访的录音从侧面透露了事实的真相,问题实际上已经得到了回答,因为真理无须辩解,只有谎言才需要遮掩,这是路人皆知的道理。

【画面】采访吉林市副市长陈福。

由于他拒绝摄像机拍照,否则不予合作,记者只好放下摄像机。即使这样,这位副市长也没有像样地回答任何问题;没有关掉的录音话筒,记录了下面几句令人遗憾的对话。

(记　者)银都夜总会营业的时候有没有经过消防部门的批准或是验收? 它的消防手续是否齐全?

(陈　福)我无可奉告。

(记　者)这你也不愿意……

(陈　福)我无可奉告,我不能回答你。我知道,但是不能告诉你。

(记　者)那么这个夜总会曾经被消防部门通报整改,有这个事吗?

(陈　福)我无可奉告。

(记　者)您这也不愿意回答?

(陈　福)无可奉告,不愿意回答。

【画　面】这里插入一幅松花江的画面。

江上风平浪静,水波不兴,与节目开头熊熊烈火形成了鲜明的对比,似乎这平静的水面反映着某种人的心态。这一段图像的蒙太奇组接,不仅缓和了节目的节奏,对照了开头,还暗示了被访者漠然的冷血,平静的水面下暗藏的激流。

【画　面】火灾后的现场,越来越多的围观人群。

(群众甲)悲痛之后,我们应该思考问题,为什么会着(火)。

(群众乙)这个事必须追究责任。

【解　说】人们期待着能够尽快听到有关这场火灾的令人信服的说法。①

　　节目最后所展示的人们自发的聚集关注着事故的处理情况,交代了一种持续关注的目光和社会力量。通篇来看,整个结构分三段式(两个问题、一个尾声),从"大火的原因或责任"与"造成的损失"两大要点依次寻找答案,基本构成了节目的主体。其中,包含于主体中的采访顺序按一定的推理逻辑开展,涉及了群众的反应和领导的态度、责任人的问责,从多个方面来揭露事件的真相,用事实论证观点。在蒙太奇的运用上,图像和音响配合,既有逻辑承接、镜头叙事、前后对比,也有视听表意,充分地发挥了蒙太奇思维的作用,整合各方资源服务主体。

　　总之,图像评论作为电视评论领域的主导类型,如何肩负起阐述社会普遍关心的重大题材的责任,是一个不能一劳永逸解决的经常性课题,仍然有待于从理论与实践结合上持续不懈地探索。②

思考题:

1. 口播评论的定义,基本模式,口播评论与报刊评论的区别。

2. 口播评论的特殊形式有哪些?

3. 广播谈话体评论都有哪些模式? 举例说明。

4. 电视谈话体评论的主持人应该具备哪些素质?

5. 音响的定义,音响评论中的音响的类型有哪些?

6. 图像评论的定义,图像评论中的"图像"包含哪些资源?

7. 你对电视评论中的蒙太奇思维的理解,请举例说明。

---

① 焦点访谈精粹[M].北京:中国人民大学出版社,1998:104-111.

② 王振业,李舒.广播电视新闻评论[M].北京:中国传媒大学出版社,2009:275.

第五章　广播电视新闻评论策划

第一节　新闻评论的事实态度

一、新闻"用事实说话"

新闻评论的策划首先必须注意确保新闻事实的真实性,真实是新闻的生命,同时也是新闻评论必须坚守的原则。新闻是新近发生的事实的报道,是新近变动的事实的传播。新闻评论正是针对新闻事实发表意见、做出分析判断或是述评的一种报道形式。因此没有事实就不会有新闻,没有新闻事实就不会有新闻评论。新闻评论是绝不允许任何虚构与凭空想象的。新闻评论这种文体区别于其他文体的一个重要标志,就在于它必须完全是对真人真事发表的意见或评论。

新闻必须要能够用事实说话,它不同于文学创作,不能过于热衷追求离奇情节,更不能无中生有、凭感觉去虚构。但也不是说新闻只能板着一张脸,平淡直白。丰富多彩、千变万化的现实生活,充满各种矛盾变化。而客观事物本身就是有动有静有节奏的,新闻报道若能真正做到真实客观,必然要求波澜起伏、动静交错。记者报道新闻就是用事实说话,"说话"的内容确立之后,"说话"的方式应该是多变的,报道新闻切忌平铺直叙、乏味枯燥。一篇成功的新闻报道应该动静相间、有声有色、对比鲜明,有强烈的节奏感。

坚持真实性第一,是新闻传媒必须遵循的原则。真实性对于新闻存在和发挥影响力有着决定性的作用,是新闻报道所追求的重要目标,也是大众传媒取信于受众的关键。马克思认为,新闻的任务就是"一步一步地弄清全部事实"。恩格斯则要求新闻工作者"必须更严格地遵循准确的事实"。毛泽东同志曾经指出:"我们反击敌人的方法,并不多用辩论,只是忠实地报告我们革命工作的事实"。著名记者范长江在他提出的新闻工作者的四个信条中,第一条就是"消息绝对真实。"国际新闻界也把新闻的真实性放在至关重要的位置。《美国职业新闻工作者协会章程》第一条就规定:"真实是我们的最终目标。"1948 年通过的《联合国国际新闻信条》第一条也有类似的表述:"报业及其他新闻媒体的工作人员应尽一切努力,确保公众所接受的消息绝对准确,不能任意扭曲事实,也不可以故意删除任何重要的事实。"全国记协 1997 年第二次修订通过的《中国新闻工作者职业道德准则》的第四条就是"维护新闻真实性"。

对于一名新闻工作者来说,坚持报道的真实性,敢于说真话,有时是需要极大的勇气的。如新华社记者尤淇,他在 1958 年的"大跃进"通过调查采访发现大炼钢铁浪费极大;人民公社办早了、办糟了;"大跃进"成了大倒退,连续在新华社《内部参考》上发文,指出"大跃进使农村失去强壮劳动力,田间劳动只剩下了老弱小孩,农业生产出现萎缩""由于提倡吃饭不要钱,农村干部解脱了家属负担,而工资补贴照拿,因此大发横财""农村劳动力大量外流,社会秩序混乱"等现象,这番真话使他成了"右倾机会主义分子",被批斗了 4 个月,撤销党内外一切职务,连降 4 级。20 世纪 60 年代初,尤淇被下放农村劳动,面对农民极度贫困的生活,两次上书毛主席,反映农村天灾人祸的真实情况,"农民不喜欢人民公社,说人民公社是干儿子,不是亲儿子。农民的子女小孩都在挖公社的墙角,巴不得人民公社早点垮掉,早点出现新的政策和办法。"改革开放后,他听到芜湖农民强烈要求包产到户、实行包干,而当地领导却不敢表态。他敏感地意识到,这是对农业吃大锅饭、束缚生产力发展的一种新突破,而这种突破必将带来农村生产力的大解放。他便以《火山在芜湖爆发》为题,向新华总社发了一份内参稿。稿件一发,有人说他又在犯"路线错误"了,但历史为他作出了公平的评价。

新闻工作者能否坚持新闻的真实性原则,也是检查新闻工作者是否合格的一个标志。对此,新闻工作者一定要树立牢固的新闻真实性观念,工作中的任何失误与疏忽,哪怕只是一个非常小的环节,也会造成最后新闻报道的失实。要确保新闻的真实性原则,还要注意一些方法性的问题。首先,所报道新闻事实的诸要素:时间、地点、人物、事件、原因等,必须绝对准确,完全真实可靠。其次,对于那些不明显的事实材料,如人物的内心活动、思想认识、背景材料以及各方面对事实的评价,也必须以严肃认真的态度,真实可信,分寸恰当,绝不允许任何虚构或夸张。对事实的评价、解释和说明,也须符合事物的本来面目。此外,应该注意事实报道是否全面、正确地反映了客观现实,绝不能以个别、表面、片面的现象歪曲了客观现实。

做到了上面所说的这些,还只是获得了新闻报道的表层真实。世界上的任何事物都是存在于一定的矛盾关系之中的,即新闻报道除报道某一具体事件外,往往还要涉及对于该事实的大量相关事实进行整体的综合、概括与分析。这种概括与分析同样要符合客观实际,这是在更高层次上对新闻真实性所提出的要求。它从哲学的层面提出了现象真实与本质真实、微观真实与宏观真实相结合的问题,即新闻报道不但要追求表层真实,还要追求深层真实。

首先,现象真实与本质真实要辩证统一。新闻报道中有具体事实,也有概括事实。人的感官能够直接感受到的事实为具体事实,人的感官无法直接感受到的事实为概括事实。新闻报道不仅要做到现象真实,更要做到本质真实,新闻报道失实的一个重要表现是,概括事实失真,即现象真实与本质真实之间出现了错位。

其次,微观真实与宏观真实要有机结合。新闻报道由个体事实(微观事实)和总体事实(宏观事实)构成。两者之间的关系非常复杂,总体建立在个体之上,但个体不是简单地等同于总体,既有量的关系,也有质的关系,当新闻报道将两者的关系简单化时,也会导致新闻报道的失实。

再次,新闻报道的多层次真实。新闻的真实性是随着事实发展的真实,表现为一个认识的过程。信息本身有一个不断释放的过程,信息释放完毕,即事实发展完结,报道的真实性才能全部展现出来。这样,所谓新闻真实,应该是多层次的真实,有达到现象层次的真实,有达到初级本质层次的真实,有达到二级本质层次的真实,有达到核心本质层次的真实。这些层次只有深浅之分,没有真假之分。具体到新闻报道,真实性也有一个层次问题。一般情况下,文体结构的层次与对真实性要求的层次是协调一致的。结构越复杂,要求的层次越高。如对同一事实的报道,消息报道与深度报道就有着明显的区别,深度报道的结构要复杂得多,其要求的真实性层次也就高得多。

维护新闻的真实性并非一件容易事,报道失实也长期困扰着新闻界,很多大众传播媒体,都曾经发生过报道失实的情况。虽然造成报道失实的原因是复杂的,既有客观环境方面的原因,也有传播者主观方面的原因,但其中仍存在一些规律性的东西。

新闻要用事实说话,但不是所有的事实都能"说话",记者要选择那些能够"说话"的事实。"要让事实说话。与其把作者对于事实的感受和看法告诉读者,不如把产生这些看法的事实告诉读者,让读者自己去感受",这是一位英国老记者多年的经验之谈。我们不少记者进行新闻报道时,由于是事后采访,所以往往会根据新闻事实进行一些想象补充,殊不知,合理想象正是新闻失实的重要原因之一,对此,我国新闻界在1958 年时就进行过一场大讨论。事情起因于新华社一篇关于志愿军英雄黄继光的报道。报道这样描写了黄继光牺牲前的刹那:

一阵阵冷雨落在黄继光的脖子上,敌人的机枪仍在嘶叫,他从极度的疼痛中醒来了。他每一次轻微的呼吸都会引起胸腔剧烈的疼痛……黄继光又醒来了,这不是敌人的机枪把他吵醒的,而是为胜利战斗的强烈意志把他唤醒了……后面坑道里参谋长在望着他,战友们在望着他,祖国人民在望着他,他的母亲也在望着他,马特洛索夫的英雄行为在鼓舞着他……黄继光一跃扑上了敌人的枪眼……

报道发表后,人们对于报道中的心理细节提出了质疑,黄继光当时只有一人,扑上枪眼就壮烈牺牲了,这些心理细节是怎样得来的? 原来这一切都是"合理想象"出来的,对此,新闻界展开了讨论。最后,由著名记者华山的文章《文学不能代替新闻》做了总结:"文学可以丰富新闻的表现能力,却不能代替新闻。"《马特洛索夫式的英雄黄继光》的某些细节之所以会引起不真实的感觉,就是作者忘记了新闻的根本特点,错误地以艺术创作代替报道事实的结果。虽然文学同新闻有许多共同之处,文学对于新闻写作也能带来帮助,但新闻毕竟有自己的特殊任务,即把每天大量发生的新鲜事物摆到读者面前,让读者知道今天世界上又发生了什么事情。

新闻是以全部细节都是事实为特征的,这是新闻的根本长处,也是新闻的威力所在。为了维护新闻的威信,发挥新闻特有的威力,任何以虚构代替深入发掘材料和苦心组织材料的做法都必须坚决反对。

记者是根据新闻价值对事实进行选择的,新闻价值是指选择与衡量新闻可否报道的价值观。一个事物是否有价值,包括使用价值与交换价值。新闻价值也包含了这两方面的内容:一是新闻事实本身的价值,即所报道事实本身的重要性、影响力与新鲜程度;二是受众接受事实信息后的受益程度,即新闻产生的社会效果。两者辩证地联系在一起,前者是后者的先决条件,但无后者,前者也就失去了意义。记者在把握新闻事实所具有的价值时,既要考虑到事实本身的现实意义,也要考虑到事实报道后是否有可读性。根据新闻价值,新闻报道确立起自身的特性、规律和运作规范,有着特殊的操作准则和要求。其中,真实是新闻报道的基本准则。新闻是信息的报道,信息是第一性,报道是第二性的。信息是客观存在的,报道是传播信息的形式。新闻报道应当真实地向受众提供新闻信息服务,人们也是靠获得信息、分析信息认识客观世界、改造客观世界的,是依据真实准确的信息作出决策和采取行动的。如果新闻报道传递了不真实的信息,就会误导人们的认识和行动。正因如此,中外新闻事业,都将真实性视为生命,给予了高度的重视。普利策曾一再告诫记者要"准确、准确、准确"。美国报业编辑协会把真实作为一项必须遵守的法则写进了《新闻工作准则》,规定"诚实、真实、准确——忠诚读者是一切新闻工作的名副其实的基础"。

新闻真实,包括完全真实、历史真实、科学真实。新闻报道应当像历史学家记载历史事实那样如实地传递信息;要像科学家那样实事求是、一丝不苟地反映信息。任何虚构和夸张都是违背真实性原则的。对于记者来说,这也是责任心、职业道德的表现。中央人民广播电台记者侯永生根据自己的采访实践,产生出这样的体会:

在大学里读书时,老师们苦口婆心讲了四年,让我颇有点儿热血沸腾的却只有两句话。一句是新闻史老师的开场白:"记者必须具备三个条件,高尚的人格、敏锐的判断、渊博的知识。"一句是系主任的毕业赠言:"铁肩担道义,妙手著文章。"

毕业后来到中央人民广播电台开始自己真正的记者生涯之后,我又不止一次地感受到了这两句话中那沉甸甸的分量。

初到《新闻纵横》编辑室时,感觉很新鲜:焦点类节目,采编播一人"包办",风风火火,来去匆匆,很刺激也很过瘾。可做过几次节目、接过几个听众电话、读过几封听众来信之后,便慢慢咀嚼出了一些刺激过瘾背后的东西,这首先就是道义、良心和责任。

《新闻纵横》是一个直面社会的节目,其中大量涉及的就是社会上形形色色的矛盾纠纷。俗话说,一个巴掌拍不响,既然是纠纷、是矛盾,就有方方面面,就有"公说公有理,婆说婆有理"。作为一个经常置身纠纷矛盾之中的记者,道义、良心和责任此时就显得尤为重要。因为只有胸怀正气,才能泰山崩于前而方寸不乱。

1996年年底,我和同事伍劲松曾经有过一次河南、河北之行,途中我们接到领导电话,说当时首都各报纷纷披露一则新闻:河南某市木材公司突燃熊熊大火,而自来水公司竟然见火不救,致使本来就已惨淡不堪的木材公司雪上加霜。很显然,这对《新闻纵横》来说,的确是个很"提劲"的题目。撂下电话,我们直扑事发地点,一下火车就着手采访。可让我们感到跟以往采访不同的是:作为受害者,本应理直气壮的木材公司在接受我们采访时却遮遮掩掩、闪烁其词;而本来应该理屈词穷的自来水公司却慷慨陈词。我们经过周密的采访后才发现,事实同各家报纸上披露的内容出入较大:木材公司因长期无理拖欠水费而被自来水公司按规定停水,而恰恰在此时,经营状况混乱的木材公司承包给个体户的一间数平方米的烤房因为操作不当引起了一场小小的火灾,当地报社记者没有经过详细调查就把带有浓重主观色彩的稿件发遍了全国各地。事后,我们如实播出了这起事件的原委,应该说,听众对这期节目反应十分平淡。但我心里却很踏实、很坦然,甚至还有点儿自豪,毕竟只有我们进行了详细周密的调查,只有我们的节目准确、全面地反映了这一事件的真相。

这次经历告诉我:道义、良心和责任,不仅能让我们无情地揭露社会上的假丑恶,道义、良心和责任同样也能让我们清醒地把握住每一个新闻事件,而不是盲目地为了追求轰动效应去迎合受众。我想这也可能就是那句"记者首先应该有高尚的人格"中的要义吧!

道义、良心和责任教会了我一个新闻学上的真理:真实是新闻的唯一生命![1]

关于真实性的具体含义,桑义燐教授认为有三个层次的内容。[2]

首先,从朴素直观的唯物论的层次上,要准确记述新闻信息的真相。新闻报道应当准确地反映新闻信息的客观存在,反映现象的真实,材料要准确无误。要"根据事实来描写事实",要准确无误地记述各信息要素。准确反映新闻信息的真相,是新闻真实性的基础。著名记者约翰·里德在谈到新闻的真实性时说过,记者要像一位有责任心的历史学家那样,严肃认真地对待事实,完全真实地记述事实。"我只使用那些我所亲身观察到的、经历过的历史事件的实录,以及那些有可靠的证据足以证明其为真实的记载","务求把真实的情况记录下来"。事实证明,历史上那些成功的新闻报道,不仅是新闻信息的传播,有着舆论宣传的功能,而且具有历史文献的价值,就因为真实地记录了时代变迁,反映了历史的真实进程。

其次,从哲学认识论层次上,要准确揭示新闻信息的实质。新闻报道不能仅仅满足于表层的现象真实,要透过现象揭示出信息的实质,即信息本身固有的,决定信息性质、状况和发展的根本属性或主导方面。要揭示事物的内在联系与发展趋势,使受众不仅知其然,还知其所以然。不仅认识信息本身,而且能够从整体与事物间的联系和发展上认识信息,避免孤立、片面地反映,即新闻报道要力求深层真实。

再次,从宏观思辨层次上,要准确反映新闻信息的现实意义。前面两个层次的真实,仅限于反映信息本身的真实,而要做到完全真实,只是准确反映事实本身是不完备的。因为客观信息形成能够表现特定主题的新闻报道,是主体对客体复杂的处理过程。处理不当,也会导致失实,所以,还需要宏观思辨层次上的真实。主体对客体的处理,必须切合实际。对材料的解释,主题的提炼,结构的设置,表现手法的应用,必须保证信息准确真实,同客观信息相符。必须完全真实地揭示新闻信息在特定时间、特定环境下的现实意义,否则也会导致失实。

二、新闻评论如何"用事实说话"

作为态度表现,一个重要的内容是新闻评论。如果我们把媒体传播信息作为一个完整的过程来看待的话,那么,其评论应该是贯穿于这一过程的各个环节的。因为对于新闻事实的选择,是依据一定价值体系进行的,而评论正是同价值不可分割、相互关

① 侯永生.道义·良心·责任[M]//新闻纵横精粹.北京:中国人民大学出版社,1998.
② 桑义燐.新闻报道学[M].杭州:杭州大学出版社,1996.

联的概念。所谓价值,是指主体与客体之间的某种关系,是一种关系范畴内的客观存在。而评论则为价值的判断、评定,属于观念范畴内的精神活动,是主体对其所认识的客体表现的价值的反映。新闻评论本身并不创造价值,但新闻事实所具有的新闻价值只有通过评论才能被发现、被认知。现实中的某些客观事实、原始信息能够作为新闻被传播出去,正是因为传播者根据自己的情感、意志、体验、认识在内的价值观念和新闻价值标准对其进行判断和选择的结果。即通过评论,发现了其中具有作为新闻进行传播的条件,吻合了传播固有的价值观念,并具备某些新闻价值要素的结果。

要真正把握新闻评论的内涵,首先应该理清楚传播过程中各要素之间的关系,掌握了这种复杂关系,也就能够了解和认识新闻评论的存在状态了。一次完整的新闻传播过程中,连续运动着三组关系链:

新闻采写阶段:事实(元新闻)——→记者——→新闻稿件(输出)

新闻加工阶段:新闻稿件(输入)——→编辑——→新闻文本(输出)

新闻接受阶段:新闻文本(输入)——→受众——→新闻(输出)

整个传播过程分为三个阶段,其主客体不同,主体对客体的要求不同,构成的关系也不同。在每一具体的传播阶段中,同一主体分别作用于两个不同的客体,主体对于不同客体的要求不同,所发生的关系与关系运动结果也不同。

在新闻采写阶段,记者作为行为主体,同事实(元新闻)之间呈现出两种不同层次的主客体关系:一是记者与事实之间的价值关系;二是记者与事实的价值关系之间的关系,即评论关系。前一种关系(价值关系)是一种客观存在,取决于价值客体(事实)满足价值主体(记者)需要的程度,是不以评论主体的意志为转移的。后一种关系(评论关系)则要依赖于作为评论主体的同时又是价值主体的记者对其价值关系的现实结果或可能后果的认识与反映。作为未经报道、传播的事实本身,可能是具有某种新闻价值要素的,但在未发布之前,只有潜在的价值,还未作为新闻客体来满足受众主体的需要,需要记者对事实一旦作为新闻,与社会、受众发生关系,可能产生的价值进行超前预测。记者正是依据这种预测(评价结果)挑选新闻事实,最终完成新闻稿件写作的。新闻稿件是记者与事实之间的价值关系和记者与事实的价值关系之间的评论关系运动的结果,前者是间接结果,后者是直接结果。作为客体的新闻稿件与记者(主体)之间同样的呈现出两种不同层次的主客体关系:一是价值关系,一为评论关系。两种关系尤其是评论关系运动的结果——新闻稿件,对记者来说是一种输出信息,对新闻加工阶段的编辑来说则是一种输入信息。

在新闻加工阶段,作为输入客体的新闻稿件与主体——编辑之间也同样呈现出两种不同的主客体关系——价值关系与评价关系,在反映出客体价值的评价思想的指导下,媒体编辑将按照设想中的受众评价标准加工制作出的"准新闻"——新闻文本,输入信息渠道,从而完成该阶段价值关系与评价关系的转换。

在新闻接受阶段,受众的新闻接受活动强烈地体现出评价的特征,作为价值主体亦作为评价主体的受众的价值意识自觉或不自觉地指向新闻客体,展开对象性精神活动。同时,受众的评价结果,成为传者关注的焦点,因为新闻价值最终能否实现亦在此一举。评价不仅是一种传播活动,一个传播过程,而且是一种传播思想、传播行为的价值规范。新闻传播的每一个阶段都贯穿着评论活动,传播主体的价值意识、评价标准自始至终左右着传播过程。

早期的传播学研究曾将受众定义为"靶子",在今天,新闻评论的对象不仅要指向社会,还必须包括媒体,即媒体应该成为新闻评论的"靶子",按照人类生存发展的目标和人类社会真善美的价值取向,按照世界大同前国家和民族的根本利益及媒体传播的基本规律和受众的共同的各别的需求来认识它、审视它、评价它和反映它。作为一种社会文化批评,新闻评论和媒体批评都要着眼于媒体及其产品的理论思考,所不同的是观察媒体及其产品的角度和研究媒体及其产品的依据。其差别在于,媒体批评是围绕大众传媒的本体层面和现象层面展开的专业性、学术性文化批评;新闻评论是建立在充分认识媒体及其产品在传播中的价值关系的基础之上的传播意义即文化意义的拷问,其核心是媒体及传播主体的价值取向。

从人类社会万事万物与人所构成的基本关系——价值关系切入媒体传播的内核,以价值标准来衡量和选择价值事实,体现了新闻评论这一主体性行为所蕴含的理性成分。作为一种自觉的、有意识的行为,新闻评论包含着评论主体对一定价值关系可能导致的后果的预见和推断。作为一种认识,新闻评论是评论主体的各种观念、意识综合的反映客观世界的活动及其结果。只有在评论的基础上,记者才可能对客观事实产生新的认识,萌发创造性实践的冲动,也只有在评论的基础上,人们才可能获得对传播媒体较为公正和客观的认识,促动自身从反映传媒向改造、修正和建设传媒提供思路。

新闻评论的功能不是传播事实,而是传播观点,就一篇新闻评论的内容来看,包含了观点和事实两个部分。"新闻评论用事实说话"指向两个层面:一是指向新闻评论的性质层面,即真实可靠;二是指向新闻评论的策略层面,即评论是依靠事实来完成的。事实在新闻评论中的地位和作用并不相同,概括来说,新闻评论中的事实有三种作用:第一,作为新闻评论的源起,一般放在新闻评论的开头部分;第二,作为判断的对象,即评论事件的事实层面;第三,作为论据进行评论。如果要对某一个新闻事件进行评论,并在评论的过程中形成观点,那么首先就要掌握这件事的基本信息,也就是对事件的事实层面进行了解。新闻记者必须就某一主题收集一些与可能的、最为适宜的事情相关的题材,还应以同样的方式寻找与突然发生的事情相关的题材。我们不应该专注于那些不确定的东西,而应该专注于隶属于我们的主题的那些事实,并且尽可能多地记下最接近事实对象的那些事实,因为"我们掌握的事实越多,就越容易进行证明"①。如中央电视台《焦点访谈》的一期节目《揭秘"健美猪"》中,通过使用大量的事实报道,详细揭示添加了"瘦肉精"的生猪是如何一路顺畅地进入到百姓餐桌上的。

① 亚里士多德.修辞术·亚历山大修辞学·论诗[M].北京:中国人民大学出版社,2003:135-137.

◇◇ **案例**

《揭秘"健美猪"》

从吃饱吃好,到现在吃得健康,人们的饮食观念随着生活水平的提高也发生了很大的变化。为了少吃油腻,不少人在买肉的时候都会选择瘦肉而不选肥肉,记者在江苏南京市场上发现,有一种猪肉卖得很火,因为和普通肉相比,这种肉看上去很瘦,几乎没有什么肥肉。然而记者经过调查发现,这种看上去很美的猪肉,背后却隐藏着不可告人的秘密。

迎宾菜市场位于江苏省南京市建邺区,是一家规模较大的市场,有一种瘦肉型猪肉十分畅销。通常情况下,普通猪肉皮下都有一层厚厚的脂肪,也就是人们常说的肥肉。但是记者发现,这种猪肉却瘦得有些不同寻常,猪皮下面几乎没有肥肉。据屠宰户介绍,这种猪体形苗条、肌肉发达,他们行内戏称为"健美猪"。

"健美猪"之所以瘦肉多,是因为在养殖的时候,吃了一种特殊的饲料。那么这种饲料究竟有何特殊之处呢?记者前往"健美猪"的产地河南孟州进行调查。这里的生猪出栏后,一般都是通过经纪人进行买卖和调运。记者在谷旦镇和槐树乡的几家养猪场,发现家家都在养殖这种肌肉发达的"健美猪"。养猪户介绍说,要想把猪喂成"健美猪",卖出高价格,就必须在饲料里添加一种特殊的白粉末。如果不加"药"的话,就没有人收。

据一名养猪户透露,这种所谓的"药"就是俗称的"瘦肉精"。国内外的相关科学研究表明,食用含有"瘦肉精"的肉会对人体产生危害,常见有恶心、头晕、四肢无力、手颤等中毒症状,特别是对心脏病、高血压患者危害更大。长期食用,则有可能导致染色体畸变,诱发恶性肿瘤。

早在2002年,农业部、卫生部、国家食品药品监督管理局就发布公告,明令禁止在饲料和动物饮用水中添加盐酸克仑特罗和莱克多巴胺等7种"瘦肉精"。2008年,最高人民检察院、公安部规定新的刑事案件立案追诉标准,对使用"瘦肉精"养殖生猪,以及宰杀、销售此类猪肉的,将以生产、销售有毒、有害食品罪追究刑事责任。

然而时至今日,据记者在河南省孟州市、沁阳市、温县和获嘉县的调查结果显示,使用"瘦肉精"在这些地方十分普遍。据养猪户透露,这种状况一般没有人管,即使省里或其他部门来检查,他们也会事先得到县畜牧局的通知。

养殖环节监管如此宽松,那么在贩运环节中,有关部门又是怎么监管的呢?

记者来到了沁阳市柏香镇动物检疫站,通过当地一名猪贩介绍,在没有购买和调运任何生猪的情况下,随便说了一个车牌号码,只花了200元钱,就买到了往南京调运120头猪的三大证明:动物检疫合格证明、运载工具消毒证明和五号病非疫区证明。优惠下来,每头猪的检疫费用还不到两块钱,另外还拿到150个耳标。

开票人坦言,不管从哪个地方调猪,不管运猪车是否过来真正接受检疫,他们这里都可以出具检疫合格证明的相关票据。

充当介绍人的猪贩说,所谓的检疫不过是走过场。

在孟州市的一条乡村公路旁,记者正好碰到两名当地的动物检疫站工作人员在对运输的生猪进行检疫。只见其中一名检疫人员只是随便看了看,并没有对这批外运生猪进行"瘦肉精"检测。

正在这时,车上有一头猪突然死了。司机说,这种猪猝死的情况他们经常遇到,原因就是这种猪的"瘦肉精"摄入过多,导致四肢震颤无力、心肌肥大,最终心力衰竭而死。

根据农业部有关规定,任何单位和个人不得随意处置及出售、转运、加工和使用病死或死因不明的动物。但是当着这两名检疫人员的面,这头死猪被拖到路边当场宰杀。据运猪车司机说,宰了以后就可以卖肉了。

记者看到,在这头死猪的整个处理过程中,两名检疫人员始终不管不问。事后,其中一名检疫人员向记者透露,对于当地一些养猪户违禁使用"瘦肉精"的情况,他们很清楚,但是都不愿意管。

动物检查不仅当地有,在货车出省的路上还有。几个小时后,这辆运猪车抵达位于河南省省界的芒山动物防疫监督检查站。而记者看到,只需要花费100元,运猪车就可以顺利地通过这个省界检查站。运猪车司机说,花费100元钱这是动检站的潜规则,而据了解,这个检查站正常的检查费用应该是20元钱。

运猪车在通过了这个检查站后,就可以顺利抵达江苏省南京市的一些屠宰场。

按照我国《生猪屠宰管理条例实施办法》,屠宰场必须是国家定点,而且要派驻检疫人员,进场的生猪必须检疫合格后方可宰杀。因此,一些喂了"瘦肉精"的生猪就算能够一路绿灯,逃过养殖和贩运两大关口,最后到了国家定点的屠宰场,应该还是能够被查出来。

然而记者在江苏省南京市建邺区兴旺屠宰场看到,派驻屠宰场的检疫人员对这批来自河南的猪肉并没有进行"瘦肉精"检测,就直接打上了"肉检""验讫"的印章,随后再开据"动物产品检疫合格证明"。据南京市建邺区兴旺屠宰场检疫人员说,他们只管进厂的数量对不对,"三证"是不是齐全。

没有任何检疫,就直接开具证明当然不是白尽义务,而是一张证明收取10元钱,交钱就给开。检疫在最后的屠宰环节也形同虚设,就这样,"健美猪"一路绿灯,最终进入了市场。

据南京市建邺区兴旺屠宰场屠宰户老板说,像迎宾市场等南京有名的农贸市场基本都是由他供货。

记者了解到,一些养猪户会养两种猪,"健美猪"用来卖,正常的猪自己吃。相信那些猪贩子和对他们"手下留情"的检查检疫人员对"健美猪"的危害也心知肚明。但是,在他们心里,无数消费者的健康却抵不上眼前的区区小利。本应严格监管的"瘦肉精"为什么会被非法使用?"健美猪"为什么会一路绿灯,轻松地进入市场。问题到底出在哪儿?出在违法者胆大妄为,出在执法者以权谋私,更出在监管者与被监管者之间的利益链条和攻守同盟。今天,江苏省工商部门作出部署,对全省各地市场销售的猪肉进行重点排查,并将根据检测结果作进一步处理。

（中央电视台新闻频道2011年3月15日播出。）

在这一则评论中,记者分别通过从"饲养环节:特殊饲料造就'健美猪'","贩运环节:监管变味权钱交易","屠宰环节:检疫走过场,最后关口形同虚设"三个关键环节的一系列事实陈述,最终得出问题"出在违法者胆大妄为,出在执法者以权谋私,更出在监管者与被监管者之间的利益链条和攻守同盟"这一观点,并且使得这一观点真实可信,具有较强的说服力。

三、新闻评论的话语建构

(一)广播电视新闻评论的话语表达主体

广播电视新闻评论就目前存在的形态来看,主要有以下几种形式:主持人对新闻进行评论、评论员评论和新闻评论型的节目。主持人对新闻进行及时评论突显了新闻评论的时效性,这时的节目主持人不再简单作为新闻事件的叙述者,而是表现为一种新闻信息整合者和评述者的角色,彰显思想性。节目主持人常常是与媒体形象联系在一起的,主持人的评论往往代表的是媒体的观点,因而这一特定身份经过话语叙述方式的转换,强化了新闻评论的主流性和主体性。另外,这种表现方式因其能对首播新闻快速设置议题,而凸显对舆情引导的主动性。

评论员发表评论是目前广播电视新闻评论的常见方式,评论员在其中扮演的角色和承担的作用也越来越重要。评论员队伍的培养和建设已经渐渐成为彰显一个媒体新闻评论水平的指标。评论员发表的新闻评论构建了权威观点表达的专家话语平台和主流话语平台的公共语境。例如中央电视台特约评论员,根据新闻的需要随时出现在新闻直播中,提升了新闻评论的专业水准和时效性,对言论表达视域的扩展和言论的独立性都带来新的变化。这种权威观点和官方主流视角的良性互动,不但构成了主流话语的多平台展示,而且拓展了新闻评论的公共语境,为聚集舆论议题、引领舆论导向提供了更多的可能。此外,评论员的评论观点并不仅仅代表个人的态度和观点,他们还是公众利益的集体代言者,具有一定的公共性。他们提供的各种话语形式也改变了新闻评论"上传下达"的单一模式,形成新的舆情合力,其传播价值更具共享性、历史性和穿透力。

新闻评论型的专题节目在构成上有这样的特点:双方辩论式的节目形态,先提出问题、再分析问题、后解决问题的思路,多方意见的呈现,坚持议论为骨的新闻评论本质[①]。这类节目由于时间长,专注于某一单一问题,所以更显其议论的全面、深入、多元视角和强度。每一方观点在对立、交流与交锋中得到较为全面、多层次的论证,不断将思想引向深入,呈现出清晰的逻辑关系、强化议论的说服力量和意见表达的深刻性。

(二)广播电视新闻评论的话语策略

胡锦涛同志2008年6月20日在人民日报社考察工作时的讲话中强调:"新闻舆论处在意识形态领域的前沿,对社会精神生活和人们思想意识有着重大影响。"在现代信息社会,人们获取信息的渠道主要来自传播媒介,接受并形成自己的价值观念。

---

① 欧阳明.我国电视新闻评论的困局及解困策略探析[J].现代传播,2009(2).

现代受众的接受是一种建立在新闻评论基础上的自主选择行为,它总是依据一定的新闻价值标准,体现出评论主体自身的文化信仰和价值追求。在传播过程中,人们不断地评论和接受评论的结果,并不断地增值和繁衍出新的价值意义——文化的意义,尽管这种传播过程中的文化增殖现象有时也可能因传播或接受主体文化素质的局限表现为负面效应,但仍不失为传播主体在传播过程中的自主行为,即体现了一定的价值标准,反映出某种文化信仰和价值追求的文化行为。

首先,作为有一定价值意识的新闻评论的主体,其知识、阅历、意志、兴趣、文化信仰、价值观念与价值追求等意识系统在对新闻和传播新闻的媒体手段、媒体行为进行评论和选择时,总是有意无意地起着主导作用,构成其对新闻价值信息的特殊需要,也构成其特殊的认知系统。只有新闻传播的价值信息符合其特殊需要及认识系统时,他才可能认同和接受新闻的价值,反之则可能将它拒之门外。

其次,不同的角色地位和文化信仰,不同的群体哲学和价值观念是新闻评论的参照系统,它决定了对新闻传播价值信息的特殊取向。在社会生活中,每个人都属于一定的社会群体,个人在社会群体中的地位、角色规范以及群体的价值追求在新闻评价中占有支配地位。群体的文化和价值观念不仅决定着群体对新闻的评论,也影响着个人对新闻的评论,还决定和影响着群体与个人对媒体及其行为的评论。

再次,不同国家、民族和地区的不同文化模式或价值体系在新闻评论和选择中有自持的能力,有特殊的价值取向。当新闻传播的价值信息符合社会、社区的文化信仰与价值追求时,则被认同、接受;否则就被排斥、抵制。这是不同的文化模式、价值体系在新闻评论中展示出的自我组织能力。它使不同国家、民族和社区的人们的价值取向通过对新闻的评论和选择保持相对完整的独立性和自主性。

最后,大众传媒的从业人员选择新闻传播的内容、传播方式以及传播过程中的组织、制作方式及传播手段的应用,不仅受传媒的群体规范和价值观念的影响,更受其身心所处的社会文化环境的支配。在新闻评论中,他们必须以国家、民族、社区的文化信仰与价值追求为取向,必须重视人们对价值信息的认知能力和承受能力,使新闻传播内容为人们所认同并乐于接受。

当前我国正处在社会转型时期,价值观的多元化,使公众对于媒体舆论引导的认知度和认同度都更加趋于理性。新闻评论话语的构建需要寻求与价值观念的协调,价值观念往往代表着社会共识,其认同中以自觉成分为主,因此通过寻求价值的认同,使得主流观点的传播对受众产生内化作用,从而在意识形态的层面构建社会共识。例如中央电视台在新闻与评论话语构建中强调的"反映民意,充满善意,展示媒意,彰显公意"(四意论)作为评论宗旨,侧重于"为什么"和"怎么办"两层面的立体开掘,重新建构新闻评论的全新内涵,突破了政论型评论的单一话语模式,以分析型和解释型的评论方式开拓全景式的评论语态。分析型的新闻评论主要是对新闻事实的本体进行剖析、阐释,对其重要作用、相关价值及影响作出判断和说明,由表及里,由浅入深。这类新闻评论的重点在于回答"为什么",为受众提供权威的意见,使受众能够更加清醒地认识问题并帮助受众作出正确的判断、消除疑惑,有效引导舆论,规避在信息社会由于信息不对称所造成的风险。解释型新闻评论以提供观点信息为核心,在"怎么办"上着力,以科学、积极的态度对相关问题进行深度阐释,在各种复杂的现象与矛盾中,寻求利益诉求的最大化,彰显新闻评论话语的深度表达与建设性的价值取向。例如对水价上调的新闻报道中,中央电视台以《形成新价格机制比价格调整更重要》为题进行评论,通过对这一行为的动因、现状、困难进行解释、阐述,提出推广梯型水价、形成差价设计的解决方案才是关键的观点。这种从全局出发的大局意识突破了单一新闻的局限性,更为单纯的新闻信息所引发的不安提供了科学合理的解读方式。

第二节　新闻评论策划的原则

一、策划概说

传统观念中,特别是对于大众传播媒体来说,"策划"是同"导演"联系在一起的,即意味着生产出的节目具有虚构特征。既然媒体要反映客观现实的变化,而新闻的第一生命又是真实,前文也强调了新闻评论必须用事实说话,自然不允许任何导演与策划。但在今天,节目的成功与否,却总是同策划联系在一起,当然,这是对策划有了新认识后的结果。

《后汉书·隗嚣传》有载"是以功名终申,策画复得"("策画"即"策划")。由此可知策划从古至今都含有筹划、谋划的意思。如今,策划已成为人类的实践活动,人们按照自己的目的对客体进行改造,包括调查、信息收集、概括分析、找出对策等,使策划的操作过程成为了一个实践的过程。策划是一种认识活动,在策划中,客体以信息的形式在人的大脑中取得了观念性的存在,主体认识了对象后对客体进行组合与改造的设计,找出问题的实质和主要矛盾,并研究解决问题和矛盾的对策;策划是一种思维方式,对于已经掌握的信息,策划主体运用综合、分析等多种思维方式,从中找出已知因素,找出本质规律,从而达到对未来状况的掌握;策划是一种主体对客体的价值关系,即策划具有明确的目的性,以此将各项工作由无序变成有序,由模糊变成清晰,由盲目变成明确。策划具有选择性和灵活性,针对某一个目标,可以拟订出多种方案,经过权衡后选择最合理最科学的那一种,又因事物处于运动状态之中,既定方案也会根据周围情况的变化而变化,以始终保持策划对现实的最佳适应状态。

策划活动的兴起,源自现代社会的竞争,就目前国际发展趋势看,具有这样一些特点,首先是策划主体的群体化。科学技术的发展,使社会化因素越来越多,社会问题越来越复杂,知识信息越来越膨胀。在这一背景下,作为个人智慧活动的策划已满足不了社会的需求,而逐步表现为一种群体行为。特别是对于一些重大事情的整体策划,是个人难以胜任的,只有依靠群体的参与才能完成。其次,策划手段的现代化。策划是以准确、迅速和充分地搜集、分析信息为基础的,传统的经验型研究分析已无法适应现代社会的需要。系统论、控制论、信息论、未来学等横断学科和综合学科为策划提供了新的理论基础与理论支持,电子计算机更是为现代策划开拓了新途径。再次,策划理论的独立化。因策划者地位的依附性,传统策划思想往往包含于其他学科和思想之中,限制了策划理论的发展与完善。今天人们认识到各种策划活动和策划思想是有其共性的,并不断归纳总结,形成自己的系统理论,使其发展成为一门相对独立的学科——策划学。此外,策划过程的程序化。传统策划为直观经验,是一种非程序、非规范性的策划活动。现代策划活动是在科学理论的指导下,结合个人经验,按照严密的逻辑推理和一定的运作程序进行的,能够更有效地减少策划失误,保证其策划的合理性和可行性,以及方案执行的计划性与理想效果。最后,策划分析的定量化。传统的策划因其定量分析技术手段的限制,是以定性分析为主。在环境日趋复杂多变的现代社会,仅凭定性分析进行策划是不够的,需要进行大量的数理统计和运筹分析,才能保证策划的科学准确性。可以说策划这种创造性的劳动如今已经渗入了我们社会生活的各个领域,与各项事业的成功与发展紧密地联系在一起,甚至可以说,我们就生活在一个策划的时代。

二、新闻评论策划的步骤

策划作为一种程序,是指依据有关信息,判断事物的发展变化趋势,确定可能实现的目标,并以此设计和选择出能够产生最佳效果的资源配置与行动方式,形成正确的决策与实施方案,努力保证目标实现的过程。所以,策划不仅是目标、主题、策略、计划、评估和反馈等要素的综合统一,其"最佳效果"这一质量标准还将把人的思考引入策略范畴,进入创造性思维的领域。

电视无疑已经成为我国的第一传媒,其作为现代社会的重要构成,无论是大环境,还是自身的小环境,都在强调着策划的重要性。电视不仅要在宣传上紧密配合国家的中心工作,关注和适应受众的需求,发挥自身的优势,选择最有效的传播手段,以产生理想的传播效果,还要面对市场,积极探索多元化、集团化的发展路径,在媒体市场的竞争中,使自己的节目不仅在内容上,而且在形式上具有自己的风格与特点,拥有自己的市场,获得应有的社会效益与经济效益。就新闻评论节目而言,现代技术的介入极大地丰富了其技术手段,必须寻求内容和形式等方面新的突破。要解决这些矛盾,就离不开策划。众所周知,新闻评论策划对于每个电视台而言都是至关重要的,可以说一个媒体新闻评论的水平直接影响其在媒体发展中的竞争力和生命力。新闻评论策划与制造新闻不同,它是要求策划者严格遵循新闻规律,为达到一定的宣传目的而进行的具有前瞻性的活动。这里所说的新闻评论策划既包含对一则新闻评论或一期新闻评论节目的整体构思和设计,也包括对整个新闻评论栏目的实施方案设定。而这些工作的进行都要以调查研究为基础,根据整个节目的任务和受众的需求来完成。

新闻评论策划既具有通常意义上策划的性质,也因其自身的特点而具有一定的特殊性。首先是政策性。电视作为大众传播媒体在产业化的过程中,虽然需要考虑经济效益,但其作为党和政府与人民群众联系的桥梁的本质是不能改变的。因此电视新闻评论的策划就具有极强的政策性,需要对受众进行正面的影响和舆论引导,要真正做到"以科学理论武装人,以正确舆论引导人,以高尚精神塑造人,以优秀作品鼓舞人"。其次是时效性。作为新闻媒体,电视的各种节目往往都会紧密配合新闻事件或重大节日,表现出极强的时效性。时效性抓得好,有时会成为整个策划成功的决定性因素,而失去了时效,就会大大削弱新闻评论节目的客观效果,甚至导致整个策划的失败。再次是综合性。策划组织一个新闻评论节目,要牵涉到许多部门和环节,而策划正是在综合分析、平衡协调各种因素以保障目标实现的过程中显示出其综合性的。在节目的运行过程中,特别是针对某一重大事件的新闻评论,任何一个环节出了问题,都将直接影响到整体效果,这就需要在策划的过程中对各方面的因素都做出妥善的处置。

广播电视新闻评论策划是一个完整的过程,其中的每一个步骤都有其目的和要求,有其内在的规律。进行的程序一般包括:搜集信息、确定策略、编制方案、实施计划、总结经验。

(一)搜集信息

电视作为大众传播媒体,在现代社会的信息传播中具有重要的地位,但当它作为社会的一个行业面对自身事业的发展和媒体市场的竞争时,信息对于它同样是十分重要的。同全局工作相关的信息如此,和新闻评论策划相关的信息也同样如此。而策划在某种意义上也可以说是对于各种信息处理的结果。

(1)信息采集的内容和范围根据不同的目标和需求而定。和新闻评论策划相关的信息主要包括下面几个方面。

①环境信息。即与新闻评论对象或内容相关,并能产生影响的各种客观条件和存在状况的有关信息。主要有党和政府中心工作的有关信息、社会环境信息、受众需求信息、国际环境信息等。

②自身信息。即新闻评论策划主体各组成要素及结构现状的有关信息,包括队伍方面的信息(人员素质、专长、状态、社会关系等)、资料储备信息(文字、影像、音响、音乐等方面的资料储备情况)、技术条件信息(技术能力与技术设备)、管理信息。

③预测信息。即对新闻评论事件的事态发展进行估计和推测所形成的信息。一旦事态是按照预测方向发展的,将构成新闻评论策划的重要契机。

④反馈信息。指社会各有关方面对新闻评论策划或新闻评论执行情况反映到策划主体的信息。反馈信息对完善策划思想、总结策划经验都有积极的意义,是信息采集不可缺少的重要内容。

(2)为保证新闻评论策划信息的有效采集,应该遵守以下"六度原则"。

①信息宽度。即信息的覆盖面,要注意信息采集应有适当范围。范围过宽,会增加投入和操作的难度;范围过窄,会影响信息的可靠性。

②信息向度。即信息的采集方向。信息重要,但并不是说所有的信息都有使用价值,没有使用价值的信息称冗余信息。为了不受冗余信息的干扰,在采集信息时,要确定方向,有所侧重,并保证信息的发掘深度。

③信息精度。"准确是信息的生命",信息不准确,就会使策划失去事实的依据,得出错误的结论。

④信息真度。即信息的可靠性,反映事物发展规律的程度和真理成分。精确度高的信息未必都是真实的,真理也是相对的。有时现象并不反映本质,真相往往也会同假象结伴而行。所以,必须对信息进行真伪分析。

⑤信息融度。即多种信息按其内在联系有机组合的程度。有意识地对信息进行交叉分析,找出其内在联系,在其融合的基础上,产生出新的信息。仅仅对信息的价值进行静态分析,其价值无从体现,会造成信息资源的浪费。

⑥信息速度。即信息传播的速度和时效。对于新闻评论策划而言,时效性是一个非常重要的因素。失去时效,就会失去策划的价值。所以,在策划时,一定要考虑到信息的传播速度。

(3)信息的采集是多渠道的,新闻评论策划的信息可以通过公开渠道及隐蔽渠道两种方式获得,采集的方法主要有:

①实地观察法。即有目的、有计划地运用自己的感官或借助仪器直接了解针对新闻评论对象的社会现象。这种方法简单易行,可信度高。新闻评论类节目因强调客观真实,因此此方法为信息采集最重要的方法。

②文献研究法。即通过搜集各种文献资料,摘取有效信息的方法。电视台作为新闻媒体,掌握有各种社会机构提供的大量资料,从中可以找到和发现对新闻评论策划有用的信息。

③访谈法。即以交谈的方式了解新闻评论对象相关情况的方法。该方式同观察法结合使用,可使获得的信息更有深度、更有价值。

④问卷调查法。即用统一设计的问卷向被调查对象了解情况或征询意见的方式。该方法科学性强,可信度高,但成本较大。

⑤非常规调查法。主要指以各种隐蔽的方式采集新闻评论相关信息的方法。

(二)确定策略

完成了对有价值信息的采集后,接下来就应该研究信息的开发与利用。突出的问题是要研究、确定相应的策略,这也是策划的核心问题和最重要的一个环节。对策略的研究、确定,可按两个方向推进,一是从功利性出发,即以新闻评论节目为对象,研究提高其质量和水平的策略,以获得新闻评论的成功;一是从对抗性出发,即以媒体市场为对象,研究在媒体竞争中对抗的策略,以形成独自的风格和社会影响。就对抗性策略而言,主要有两大策略类型。

先发制人。这也是我国古代军事策略的一个重要思想。从传播效果看,率先进行新闻报道,为受众提供新异信息,往往"具有一种特殊性的力量"。因为,"人对于新异事物必然会发生不随意的注意和惊奇的情感"。但是,先发制人不是说可以随意、盲目地去抢占时序的优势,而是一种冷静、客观分析的结果。首先,必须把新闻事实搞清楚,新闻评论策划是以客观事实为依据的,要建立在客观事实的基础上,并表现出对客观事实极强的针对性。如果没有弄清事实就"先发",只会陷自己于被动和尴尬的境地。其次,是对政策的把握尺度。为了对宣传效果负责,对社会负责,有些内容非但不能"先发",甚至不宜公开传播,否则会造成不良影响和严重后果。

后发制人。按照辩证法,"后发"同样可以"制人",即利用时间差,分析对手在新闻"先发"过程中暴露出来的疏漏、盲点甚至过失,采取更严密、更全面、更完善的办法获得独特的效果,取胜竞争。"后发制人"失去了时序优势,"制人"的手段集中表现为针对对手的弱点和缺陷,展现优势。在新闻内容上,做到人无我有。"先发制人"虽占有了新闻信息新异性的优势,但这种优势并非是恒定的,难免会产生出疏漏、盲点和过失。只要能够向受众提供其他媒体遗漏的新闻信息,就同样具有新异性的特点,引起受众的"注意"和"惊奇的情感"。所以,内容上人无我有,是后发制人的一种手段。形式上要另辟蹊径。形式是内容的存在方式,是内容的结构与组织,并为我们提供了创造的空间,从而成为策划的一种策略手段。

（三）编制方案

策略确定后,就要编制具体的新闻评论方案了,这也是策划的实质性阶段。制订方案的程序有两个步骤。

第一个步骤是新闻评论方案设计。

首先是选择评论节目对象,即新闻评论节目给什么人看和需要哪些人参与。电视作为大众传媒虽说是面对全社会的,但随着社会生活的多元化发展,受众选择的多样化,受众也会形成不同的层面和群体,产生出不同的兴趣和追求。"广"播正逐步走向"窄"播,因此产生出节目对象的选择问题。评论节目对象可以从年龄阶段中选择,不同年龄段的观众由于生理和心理差异,由于生活经验和社会阅历的差异,对于新闻评论节目的兴趣和需求会产生出很大的差别。可以从职业类型中选择,不同类型的劳动会形成不同的社会群体,派生出不同的兴趣和需求,并表现在对于节目的选择上。可以从兴趣特点中选择,兴趣指人积极探究某种事物或进行某种活动的倾向。由于兴趣具有一定的稳定性,并由此形成不同的兴趣群体,进而成为新闻评论节目的选择对象。可以从社会需求中选择,社会生活的发展变化会产生出各种不同的社会需求,社会是由人组成的,社会需求说到底是人的需求,关注社会生活的变化,从社会需求中选择评论节目对象,也会受到社会的欢迎。

其次是确定新闻评论节目内容。选择新闻评论节目对象是要满足特定的兴趣与需求,根据这种客观需求,节目内容的基本方向也就可以确定了。其进行过程可以分为几个步骤:一是划分外延。外延指某一概念所限定的一切事物。明确了节目对象后,节目的内容只能是对象需要并感兴趣的,其他无关的东西都要剔除掉;同时,与对象相关的事物要分析透,避免因认识的褊狭而影响节目内容的丰富。外延的划分在实际操作中有很强的针对性,对于节目认识上的分歧,多为外延的划分不清楚。二是提炼内涵。内涵是概念所指对象的本质属性的总和。明确了节目对象的需要与兴趣后,不能(也不可能)将所有的东西全塞到节目中去,而是要对全部兴趣和需求进行筛选,把最关心和最感兴趣的作为重点,以强化节目效果。在实际操作中,受众的重点兴趣和需求往往确定为频道中的"栏目",而次要的兴趣和需求则往往作为节目内容的铺垫或过渡。三是构筑内容。内涵的提炼明确了节目内容经营的重点,进而要研究怎样安排节目的具体内容,以满足观众的要求。内容的构筑在实际操作中表现为每次节目的具体选题的组织和落实,以及按照节目播出要求所需完成的全部工作。四是确定风格。节目风格首先是由节目内容所决定的风格;其次是由节目主持人个人风格所形成的特点。节目内容所决定的风格在整个节目风格中起主导作用,反映的是一种客观要求;节目主持人的个人风格处于从属地位,是一种主观的产物。

接下来是组织队伍。节目策划提出的思路要由各类节目人员执行实施,怎样组织队伍也是确定节目方案时要考虑的问题。要注意处理好几个问题,一是控制好队伍的人数,认真测定每个工作岗位的实际工作量,把人力调配好;二是把握好队伍的内部构成比例;三是明确各个岗位的责任及在运作过程中的彼此关系,以保证运作的秩序和效率。

最后是估算经费。节目经费的来源一般有两个途径,一是行政投入;二是赞助经费或广告收益投入。无论何种经费来源,都要做好预算,把经费用好。

第二个步骤是节目计划的编制、论证和审定。节目的各种因素经研究确定后,还需要以节目计划的文字形式把它固定下来,这是报批审定和具体执行的依据,也是执行过程中同外部协调的依据,故有节目"宪法"之称。节目计划的内容包括节目的宗旨和方针、播出的频率及时间、内容、长度、组织架构、运作程序和要求、经费预算等。节目计划编制完成后,还可能会有不完善的地方,需要进行可行性论证,进行优化。包括对目标系统进行分析,看目标是否明确,围绕实现目标的各个环节的关系是否协调,计划的把握程度如何;对限制性因素进行分析,节目往往会受到某些外部条件的制约,并导致计划的某些方面的内容、甚至整个计划无法执行,这就需要对计划进行局部甚至全面的调整;对潜在的问题进行分析,即预测计划在实施时可能发生的潜在问题和障碍,寻求防止和补救的方法;对预期效果进行评估,即对节目的社会效益和经济效益进行评估,鉴定节目计划是否应该执行。节目计划经过论证后,还要经过主管部门的审核和批准,这也是节目策划中一个不可缺少的程序。

(四)实施计划

实施计划的过程,是整个策划"物化"的过程,不仅关系到策划目标的实现,还反映出队伍在策划活动中对方案的执行能力和水平。实施计划包括计划的分解和计划的控制。

计划的分解指策划方案经过策划人员审议,报经主管部门审批,并被编制成具体计划后,细分出不同的项目、不同的岗位目标和责任,以方便计划的操作和任务的落实。首先要尽可能充分地把计划展开,既避免任务的疏漏,又方便对工作作出合理的安排。广播电视新闻评论节目是一个综合性的工程,需要靠系统内部各个环节的通力合作,才能把计划完成。合作的基础是分工,所以,要把计划展开,就要合理分配好工作,以保证计划的推进和目标的实现。其次是尽可能严格地明确岗位责任,既避免职责不明,又方便具体操作。

计划的控制指围绕总体计划实施的要求,运用多种手段,对各项分解计划进行有效的指挥、协调和监控,以保证目标的实现和取得积极的效果。计划的控制包括:建立完善的组织领导机构;编制完整的日程安排;建立检查汇报制度;建立情况通报制度。

(五)总结经验

重视实践经验的总结,对于丰富队伍在节目策划理论方面的认识,提高队伍的整体素质和实际操作水平,是有着非常重要的意义的。具体方式:个人或小组总结。小组总结不排除个人总结,在个人总结的基础上进行小组总结,有利于互相启发、共同提高,有利于开展批评与自我批评,客观地引出经验教训,对今后的工作产生借鉴作用。专家评议。经验不仅指具体操作的体会,更重要的是怎样将实践经验上升到理论的层面,要做好这方面的工作,可以充分借助于专家的力量。领导鉴定。主管节目计划实施的领导由于熟悉整体情况,不但能够对总体运作和实际效果作出权威性的分析,还能对各项分解计划和具体人员的表现作出恰当的评价。

三、新闻评论策划的原则

新闻节目的策划不是一种随意的行为,必须遵循一定的原则,才能达到策划的目标和效果。李东在《广播节目策划论》一书中,将节目策划的原则归纳为:弘扬主旋律与提倡多样化统一的原则;社会效益与经济效益统一的原则;创造性与可行性统一的原则;计划性与灵活性统一的原则。[①] 此提法我们可以用于对新闻评论策划原则的研究中。

(一)弘扬主旋律与提倡多样化统一的原则

任何大众传播媒体,都是在一定的政治思想路线指引下,为一定形态社会的政治、经济服务的。因历史条件和历史任务的变化,不同的政治思想路线在不同的历史时期和发展阶段又会形成不同的具体内涵和要求,并根据时代的要求加以调整、丰富和发展,使之具体化和具有更强的针对性、指导性和操作性。我国在新时期历史条件和历史任务的重大转变,必然对我国的社会生活产生深远的影响,并要求各方面的工作必须服从这一战略转移。弘扬主旋律,坚持正确的舆论导向,就是时代向大众传媒提出的新的原则要求。尤其党和国家的工作重点转移到以经济建设为中心的社会主义现代化建设后,我国的经济社会生活发生了巨大而深刻的变化。广播电视媒体要准确地反映社会的客观变化,节目策划人员必须充分关注我国社会生活的各种变化,并将此作为策划、组织新闻评论节目的指导思想和主要内容。

大众传播媒体的另一种功能是教育,策划各种类型和内容的节目,一个重要的目的是要教育和引导群众完成特定历史时期的任务,这也是弘扬主旋律的一个重要方面。对此,媒体的认识往往是比较统一的,问题是用什么思想和内容去教育和引导群众,群众喜欢以什么样的形式和方式接受教育,这也对我们的节目策划人员提出了新的要求。

从更大的背景上看,和平与发展是当今世界的两大主题,而西方舆论从未停止过对我国"西化"和"分化"的图谋。新华社现在每天收到200多万字的外国通讯,其中90%以上是少数几个西方发达国家的通讯社播发的。其中虽有自然、经济、科技等方面的信息,但也有不少渲染夸大发展中国家"阴暗面"、攻击和污蔑我国社会主义制度和政策、宣扬西方腐朽落后的文化意识形态和生活方式的内容,这也是对我国进行"西化"和"分化"的重要手段。在这一态势下,电视新闻评论节目强调弘扬主旋律、强调以正确舆论引导群众,具有特殊的重要的意义。

随着改革的深入,电视中的现场直播、电话参与、现场参与等新的节目形式、制作

---

① 李东.广播节目策划论[M].北京:中国广播电视出版社,1999:87.

手段和运作管理办法被推广应用,由此形成了电视节目手段上的新特点,即节目人员在执行工作计划和具体方案过程中的主动权要大得多,变化的因素也多得多。确定了一项计划的总体方针和思想原则,未必能保证计划执行过程中的每个环节都能体现统一的思想;审定了一个评论节目的选题和具体内容,未必能够保证节目进行过程中的每个环节都能符合计划的要求;规定了一个节目的基调和风格,未必能保证主持人稳定的情绪和节目积极的效果。因此,弘扬主旋律的原则不仅会出现在节目的策划阶段,不仅同策划人员相关,而且贯穿于整个节目的执行过程,应该引起全体节目人员的重视。

另一方面,弘扬主旋律也是通过反映生活的多样化来实现的。首先,弘扬主旋律是时代赋予传播媒体、包括节目策划人员的历史责任,也是对新闻评论内容提出的要求。如果违背了客观生活多样化的特点和人民群众精神文化生活多样化的需求,弘扬主旋律就要受到局限,也不可能真正得到落实。其次,生活的多样化为电视节目的策划提供了坚实的基础和无尽的源泉。忽视生活的多样化,忽视深入生活调查研究,不了解现实生活的各种变化和产生出来的新情况、新问题、新矛盾,新闻评论节目策划人员就不可能有强烈的社会责任感和旺盛的策划热情,就不可能发掘和捕捉到有策划、经营价值的选题,所谓新闻评论节目策划和弘扬主旋律也就成了一句空话。

(二)社会效益与经济效益统一的原则

首先,作为大众传播媒体,电视必须把社会效益放在第一位,当社会效益同经济效益发生冲突时,要自觉地以经济效益服从社会效益,这是由我国媒体的性质和任务所决定的。电视的根本任务是在党的基本路线指导下,坚持为人民服务和为社会主义服务的方向,为观众提供多种多样健康向上、生动活泼的电视节目,以推动社会发展,满足人民群众日益增长的精神文化需求。这就是电视所追求的社会效益。广播电视新闻评论节目作为精神产品,它具有不同于物质产品的特殊属性,其价值的实现更主要地表现在社会效益上。要做到邓小平同志所强调的,"一切从事精神产品生产的部门,必须把追求社会效益放在第一位"。

(三)创造性与可行性统一的原则

广播电视新闻评论节目策划是一种创造性的思维活动,为了追求策划方案的创造性特质,在策划过程中,应自由发挥,而不要受各方面因素的限制。但当方案进入到论证阶段时,则需要遵循创造性与可行性统一的原则。首先,政策的可行性。因为新闻评论节目策划是一项政策性很强的工作,所以,策划方案产生后,要从政策上把关。其次,审视队伍在运作中的承受能力。无论在节目的策划阶段,还是方案的执行阶段,节目策划的决策者和方案执行的领导者,除应保证足够的人力投入外,还要知人善任,把最合适的人选安排在相应的位置上,以保证策划的圆满效果。再次,审视技术条件的可行性。技术保障是节目制作与播出的一个环节,其技术的改变有时会促成节目的创新,有时又会制约计划的执行,所以,技术的可行性对于节目的策划也是有着重要意义的。

(四)计划性与灵活性统一的原则

这里所谓计划性包括新闻评论节目内容的计划和具体操作的步骤。前者是节目策划思想"物化"的一种表现,后者则是策划思想"物化"的条件。两个方面的计划性越强,越严密细致,策划思想的体现和计划的实施就越有保障。但是,一个评论节目从策划到实施的全过程又包含许多变量因素,只强调计划性,忽视了灵活性,不能对计划的内容和执行的程序进行灵活的调整,也会使策划思想难以落实,具体的方案无法执行。根据计划性和灵活性统一的原则,节目的策划往往会把制定应变方案同时列入策划的工作范畴。应变方案主要有两方面的内容构成:一是应变方案及措施,即情况发生变化时的应对办法。变化可能性越大的环节,应变措施应该准备得越充分,但有时应变措施本身也含有不确定因素,所以,仅仅只有一套应变方案是不够的。二是应变队伍,即确定计划执行队伍的同时,安排适当的后备力量,以便在情况发生变化时执行应变措施。应变队伍不仅是人力的配备,必须注重队伍人员的应变能力,这是一种素质上的要求。

我国目前的电视媒体,电视剧、娱乐节目、音乐节目和各种文艺晚会,已经广泛地运用策划了,节目质量也有了明显的提高,这里不再赘述。由于无法展示影像,这里就大众传播媒体进行统一性思考,谈谈广播电视新闻评论节目的策划。

新闻策划虽在新闻实践中早已存在,但进入理论研究视野的时间,却非常短暂。这里所说的新闻策划,特指新闻业务中的"战役"策划,也指对重大报道的精心组织与指挥。它指媒体在一定时期内,为了达到某种特定的传播效果,对具体新闻事实的报道所作的设想与规划。其策划的根本目的是为了更好地配置和利用新闻资源,以便取得最佳的社会效益。从操作的意义上看,包括各种经常出现的典型报道、系列报道、跟踪报道、专题报道、重点报道、组合报道以及媒体社会活动的策划。这类报道的特点是,持续报道的时间比较长;发稿的篇数比较多;多种体裁的集合;参与的记者人数多。

随着改革的深入,市场经济体系的建立与健全,信息的商品属性越来越突出。媒体作为信息产业的构成,也将面临市场的竞争,而市场竞争的根本是新闻受众市场的竞争。今天的广播,既要面对同行业的对手,也有行业外的对手,特别是电视,因其视觉优势、快捷优势,加上电视机的普及、覆盖面的扩大,其受众将越来越多,对广播新闻竞争的压力也将越来越大。同时,另一种力量也正在崛起,那就是被称为"信息高速公路"的电脑网络。它集文字、声音、图像于一体,所有的信息资源都将成为交易的商品,并每天以新闻报道的形式提供大量高质量的信息。要在如此激烈的竞争中生存下去,就必须不断地为自己的媒体生产出精品,而要做到这一点,就离不开新闻策划。

要想通过新闻竞争去争取受众,就必须生产出精品,而精品的产生离不开策划。精品意识是办好媒体的基本要求,它代表着媒体的质量,是节目信息的重点,也是受众接收信息时的关注点。"写可有可无的文章,便是可有可无的记者。"(蒋钦挥语)如果新闻节目中总是缺乏一种"激动",拿不出让受众热血沸腾的精品,那么,这种新闻节目在受众的心目中,就是可有可无的。或者说,精品的多少,决定着新闻节目的水平和档次,决定着媒体到底有多大的生存空间。

◇◇**案例**

云南人民广播电台《新闻追踪》栏目总体策划

一、《新闻追踪》的定位

《新闻追踪》是云南人民广播电台的新闻评论节目，既然是新闻评论类节目，它就必须具备两个特点：一是新闻性，一是政论性。新闻所包含的重大事实是基础、是展现；评论是分析、是深化、是重头戏。这种新闻事实的展现加上逻辑论证的精辟分析，两者有机地联结、交织在一起。或者说，这种新闻与评论的"联姻"所达到的效果，是单篇新闻或评论所无法比拟的，它具有较强的时效性、社会性、理论性以及政治色彩。这种形式最适用于广播，可以说是广播新闻最具时代特征的一种新体裁。

《新闻追踪》不但讲究新闻的客观性，更需要记者对新闻进行理性的思考。一组好的新闻评论节目，如果记者能"思接千载""视通万里""抚古今于一瞬"，理性思维达到了高峰，这篇作品就具有了深层的新闻魅力；而缺乏理性思维，道理不精辟、不到位，《新闻追踪》就很难吸引听众，更不要说在社会上叫响了。

《新闻追踪》采用现场报道、记者口头述评等方式，把新闻的客观性与评论的说理性紧密结合在一起。它还调动大众评说，听取党政官员、权威人物对新闻的透彻分析，其信息量和透明度是其他新闻作品所不能比拟的。

综上所述，《新闻追踪》属于观念新闻，它是记者自身或通过调动大众参与的方式，对重大事实，特别是焦点、热点、难点问题进行的理性评述。这也是《新闻追踪》的定位。

二、《新闻追踪》的选题

《新闻追踪》既区别于一般的新闻，又区别于一般的评论，具有鲜明的导向性，在全省有广泛的影响。要提高它的舆论引导水平，就要规范它的内容，就要从选题抓起。选题应着眼于团结、稳定、鼓舞人心，以正面宣传为主，服从服务于大局，具有鲜明的时代特征。根据一年多的实践，同时结合全国新闻评论类名牌栏目的经验，《新闻追踪》的内容应包括下面几个方面。

（1）反映当代社会的主流生活。宣传党的路线、方针、政策，报道省委、省政府的重大思路、重大举措；报道典型人物、典型经验、全国特别是省内日新月异的变化；大力宣传爱国主义、社会主义、集体主义精神和新思想、新风尚、新道德、新体制。

（2）理论阐述。对某项政策、某种观念、某项法令进行解释阐述，对热点问题进行正确的解答和疏导，参政议政，扩大信息源。

（3）追踪重大节日和事件。对国内外有关节日、纪念日、重要会议、重大活动以及重大新闻事件进行深度报道。

（4）批评监督。对错误思想、错误倾向和模糊观点进行追踪评论。对不利于社会主义民主法制建设和"两个文明"建设的不良现象进行揭露和批评；弘扬正气，为树立良好的社会风气作努力。

（5）发挥警示作用。对省内社会环境和自然环境中一些重要而被忽视的问题进行冷静的思考和分析，起到振聋发聩的作用，促使各级政府和人民群众采取相应的对策，使问题得以正确解决。

对上述内容中的正面报道和批评报道，还要区别开来。

①正面报道。《新闻追踪》要以正面宣传为主，充分发挥团结稳定鼓舞人心的作用。首先，要把对上与对下一致结合起来，吃透上头，又吃透下头，找到结合点，把人民群众需求的，呼唤的，想知道的，能得到满足、振奋鼓舞的，与党和政府关注、倡导的结合起来。找到了这个结合点，《新闻追踪》节目无论是对典型人物、重大事件或对党和政府的大政方针作解释性的报道，都具有了普遍意义。其次，要以思想深度和快速反应取胜。思想深度就是要在理论水平、政策水平、思想水平等方面棋高一着。在这个方面，又恰恰是省台的优势。省对于中央与州县来说，属于中观；对全省来说，属于宏观。省级电台由于自身所处的地位，了解省委、省政府的意图比较快、比较多，包含省级各部门权威性的信息来得快，因而站得高、看得远，易于搞好报道。快速反应是对重大问题的报道"先声夺人"，抢"第一家"、走"第一站"。嚼过的馍没有味道。如果被报纸、电视占领了制高点，我们再作后续报道，从广播自身的特点来看，就很难成功；在这样的基础上要超过其他新闻媒体，花费的人力、物力、财力就非常大。

②批评报道。《新闻追踪》应以舆论导向为主，舆论监督为辅。但在做好正面报道的同时，还要做好批评报道。正面报道与批评报道，舆论导向与舆论监督，是一个事物的两个方面，是辩证的统一。所以，在强调正面报道的同时，千万不可忽视批评报道。而且，对《新闻追踪》的节目，人们普遍的心理是，比较关注舆论监督。舆论监督的成功与失败，直接影响到《新闻追踪》的生存。

但是，批评报道不是为批评而批评，应有利于党和国家大政方针政策的贯彻，应有利于省委、省政府的决心、意图的落实，应具有典型意义，应注意客观性，应有始有终，使事情得到圆满妥善的解决。

第一，对旧思想、旧观念展开批评。云南地处边疆，交通较为闭塞、信息较为落后。加之长期形成的因循守旧的思想，对改革开放起到了阻碍作用。特别是那些妨碍从计划经济体制向市场经济体制转变、从粗放经营向集约经营转变的陈旧思想和观念，以及形式主义、官僚主义、平均主义和习惯势力带来的危害等，要列入选题范围。

第二，对以权谋私的腐败现象展开抨击。这个问题要以中纪委所界定的标准为依据，对各种不正之风和腐败分子予以揭露。腐败问题是关系到党和国家生死存亡的大问题，反腐倡廉是人类社会进步的永恒课题，《新闻追踪》配合反腐败斗争的开展，是一项义不容辞的责任。

第三，对社会生活中各种违背道德观念、违反科学的行为进行揭露和批评。对资产阶级腐朽的生活方式、损人利己的思想、不讲公德的不良风气以及社会丑恶现象，如贩毒吸毒、制黄贩黄、赌博、卖淫嫖娼等，都应有选择地揭露。

第四，对社会生活中的无序现象、违法行为进行揭露和批评。比如局部利益、制假贩假、地方保护主义等。

另外，在正面报道与批评报道之间，有一种"中性话题"的说法。我们认为，新闻评论性节目，有着强烈的政治倾向，列入了"话题"，本身就是一种倾向。因此，"中性"的说法是值得商榷的。《新闻追踪》不列所谓的"中性话题"。

我们分析了正面报道和批评报道后，接下来就要考虑它的选题。我们的思考是：

选题要有云南特色。《新闻追踪》要办出地方特色,就必须办出鲜明的云南特色,所选题目要从云南的特点来考虑,是在云南发生或与云南相关的人和事,是云南人民关注的人和事。同时,要着眼于未来,把云南放在世纪之交的大背景下来考虑。就是说,《新闻追踪》的题材和观念应有云南特色的超前性和预测性。

选题要有高度,在云南甚至全国都具有典型意义。所选择的内容要多从宏观上考虑,或大处着眼、小处入手,具有代表性,具有针对性和普遍意义,能对各方面有启发作用。

对全省进行全方位扫描。《新闻追踪》是全省的《新闻追踪》,不是省城的《新闻追踪》。凡省内各地重大的、以小见大的选题都可以列入。政治、经济、文化、伦理道德、典型人物、科技、旅游等,都应该有计划、有安排地进行全方位的扫描。对全省产生的热点问题,也要有选择地作出迅速有效的反应。只有这样,才能在全省产生广泛深远的影响,才能打得响。

选题要突出新闻性、时效性。《新闻追踪》在《早间新闻节目》后播出,是《早间新闻节目》的拓展和深化,其内容也应在《早间新闻节目》播出之后紧紧跟上。缺乏这样的时效性,《新闻追踪》就失去了它自身的价值。要做到这一条,就要号准社会的脉搏,作最快的反应。中央人民广播电台《新闻纵横》有一条原则:凡是重大新闻事件、重要或老百姓关心的政策调整等,早上《报摘》报出后,《新闻纵横》要紧跟在早七点、晚七点播出,也就是迅速在节目中作释疑解惑的阐述。我们常常可以听到这句话:"对这件事,早七点、晚七点的《新闻纵横》节目将作详细报道。"中央人民广播电台的这一做法,值得借鉴。

选题要有国际内容。广播节目上星后,覆盖了42个国家和地区。内容变成了外宣,这一现实应该引起足够重视。节目要参与世界舆论,引导世界舆论,在世界热点上进行"追踪",拓展《新闻追踪》的空间,扩展视野,增强《新闻追踪》的生命力。

三、《新闻追踪》的版面构思

《新闻追踪》作为一个完整的新闻评论类节目,有自己完整的时段。如同报纸,它也有一个完整的版面。在这个"版面"上如何做好文章,是大有学问的。根据《新闻追踪》所承担的任务,它的版面构思,要具有如下特点。

先声夺人的导言。在快速、凝重或活泼新鲜的富有云南地方特点的音乐中,推出"导言",浓缩《新闻追踪》的主题、宗旨,紧紧地"咬"住听众。导言为四句话:红土高原传真,彩云之南透视,边陲儿女风采,东陆百姓论坛。

丰富新颖的栏目。《新闻追踪》的栏目设计,要丰富新颖、立得住。可考虑设置"新闻评点""云岭快讯""大众话题""权威访谈""新闻人物""百姓呼声""人间真情""周末回望"等栏目。

"新闻评点"。评重大的、有意义的、别人没有评过的来自全国各地的新闻。通过透彻分析,产生更大的新闻能量,显示新闻精华,升华新闻理性,让听众获取更多的信息。既可以对各报刊、电台、电视台刊播的新闻发表评论,也可以对未刊播的新闻发表评论;既可以对公告性新闻如重要法规、文件出台作出解释,也可以对来自社会的新鲜事物提炼升华。突出"评点",不拘一格。

"云岭快讯"。立足于"今天",对国内省内的时事、政治新闻作出深度报道。紧跟国情省情,紧跟时代的步伐,提出记者独到的见解。

"大众话题"。对焦点、难点、热点问题作出迅速反应,调动党政官员和大众参与,通过透彻的理性分析,引导舆论、解决问题,满足听众的需求。

"权威访谈"。世纪之交的云南,政治关系优化,思想观念解放,经济体制变革,社会结构转型,道德利益调整。可以说动力与压力并存,希望与困难同步。在这样一种情况下,难题需要解决,导向必须把握。因此,"权威访谈"将借助于使人信服的力量和威望,借助于在全省范围内有威望、地位的人,如党政官员、决策人士以及各领域中有名望的专家学者,就云南当今各个领域的重大问题,以及云南社会发展走向与群众息息相关的热点问题、应采取的决策与对策,作出分析预测和判断,与听众交流、引导舆论。对重大方针政策、法规法令、重要工作、重大社会现象作出释疑解难的阐述。展望国内国际动态,纵论政治风云,剖析改革得失,安抚民众心态。

"新闻人物"。对代表发展方向,有发展前途,人民喜闻乐见、普遍关心的典型人物和热点人物作出分析报道。它与《早间新闻节目》里的"今日名流"不同的是,要对人物作出分析和评价,提炼精神内涵,又有明确的现实针对性。

"百姓呼声"。反映听众的呼声,揭露社会问题,为群众排忧解难。多少年来,早间新闻节目的运作方式大多采取的是采、编、审、播、录音合成,再播出的程序。其好处是规范,能够杜绝差错;不足的是呆板,缺少现代生活气息。在属于早间新闻节目的《新闻追踪》中开设"百姓呼声",使节目扩大信息源、增加信息量,将适应听众的口味,吸引大批听众,增加群众对电台的信任感。但它要求一是要符合政策规定,二是要有选择,三是要正确地处理,四是要取得当地政府的支持,五是主持人的综合素质要高。这类节目的开办很复杂,要积极稳妥。可以预言,这个栏目的设置,将大大提高《新闻追踪》的电台知名度。

"人间真情"。把话筒对准工人、农民和士兵等普通人。反映云南人在社会转型中与困难作斗争、与逆境抗衡而奋起的拼搏精神,反映在经济体制改变中云南人与人之间美好的感情,反映良好的社会公德,反映助人为乐的高尚情操。以优美的故事、动人的情节去感染听众、打动听众,去净化人们的灵魂。注意不要渲染阴暗面。

"周末回望"。回顾一周国内、省内和国际要闻。这个栏目在《新闻追踪》中很有特点。它的重大事实,新鲜话题和大容量的信息以及主持人的风格吸引了不少听众。各种小栏目在"周末回望"中搭配出现。

《新闻追踪》的"新闻评点""云岭快讯""大众话题""权威访谈""人间真情"栏目不固定时间,交替出现。"周末回望"则属于固定栏目,占据《新闻追踪》的固定时段,在星期六和星期日播出。

《新闻追踪》里的所有栏目要辅之以体现栏目特点的音乐。针对声音转瞬即逝的情况,每期《新闻追踪》要不断重复"欢迎收听《新闻追踪》"的话语,加深听众的印象。

独具个性的标题或提要。当代中国的广播电视,新闻标题的雷同、平淡,是一个普遍存在的问题,云南广播界也如此。《新闻追踪》作为新闻竞争的重要战场,记者们应该精心对待每一组稿件,精心制作每一个标题。所以,《新闻追踪》要在标题或提要上下功夫、下苦功夫。在口播中突出标题的新闻魅力和个性,充分发挥新闻提要的"窗口"作用,多一些"花色品种",让听众记在心中,久久不能忘怀。

鲜活凝重的播音风格。《新闻追踪》的记者集"采、编、播、制"于一体,这是对传统模式的突破,它与国际广播现状非常吻合。可以说,《新闻追踪》的记者在这方面为省台新闻节目的改革带了个好头,这一点是难能可贵的。开始,记者在口播技巧上有这样或那样的不足,甚至听众对记者提出了一些尖锐的批评,都是可以理解的。但是,记者的口播如果不规范,或记者的口播很差,又直接影响到《新闻追踪》的质量。所以,《新闻追踪》的记者要把说好普通话作为最基本的业务功课,勤学苦练,达到能讲标准流利的普通话水平,经考试合格,"持证上岗"。

那么,《新闻追踪》的播音要确立什么样的风格呢?

自然朴实。记者的口语或纤细含蓄、或平和柔顺、或深沉凝重、或热情活泼、或激越高昂。无论采用哪种语调,都要注意使用我们在日常生活中通俗易懂的短句,多用双音节的词、排比句,不用或少用复杂的、冷僻拗口的长句子,以及过多的形容词和副词。无论采用哪种语调,都要从节目的内容出发,与内容融和,并做到前后一致。

充满感情。《新闻追踪》的节目由记者自己采播,这使记者对感情的投入易于把握。记者要善于把握感情的倾注,通过声音把内心的感情最直接、最强烈地表现出来,在不知不觉中把自己的观点、评论、意见渗透、融合进听众的思维中。加之丰富的音响,使节目自然和谐、整体融洽,创造出一种立体化的非常得体的"音画境界",向高品位、高质量发展,使听众脑海中出现鲜明的现场形象,仿佛身临其境。

要扩大媒体的生存空间,就必须拥有吸引人、震撼人的优秀新闻作品。实践告诉我们,凡是经过精心策划的报道,往往能够成为精品,信息的传播效果也比较好。新闻评论虽然本身在反映内容、写作目的和表达方式上与新闻报道存在一定差异,但是在策划原理上却有共同之处。通过具有前瞻性的策划,一期新闻评论栏目或一篇新闻评论本身的逻辑性和说理性都将提高。这样才能更好地引起受众的关注,优化传播效果。

第三节 "喉舌"与"耳目"的关系辨析

一、"喉舌"与"耳目"概说

我国的社会主义新闻传媒的基本性质和职能,以"喉舌"和"耳目"概括,早已被作为原则确定下来了,其本义是传播最新时政情况,表达政治主张和愿望要求,并成为新闻工作的实践准则。马克思在《〈新莱茵报〉审判案》一文中讲到党报的使命时说:"是社会的捍卫者,是针对当权者的孜孜不倦的揭露者,是无处不在的耳目,是热情维护自己自由的人民精神的千呼万应的喉舌。"可以说,"喉舌"一词简洁、准确、明白地表达了党的新闻传媒的本质属性。

作为新闻传媒也存在着一个自然属性与社会属性统一的问题,也就是说,仅仅强调传播工具的自然属性是不够的,还必须具有作为阶级喉舌的社会属性。其社会属性包括了三个基本因素:一是稳定性,即新闻传媒作为党和人民的喉舌,不会因历史的变迁、时代的发展和历史使命的不同而改变;二是兼容性,即各种新闻传媒都是党和人民的喉舌,这也是社会主义新闻事业的本质属性;三是通用性,即新闻传媒作为"阶级的喉舌"具有普遍适用的秉性,不会因社会制度和阶级属性而改变这一性质。需要强调的是,在强调"喉舌"功能的同时,还必须注重"耳目"的功能,这方面有两种倾向是应该注意的,一种倾向是强调宣传教育而不重视新闻舆情功能,即宣传党政机关和会议活动多而反映人民群众的活动和要求少。新闻舆论活动应以人们的社会实践为基础,以人们的舆情为主体,以人民的要求和呼声为尺度。而对于党政机关来说,新闻传媒是反映下情最及时、最经常、最方便的一个来源。通过它,能够及时了解民情,使自己的"下情上达"符合人民群众的意愿,并变为群众的活动。及时了解社会实践中出现的新情况和新问题,调整工作部署,完善政策措施,使决策更具有坚实的群众基础,合乎民主化和科学化,所以,我们的新闻传媒应该加强"下情上达"的意识。另一种倾向是强调"耳目"功能,而忽略了"喉舌"的性质。在学术界,有的观点注重新闻信息的沟通功能,注重新闻传媒对于事态的报道,而把指导性视为"强加于人";有的观点则只注重事实或现象真实,而把反映事物内部联系的"本质事实"视为一种"苛求",是"用政治意图代替事实"。新闻舆论是自然属性和社会属性的统一,其中,新闻性和传播性是新闻舆论的自然属性,而意识性和阶级性则是社会属性。如果只强调新闻性而忽视意识性,新闻舆论就会偏离方向;只注重意识性而忽略新闻性,也会违背新闻舆论的特征和舆论的活动规律。所以,只有将"耳目"与"喉舌"联系起来,才能体现新闻舆论的本质属性,完成新闻传播媒体的历史使命。

二、新闻评论多元场结构整合

皮埃尔·布尔迪厄在《关于电视》这本书中提出了场域理论。他认为社会是由一系列的"场"(field)组成的,如政治场、经济场、文化场、科学场、艺术场和新闻场等,不同的场通过争夺各自的话语权利并最终形成合谋而对整个社会起作用。在布尔迪厄那里,"一个场就是一个有结构的社会空间,一个实力场——有统治者和被统治者,有在此空间起作用的恒定、持久的不平等关系——同时也是一个为改变或保存这一实力场而进行斗争的战场"①。场域是行动者争夺有价值的支配性资源的空间场所,这是场域最本质的特征。

布尔迪厄认为,各种资源构成不同形式的资本,每一场域都有各自占主导性的王牌资本。在知识分子场域里是文化资本,在权利场域里则是经济和社会资本,这三种资本在一定的条件下可以互相转化。场域是行动者争夺合法性——象征资本的场所,争夺对场域的支配性价值、评价标准的垄断权的空间场所。场域不可能凝固成胶着的

---

① 皮埃尔·布尔迪厄.关于电视[M].许钧,译.沈阳:辽宁教育出版社,2000:46.

空间框架,事件、历史的涌动使场域无时无刻不处于复杂微妙的斗争状态。因此,场域中的事件冲突是多元决定的。① 一个场域可以被定义为在各种位置之间存在客观关系的一个网络(network)或一个构型(configuration),占优势的资本形式决定了场域的具体逻辑,不同场域的特定逻辑往往是不可通约。相应地,就需要用场域的方法来进行分析,简单来讲,用场域概念进行的思考就是从关系的角度进行思考。

在《关于电视》中,布尔迪厄提出了新闻场和电视场等概念。他在书中这样论述,新闻场是在19世纪两类报纸的对立中构成的:一类优先提供"消息",尤其是"耸人听闻"的或更加"轰动性的"消息,另一类则发书摘和"评论"文章,充分显示其"客观性"价值。这是一个两种逻辑、两种合法性的原则相对立的场所。新闻场与政治场和经济场一样,比科学场、艺术场甚至司法场更会受制于市场商业逻辑的裁决与考验。同时,新闻场的控制力在不断增强,开始通过各种方式加强与其他场域的关系,渐渐地对不同文化生产场的自主性构成威胁。因此在"新闻场"中,不同的权利逻辑影响并制约着新闻生产,最终呈现在大众面前的新闻文本就始终贯穿着政治逻辑、经济逻辑和新闻逻辑。

布尔迪厄关于电视场的论述,则更为犀利。他在阿多诺关于文化工业的论述和哈贝马斯公共领域被现存体制所消解的观点基础上进一步追问,指出"反民主的象征暴力和受商业逻辑制约的他律性"构成了电视在资本主义社会中的两个基本主题。其中第一个主题分析论证了电视在当代社会带有压制民主的强暴性质和工具性质,揭露了电视的符号暴力特征。第二个主题涉及电视与商业的关系,即商业逻辑在文化生活领域中的僭越,它与第一个主题密切相关,是其进一步的展开。布氏的观点简单明确:电视从文化和交往的传播手段沦落为一种典型的商业操作行为是因为一切都受制于收视率,而收视率又是追求商业逻辑的必然结果。布尔迪厄发现,收视率对电视的直接作用是对轰动的、耸人听闻的东西的追求,于是,最有收视效果的社会新闻取代了电视的文化品味和政治功能。布尔迪厄同时尖锐地剖析了电视的另一面:强有力的煽动性和情绪效果。他指出,电视可以制造现实,控制受众对事件的理解,并达到特定的目标,"一方面电视把一切事件都非政治化,另一方面它又可以把非政治事件政治化"②。由此,布尔迪厄描绘了一幅经济逻辑如何通过收视率来影响电视、新闻场和整个文化生产场的图景。

媒体之间的竞争,不仅是一种市场化的产物,由其意识形态的特殊属性所决定,其竞争形式往往是一种不可见的方式,即由权力关系来决定的。这种权力关系十分复杂,并非完全由人的感知能够获得,但却可以通过一些量化的指标来加以确认,如市场占有率、传播区域设置、媒体在广告主心目中的地位、记者队伍和评论员所形成的集体资本等。各媒体之间,不仅存在着互动关系,而且还存在着对象关系与权力关系,这就是所谓的媒体场域结构。

场域是一个被结构化后的社会空间。在一个力场中,有控制者和被控制者,存在

---

① 汪民安.文化研究关键词[M].南京:江苏人民出版社,2007:22.

② 皮埃尔·布尔迪厄.关于电视[M].许钧,译.沈阳:辽宁教育出版社,2000:7-13.

着持续的恒常的不平等关系在场域内部运作,这也是一种竞争,竞争的目标是改变或保存这一力场。在具体的媒体中,每一个人都用自己的力量同他人进行竞争,这种力量将决定着他在这一场域中的位置,这一位置又会使他产生出自己的竞争策略。这种竞争在实际工作体验和观念上,往往强调了媒体的宣传功能,而忽视了它是一种经济利益的竞争,虽然它受控于新闻媒体在经济和象征的权力关系中占据的位置。

20世纪90年代中国进入了"转型期":经济转型、社会转型、思想转型、文化转型,四重转型同时展开;就业矛盾、城乡矛盾、东西部矛盾等诸多矛盾纠缠错综,中国文化呈现出"碎片化"特征。多元文化思潮的冲击,使得原本坚定的统一声音发生动摇;同时,面对巨大生存压力的人们需要的倒不是对现实的深入了解,需要的正是基于生活的有效的安抚、交流和宣泄,一种有现实可能的想象空间。但特殊时期这种本应由传媒,特别是直观的可视的传媒——电视执行的"按摩"作用,因为传统联播式新闻"高高在上,俯瞰苍生,冰冷生硬,千人一面"而付之阙如了,公众与官方沟通的良好渠道(或者说是公众单向度接受的政意下达通道)被阻断,原本严密有效的官方意识形态话语体系和输出系统因为陡然失效而在电视上处境尴尬。所以说,经济力量引起的社会生态的变化是叙述事实的新闻评论取代旧有的广播电视新闻评论的根本原因。这时的新闻评论不再注重意见的宣传和发布,更注重意见的导向和整合,并开始尝试改变原有的单向传播方式,越来越注重观众意见的吸取和采纳。造成这种转变的根本原因是公众对于媒体的"信任危机"成为电视评论再次发展的一次机遇。

三、双向传播通道的双向效益

在整个社会的发展过程中,不同意识形态的国家之间、不同政见的组织之间、不同观点的个人之间出于各种自我利益的需要,必须尽可能地说服他人、求同存异、化解矛盾、达成共识,于是在通过媒体达到效果的过程中,产生了舆论。舆论在构建社会主义和谐社会的进程中发挥着极其重要的作用。

社会由不同的群体构成,在统一的社会系统中,各个群体间的关系不是平行的,而是表现为一定的层次性,并由此决定了舆论的层次性。不同层次的舆论一方面有各自的适用范围,另一方面又相互呼应。从层次关系看,首先是党政舆论,中国共产党处于执政党的地位,党的基本路线和大政方针,顺应了历史发展的趋势,代表了人民的利益和先进的文化,同全体人民的整体利益是一致的,其高层领导机构所作的决策,成为了社会成员的行动。但是,客观情况的错综复杂,事物发展的曲折过程,社会矛盾的千头万绪,往往也会造成决策上的失误,形成错误的舆论导向。党政的主张与意志,处于社会舆论的上层,其正确和失误都举足轻重,关系全局,影响重大。其次是社团舆论,"社团"是一定群体由共同宗旨和心理因素结成的整体,即在党的领导下非国家政权性质的群众团体。社会群众团体的言论,属于"中间"的舆论层次,它同党政舆论有其共同性,即共同的理想、使命和目标而引发的共同意见。同时,社团舆论又有自身特殊群体性的一面,即各个群体的愿望和要求会引发不同的舆情。社团舆论的主体,是集中各自系统的成员的意志,造成议论风生水起的生动活泼局面。它反映广大群众的要求,使党和政府能够及时了解民情民意,维护各自群体的利益,成为密切联系群众的桥梁。再次是群众舆论,舆论作为社会公众意见的表达,使公众成为了舆论的主体,是社会舆论的主要表达者和传播者。但是,个人或少数人的议论只是舆论的起始,不等于群众舆论本身,只有当部分社会成员对社会的某种事态所持的意见大体相同时,才能构成群众舆论。如果个人明确表达了一定范围公众想要表达而未能表达的共同意见,这种意见就成为了基本一致的群众舆论。而群众对于某些重要问题观点不一,尚未形成大体相同的意见时,就不能成为群众舆论。群众舆论的本质,是社会民主政治的"窗口",社会政治生活民主化进程的体现。当然,由于社会阶层的不同、群众关系的区别、共识程度的差异,使得一些正确的意见也不一定为多数人所认可,这就意味着对于群众的某些言论,有一个判断、筛选的过程,使正确的意见成为多数群众的舆论意志。

广播电视新闻评论所要反映和代表的舆论,可以理解为就是对公众意见的汇集。舆论所代表的是公众的呼声,而这种呼声带有明显的某种权威性。舆论由分散变得集中、由少数变得多数、由片面变得全面,从而引起全社会的共鸣和关注。舆论一旦形成一种无形的社会力量,对有关的事态发展就会产生重要的影响。

广播电视新闻评论的功能决定了它是党和人民的"耳目喉舌",起着上传下达的桥梁纽带作用,因此,广播电视新闻评论有着鲜明的党性,但又具有广泛的群众性,作为大众传播媒体,广播电视新闻评论对于我国的社会主义现代化建设,对于社会主义和谐社会的构建以及社会的稳定和繁荣有着推动作用。当代社会,广播电视新闻评论处于社会舆论的中心地位,传播者是信息流通过程的控制者和把关人。把关人对新闻素材进行筛选、加工、过滤,并在这个过程中对其中的某些内容加以突出、强调,因而,新闻评论作为一种思想表达方式,可以代表编辑部、乃至于代表党和政府对当前社会发生的重要事件或存在的重大问题直截了当地表明自己的态度。特别是在特殊的、复杂的、模糊的情势下,新闻评论所体现出的坚定的政治立场、鲜明的思想观点可以让广大群众明确是非,了解党和政府的态度,确立行动的方向。在政治、经济、文化飞速发展和变革的今天,面对不断出现的新事物、不断摆在人们面前的新问题,新闻评论更是以其思想的力量和真理的光芒,旗帜鲜明地彰扬美善、鞭挞丑恶、宣传先进、针砭时弊,从而引导广大受众坚定理想信念,树立科学的世界观、人生观和价值观,形成具有现代性和向心性的思想舆论氛围。

从受众的接受角度而言,广播电视新闻评论具有一种释疑解惑的功用。作为一种最为广泛的思想传播方式,广播电视新闻评论总是要尽可能地从思想、政策、理论及专业知识的高度提出问题、分析问题和解决问题。它以科学的方法论为指导,通过对新闻报道内容的思想提炼和升华,深化报道主题、挖掘新闻报道普遍的社会意义,进而帮助广大受众更加明确地理解和把握新闻事件的本质所在。同时,面对纷纭复杂的国际政治、经济、军事、外交形势,面对日新月异的国内社会经济建设情况及繁杂多变的日常社会生活,新闻评论对其进行科学、客观、具体的论证剖析,对广大受众最为关心、最为焦虑而又议论纷纷、莫衷一是的问题,做出科学明确的、实事求是的回答,以使受众得到帮助,从而达到厘清受众知识层面的疑虑与不解、解答思想层面的困惑的效果。受众根据所获得的信息,形成相应的舆论。另一方面,广播电视将大众的意志、意见、要求和呼声汇集起来,形成一种集中的大范围的舆论,并实行舆论导向,往往以评论的方式加以引导,将倾向性意见与舆论结合起来。

广播电视新闻评论在贯彻执行党的路线、方针、政策,积极地影响和引导社会舆论的同时,还有很重要的一方面就是舆论监督。在具体形态上,表现为相当数量的个人围绕某一个特定的人物、事件、现象、问题和观念而发表言论的行为。新闻评论的舆论引导是从媒体到受众的自上而下的单向传播过程;而舆论监督作用的发挥更多的则是由受众向媒体,然后再由媒体向受众的自下而上、自上而下的双向传播过程。受众通过媒体表达的思想、呼吁的声音最初可能是分散的、弱小的,但是经过广泛的传播,引起普遍的关注并形成全社会的共鸣后,便转化为具有代表性的社会公众舆论,成为促进社会全面发展进步的一种无形的力量,新闻评论的传播效力也因此得到突出、升华和强化。在历年来党的文件中都要求,新闻要发挥舆论监督作用,支持群众批评工作中的缺点错误,反对官僚主义,同各种不正之风作斗争。广播电视的公开性和广泛性使其在进行社会批评、社会监督方面有着特殊的优势,它将批评诉诸社会,借助社会舆论的力量对被批评者施加压力,形成监督,促成问题的解决。监督作用的发挥要以确保正确的舆论导向为前提,要确保事实的正确,要确保与人为善的态度,要确保舆论监督作用发挥的适度和适量。引导是为了理清思绪,让公众正确理解政府的有关决策的意图,削减不利因素,化解疑惑,将舆论引向对传播者有利的一面。

四、不同视点的社会化

信息是人类生活运转的基础,信息构成了人类的存在,信息和信息的多样化传播模式,贯穿于人类的整个发展史。信息时代是建立在现代传媒技术基础之上的,事实上我们现在已经为媒体所包围。人们的物质生活和精神生活的各个方面都对媒体产生出越来越强的依赖性,这也使大众传媒成为人们关注的对象。然而,正因为信息的这种无处不在、无时不在的存在形态,使得人们常常忽略了传播媒体自身及其进化形态对社会结构的重大影响,甚至片面地将传媒视为中性的传送载体。如果不从精神文化的高度评价和审视媒体及其产品,不借助于媒体创造和实现的价值,不通过媒体认识社会,判断自身与社会的关系,把握自身对社会的存在价值,就有可能沦为媒体的奴隶,进而走进技术的噩梦,为机器所统治。对广播电视新闻评论也是这样,在很长的一段时期内,人们常常把重点放在广播电视节目贯彻宣传部门思想的宣传内容上,放在对于向受众播送的节目内容以及播出效果的关注上。只是在当代多种新闻传媒形态呈现融合趋势时,才意识到广播电视自身也是一种社会环境,并且深刻地影响甚至创造着新的社会环境。广播电视新闻评论无形中改变着社会的结构,影响着人们的社会观念,对当代社会进程的影响与干预是多方面的和深远的。

正是基于这一思考,深层意义上的新闻评论的取向不仅是作为媒体批评的求知方法的评判、批判性的批评和对媒体产品的诠释活动,而且是生活在媒体世界里的人们对自己的生存环境、生活方式和生存状态的一种反思性的评论。人们需要通过新闻评论去审视世界,需要新闻评论证实自己的存在,需要通过新闻评论规范自己和他人的行为,需要通过新闻评论发现、创造和实现人的价值,也需要通过新闻评论监督媒体为人的社会和社会的人提供更先进、更完善的服务。

新闻评论是人们的价值观念的反映。人们通过新闻评价表现自己对社会的认识，对人生的态度。现代人的全部价值观念都凝聚在了新闻信息中。而人们通过新闻评论进行的价值选择，正是世界观、人生观和价值观的"新闻化"。在新闻评论的过程中，人们交流对世界、事件的看法，对人生的态度。所以新闻评论成为现代社会人们展示个人见解、文化信仰和价值追求的最重要的渠道，成为人类精神交往的重要形态。

新闻评论是一种认识、判断和反映新闻价值的意识行为，属于精神活动的范畴，是运用信息组合和观念运作的方式来实现对客观世界的认识、把握和改造，而不同于实践领域内的实物性的生产和消费。新闻评论表现为一种主体性的自我意识行为。主体是指具有社会关系制约的本质、具有自觉的意识机能和生命机体的自然属性的"社会人"。出现在大众传播媒体中的广播电视新闻评论的主体多是以评论员为代表的，这时的评论员更多体现为一种意见领袖的角色，代表更广大的一般民众发表意见和评价事实，并不是单纯的个体行为，其评论行为受到来自新闻场域、政治场域、文化场域的制约。在新闻评论的过程中，都会伴随价值主体"我"的活动，体现为"我"的态度、情感、意志、信仰和理想，体现出主体性的自我意识的行为特征。但是，新闻评论不能以主体的意识为转移，而只能以主体的需要为转移。如此才能在一定程度上保证新闻评论的客观性。

新闻评论是一种价值性的社会意识行为，因为，新闻评论的主体的任何意识都是同社会相关的。人的一切意识都属于社会意识，新闻评论自然也属于社会意识的范畴。社会意识行为及其形态，是社会上层建筑的组成部分，是人们关于社会关系、社会生活等方面的观念体系，即价值意识体系。这种价值意识体系取得了一定的理性形式或社会形式，是比较自觉和有意识、有目的的，并具备了可以系统化的与社会交流的思想形式。评价主体所具有的信念、信仰、理想等高层次的精神内容，不再是仅仅作为评论主体的某个人才具有的精神内容，而是为许多人所认同和共有的，可以交流和研究，亦可以通过实践检验、科学验证以确认的精神交往的硕果。所以，新闻评论不仅在内容上，而且在形式上，正在或已经成为一种价值性的社会意识行为。其作用和效果不仅仅在于个人，更在于社会。

新闻评论的认识是带有主体内在尺度和感情色彩的认识，一种以评判价值为主要内涵的主体性认识。它必然包含着主体的自我意识，体现了主体自身的社会存在和需要。从新闻评论的客观性出发，调整主体的内在尺度，使之尽可能接近和趋向于一定的新闻价值标准和评价标准，是必要和可能的。从新闻评论的结果来看，当评论主体对价值客体和作为价值主体的自身之间的关系还没有确定时，是难以判断这种关系能否构成价值关系，能否满足包括主体在内的社会人的需要的。新闻评论是一种话语表现，是以新闻价值事实为对象的反映活动。价值事实是主体和客体之间一定关系运动所形成的一种客观的不依赖于评价者主观意识的存在状态。它既是客体对主体的价值事实，又是客观的事实。新闻评论所要表达的是人对一定价值事实的感受、理解、情感和态度。

在新闻评论过程中,评论主体所具有的关于社会、法律和道德之类的观念以及评论标准,总是同主体所处的社会现实和他所认知的历史事实联系在一起的,是这些事实在其意识中的反映,也是其对自身事实的理解和延续。评价主体将这些观念和客观事实联系起来思考和反映,形成评论。而评论中的事实就是价值事实,价值事实存在于价值关系运动的效果之中。而所谓价值关系,是主体和客体之间的一种客观的基本关系,反映价值关系的实质性概念,即价值。

新闻评论是精神活动领域中一种自觉、有为的评论行为,这使它必然对一定的价值关系及其可能后果作出评估和预测,在价值导向上表现出预见性的特征。在新闻传播过程中,传播主体对一定的价值关系及其后果所作的评估的预测,分别体现为对新闻事实客体的潜在价值、新闻文稿价值和新闻作品价值的预见与评估,也就是按照价值标准和评价标准去判断和评价客观事实是否具有新闻价值,预测其将产生怎样的思想文化意义和社会影响,发挥怎样的性质与程度的社会功能。然后根据主体、客体与实践、认识的本质特征和运动规律,提供对传媒有督导意义,对受众有导向作用的评论。需要注意的是,由于评论过程中主体不仅受到价值事实的制约,而且还受到各种历史条件和主客观条件的制约,所以常常自觉或不自觉地为评论造成由主观随意性导致的盲点和误区,这就要求贯穿于新闻传播全过程的新闻评论及其预测注重考察、验证,注意及时修正和不断完善。

当前中国社会正处于转型时期,在这种背景下必然会出现各种群体从思想观念到实际行为的种种分化和重新排列组合。这种社会分化和组合给予人们心理的冲击是巨大的。由于受几千年来根深蒂固的小农意识的影响,人们普遍存在求同排异思想,对社会差异难以容忍。这种排斥差异的社会心理,不仅反对个体在社会地位上的差异,而且对不同的生活方式及另类事物也不可忍受。它限制了人们成就动机的实现程度,而整个社会普遍存在的对差异强烈排斥的社会心理氛围,又从反面支持了这种消极的心理和行为,对于社会的发展和稳定具有明显的负面影响。一个社会的风气与一定的经济、政治、文化等因素有关。大众传媒作为社会文化的载体,对一种社会风气的形成更有着重要的作用。它无时无刻不在影响着人们的思想观念、工作生活。随着社会生活的复杂化程度、社会分工的细化程度日渐提高,人们对社会的依赖程度也不断增加,仅靠简单的是非判断与价值判断已很难满足受众的需求。而新闻评论是一种在价值导向上具有规范意义的意识行为。在评论的过程中,主体总是依据一定的新闻价值标准和新闻评论标准来决定新闻取舍和评论,并以此规范媒体自身的行为,指导传播内容的选择和影响受众心理。新闻评论在价值导向上的规范性,就是依据合理的新闻评论标准,凭借大多数人都能接受的价值观念来评论。由于评论主体的价值主体和新闻客体之间建构的是客观的价值体系,由于新闻价值标准和新闻评论标准得到了一定时期一定社会的认同及价值观念上的趋同性,新闻评论在价值导向上的规范性得到了保证,并显示出规范意识活动的特征。

从社会学的角度来看,新闻评论在价值导向上还具有权威性的特征。新闻评论本质上是一种社会评价,新闻所具有的广泛的社会共享特性决定了新闻评论需要从一定的社会角度来考察和评判媒体及新闻的价值,审视媒体和新闻对社会发挥的作用。作为一种社会评论,新闻评论关注的是对于大多数个体和群体有较重要价值意义的人和事;关注的是对社会的发展和进步有影响的或有驱动力的人和事;关注的是被称为重大题材的社会变革、社会运动的主流方面的人和事以及与这些人和事相关的其他方面的因素。在新闻评论活动中,社会精英和评论者一起作为评论价值关系的主体,也是以评论主体出现的,并以其社会身份站在社会整体的立场上说话,以社会的价值标准作为新闻评论的整体标准的,其权威性也是因此而产生和确立起来的。

第四节　不同内容的策划

一、热点新闻评论策划

作为大众传播媒体,不重视热点问题的报道策划和引导,其内容就会显得平淡无奇。热点,是高价值新闻、深层次新闻。其受众层面大,社会关切度高,把热点报道策划好,是提高节目档次与权威性的重要依托。而主动自觉地抓热点,也应该是新闻工作者的职业意识和职业习惯。热点,又往往是政府工作的重点,甚至是难点,也往往是新闻舆论引导中的重点。作为媒体,是否敢于触及这些矛盾,能否促进这些矛盾的转化,也是新闻节目的价值所在。在现在媒体市场的激烈竞争中,受到受众好评的报道往往就是那些敢于触及社会热点的新闻报道。

热点问题又分为政治热点、社会热点、经济热点、文化热点等,每个地区又有当地的热点,每个阶段也有每个阶段的热点。新闻策划应该始终把热点问题作为主要的策划取向,选取最适当的角度和最恰当的方法,着眼于沟通和协调,使社会热点问题为大家正确认识和看待。但热点问题的选择、分寸的把握,又是需要认真对待的,否则,热点成了"乱点",甚至引发出新的矛盾,那效果就适得其反了。

在日本大地震期间,我国新闻媒体抓住此热点,进行了适时、恰当的新闻评论报道。2011 年 3 月 16 日,中央电视台《焦点访谈》栏目针对日本大地震策划了名为《关注日本大地震》的一期栏目,在做到对热点新闻及时把握的同时,也对我国大众关注的相关问题进行评论,如救援进展怎样、核泄露将会造成什么影响、中国在日人员情况如何等。

整个节目的策划从内容上主要分为三大板块:一是,中国政府全力支援日本抗震救灾,中国民众为受灾民众祈福。此板块主要讲述的是中国国际救援队的队员在日本奋力抢救日本伤员的情况。其中用一名日本当地的超市老板面对中国救援队员时将队员购买物品全数赠送一事,表现出我国的救援队员受到当地人的欢迎。而这也能表现出我国人民对日本人民的友好情谊。二是,日本大地震引发核危机,国际社会反响强烈。核危机问题是日本大地震中最让人担忧的问题之一,如果此问题宣传不当,势必会引起大众的恐慌和社会的动荡。因此在此版块中,节目一方面详细介绍日本核危机的真实情况,另一方面是告诉大众此次日本核事故的传播扩散相对是比较温和的,更多是近程效应,漂洋过海地跑到别的国家去造成大面积污染的可能性不大。三是,我国政府密切监测放射性物质各项数据。此问题是上一问题的延续,是整个新闻评论策划的重点,也是我国大众对本次日本大地震事件最为关注的一个问题,即此次日本大地震(核辐射)对我国是否存在影响,我国政府有何作为。节目中明确说明我国的有关机构在密切关注着事态进展,中国环境保护部当日发布的最新监测数据表明,目前未发现任何异常;国家质检总局也要求各地检验检疫机构加强对放射性物质入境的风险分析,切实做好口岸核辐射物质监测工作。对于未来的事态发展,节目也将进一步关注。整个新闻评论节目的策划具有明确的指导思想,播出后可以取得良好的宣传效果,不仅使观众接收到关于日本大地震及时、可靠的信息,保证了社会的稳定,还在政治层面上表达了两国友好的愿望。

二、疑点新闻评论策划

作为新闻传播媒体,在历史的转轨时期,为民"排难解惑"是一个重要的任务。疑点报道的策划,就是努力寻找政府工作的操心点、社会群众的迷惑点,选准典型,通过舆论引导,形成双方沟通的交叉点,通过入情入理的分析,讲清道理,达到为受众释惑解疑的目的。值得一提的是现在许多新闻传播媒体在进行事实报道时,为了提高整个报道的质量,往往采取集团作战的方式,收到了很好的效果。而集团作战本身就需要对整个活动过程进行精心的策划,否则,报道活动就无法展开,或者使报道陷入一种无序的状态。

如近年来食品安全问题成为我国社会生活的一大敏感点,也是群众的一大疑惑点,各大新闻媒体针对此问题播出了诸多的新闻评论节目,试图为公众排疑解惑。2011年4月5日中央电视台新闻频道《新闻1+1》栏目播出了《添清楚,加明白,吃放心!》节目,引起社会的高度关注。如今随着大众对食品安全问题的关注,越来越多的食品安全事件被曝光,因此食品安全在大众心中的不信任感也越发强烈。如何减轻大众心中的疑虑,对我国的食品安全重拾信心成为此节目的重要目的之一。在整个节目策划上编导首先罗列出我国政府面对食品安全问题所作出的相关实质性举措。如4月20日,国务院办公厅专门下发通知,在全国部署严厉打击食品非法添加。4月21日,国务院召开全国严厉打击非法添加和滥用食品添加剂专项工作电视电话会议。4月23日,国家重申食品和饲料中非法添加剂名单。4月24日,国务院食品安全办、公安部、农业部、商务部、卫生部等九部门联合发布公告,要求严厉打击食品非法添加行为,同时还宣布启动为期一年的瘦肉精专项整治行动。在这些事实面前,观众可以感受到政府对整治我国食品安全的信心和力度,而这样的话语也出现在该节目的整个文本中。

节目中多位专家针对食品安全发表了自己的见解,其主要说明问题有三点:第一,让观众区分什么是非法食品添加剂,什么是滥用食品添加剂,以及目前市面上常见的食品添加剂有哪些。如"针对百姓的食品里最容易被非法添加的是什么"一问题中,节目提及4月22日卫生部就公布了最新的一份关于食品添加物的黑名单,分别列出了47种违法添加的非食用物质及22种易滥用食品添加剂,而对于这两种物质的认识公众一直混淆不清。第二,政府已经意识到食品添加剂的危害巨大,正严厉整治,效果明显。如上文所列举的相关政府举措,在节目中也涉及具体的省市部门查处不安全食品相关新闻。第三,希望公众及媒体积极对此问题进行监督,完善食品安全的监督机制。总之,公众在对我国的食品安全问题高度关注的同时应当也充满信心,相信在政府、媒体以及公众的共同努力下,我国的食品安全问题将得到改善。在明确的策划思想指导下,整组报道获得了极好的效果,对舆论导向也进行了正确的引导。用节目中的话概括就是,"针对当前的一些实际情况,我们还要加大宣传力度,让老百姓更多地去了解食品安全的知识,同时加强社会舆论监督,鼓励举报"。

三、冰点新闻评论策划

所谓冰点新闻报道,就是不去追求那些所谓的"热点",而是去关注那些为社会所遗忘的角落,关注普通人在社会变革中的生存状态与命运和由此辐射出的社会变迁与人性的真善美。冰点人物多是普通人,过着平平常常的生活,能够传达的信息也非常有限。《中国青年报》开设的"冰点"专栏就是这方面成功的典范。其专栏负责人李大同曾谈到自己的体会:"冰点"创设伊始,就把反映普通民众"不普通"的命运作为办刊的重要方针之一。

2011年2月21日中央电视台新闻频道《新闻1+1》栏目播出了《乡村教师》节目。节目以最为平凡的乡村教师李章娃为主人公深入展开,在展现人性的真善美的同时又对其中涉及的社会问题进行了深入评析。

李章娃是陕西商洛市商州区麻街镇窑坡初小的一名教师,坚持在教师岗位40余年,兢兢业业。期间李章娃放弃了外出打工的机会,成为唯一一名愿意留在极度贫困的镇窑坡教书的老师。最终因其不幸身患重病却医治无效,离开了自己深爱的讲台。在李章娃老师身上可以看到一名普通乡村教师的善良情怀以及敬业精神。在栏目报道中,记者不粉饰、不造作,用饱蘸感情的镜头语言,真实地刻画出社会基本层面上人们的真善美,他们的苦难、奋争和希望。

四、突发事件新闻评论策划

俗话说"天有不测风云,人有旦夕祸福",大众通常将这一类无法预知、突如其来的事件统称为突发性事件。目前学界对突发事件的界定已十分明确。2006年1月8日,国务院授权新华社全文播发了《国家突发公共事件总体应急预案》。预案中称突发公共事件(又称突发事件)是指突然发生,造成或者可能造成重大人员伤亡、财产损失、生态环境破坏和严重社会危害、危及公共安全的紧急事件。根据突发公共事件的发生过程、性质和机理,突发公共事件主要分为以下四类:

①自然灾害——主要包括水旱灾害、气候灾害、地震灾害、地质灾害、海洋灾害、生物灾害和森林草原火灾等。典型案例有印尼海啸、南方雪灾、汶川地震、甘肃泥石流等。

②事故灾难——主要包括工矿商贸等企业的各类安全事故、交通运输事故、公共设施和设备事故、环境污染和生态破坏事件等。典型案例有松花江水污染事件、南丹

矿难、山西溃坝事件等。

③公共卫生事件——主要包括传染病疫情、群体性不明原因疾病、食品安全和职业危害、动物疫情以及其他严重影响公民健康和生命安全的事件等。典型案例有非典事件、禽流感疫情、三鹿奶粉事件等。

④社会安全事件——主要包括恐怖袭击事件、经济安全事件、涉外突发事件等。典型案例有"911"恐怖袭击事件、全球金融危机、菲律宾绑架人质事件等。

突发事件通常具有三方面特征。第一,突发性。人们对突发事件的爆发时间、爆发地点、爆发形式以及爆发强度都不可预知。事物的发展都是遵循着由量变到质变的过程,自然灾害的发生具有必然性,也具有可知性。但是人类认识事物也需要一个长期渐进的过程,而突发事件的发生往往就处于人类认识的盲点之中。第二,危害性。我们可以把突发事件看作自然或社会的灾祸,它涉及社会的稳定、人民的团结,并从根本上影响人们的生活。它可能引起国家及人民的财产遭到破坏、生命受到威胁等后果。甚至大部分突发事件还会造成社会心理的破坏和相关个人心灵的打击,可以说其危害是渗透于社会各个层级之中的。第三,大众关注性。突发事件虽然发生于一瞬之间,但是其影响却是长远的。大部分的突发事件,尤其是特别重大突发事件在发生后都会产生极大的社会影响力。因此往往突发事件都会成为热点事件,具有极高的社会关注度和新闻价值。因此在研究突发事件的新闻评论策划时,可以借鉴热点新闻评论策划的一些方法和特点,再结合突发事件本身的特点加以分析。

例如在汶川地震和青海玉树地震中,中央电视台成为了针对这两场突发事件进行报道的核心力量。从人员配备、机构设置、信息搜集等环节上都是其他新闻媒体无法比拟的。而除此之外真正吸引观众的就是针对次突发事件展开的新闻评论。因为相比之下,新闻评论比死板的数字和专业的讲解更感性生动,从另一个角度说更能满足观众的需求。学者在研究中央电视台对汶川地震和玉树地震的报道时,发现这与之前我国应对突发事件的报道有很大不同,从一个角度来说就体现在新闻评论上。首先时效性增强。中央电视台对突发事件的新闻评论往往能很好的引导社会舆论,防止谣言产生。2008年5月12日,在汶川地震发生的10多分钟后,新华社就发出了第一条快讯,28分钟后继而发出第一张地震图片。中央电视台在地震发生的32分钟后播放第一条新闻,在时效性上已经做到不输于其他国外媒体。在报道中,中央电视台注重将新闻报道与新闻评论有机结合,使观众能更加具体深入地对此次地震进行了解。可以说中央电视台的新闻评论不仅满足了观众的信息需求,缓解了公众的紧张情绪,最关键的是它及时有效地分析了观众迫切需要解决的疑难问题,搭建了一座政府和群众沟通的桥梁。其次是可读性增强。在新闻评论中适时添加视频或音频资料,再配合专门的评论使得新闻评论节目生动直观,更加便于观众接受。在地震发生不久,中央电视台就采取了直播形式播报新闻,电视新闻评论也相应采用了直播式评论。在评论中呈现的快速及时的图文资料极大地扩展了新闻信息量,使观众在电视机前也可以感受到强烈的现场感,这从另一个角度上说也极大地丰富了新闻评论的影响力和冲击力。第三是增加可信度。在面对突发事件时,不仅仅由政府官员出面评论,还积极调动社会各界知名人士、专家走到镜头前和观众交流互动。不同领域的专家不仅可以提高公众对此突发事件的关注,还可以引导观众对突发事件进行理性的认知和判断。地震发生后,中央电视台为了增加其新闻评论的力度及可信度,在其策划的新闻评论节目中也非常注重调动社会各界人士参与其中。《焦点访谈》就针对汶川地震策划了多期评论节目,如《四川汶川发生地震》《救灾,十万火急》《生命大营救》《白衣天使在前线》《救助点一夜》《为了生命绝不放弃》《大灾之后防大疫》《这个六一节》等。这些节目分别被安排于地震报道的不同阶段,为观众提供了真实可靠的信息,在调动观众感情的同时亦引发深度思考。中国地震局的工作人员、各地政府官员、各界权威人士及专家纷纷参与到节目中,一方面给受众提供真实准确的信息,杜绝了谣言的产生。另一方面通过评论使观众获得权威的提议和意见,形成正确的舆论导向,为政府下一步措施的制定和实施提供了保障。

广播电视新闻评论因其媒体特点,比报纸新闻评论能带给人们多重感官信息的接收。尤其是电视新闻评论,观众通过视听结合而极大地扩充了信息的接收量,在选择新闻评论的形式和内容上更加灵活多变。然而不论是什么内容的新闻评论策划,策划者都要遵循一定原则,对我国的舆论进行正面有效的引导。一方面要保证信息的及时准确,报道中体现以人为本的理念;另一方面要在新闻评论节目中塑造政府的良好形象,真正发挥新闻媒体政府喉舌的作用,建立群众与政府沟通的桥梁。在策划中只有考虑到这些因素,我国的新闻评论节目才能真正地发挥社会舆论引导和监督的作用。

总体来说,想要实现新闻评论的社会舆论功能,创作者在创作节目时一定要注意以下几个方面:首先,创作者一定要找准自身的定位,不能刻意回避社会尖锐敏感的话题,在节目中坚持社会主流价值引导下的舆论导向,用事实说话。在评论新闻事实时充分考虑新闻信息及受众的特点,阐述观点新颖独到,深入浅出。其次,如今我国受众的整体水平不断提高,他们不再满足于新闻评论节目中评论员简单的解说和议论,而是希望通过节目得到对于新闻事实更加深入的剖析和探讨。因此新闻评论节目应尽最大可能提高评论员的专业技能及解说技巧。当然,评论员本身也应当具备对社会现象的观察能力和对新闻信息的分析能力。媒体要提高新闻评论节目质量,就应当打造品牌节目、品牌评论员,只有这样才能使新闻评论节目的社会功能最大化地得到实现。如中央电视台的新闻评论员白岩松、杨禹等人的新闻评论就受到了观众的高度认可。他们不仅代表一个栏目的形象,还在受众中扮演着意见领袖的角色,具有强大的社会号召力。他们使新闻评论节目的社会功能得到更好的实现。第三,节目创作者应当充分考虑自身的媒体优势,在节目的形式上争取创新。如电视新闻评论的创作者想要发挥新闻评论巨大的社会功能,就要注重将电视的视听元素和新闻评论元素结合在一起。语言和电视画面应互相结合,这可使新闻评论更加具有说服力和感染力。当然其结合的方式也因节目播出或新闻信息的具体情况的不同而各具特色。如在节目中使用现场长镜头就可以真实地记录现场的情况,让观众在电视机前有身临其境的感受,以此为基础的新闻评论其真实性更强,也更具有说服力。

受众对信息把握程度的需求已经直接影响了新闻评论的存在形式。因此广播电视新闻评论作为新闻舆论监督的一种形式,不仅仅要保证传播的信息真实准确,还要在信息泛滥的今天对信息语境准确地作出判断,提炼出有价值的信息。在阐述观点时应首先考虑评论本身是否符合社会主流价值规范,在真实性的指导下快速灵活地掌握信息,将真实有效的信息传递给受众。只有这样,广播电视新闻评论才可能真正完成其提高受众社会认知的功能,从而真正做到舆论监督,形成正面的舆论引导。而想要获得理想的预期传播效果,就要充分考虑节目中可能出现的负面因素,并在传播时以社会主流价值规范为指导,有效发挥新闻评论节目的正面社会功能。

思考题:

1. 举例说明你对"新闻用事实说话"的理解。

2. 新闻评论策划的原则有哪些?

3. 请论述新闻媒体"耳目"与"喉舌"的关系。

4. 选择一个具体的新闻事件,完成一期广播或电视新闻评论节目的策划方案。

第六章　广播电视新闻评论制作

第一节　广播电视新闻评论的取材与选题

一、广播电视新闻评论题材定位

广播电视新闻评论节目的崛起与发展是广播电视媒体技术发展到一定阶段的产物。广播电视新闻评论节目作为广电媒体的声音和旗帜，不仅要求以新闻报道的标准和原则来传播信息，更承载着评论时事热点、引导社会舆论、进行舆论监督的重任。广大电视观众也通过收看新闻评论节目，来获得一种判断社会发展状态及思考社会问题、参与决策的能力。从这个意义上来说，广播电视新闻评论是推动社会民主进程中不可缺少的力量。

就广播电视新闻评论的形成过程而言，一般包括两个步骤：一是构思阶段的取材与选题；二是评论过程中的立论、论证和阐释。这就是说选题是新闻评论过程的第一道程序，也是关键性程序，直接关系到评论的成败。

随着社会和媒体技术的不断发展，新闻评论节目的内容越来越丰富，形式也日趋多元化。但正如小说、散文、诗歌、通讯等文体都有题材一样，新闻评论也存在题材问题。

（一）选题的来源

丁法章在其《新闻评论教程》一书中这样定义新闻评论的选题："新闻评论的选题，就是选择新闻评论所要评述的事物或要论述的问题，它规定着评论的对象与范围。"[①]

选题是新闻评论节目谈论的话题，是主持人和嘉宾实施新闻评论行为的对象和范围，也叫论题。选题直接决定着主持人和嘉宾在节目中具体评论什么，以及怎么评论。可以说，新闻评论的"选题"就好比是炒菜中的"选料"。首先要知道有哪些原材料，才能决定如何去具体做这道菜。选题从根本上决定着评论的成败。只有站在较高的立场，选择立意深远且具有较大社会价值的选题，才是有意义的新闻评论题材。新闻评

---

① 丁法章.新闻评论教程[M].上海:复旦大学出版社,2008

论的选题主要分为事件性选题、非事件性选题和周期性选题三种。所谓事件性选题,指的是从新近的新闻事件中选择具有大局意义和重大影响力的具体事件作为评论选题,属于"选事"。而非事件性选题指的是通过评论者本人的日常积累和思考,在许多新闻事实或社会生活的普遍现象中发现其共同的、突出的问题,挖掘其本质特性,属于"选问题"。周期性选题指的是以固定的、有规律的周期形式出现的特殊选题,例如每年的"学雷锋日""五四青年节"等纪念日活动。新闻评论的选题来源主要有以下四个。

一是从党政的重要会议、重要文件、重要方针政策以及重要领导人的讲话中挖掘选题。新闻评论离不开党的路线、方针、政策和各个时期党和政府部署的中心工作,离不开有关领导对这些内容的解释。这类新闻评论,主要是对党和国家重要方针政策的宣传、释疑、解惑,一定政策上会监督并促进该项政策的实施和落实。

二是从近期出现的具有全局意义的典型事件中寻找选题。选题既可以是体现时代精神的具有示范性作用的先进个体、群体、事迹,也可以是具有典型意义或启示意义的动态事件或人物、现象;既可以是某行业、领域、部门、集体中体现改革和进步的现象、变化,也可以是对当前社会中某种精神、情感、或社会行为的呼吁和倡导。

三是从具有评论价值的焦点事件和社会现象中发现选题。所谓评论价值,是指被评论的事物对大众具有重要的或新鲜的启迪、提示作用,因而具有促使媒体亮明态度、引导舆论的必要性。这里所说的焦点事件和社会现象,可以是正面的,也可以是负面的。负面的新闻事件尤其会受到人们的关注和重视。例如,发生在 2011 年初的家乐福价格欺诈事件,2010 年的"我爸是李刚"事件等,作为短期内的社会热点、焦点事件等,媒体的介入对事件的引导和解决有着积极的意义。

四是在选题者个人的日常生活经验、观察社会和调查研究的基础上,挖掘出被媒体、被社会忽视的事件和现象,从中选取独特的、有意义的评论视角,作为新闻评论的选题和切入点。这与选题者和评论者个人的知识结构、生活阅历、价值判断能力、前瞻能力等有着直接的关系。也有的选题是通过观众提供的新闻线索、观众来信等途径获得。例如,对中国计划生育政策的关注,中央电视台《新闻 1 + 1》曾制作了一期《今天的老人,明天的"我"》的节目。这就是评论者在对社会现象进行深入调查、探究的基础上做出的选题。

(二)选题的基本原则

前面说过了,选题从根本上决定着评论的成败。台湾学者林大椿曾经在其《新闻评论学》一书中对新闻评论选题提出这样的建议:"宜写难题,不宜写冒险题;宜创新题,不宜袭旧题;宜论大题,不宜钻偏题;宜撰近题,不宜辟远题。"那么在具体的选题过程中,应坚持哪些基本原则呢?

第一,选题要有思想性,因时而评,符合社会时宜。新闻评论要力求针对现实生活和实际工作中人们思想观念上的难点和疑点,进行分析说理,解疑释惑,给人以新的思想启迪和收获。新闻评论的选题要有思想性,就要求评论者能细心观察生活,对新闻事件和新闻现象能有深入的剖析和洞察,缜密地理出思绪;对于重大的方针政策,能够认真学习并深刻领悟其意义;对于重大的新闻事件,能够透过现象看本质,挖掘出事件背后隐藏的深刻含义;对于社会中常见的现象,能够提取出精华,找到有创意的评论切入点。另外,新闻评论是时事评论,贵在"合时"。而且,我国的新闻媒体是党和政府的喉舌,因此,新闻评论的选题应把准时代脉搏,选择合适的对象和合适的时机进行评论,才能引导人们把目光投向该注意的地方,正确认识现实生活中的现象,起到思想引导的作用。

第二,选题要选择观众所关心和期待的事件。媒体要生存,就必须要考虑观众的接受心理。因此,新闻评论选题一定要选择观众所关心和期待的事件。在保障舆论功能有效发挥的前提下,媒体应当尽可能从大众关心的角度出发,观察事物、思考问题,成为"最广大人民根本利益"的代言人。这样,不仅有效提升了新闻评论效果,而且赢得了广大观众对节目和评论者的信任。

第三,选题要有前瞻性,坚持正确的价值判断。新闻评论是一个发展着的动态的概念,是意见传播的大众媒体的扩张形态,是新闻媒体的舆论方式。客观事物总是处在变动之中的,从一个时期过渡到另一个时期,总会存在一个转折点,这个点连接着事物的过去和未来。新与旧的交替过程,也正是社会容易动荡、人们的观念容易出现偏颇的时期,这期间往往蕴含着值得媒体关注的事态或现象,需要媒体以评论的形式加以提示或引导。评论者的选题过程与自身的知识结构、情感结构、价值观有着直接的关联,为了保证新闻评论能充分发挥有效的价值,评论者应当用动态的思想对待当前的事件,在选题过程中坚持正确的价值判断。价值判断,是新闻传播中稳定的要素,在新闻评论的写作中价值判断决定着作者将看重什么,评论什么。

第四,选题应坚持"从大处着眼,从小处入手"。新闻评论通常对当前具有普遍意义的新闻事件、大众关心的社会问题、社会现象或思想倾向等问题发表看法,在社会化过程中起着举足轻重的作用。在今天媒体技术快速发展的背景下,单调、笼统的说教方式已经对观众失去了意义。"从大处着眼"的意思是说评论的内容意义应是有重大社会价值、具有普遍性的;"从小处入手"指的是选择的评论角度和评论对象尽量是细节、与观众较为贴近的事件和现象,聚焦于观众现实生活的经典瞬间,"以小见大",从一件具体的事情、一个常见的现象来引出具有全局意义的话题和道理。

(三)立意与语境

广播电视新闻评论是广电媒体对当前重大的新闻事件或重要的社会问题发议论、讲道理、明是非的一种议论文体,是新闻媒体发挥正确的舆论导向作用的重要社会公器。所谓新闻评论的"立意",指的是评论者就所评述的对象,提出自己的看法,发表自己的见解,也就是确立评论文章的基本观点与主要思想内容。一则好的新闻评论往往能引起社会广泛反响,群众共鸣,在很大程度上可以加强舆论监督的作用。而新闻评论良好效果的取得,与一个深刻而又有新意的评论立意不无关系,甚至在大多数情况下,立意起着决定性作用。在信息爆炸和言论自由的今天,人人都有权力和多种途径对于各类社会现象发表自己的观点,这势必会出现良莠不齐、众说纷纭、人云亦云的情况;而想要让自己的思想鹤立鸡群,在众多评论中脱颖而出,耳目一新的立意绝对是每一个新闻评论作者应首先和重点考虑的。一篇好的新闻评论的灵魂是立意,一个好的立意的生命是创新,因此,广播电视新闻评论要求评论者能充分发挥媒体自身的优势,增强评论立意中的创新思维,做到立意角度新。

新闻评论立意的新,主要是指见解新颖,观点新颖,能给读者以新的思想启迪,给实际工作以新的启示。我们在选择好一篇新闻事实,也就是一个新闻由头之后进行评论的第一步即确定评论的切入角度,然后就是确定自己所要表达的观点和中心思想。拥有一个新颖的立意,不仅要求评论者个人方面要拥有大量的文化知识和较好的表达技巧,而且要有足够的新闻敏感,以运用新的论据、新的事实材料,做到与时俱进。以2006年闹得沸沸扬扬的"海归女"打人事件为例。此事一出,全国各大媒体迅速声讨"海归女"的行为。白岩松和北京大学法学院的法律专家也对这个事件发表了意见,认为是量刑过重。那个行人闯红灯和推搡警察固然不对,但因此就按照妨碍公务的最高限度对其处罚,以起到"杀一儆百"的作用,对被处罚人是不公平的,也有违法律的公正原则。这种敢于向权威说不的做法,正体现了新闻评论立意的创新意识,白岩松在评论中对法院判决作出怀疑,而且合情合理,引人深思。当然,创新的立意一定是以个人丰富的文化内涵作为基础,一定是用合理、富有逻辑的语言进行论证,一定是对个人有新的启迪、对社会有新的启示。在这样条件下的新闻评论立意求新才有意义,才能产生广泛的共鸣。

另外,作为电视新闻评论,立意时应充分利用逆向思维、发散思维、对比思维、超前思维、辩证思维、统摄思维等方法,努力从语言的创新和大众化、融入时代观念来吸引观众。

语境即言语环境,它包括语言因素,也包括非语言因素。上下文、时间、空间、情景、对象、话语前提等与语词使用有关的都是语境因素。语境分为狭义和广义两种。狭义上指书面语的上下文或口语的前言后语所形成的言语环境;后者是指言语表达时的具体环境(既可指具体场合,也可指社会环境)。在这里,广播电视新闻评论的语境,指的是使用新闻评论语言时的具体环境。

每一个时代,社会语境的主题都在不断地发生变化,但是从未像今天这样如此多元化。传统价值体系的断裂和延续,都使得当今的社会语境面临复杂的选择。然而,新闻评论的历史任务从来就没有发生变化,"解释"与"启蒙"这两个评论人一直坚持完成的工作,也会给社会以力量。从另一个意义上看,电视新闻评论员重新展现"评论素养"的过程,其实就是参与社会语境构建的过程。这就要求新闻评论者必须根据时下社会语境和媒体特点,对新闻评论语言进行选择。

广播电视是一种接受方式较为自由的媒体,因此,评论者在选择语言时,不能使用太过专业化、难懂、深奥的词汇,而应用大众化的语言,借助于新闻画面、音响,完成评论。通俗、易懂、大众化的语言,更易于受众接受,有利于增强传播效果。

(四)新闻与评论的关系

新闻评论是新闻媒体的旗帜和灵魂,如果说新闻是客观反映社会现实,评论则是表明媒体对于新闻的态度。因此,很多传统媒体都非常重视评论,重视传播自己的和读者的"声音"。新闻评论是新闻媒体阐述立场观点和态度,影响引导舆论的"旗舰",进入信息化时代,其地位和作用更加突出。那么,新闻和评论究竟有什么样的关系呢?

首先,新闻评论必须首先以新闻事实为依托。新闻评论是对当前社会中的热点新闻事件和现象进行评论,新闻事实是新闻评论的对象。失去新闻事实,新闻评论也就失去了存在的前提,不以新闻事实为依托的评论就不是新闻评论。只是,新闻事实是客观存在、真实发生的新闻事件,而新闻评论则是评论者针对客观的新闻事实所做出的具有主观性的评论。新闻报道必须坚持客观性和真实性,而新闻评论则具有主观性,是发生在客观性事件基础上的主观。当然,新闻评论要以新闻事实为依托,这也并不是说在新闻评论中一定要重现新闻事实的全部内容。对于重大的、广为人知的新闻事件和现象,观众已经从媒体的新闻报道中了解了新闻事件的内容和细节,所以这些部分经常被评论者在评论中省略,这是合乎常理的。

其次,新闻和评论都要强调时效性。在新闻评论中,与新闻报道一样,都要注意时效性。只是,两者注意的时效性有略小的差别。新闻报道的时效性指的是记者要把新闻及时地加以报道,强调新闻报道时间和新闻事件发生时间之间的时差越小越好;而新闻评论的时效性指的则是新闻评论时间与新闻报道时间之间的时差要小,二者的时差越小,新闻评论的时效性就越强。一个没有时效性的新闻评论是"明日黄花",是没有任何意义和价值的。事实上,随着媒体技术的飞速发展,广播电视新闻评论与新闻报道之间的时差已经变得愈来愈小,甚至在很多广播电视新闻评论中,新闻报道和新闻评论几乎是同步播出。以中央电视台为例,对于很多突发性新闻事件,例如2008年汶川"5·12"地震、2008年初的南方冰雪自然灾害等,中央电视台都启动了24小时大型直播,评论和报道同时进行,"时效性"变成了"即时性",对事件的评论往往贯穿于整个新闻报道中。

最后,新闻评论的选题多数是从新闻事件中精心挑选的,再对其进行评论。新闻评论往往针对当前工作中的薄弱环节,提醒党政系统给予更多的关注,并呼吁社会各方面携手努力加以解决;针对社会上出现的具有危险性的倾向,及时提醒人们加以关注和警戒;针对社会群体中流行的错误观点和行为,及时疏导解释,使他们回到正轨;针对老百姓普遍关心、议论纷纷而又莫衷一是的问题,给予正确的回答和引导;针对某种新人新事新风尚出现以后,尚未被人们所充分认识和领悟的情况,进一步加以倡导和呼吁。

二、突发性事件的选题

根据我国2007年11月1日起施行的《中华人民共和国突发事件应对法》的规定,突发事件,是指突然发生,造成或者可能造成严重社会危害,需要采取应急处置措施予以应对的自然灾害、事故灾难、公共卫生事件和社会安全事件。按照社会危害程度、影响范围等因素,突发事件分为特别重大、重大、较大和一般四级。突发性事件很容易激起公众的新闻欲望,因此它比一般新闻表现出更高的新闻价值。然而,若报道和评论不慎,有可能会导致更大的社会动荡和负面效应。

当前,我国媒体对突发性新闻事件的报道能力日益增强。在经历了汶川"5·12"大地震、玉树地震、南方冰雪灾害、多起重大矿难等突发性事件后,我国媒体的新闻报道能力、新闻评论素质都得到了极大的提升。对于重大突发性新闻事件的报道和评论,中央电视台无疑已经成为观众心目中最权威的传播平台。中央电视台选择了新闻报道和新闻评论同步进行的方式,记者在前线发回新闻现场的信息,演播室里主持人邀请了事件相关领域的专家对事件的最新进展进行相关评论。这使得观众在接受前线最新新闻信息的同时,能在专家的引导下,正确认清事情发展的态势,起到了正确引导社会舆论的较为理想的效果。随着广播电视新闻评论节目形态的不断发展和完善,媒体对突发性新闻事件的评论呈现出新的特征。

（一）评论者角色的多样化

我国的国家媒体——中央电视台在几十年的发展过程中,培养出了白岩松、水均益等一批受广大观众欢迎的、优秀的电视评论节目主持人,他们对新闻事件的点评浅入深出、逻辑严密、语言精辟。而突发性事件的偶发性以及不确定性,使其危害已经蔓延到社会各个领域。频道专业化和受众细分化的趋势对新闻报道的深度和节目制作的专业化等方面提出了更高的要求。要对国内外重大突发性新闻事件做出深刻、到位的点评和论证,专业研究背景必不可少。因此,与事件相关的专家学者渐次进入电视评论员队伍,并成为颇具权威的主要评论者,使得新闻评论队伍中的成员呈现出多元化的态势。这一趋势在2008年后的重大突发性新闻事件的报道和评论中更为明显。

2008年中央电视台对"我国南方暴风雪""汶川特大地震""北京奥运会""神舟七号载人飞船发射"等一系列重大突发事件进行了全程报道与及时评论。演播室内,节目通常邀请了与事件相关的研究领域的知名度与权威度很高的资深研究人员,就记者在前线发回的报道以及现有的新闻事件进行评析。这些在业内有着较高威望的专家学者结合事件的进展情况进行评论,增强了评论的权威度,说服力显著提高。

曾有学者对2008年中央电视台对"我国南方暴风雪""汶川特大地震""北京奥运会""神舟七号载人飞船发射"四个重大新闻事件的报道中,专家学者参与的数量(不含有重复出现的次数)做过一个统计。(表6.1)

表6.1　2008年中央电视台关于四个重大突发事件的报道信息

事件名称	参与中央电视台评论的专家、学者人数统计/人
我国南方暴风雪	31
汶川特大地震	66
北京奥运会	25
神舟七号载人飞船发射	53

来源:张玲玲.中央电视台重大突发事件新闻评论特点分析[EB/OL].

就上述四个事件而言,涉及的学科比较多,依次大致有气象学、地理学、地质学、运动学、建筑学、物理学、天文学等主要学科。节目邀请业内专家学者在演播厅担任新闻事件的主要评论者,不仅能正确解读相关事件的所有信息、提高了评论的专业性,更增强了评论的权威性和说服力。

（二）新闻记者肩负着新闻报道和新闻评论的双重任务

对于重大突发性新闻事件而言,时间就是生命。如果新闻没能在第一时间发布,观众对于记者的新闻报道信息缺乏正确的解读,就很容易引起社会危害,不利于社会秩序的安定,其至会引起更多的危机事件。因此,在面对重大突发性新闻事件时,记者肩负着新闻报道和新闻评论的双重任务。

就"汶川地震的首条新闻报道"现场记者通过电话报道重庆地震的情况来说,一方面记者结合自身的感受对现场的真实情况进行报道;另一方面也对地震给重庆带来不同程度的影响进行评论。

对"北京奥运会上届奥运会 110 米跨栏冠军刘翔弃权"的消息的报道,中央电视台现场记者得到确切消息后,在很难接近并采访刘翔的情况下,随即结合现场情况对此事件进行评论。

◇◇案例

《北京奥运会上届奥运会 110 米跨栏冠军刘翔弃权》

新闻背景:北京 8 月 18 日,这是一个令人心碎和难以置信的时刻。雅典奥运会冠军、2007 年大阪世锦赛冠军刘翔于上午 11 点 50 分出现在 110 米栏起跑线上。但是在第一枪起跑之后,悲情的一幕发生了:第一步迈出之后,刘翔的右脚明显出现问题,在裁判示意有人抢跑之后,刘翔停了下来,然后无奈地将身上的白色 2 号道标志摘了下来,跟跄地低着头走出了"鸟巢"。刘翔退赛后不久,刘翔的教练孙海平和国家田径队主教练冯树勇召开了新闻发布会,刘翔没有出席。

新闻评论

冬日娜:"事实上,有一个关于刘翔的"机密",本准备在 110 米栏决赛前再告诉全国观众。这是刘翔爸爸昨日凌晨在电话中确认的,在 8 月 8 日中国田径队前往"鸟巢"参加开幕式时,在当天下午刘翔进行了最后一次队内测验。当时很多媒体报道了刘翔的测验成绩,有的说是跑进了 12 秒 98,有的说是跑进了 12 秒 95,事实是,那天刘翔的测验成绩已经接近了 12 秒 80。刘翔爸爸特别提到:'只要能够挺过最后这一关(伤),在最后的决赛,北京奥运会的 110 米栏跑道会属于刘翔。'"

冬日娜:"直到现在为止,我依然没有觉得刘翔输在了起跑线上,我知道刘翔今天作出这样的决定,这样伟大的超越,超过了以往他在所有比赛中承受的压力。如果说以前他代表了中国速度,那么今天他以他的个性和方式表达了心中的奥林匹克。他战胜了自己,他完成了超越,这个超越的意义远远大于他面前的 10 个栏架。"

担任中央电视台现场直播同步解说的刘建宏也现场点评说:"……这是很多人都没想到的结果。我们想过刘翔会赢,我们也想到过刘翔会输,但是我们没有想到刘翔一枪都没有跑就退出了比赛。……刘翔也有放弃的权利,我们必须给予他足够的理解,因为刚才那一枪幸亏是有人抢跑了,让我们看到了刘翔仅仅只是跑了两步,脚步就已经开始跟跄了。……当伤病不可避免地挡在他面前的时候,刘翔作出了自己的选择,同时也是我认为比较正确的选择。……"

在奥运现场的报道和评论,不仅缓解了受众心理上的期待与失望之间矛盾的冲击,也让观众了解到了刘翔选择退赛的原因。期间画面的选取及观点的暗示都呈现出现场记者对该事件独特的评论。

（三）强调报道和评论的时效性

重大突发事件因其突发性、事件影响范围广泛、聚焦着社会的高度关注等特性,使得新闻报道和新闻评论的及时性和准确性更加迫切和必要。评论及时、准确已经成为对当今媒体新闻评论的基本要求。重大突发事件发生时,作为大众媒体最主要的作用就是要在最短的时间内传递最权威最准确的观点,对事件进行及时评点,以便于平息受众心理需求的强烈波动,维护社会的稳定。比如"汶川地震"发生后,中央电视台各个主要栏目起初把正确解读地震原因、正确救援、正确的心理安抚等作为评论的重点,就体现出了媒体的社会责任意识。

2008年中央电视台新闻评论栏目的选题多为当天或短期内的热点新闻事件,时效性强,而且贴近时政、贴近百姓生活。对于重大事件的特别直播节目中,新闻评论几乎与新闻报道同步进行。如奥运火炬传递、华南虎照片、东航返航、人民币升值、三鹿奶粉等事件,中央电视台相关栏目第一时间均做出了及时、准确的报道与评论,并邀请专家学者进行评议。在某种程度上来说,这种评论及时、到位、准确,影响力大,它不仅发出了中央电视台言论正义、权威的声音,也代表着中国媒体对相对敏感事件敏锐的洞察力与立场分明的态度。

（四）新闻评论的持续性

对于重大突发事件,因其危害性大、影响面广,对于这类型的突发性事件,媒体应给予持续的关注和追踪报道。

中央电视台四套《今日关注》栏目是一档广受观众喜爱的新闻评论节目。在汶川地震发生后,《今日关注》在一定时期内,对震后重建等观众关心的问题进行了持续关注和评论。

[今日关注]遭遇地震　如何自救和互救(2008-05-14)
[今日关注]灾后第五天　一个都不放弃(2008-05-16)
[今日关注]灾后第十一天　千里大转移(2008-05-22)
[今日关注]让灾区群众有个安全的家(2008-05-24)
[今日关注]抗震救灾:唐家山堰塞湖紧急排险(2008-05-26)
[今日关注]灾后心理干预　驱散"心理余震"(2008-06-02)
[今日关注]抗震救灾　灾后如何科学重建(2008-06-04)
[今日关注]决战唐家山堰塞湖(2008-06-07)
[今日关注]唐家山堰塞湖抢险工作取得决定性胜利(2008-06-10)
[今日关注]灾后重建:科学构建美好家园(2008-06-24)

无论是从节目选择上看,还是播出时间来看,该栏目都体现出了对该新闻事件评论的持续关注。

（五）新闻评论的舆论引导性

新闻评论以新闻事实为出发点,评论者通过引述事实,分析说理,由表及里,由点到面,全面深入地阐述事实所蕴涵的意义,对事实表象掩盖下的本质进行挖掘。观众对新闻评论的关注,既是对事实真相的认知需求,也是对思想引导的内心需求。在信息化时代,新闻评论日益成为媒体的核心竞争力,成为引领社会舆论的强劲引擎,新闻评论必须肩负起舆论引导这个神圣的职责与使命。而舆论引导的效果,完全取决于受众的接受程度,受众如果拒绝接受,就不可能实现舆论引导。新闻评论的时效性要求评论者就某个问题或新闻事实第一时间发出声音。社会心理学的"首因效应"告诉我们:人们对陌生人的印象与他获取到的信息的顺序相符合,先提出来的信息总是占优势。同样,就某个问题的解答,最先出现的分析总是占有心理上的优势。其实,这正是新闻评论的新闻性这一特征在舆论引导中的作用。因此,要想真正提高新闻评论的舆论引导性,就要求评论者坚持客观公正的原则,把握受众的接受心理和欲望需求,充分发挥媒体的优势,在第一时间为观众释疑解惑,阐明独特的见解与态度。当然,"第一时间"也并不等于盲目抢发。迅速报道及时评论必须是在真实报道的前提下进行,如果只是道听途说,未经核实就马上报道并且发表评论,即使在较快的时间内报道了社会热点事件的新闻,也可能使发布新闻的媒体失去公信力、误导视听,造成恶劣的社会影响。

另外,值得注意的是,重大突发事件报道在揭示事件真相的同时,必然会对社会公众的信心产生冲击,造成对生命安全感的减弱、泛化的疑虑,引起过度的恐慌心理等。此时,新闻事件的持续关注和报道以及新闻评论的重要性便凸显出来。媒体在对新闻事实的最新动态和进展进行详细报道的同时,消除或弱化公众泛化的焦虑和恐慌情绪、对公众进行适当的心理安抚和情感抚慰也是不能忽视的。

三、社会热点事件的选题

社会热点事件是指一段时期内被社会公众广泛关注、引起社会强烈舆论反应的新闻事件。社会热点事件的形成通常首先是由当事人或者网民在网络等各类传媒上将小范围的突发事件进行披露和曝光,引起受众的极大关注与热烈讨论,事件开始在社会上广泛、快速地传播。之后,事件经媒体传播,受众情绪、意见不断高涨,影响越来越大,形成公共事件。社会热点事件往往集中在弱势群体遭到侵权,社会道德困惑,一小部分官员贪污受贿、以权谋私等方面。社会热点事件与突发事件有着极为相同的特征,例如事件的不确定性、广泛关注性等,有的热点事件也有着一定程度的危害性。社会热点问题不会像其他突发事件那样迅速引发大范围生命的丧失或者财产的损失,却会因为迅速传播引起公众的关注,成为公众视野内的热点甚至沸点。随着社会形势的发展、信息传播手段的多元化和人民对自身权利认知能力的提高,社会热点事件将慢慢成为突发事件的一个重要组成部分。

2009 年 11 月,"打击赌球风暴"这一原本属于体育范畴的事件上升到全社会关注的层面,成为一段时间持续的社会热点事件。中央电视台新闻频道在董倩主持的《新闻 1+1》栏目中,邀请了知名足球记者马德兴畅谈发生在足坛的本次"打击赌球风暴"。马德兴结合自己多年在足坛耳闻目睹的各种现象,并依靠自己的判断,提出了"打黑抓赌必须依靠司法介入,而不再依赖与中国足协这一行业管理协会的内部调查处理"。同时,马德兴还指出,中国足坛的赌球打假现象已经远远超出了行业范畴,成为一种危害社会多个层面的普遍现象。而且还有"年轻化"和"规模化"的发展趋势。最后他也表示,个人对本次足坛打黑风暴相当期待,"和过去的打黑行为相比,这次公安机关的介入力度和调查深入程度前所未见,在法律面前,过去行业内部的消化作用已经变得微不足道"。马德兴在节目中所发表的言论,正是他个人对"打击赌球风暴"这一热点新闻事件的评论,而马德兴本人又是足球界的知名记者,其言论和看法有着一定的权威性,因此广受观众的认同和欢迎。

再以2010年1月29日《新闻1+1》之《〈拆迁条例〉被拆除》为例。

◇◇ 案 例

《〈拆迁条例〉被拆除》

解说:头条还是头条,今天国务院就新的《房屋征收与补偿条例》向全社会征求意见,成了许多媒体的头条,而且报道的重点也在不断推进。今天早晨7点45分,在国务院法制办的官方网站上,就公布了征求意见稿的全文。这份新的《国有土地上房屋征收与补偿条例》征求意见稿共五章、41条,对于全社会所关注的该法的适用范围、征求的程序、征求补偿以及政府在何种情况下才可以实施强制拆迁等问题,都进行了新的、明确的规定。接下来,这份备受瞩目的法律征求意见稿需要的就是公众的进一步参与,截至今天下午4点,9个小时的时间,在国务院法制办官方网站阅读这份征求意见稿的人数就已经超过8 000人,而各大门户网站公众的讨论就更是激烈。细读这份征求意见稿,无论是从名称还是从内容,与正在实施的《城市房屋拆迁管理条例》相比都有着非常大的变化。在很多舆论看来,仅仅从拆迁改为搬迁这样的法律名称变化,就足以折射出今后的城市建设由单向的管理到对公民私有财产权的尊重和保护这一非常的改变。政府只有在七种公共利益的需要下,才可以对城市居民的房屋实施征收,政府征收房屋补偿金不得低于本地房地产的市场交易价格,注重程序公正。房屋征收应广泛听取并公开公众意见,对于商业开发这样的非公共利益下需要拆迁的应本着自愿、公平的原则,只有90%以上的被征收人同意,方可进行危旧房改造。实施搬迁禁止断水、断电、断气等。

……

(特约评论员 王锡锌)我觉得我们首先感觉到是这种速度就是自上而下,国务院领导、国务院法制办对于拆迁背后问题的认识,上升到一种非常高的高度。体现了一种对直面我们拆迁过程中各种问题的这样一种决心和魄力。除了速度之外,其实我们还可以感觉到力度,因为不仅仅进程在加速、提速,而且我们从今天向公众展示的这样一个征求意见稿的内容来看,那么许多民众所关心的焦点问题,以及在拆迁的实践中所暴露出来的焦点问题,其实都得到了一些回应。在这种速度和力度之下,我们可以感觉到征求意见稿这部新法已经有了温度,不再是关注权力的行使,不再是关注管理,而是同时也来强调对民众的权利,对于他们财产权的尊重和保护。这些方面是我们值得关注、值得期待的。

……

(特约评论员 王锡锌)这涉及两方面,第一,规划是不是只应当掌握在政府的手中,现在规划从法律来说,规划一旦制订以后,需要对公众公开。因为有一个规划部门政府和民众的合作互动,所以公开以及必要的说明其实非常重要。

……

在这一期的节目里,主持人不仅对新的《国有土地上房屋征收与补偿条例》征求意见稿进行了解读,还邀请了这方面的专家王锡锌先生参与该节目。在节目中,还列举了与此次主题相关的新闻事件,用具体的事件来解读抽象的政策,更有助于老百姓对国家政策的理解。

社会热点新闻事件在发生、发展、处置过程都具有自身的特殊性。

首先是参与主体的广泛性。热点事件是因为社会大众的关注,才真正"热"起来的。与一般突发事件相比,社会热点事件有一个重要特征,即参与的人数众多,无数的网民都可以通过网络对事件发表评论和看法,广泛的关注群体共同形成巨大的舆论压力。热点事件参与主体的广泛性不仅体现在参与人数上,还体现在参与主体多是跨地域,来自世界各个角落的受众,参与主体的身份也是来自社会各个阶层的,有着不同的知识结构和思维模式等。

其次是事件演变过程的不可操控性。社会热点事件是有着阶段性的。当一个新闻事件成为社会热点事件后,能否被更广泛地传播、受到更多的关注,是与这一事件所处的舆论环境直接相关的。有些热点事件,在受到社会更广泛的关注后,本即将转成突发公共事件,却因同期的突发性事件夺走了受众的"眼球",受众的精力和视线受到新的诱因刺激,原来的热点事件可能很快冷却下来,也可能越演越烈。总之,社会热点事件的演变过程具有不可操控性。

再次,热点事件的影响力是"温柔杀手"型的。与地震、火灾、安全事故、公共卫生事件相比,由社会热点引发的事件的直接危害一般不大,至少在短时间内很少会危及人的生命,事件本身直接牵涉的人群也相对较少。但是,热点事件的影响力却更为深远。如果说地震、火灾、安全事故、公共卫生事件主要还是"天灾"的话,那么由社会热点引发的突发事件无论是其发生原因还是处置过程更多的是"人祸",可以指向政治问题、社会问题、道德问题等上层建筑,很多属于意识形态的范畴。因此,它更容易引起大众的关注和讨论,其影响力是内在的,"温柔"地潜入人们的意识再发挥影响。

最后,热点事件处理上的艰巨性。由社会热点引发的突发公共事件,多是多元主体与多种利益矛盾并存,历史与现实问题交织,眼前利益与长远利益、个人利益与群体利益、局部利益与整体利益纠结,处理起来难度很大。再加上网络时代信息传播和扩散速度很难控制,处理的时间窗口非常短暂,一旦处置不当或处置不及时,就很可能发生连锁反应,后果难以预料。

总之,面对社会热点事件,主流媒体作为党和政府的喉舌不能失语,而应及时、准确、客观、科学地对事实进行解读,推动事态朝着积极的方向发展。对一些社会重大事件的报道,必须采取谨慎的态度,务求客观、真实、全面、公允,避免偏听偏信、误导社会视听。当今社会,受众获取信息的渠道越来越多,网络媒体的兴起更使得虚假信息也日益泛滥。因此,新闻评论者应对存在于社会群体中的信息进行去粗取精、分类汇总,积极澄清真相,进行"话语议程设置",引导读者正确看待转型期热点事件多发的原因,充分理解事件的复杂性,用正面声音消解各种错误、反动观点的不良影响。同时,新闻评论者也要倾听民意,从民众的立场去思考、去解释,才能让老百姓真正接受和信服。

四、社会疑点事件的选题

社会疑点事件是指新闻事件在经媒体报道后,在逻辑和事实上存在着令人难以信服的问题。对于社会疑点事件的报道,要求评论者必须按照严格的逻辑思维来推理和评析,才能说服观众,否则将导致公众心理恐慌、社会秩序混乱、普遍价值观质疑等重大社会问题。

2009年2月,发生在云南省的"躲猫猫"事件短时间内迅速蹿红,并成为网络流行语。主要原因就是云南一个青年死在了看守所,而公安的解释是这名青年是和室友在放风的时候,玩躲猫猫这个游戏,一头撞到墙上撞死的。对于警方的这个解释,网民提出了广泛的质疑。随后这个事件又再起波澜,云南方面有关部门组织了一个调查团,对这个事件进行调查,而且这个调查团的成员很多都是普通的网民,普通网民要参与到对警方事件的调查可以说是件新鲜事,大家也非常关注,而且说法不一。派出所无法给社会民众一个符合逻辑的解释,疑点重重,背后隐藏着什么样的猫腻,这正是这起案件被社会广泛关注的根本原因。中央电视台《新闻1+1》对此事件表现出了积极的关注,特别请到了北京大学法学院的教授王锡锌与观众一起关注,并呼吁揭开男子看守所玩"躲猫猫"撞死的真相。

【画面解说】王英武,平安保险寿险推销员。李宁,昆明扬帆职业技术学院学生。吉布,昆明信息港编辑。这些人年龄不同、职业各异,但如今,他们却因一起轰动全国的案件走到了一起,他们共同的身份是"躲猫猫"事件调查委员会委员。今天上午,"躲猫猫"调查团到达事发地——晋宁县公安局后,向警方提出了三个要求:第一,要求看守所警方还原事件经过;第二,察看当天的监控录像;第三,与目击者对话。下午两点五十分,调查委员会在晋宁县召开情况通报会,向媒体通报了在看守所的所见所闻,并接受了记者的提问。漫画是轻松诙谐的,但在人们茶余饭后的谈笑声中,"躲猫猫"背后搭载的却是一个生命的悲剧。

……

(特约评论员 王锡锌)我觉得这是一个非常重要的政府与民意的一个良性互动的标本。因为我们知道,现在民意表达的途径虽然很多,但是网络是最便捷、最畅通的,网络的民意表达在很大程度上可以说反映了民意的一个基本的态度。这时候,政府有关部门及时、主动地来回应网民的这样一种表达,回应他们的质疑,并且主动邀请他们来参与这样一个调查团,并且由他们出任主任、副主任,我觉得体现了一种很强的参与性,体现了对网络民意的尊重。

(云南省委宣传部副部长 伍皓)我们当时考虑的初衷,认为这已经演变成一个舆论事件,"躲猫猫"一词迅速在网络上蹿红,被网友称为今年的第一个网络热词,我觉得我们必须及时地回应社会的关切,回应网民的关注。我们云南省今年提出打造阳光政府,在省"两会"期间推出了打造阳光政府的四项制度,我们省委常委宣传部长张田欣同志也一贯要求,我们对突发事件必须在第一时间客观公正、及时准确、公开透明地发布消息。所以我们觉得虽然政法专门机关对这个事情也在进行司法调查,但我们网民参与的真相调查委员会是为了满足人民群众的知情权、参与权、表达权、监督权,根据社会关切来进行,它跟整个司法调查不相冲突,大家觉得有兴趣,可能更多的是以为我们代替了司法调查,不是一回事。

……

(伍　皓)它这个有一点特殊性,因为这个事件发生是在天井,看守所的这些人犯他们是出来放风的时候发生的这个事情。在天井,据我们了解,在天井是没有监控录像的。

【画面解说】从"俯卧撑"到"躲猫猫",再到"瞎子摸鱼",我们看到为满足社会公众的知情权,这次官方进行的有益探索正在使案情越来越清晰。《中国青年报》的评论中说,在真相被获知以前,每个人心里都会有一个更倾向于常识,而非警方一面之词的看法。那么该如何澄清"躲猫猫"带来的对警方的质疑呢?彻查真相,并公布于众,除此之外别无他途。

(主持人)您有没有注意到,里面像"躲猫猫"事件当中说这个流行语,"躲猫猫""瞎子摸鱼"等,说白了,实际上这些都是捉迷藏的一种民间的说法。但是我们注意到,在网络当中,大家往往不使用这种比较正规、比较严肃的语言,往往用"躲猫猫"这种带有点儿戏,甚至带有点反讽的这样一种语言。怎么来看待网民这样一种做法?

(王锡锌)这样一种调侃,或者说带有黑色幽默的这样一种调侃,我想本质上是反映出对于政府在信息释放时那样一种欲诉还休,或者是半遮半掩的一种反讽,它其实是对政府在信息释放的时候所释放的信息的公信力的一种质疑。通常来说,如果我对政府所讲的话有一种质疑,我们可以通过一种正常的渠道去直接表达。比如说,我们就可以直接对警方说,你这个解释可能很难让我们相信,请你给我更具体一点的解释。但是因为表达权应该说在一些情况下还不是很畅通,所以在网络上,我们用这样一种民间性的话语来表达,其实我觉得是一种抵制,是对公信力的一种质疑。

……

(主持人)就像我们很多事件出现,解决问题需要"包青天",而缺乏一种制度化的东西。就说现在让网民参与进来,或者说用其他的方式来进行调查,怎样能进一步制度化?另外把以前比如说司法机关,包括人大、媒体的这种监督,本身也让它能够正常运转起来。

(王锡锌)制度其实是存在的,只是我刚才讲到了,制度的运行可能仍然存在一些疲软的现象,而这种疲软的核心症结就在于我们虽然有这样一些权利,比如说知情权、表达权、参与权、监督权,刚才那位省委宣传部的副部长也讲到。但是这些权利在实现的过程中,应该说渠道还是不畅通。现在我觉得更重要的是,制度要让它运行起来需要动力,核心的动力就是充实民众的这样一些权利。另外,以民众权利为基础,引入舆论的监督、社会的参与,可能使整个这样一种制度运行的大环境得到改观。

(主持人)从这次"躲猫猫"事件当中看到,普通网民参与到调查当中来,您觉得像这样的事件会常态化吗？会制度化吗？哪些方面需要进一步完善？

（王锡锌）我觉得常态化，如果我们从短期来看，这种可能性是完全存在的，比如说刚才云南省委宣传部副部长也讲到了，我们的窗户打开以后就不会再关上。我相信从潮流来讲，民众的参与毫无疑问是重要的。

在这一期的节目中，不仅对新闻事实进行了关注，也对案件的调查过程进行了呈现。警方的调查、相关负责人的联系、网民的监督、媒体的介入、专业人士的评论，使得"躲猫猫"这起社会疑点事件得到了非常好的处理。

五、边缘化、个性化事件的选题

在媒体技术快速发展、新闻理念不断提升、媒体之间激烈竞争的背景下，现代的新闻评论题材不再局限于政治范围、经济范围等，媒体工作者已经开始关注现实生活的各个领域，如社会心理、弱势群体、青少年发展、影视动态、体坛风云、家庭教育、追星族、婚外恋、农民工等，有什么样的新闻焦点，就会有与之相呼应的新闻评论。人文主义观念的不断深入，使得边缘化事件和个性化事件得到了社会的广泛关注，新闻评论的题材范围也得到了极大的拓展。

发生在 2010 年 9 月的"方舟子遇袭案"，曾让"学术造假"这一现象引起社会的广泛关注。2010 年 9 月 25 日的《新闻 1 + 1：从抄论文到抄家伙》，以"方舟子遇袭案"为评论对象。

◇◇案 例

《从"抄论文"到"抄家伙"》

……

（主持人）方肖之间，他们之间的恩怨不是鸡零狗碎的恩怨，他们就是一个学术的争执，就是你到底是学术不端，还是说是真的是假的。这件事谁来定？就是说，谁有权利来定它到底是真是假？

（评论人　白岩松）其实今天的节目叫《从"抄论文"到"抄家伙"》，这可能是更有人气的一个标题。但是在我的内心深处，这几天，或者说这件事情发生了之后，我一直在想的是为什么会走到这一步。就像你说的，这应该是一个，大家觉得应该是用理性来约束的一个打假的，学术界打假，或者说以正视听这样一个行为。究竟是因哪些因素一步一步走到了今天呢？

首先，今天我看到了一篇文章，这篇文章是 21 世纪教育研究院的副院长熊丙奇先生写的一篇评论，其中有这样一段话，我觉得要念给大家，因为它给我的触动也很深。"肖的悲剧，还在于他所在的'学术圈'。从 2005 年方舟子质疑其'肖氏反射弧'并没有得到国际公认以来，（肖）基本上采取了旁观态度，并没有及时根据方舟子对他的质疑进行调查，给出权威的学术鉴定，造成他把学术质疑转为一场个人恩怨，与方舟子结下了'梁子'"。

这段话写得非常好，当初出现了这种质疑的时候，比如说肖医生所在的学校，并没有拿出一个清晰的,或者说启动一个有非常程序的这种调查。如果说最后的结果证明,这方面他的确有虚假的成分等,恐怕也不会将个人的恩怨转到了方舟子的身上。如果证明他的学术方面没有问题,那他更不会产生几年之后还要去针对方舟子这样一种行为,但是他没有,而是选择了一种沉默。

……

　　(主持人)我们还需不需要更多的像方舟子一样的人,去进行学术方面的打假?

　　(白岩松)当然需要……另外一个角度,即使到现在,作为媒体,或者作为公众,还拿不出直接的证据就说他这个学术是假的。我今天找了一个2004年,当时肖传国申报这个项目的时候,7名院士和教授是把由"国际领先水平"的申报降为"国际先进"。可是"国际先进"也很先进,就是我们现在还不能说他是假的,就来直接画等号,这实际上你很痛苦。但我觉得最重要的一点还不在于此,最重要的一点在于,方舟子比如说大我一岁,如果简单地说一句,以后老兄保重,这太推卸责任了。因为这种保护不是哪一个人自己保重就可以做好的,需要社会来重保,社会重保什么呢?重点要保护不能够那么轻易地出学术的假。

　　第二个,出了学术的假,也有一整套规范的这种机构,能够迅速地去查清楚,作出相关的鉴定。

　　第三个,对于像方舟子这样的,其实他属于一个举报人,过去我们说举报人是要保护的,而且甚至是要匿名的,但是方舟子先生是一个实名的举报者。这样的话对他的保护难度,或者自我保护难度都比较大,仅有一个保镖是不够的。所以我觉得需要的是全社会用建设和发展的方式去让造假难,然后造假之后鉴定容易、快,这样一种大环境才是对他们更好的保护。

　　评论员白岩松就主题案件发表了个人的看法,不仅支持方舟子的"打假行动",并旁征博引,举一反三,为解决相关事件提出了一系列值得思考、具有可借鉴意义的举措。这是在对边缘化、个性化事件的评论中,评论员自觉肩负起责任的表现。

　　在媒体飞速发展、社会急遽变动的当代,新闻评论也必须要不断地进行形式上的创新,达到表达上的多元化,不断根据受众需要推出新的评论形式,才能更好地满足越来越高的受众需求。

第二节　广播电视新闻评论的要素

一、论点

　　电视新闻评论与其他传统媒体评论比较而言,有其特殊性,也有一定的优势。其特殊性主要表现在电视媒体本身与其他媒体比较过程中的媒体特性。优势则是电视可以通过声音和画面更直接、生动地呈现出新闻事件,多媒体技术的发展也为电视新闻评论提供了更广阔的天地,这在一些科技信息较多的新闻评论中表现得尤为突出。电视媒体是迄今为止最能保持生活素材的完整性和原始状态的传播媒介,能通过真实记录的形象、声音、动作、表情、环境等来传达事实性信息。与其他传统媒体的新闻评论相比,电视新闻评论在论点、论据、论证过程中有着特殊的要素和方式。电视评论的传播过程主要依靠文字、图像和语言,电视评论通过对多种传播符号的综合运用完成点评和论述。电视新闻评论过程较其他新闻评论的程序会复杂一些,它既需要记者的前期采访和事实摄录,也需要后期对解说词、采访内容、字幕、音响甚至特技等进行制作。广播新闻评论较之电视新闻评论稍微轻松点,它无须对画面进行编辑,只需要对各类音响进行传输即可。这些传播符号作为广播电视新闻评论的构成要素,具体体现在其论点、论据和论证过程中。

新闻评论的论点指的是评论者对所论述的论题的见解、主张和所持的立场与态度,是概括对于所论述问题或事件的基本观点和主张。电视新闻评论的论点即新闻记者或评论员通过电视媒体,对新闻事件的发生背景、发生原因、发展趋势及影响力等方面表达的个人态度和认识。论点是整个电视新闻评论的核心,论点是否能获得观众的赞同,将直接决定着新闻评论的权威性。另外,评论者对某个新闻事件的论点必须鲜明、新颖。

白岩松在2011年1月24日中央电视台《新闻1+1》之《如何破解春运焦虑》这期节目中就"春运焦虑"发表了自己独特的见解:

◇◇ **案 例**

《如何破解春运焦虑》

(主持人)"春运焦虑症"这是新华社一篇文章的总结,你看,春节的时候是运的人焦虑,被运的人焦虑,连看的人都焦虑。你说这个焦虑,难道和春晚一样,就是每年必不可少的一个东西吗?

(评论员 白岩松)我希望将来没有,但现在肯定有。其实我倒没以"焦虑"为关键词,我在想的是,为什么在春运期间,没有人谈论"尊严"这个问题。在去年的政府工作报告上,总理就提出尊严了,大家一片掌声,在平常的日子里头,大家也挺在乎尊严的,春运期间没有。你看从买票开始,买票的人都是弯着膝盖、弯着腰、撅着屁股、低着头,里面的人坐在里头。我就越发感觉他像拜票,不是买票,那是求票和拜票。在车上,没人要求服务或者怎么着,站票,会发售站票,而且挤得一塌糊涂;要是能上厕所,那就太幸福了;如果能吃点热的,那就太幸福了。你看所有的这些东西,都跟平常的日子不一样。在平常的日子里,我们对尊严有要求,在这儿没有,为什么? 回到了最基本的需求上,我就想春节回家,所以尊严放弃了。什么时候你会期待不焦虑呢? 慢慢在春运期间能够讲究点尊严的时候,就有戏了。

(主持人)就像你刚才说了,连吃和喝都解决不了,在春运期间还讲什么尊严?

(白岩松)对,就是因为他的需求降低了,在平常的日子里头,比如说就举一个例子,吃饱了、喝足了之后,你就会有更高的追求。但是在春运的时候,又重新回到了没吃饱喝足的阶段。我说的不是吃,而是最刚性的需求,我就必须回家过这个年。在这样的一种要求下,尊严没人去谈,因此我只需要需求,其实提供服务者也很难。其实警察已经在三班倒维持秩序了,但是解决不了。28.5 亿这样的数字,全世界如果说有一个监控,一看,外星人一看中国这儿,他肯定懵了,这是怎么了? 这个国家这 40 天怎么了? 全世界最大的一个人口迁徙。所以的确,它是需求和供给不足造成了,需求太刚性,没得商量。全中国就在这会儿的时候,这个需求是没得商量的,你跟我商量商量,您甭回家了;或者错峰一下,我揍你,揍都不行,就是确实没得商量的刚性需求和还在成长的这种建设还跟不上这个需求。所以,这个矛盾慢慢可能会缓解,但是需要时间。

……

(主持人)你说这么些年来中国的运力应该说不断地在增长,但是你说运力再怎么增长,你不可能按照春运期间的需求去设计。然而,你春运期间这些运力又必须面对春节的大考怎么办?

(白岩松)其实我觉得大家表面上都分析出了很多的原因,咱们今天也不谈了,其实电视机前的观众也马上就会知道,为什么会造成春运这个东西,其实背后的东西更可怕,更需要中国去改变。我觉得在春节必须回家的这种刚性需求面前,中国的贫富差距过大和机会差距过大所导致的中、长途的旅客相当多,所带来的巨大的压力。为什么这么说? 你想想看,广东富了,浙江富了,上海、北京都富了,你见过几个北京人在外打工的? 这个时候由于贫富差距比较大,已经不能吸引它近处的人在这儿打工了,就都是远处的人到这儿来打工,因为贫富差距比较大。所以一到春节的时候,造成一种巨大的迁徙。我们想象一下,如果贫富差距没有这么大,四川的人可能在成都,可能在绵阳,可能在重庆这一带打工,运输压力就不会这么大,因为公路短途等就缓解了,这是一个贫富差距过大导致的。第二个是机会差距过大。举一个例子,干新闻的人,你总觉得要有一个特大的想法的话,你在广东干,在上海、在北京,可能就很好,其他的地方提供不了这样的机会。所以,只要想干新闻的人就恨不得往这些地方扑,一到春节的时候,他们也要回家,又是中、长途的旅客。所以我觉得,贫富差距以及机会差距是春运期间压力过大所导致的、必然展现出来的结果的主要原因。所以我们看到有关部门只强调了,我们要快速建铁路、建高速公路,有一天就能够彻底缓解,我不乐观。我觉得社会必须均衡发展,机会均衡发展之后,才能解决春运之困,就是综合加在一起,所以我不乐观几年内就像铁道部说的,2012 年就彻底解决一票难求的问题,您最好别这么说,到时候还有人挤兑您。

白岩松在对"春运焦虑"这一现象的认识,没有仅仅停留在对运输表层现象的谈论,而是深入到"春运"这一巨大社会迁徙现象的背后,分析引起春节大迁徙现象的本质原因,即贫富差距和机会差距,并以此作为他个人的核心论点。这在众多对春运的报道和评论中是独特的、新颖的,是独树一帜的。

二、论据

电视新闻评论的论据就是用来阐明评论者论点的材料和证据,是引导观众进行判断和推理的基础。论据的作用主要在于形成对新闻事件的论点、引发议论和证实个人提出的论点。作为拥有着广大受众群的电视新闻评论,唯有充分的事实证据和缜密的理论思维,才能获得观众的认同和信服。

在电视新闻评论中,评论者所使用的论据通常有两种,即事实性论据和理论性论据。事实性论据,包括对能直接或间接证明论点的当事人的访问和事件事实现场的回顾,以及相关的历史资料、统计数字等。这些证据通常会在节目中用画面、录音或声画以同步的方式播出,能极大增强评论的说服力。理论性论据,则主要是评论者通过缜密的逻辑思维推理,或使用已经被实践所证实过的论断;党和政府的政策、决议以及现行的法令、条例,科学的定理和法则,公认的道德规范等。

(一)论据的要求

论据是为证实论点的正确性。因此,在电视新闻评论中,论据首先务必要具有真实性、典型性和科学性。缺失了真实性、典型性、科学性的论据将是不堪一击的,是无法对论点起到支撑作用的,也是没有任何意义的。当今科学技术的发展,尤其是多媒体编辑软件的广泛使用和不断升级,使得修改原始资料中的图像、声音,逻辑关系、时间关系等成为轻而易举的事情,因此,评论者在选择论据的时候,首先要对论据作为事实的真实性作出要求,才能使论据真正实现解释论点的功能和任务。

其次,论据的选择务必要结合评论的时代背景以及受众的接受模式和心理特征。论据是为论点服务的。评论者在提出自己的论点时,都是经过对新闻事件的背景、缘由、现状等精心梳理和思考后得出的。因此,评论者在选择论据时,务必要考虑当前所处的时代阶段以及论据中的事实所处的时代背景,要保证两者的内在一致性和承接性,才能真正说服观众。另外,在具体的评论过程中,评论者应充分发挥论据的说服和论证作用,电视新闻评论更应充分发挥电视媒体声画同步的优势,在评论的过程中,能充分调动评论者所提及的相关事实材料,并及时呈现在屏幕上,与观众一起探讨和接受。

再次,论据的选择和使用务必坚持与论点形成统一。这就要求评论者坚持实事求是的原则,全面掌握与新闻事件相关的材料,并从大量的材料中研究事件的内部联系,分析其内在规律。论据不在多而在精,论据的选择一定要有针对性和说服力。

最后,观众对新闻评论的选择有很多,若评论者能充分发挥电视媒体的优势,选择恰当的论证方法,不仅能吸引观众的注意力,而且增强了论据的说服力,有助于论据和论点的统一。常见的论证方法主要有归纳论证、演绎论证、类比论证、对比论证、比喻论证、反证法、归谬法等。

(二)新闻事实的多视点用途

所谓新闻事实的多视点,就是指要从多个角度、多个视角对新闻事实进行报道和分析。新闻事实的多视点,不仅能让受众更全面地了解到新闻事件的各个方面,而且能增加新闻评论的"厚度"和"广度",为受众提供更全方位的认知视角,更理智地认识新闻事实,并客观指导个人的社会行为。

2010 年 10 月 20 日,西安音乐学院大三学生药家鑫撞人并刺死伤者案,经媒体披露后成为舆论焦点。2011 年 3 月 23 号,西安市中级人民检察院以涉嫌故意杀人罪对药家鑫提起公诉,并择日宣判。中央电视台《新闻1+1》栏目在2011年3月23日的《药家鑫:从撞人到杀人》专题评论对药家鑫案进行了评论。

在这一期的节目中,邀请到的是中国人民公安大学犯罪心理学教授李玫瑾。嘉宾在对药家鑫的犯罪动机、犯罪过程以及可能承担的刑事责任进行了评析的同时,更深刻地反省了当前家庭教育对孩子成长和社会的影响。

◇◇**案例**

《药家鑫:从撞人到杀人》

(主持人)您是搞犯罪心理学的,您从目前得到的关于这个孩子(药家鑫)的报道,您觉得这是一个什么样的年轻人?

(李玫瑾)首先说了,非常遗憾,我觉得他是受过一个良好的音乐教育的孩子。因为我们常常说,音乐可以熏陶人的这种情操。但是这个事恰恰发生在一个喜欢音乐,而且钢琴已经达到很高水准的这样一个大学生身上。所以,很多人都觉得不可思议。因为作为一个大学生,他能进入到这个层面的话,很多人的认知,应该说他的心理已经达到了一个比较成熟的水准,他能够知道一个事情的轻重。但是当这个事情发生的时候,人们最开始不能理解,他本来是一个很轻的事情,为什么却做出了这么一个结果。所以我觉得这里面有多方面的原因,其中一个很重要的问题,我觉得就是药家鑫在成长过程当中,他心理的发展过程缺失了很多的东西。从目前来看,我认为缺失的很重要一点是他的观念。我们常常说一个人做与不做就在一念之差,就有一个问题了,这个"念"是什么?"念"我们常常说是人的心理当中制动的东西,什么叫制动?比如车要开起来,必须要有刹车,如果没有刹车,这个车开起来是非常危险的。心理也一样,当你有需要、你有欲望、你有很多努力的时候,哪些事情该停,这个停与不停取决于什么?一个,除了你的能力不及,还有一个很重要的就是观念。

(主持人)您说这个问题,当我们看药家鑫这个年轻人成长背景的时候,他父母都在,而且父母对他严加施教,所以他才能在今天上了一个非常好的大学,而且受的是专业的音乐教育,他才能有今天。那为什么他会在这方面,比如说在人生哪些方面,框框(道德)这方面会有这么大的缺失?

(李玫瑾)这个问题我觉得特别好。也就是说我们要明白,孩子在成长过程当中,我在以往的教学当中提出了一个概念,叫心理抚养。心理抚养是什么意思?现在很多孩子,可能我们给他一个很好的家庭物质条件,让他受到一个良好的教育。整个这个过程你觉得已经塑造了一个有能力,能够自食其力,而且能够成为很有修养、很有礼仪的人。但是他中间会有一些心理上的缺失,心理缺失来自于哪儿?比如说情感上的叫亲子陪伴,这个陪伴和不陪伴,对人的感觉是不一样的。第二,在他耳边经常唠叨。比如我见犯罪人经常会问他们一句话,就是你从小到大,你印象当中妈妈说的最多的一句话,尤其是管教你的时候是什么话,我们就会发现很多犯罪人皱着眉头想半天说,不记得了。说明什么?说明他没有耳边的唠叨,这个唠叨一个是没有,一个是可能他根本不记得。这个东西的结果是什么?他就没有观念。比如有些孩子会告诉我说,我爸爸常说的一句话叫"人穷志不穷",还有的说"丢什么不要丢面子"。像这些问题都让我们看到的是平时家庭的这种给予孩子心理上的东西非常重要,而我们看到药家鑫他从小到大练琴,父母只是让他练琴,甚至把他关到地下室去让他练。刚才我讲的这两个东西都很少。而且在这个过程当中我们知道,练琴它有什么特点?包括我们看郎朗,他介绍他的情况,曾经他父亲跟他讲,你不好好练,我就把你弄到楼下,然后我也跳楼。所以人在这种情况下,他有一种被迫的和强制的背景,他往往会变得慢慢冷漠下来,这种冷漠可能会让他(琴)练得很好,但是什么都不当回事了。所以我觉得他缺少的是一种心灵上的交流和这种心理抚养,交流的情感和观念这两个东西我认为他有缺失。

……

(主持人)本台记者已经对药家鑫进行了采访,但很可惜,我们还没有拿到采访的内容。李教授给本台记者采访的时候提供了这样一个采访清单,其中列出了您关心的一个问题,我发现您有这么一个非常具体的问题,就是问药家鑫,你拔刀去刺向那个年轻女人的时候,她会有喊叫、乞求、呻吟,那么在这种声音中,你共扎她六次,现在回想,你当时是什么样的心理和心态。您为什么要提这样的问题?刚才听了他对他从小长大这个过程,您觉得您对这个问题会是什么样的解释?

(李玫瑾)在这之前我是没有看到这一段的,我现在看到这一段,我突然就明白了。心理学上有一个词,经常叫强迫行为,强迫行为是什么?他做的这个动作往往不是他的一种兴趣动作,而是机械地在做,这个动作往往会变成一个什么?替代行为。所以我现在突然明白什么呢?你刚刚问我的这个问题,也是我要问药家鑫的问题,他拿刀扎向这个女人的时候,我认为他的动作是在他心里有委屈、在他有痛苦、在他有不甘的时候,却被摁在钢琴跟前弹琴的一个同样的动作。

……

而也正是嘉宾"摁在钢琴跟前弹琴的一个同样的动作"的评论,让观众对这期节目产生了怪异的感受,甚至有网友在微博上喊出"这样报道药家鑫案我们伤不起!"

这一事件以及中央电视台作为主流媒体对该事件的评论在社会上受到了强烈的关注。

常州电视台《都市新闻坊》法律顾问曹波作为嘉宾对该新闻事件发表了评论。

"交通事故发生之后,只要我们肇事方对当事人进行及时的救治,通常情况下不会涉及刑事责任。即使由于你占了主要责任以上,导致被害人有很极端的(结果),比如死亡,可能要涉及刑事责任,只要你对他进行积极救治,进行积极的赔偿。通常是会获得当事人的谅解的……这些天来,药家鑫案的庭审也促使公众展开了罪与罚的辩论、教与养的反思,药家鑫的悲剧在于缺乏对生命的尊重和对法律的敬畏,如何能让人在成才前首先成人,这需要家庭和社会来共同思索和解决。"

《新华纵横》以"药家鑫事件折射教育弊端"为题,结合药家鑫事件和其同门师姐李颖的冷血言语,对中国在教育过程中只强调知识传授,而忽视人格、法制和道德素养的弊端进行了指责和批判。

【解　说】正当人们对这一事件进行反思、讨论之时,药家鑫的师姐李颖在其微博上贴出认同捅人行为的帖子,迅速引来网友激烈的讨论;也有网友哀叹,大是大非面前,竟不明事理,如今的大学生们难道都在学习知识而忽略了道德、法制的培养? 有关专家、学者认为,药家鑫的极端做法以及李颖的言论,传递出中国教育的危险信号。

【同　期】(西北政法大学教授　冯雪)明显地可以看出他心理的不健康吧。我觉得他心理的不健康应该是多种因素引起的,不是说我们就说学校法制(教育)缺失,或者他的家庭(教育不当),应该是多种因素综合起来的。像这些我们都应该反思什么呢,就说我们现在的法制教育在中学的形式,包括在中学的这个方法应不应该进行改革。

【解　说】有关专家还认为,除了心理问题外,李颖的言论,直接体现出她和药家鑫极端自私的扭曲价值观。

【同　期】(陕西省社科院副院长　石英)我们整个的这个教育,从小这种就是有意无意地,不是说是每个家庭去教育这些孩子要自私,不是这些家庭去教育孩子要瞧不起农民。但是整个社会的价值导向,它偏离了一个正常的轨道,使得人们就是认为好像只有那些人才算是成功,这样的人就是成功的人士(他们)才能活得像个人,其他人甚至都不值得活了。这种潜意识当中的心理这才是导致药家鑫的悲剧,乃至还甚至抱有跟药家鑫同样想法的这些人悲剧的一个根本的、深层次的原因。

(演播室主持人)药家鑫撞人后杀人的恶性事件以及李颖的"冷血"言论让很多人感到愤慨。由此也暴露出了中国教育的弊端,如果只强调知识传授,而忽视人格、法制和道德素养,我们不知道,是否还会出现下一个药家鑫、李颖,但愿这一悲剧能带给人们更多的警醒⋯⋯

电视新闻评论节目就药家鑫撞人杀人事件从多个角度进行分析和评论,不仅让观众能更理性地对待这一新闻事件,而且能从这一个案中透视出更深刻的社会现象。

三、论证

所谓论证,就是运用论据说明论点的过程,旨在完成论点和论据两者的统一。对于电视新闻评论来说,论证是一个动态的、充满刺激感的过程,是评论者引导观众积极思维的阶段,是评论者通过个人语言和电视画面、音响等征服观众、证实个人观点的阶段。论证过程要符合逻辑,做到严密而准确。

论证方式一般分为立论和驳论,也可以论证原观点的片面性和错误。立论就是从正面直接阐明客观事物的真理,以证明原观点的正确性;驳论就是用证据来反驳他人的观点,在驳论的过程中也可阐释、宣传自己的观点。

(一)立论

立论就是创作者对所选的论题作出自己的论断,提出自己的见解。选题确定以后,首先要在选题范围之内展开广泛而深入的调查研究,广泛地占有材料,精心选择,深入分析,从中发现可能的立论角度。电视新闻评论中立论,指的是评论者对一个新闻事实所做的主要论断或结论,是评论者整个论述阶段的中心思想和根本立场。

首先,立论要新颖。所谓立论的新颖性,就是说评论者发表的观点和就某一事件、某一现象作出的评价有独特性,别出心裁,对观众有着较强的吸引力。这些观点和见解,既应符合所属时期的新闻宣传重点,又不能盲目随从其他媒体。人云亦云的评论,夸夸其谈,只会让观众烦腻,产生审美疲劳。对于电视新闻评论来说,既要求评论者有新颖的素材,又要求节目拥有新颖的论证方式。生动活泼、新鲜有力的评论才能受到观众的关注和认可。而独到的见解并非拍拍脑袋凭空产生出来的,评论者只有在进行实地调查、广泛搜集与事实相关的材料的基础上,运用辩证唯物主义的世界观和方法论,对事件的来龙去脉进行缜密的思考和精心的提炼,抓住新矛盾、新事物、新论题来做文章,才能独辟蹊径,碰撞出思想的火花。立论的新颖性,还表现为要有新鲜的论点。论题是否新颖,直接关系到立论是否具有新颖性,关系到新闻评论是否有吸引力和生命力。另外,立论的新颖一定要以准确为前提。

其次,立论要合乎实际,要坚持准确性。立论的新颖性是建立在准确的前提之下的。新闻评论作为媒体对观众实施舆论引导的重要手段,立论的正确与否直接关系到媒体导向功能能否实现。因此,新闻评论的立论应建立在对生活的观察体验和思考之上,要合乎实际。这是立论的又一基本要求。失去了准确性这一前提,再有创意、再深刻的评论也都是浮云,不仅不能对观众意识产生正确的导向,更失去了观众对媒体和节目的基本信任。而要做到立论的准确性,就要求评论者坚持实地调查,掌握一手信息。"没有调查,就没有发言权。"调查研究是立论的基本前提,也是发现问题、分析问题和解决问题的过程,只有这样做,才能预防和避免主观和武断,提高新闻评论的质量。新鲜的事实材料、题材、见解(包括精辟的见解或错误的见解),乃至闪光睿智的语言,都不是凭空设想的。它们存在于实际生活之中,存在于群众的思想深处。你不去寻觅,不去挖掘,不去求教,它们是不会自动登上门来的。

《焦点访谈》栏目的最初定位是"时事追踪报道、新闻背景分析、社会热点透视、大众话题评说"。这24个字的定位语,意在告诉观众该栏目所包含的内容和节目制作的方式。几年后,这24个字被浓缩为"用事实说话"。事实和说话就是节目的论证方式。这个定位高度概括了栏目秉持的真实性和客观性原则,为更好地进行舆论监督树立了一面鲜明的旗帜。有"访"有"谈","用事实说话",表明节目中所有的访和谈都是建立在绝对的新闻事实基础上。节目通过对事件进行认真调查,以深度报道的手段揭开了事实背后隐藏的秘密。评论者在实地调查、精心分析的基础上,才能作出深刻的评论。

再次,立论要有针对性。所谓立论要有针对性,指的是立论能够针砭时弊,能针对时下社会环境中出现的不良社会风气和倾向性矛盾,针对社会群体中存在的偏颇甚至错误的思想,通过评论,对症下药,以实现对社会群体的正面引导效果,转化社会矛盾,进而提高人们的思想认识,产生积极的社会效应。立论是不是有针对性、能不能有的放矢,是衡量一部新闻评论作品是否会引起良好的社会效应、能否促进事物向积极的方向发展的首要指标。观众接受信息的途径很多,而且很杂,唯有具有针对性的新闻评论,才能引起观众的反响、共鸣和关注,才能实现媒体的舆论导向功能。

最后,立论要有前瞻性。具体说来,指的是评论者能够及时洞察社会环境中已经爆发的矛盾,或能够准确预测出存在于社会群体中的潜在的、有威胁性的矛盾,并能够在透视现象、分析矛盾的基础上,探寻事物的内在规律及其发展趋势,进而设想出解决矛盾的办法和途径,以便将社会问题遏制在萌芽状态,扭转当前局面,推动事物向良好的方向发展。这就要求评论者在丰富的生活经验的基础上,有较强的洞察力和预见性,才能对事物有科学的预见和判断。

2010 年 10 月的"我爸是李刚"事件,在短时间内迅速升温成为社会热点。中央电视台《新闻 1 + 1》对此事件的关注,表现出了更多的理智。

◇◇**案例**

《我爸是李刚》

【新闻背景】2010 年 10 月 16 日晚,河北大学发生交通肇事逃逸案,致两名工商学院大一女生 1 死 1 伤。事故发生后,李启铭仍驾车继续行驶,被同学拦截后,李启铭竟口出狂言称:"有本事你们告去,我爸爸是李刚。"

肇事者李启铭,22 岁,系保定某单位实习生。经鉴定为醉酒驾驶,已于 10 月 17 日晚被刑事拘留。

(主持人)我觉得首先应该向死者还有伤者的家属致以我们的慰问,毕竟她们刚刚走进大学才两个多月的时间就发生了这样的事情,很让人惋惜。岩松,第一个问题,按说这不是一次很大的事故,但是在社会上影响面却非常大,你觉得这是为什么?

(评论员 白岩松)也许平常的车祸可能在全国各地都会发生,但是第一,任何只要是有生命的逝去,我想在很多人心目中都会是大事;第二,在校园里;第三,酒后驾驶;第四,他的父亲是公安局副局长;第五,他在酒驾的过程中撞死了别人,当时还不知道是死亡了,居然继续去干自己的事情,逃逸,然后回来被学生拦住;第六,到现在为止,我们也并没有听到来自他父亲和来自他本人发自内心真诚的道歉。所以这一系列的事情酝酿起来,就会让很多的人心中不平,所以这件事情恐怕就远远超越了一个车祸所给人们的冲击。

(主持人)人们看到这样的事的时候,首先一个问题就觉得这个孩子这么年轻,他为什么能做到这么的有恃无恐,他倚仗的是什么?

(白岩松)……人们很容易说现在这代孩子怎么这样,80 后或者 90 后。但是我觉得恰恰是透过又是这样一个孩子发生的事情,我觉得我们 50 后和 60 后是不是要检讨一下自己,我们该怎么样做父母。随着时代的进步,会有越来越多的父母有钱、有权、有名或者有资源,但是不管你有钱、有权、有名或者有资源,都应该一如既往地去做父母该做的事情,不该给孩子一种你可以超越了你的钱、你的权、你的名、你的资源的行为……我们就要倒过来去想,这个孩子为什么会在事发之后冒出来第一句话就是:"你们告去,我的爸爸是李刚。"是不是因为父亲有一定的权力,过去他在开车的过程当中一些违章、一些小行为都不以为然,因为总能"铲单子"或者说是基本上是睁一只眼闭一只眼就放他过去了。正是因为那些小的问题慢慢积累了他这样的一种行为,在出了这么大事之后他居然冒出来的是这样一句话,父母在当父母的过程中给了他怎样的教育和暗示呢？

……

（主持人）岩松，我们继续看，事发之后两个直接的相关方：一个是学校，一个是保定市公安局，他们怎么做。先看保定市公安局，他们反应很迅速，先把这个小孩子刑拘了，然后再说我们要秉公执法。但是还是没有抑制住社会上对这件事情反面的议论，这是为什么？

（白岩松）我觉得这里缺了一些东西，首先我们非常欣慰于保定市公安局法律面前人人平等，我觉得当然应该如此，所以他们做的也是对的。但是另一方面，在第一时间如果孩子的父亲能够站出来，向死者还有受伤者表示最诚挚、发自内心（是不是发自内心是能看出来的）的这种歉意。同时他主动强调法律面前，别管是不是我儿子，但法律面前人人平等，那么对于大家来说也是一种心理抚慰。而对于学校来说我觉得不能因为发生了这样的事情，学校是不可能继续建大门、建大墙，学校的开放是一个不可逆转的方式，怎么样进行更好的学校内部管理。其实学校大门口有一个限速的牌，里头只能开时速5公里。但是这个车显然不是5公里的概念。学校有的时候会说不让学生接受采访等，其实同学接受采访也是宣泄自己内心的情感，并且展现自己分析问题的角度，以及未来增加安全感的一种方式，所以我觉得学校有点多虑了。

……

（白岩松）就像围绕着这次在河北大学酒驾的事件也有两种争论：首先说校园里的道路不算公共道路。但是也有专家明确地表达，不对，校园里的道路同样算公共道路，也依然要用《交通安全法》去面对它。我觉得后者肯定慢慢会成为社会一个更大的共识，因为大学的校园一定是开放的，不像小学和中学，不像幼儿园，大学的校园只会更加开放，应该进行有效的管理。另一方面，我觉得法律问题非常重要。从酒驾出来之后，围绕着酒驾的案件以及悲剧，全社会讨论的集中的焦点就是酒驾到底该怎么定罪。

评论员白岩松在就该热点新闻事件评论过程中，既关注到当事人，又关注到其他与事件相关的社会现象和问题，例如对《交通安全法》的关注、对家庭教育的关注、对大学生言论自由的关注等。在对新闻事件进行评述的基础上，更挖掘出事件背后隐藏的社会问题，引起社会的更广泛关注。

（二）驳论

通过揭露和驳斥错误的、片面的论点来确立自己的论点就是驳论。电视新闻评论的驳论，指的是评论者借助画面、语言、文字等对社会环境中存在的错误观点进行反驳，并在反驳过程中树立、宣传自己的观点。驳论与立论一样，是一种议论和说理的方式。在一个电视新闻评论中，立论和驳论往往是相辅相成的。若想进行驳论，首先需要事先掌握更全面的材料，并对其进行周密的分析，才能击中错误言论和观点的要害之处，加强反驳的力量和说服力。驳论通常可以通过反驳论点、反驳论据、反驳论证逻辑三种途径来实现。

反驳论点即直接反驳对方论点本身的片面、虚假或谬误，是驳论中使用最多的途径;反驳论据指的是揭示对方所使用的论据的错误,以达到推倒对方论点的目的。因为论据是论点的支撑点,错误的、不真实的论据必然会推导出错误的论点;反驳论证逻辑,指的是揭露对方在论证过程中的逻辑错误,如大前提、小前提与结论的矛盾,对方各论点之间的矛盾,论点与论据之间的矛盾等。在反驳过程中,不仅应注意反驳对象,掌握政策界限,还应以理服人,忌强词夺理、偏激武断的措辞。常用的驳论方法有直接反驳、反证法、归谬法等。

1. 直接反驳

直接反驳就是运用论据或推理,直接证明敌论点是错误的方法。

下面是中央电视台《新闻 1 + 1》就中国移动乱收费事宜的评论。

◇◇ **案 例**

【讲 解】这个清单到底准确与否,记者和贾伯领一路作了尝试,手机关机、拔下手机卡并由记者来保管。可是,后来打印出的 GPRS 流量计费详单却显示,就在记者保管手机卡的这段时刻里,贾伯领的手机仍然发生了 14.34 元的 GPRS 流量费,对此上海移动通信会如何解释呢?

(手机用户)为什么我手机上关了(ENT 上网接入点),你们那里也关了(ENT 上网接入点),双重都关了,为什么还要扣费?

(上海移动 10086 的 137 号客服专员)我已经跟您说了,因为软件的原因我们确实无法保证的。

(小马)我睡觉的时候它也在扣我钱,手机关机后我睡觉的时候它也在扣我钱。

【讲 解】记者注意到,在贾伯领 5 月份的 GPRS 流量计费话单中,先后 21 次呈现上行流量为零,却有下行流量的记录,也就是有 21 个错误话单。

(北京邮电大学博士 林昭文)不大可能会呈现这种上行流量为零,下行流量很大的情形,通信是一个双方的互动的过程,不可能只是单方的一个通信过程。

(统计学家 安鸿志)很难相信这是电话交流机计费系统自身的误差记录,最大的可能性就是数据被做假了。

……

(评论员 白岩松)我们需要移动是为了糊口,而不是糊口费被"移动"走了。在当对方表现了这种回应、要双倍返还的时候,恰恰看到的是作为手机消费者,或者作为通信消费者一个弱势的地位。为什么呢? 第一个他必定要这么做,因为被人抓了个现形,如此如此小概率的事件,被抓了现形他当然要回应了,这是第一点。这还不是什么,可是回应完了之后,接下来你就开始担忧了,人家用的词叫误差,也就是说是机械的原因。

(主持人)非主观故意。

(白岩松)对,可是机器背后是不是人的原因,是不是人恶意的原因,是不是一个集体的行为,根基上都被袒护了,这是你根本无法获取真实的谜底。第三个就是关于双倍返还的问题。你看,其实具体到每一个消费者身上的时候,数目也不大,人家即使双倍返还的话,也没多大数目,这几乎是一个成本最低的一个危机公关了。

节目评述过程中,不仅使用了大量的事实来反驳中国移动牵强的解释,也邀请了业内专家从技术上、理论上否定了中国移动的狡辩。评论员白岩松对中国移动的危机公关做了具体的评述,言辞犀利。

2. 反证法

为了证明对方的论点是错误的,可以先证明与其相矛盾的另一论点是正确的,这就是所谓反证法。

2009 年 2 月 18 日,CCTV《新闻 1 + 1》播出《地震灾区,无须道德援助!》,就在地震灾区的某个废墟边(四川省彭州市龙门山镇回龙沟景区内)建起的真人的 CS 游戏基地作了评论。

……

(新闻观察员 白岩松)我觉得我们可以对四川灾区捐款和捐物,但是不要捐赠太多的道德感。因为我们捐赠的很多道德感,其实也仅仅是我们在言语方面赋予的,不一定是在我们内心真的赋予的。如果这种道德感捐得多了的话,我觉得四川灾区整个重建的过程将举步维艰,然后手足无措、寸步难行。

【解　说】面对这样的说法,有网友认为,不管怎样,在地震边上建立娱乐场所,都是对地震死者的不敬。震后的废墟是人们悲痛、伤心之地,是逝者亲人和家属缅怀的地方,在这里建娱乐场所,是在遇难者遗体上娱乐。还有网友认为,娱乐场所可以建,但位置总不至于非要选在地震废墟旁边,这会让人觉得中国人太不尊重历史,太不尊重那些在地震中失去的亲人。更有人以美国"911"灾难为例。试想想,如果在美国"911"原址建设娱乐场所,美国人会怎么看? 面对质疑,总经理戴军也向我们表达了他的态度。

……

【解　说】不过,也有很多网友对此表示支持,认为逝者已去,活着的人还得生活,自力更生,不管做什么,都是对逝者最大的安慰,没有必要拔高主题。有网友也分析说,如果 CS 基地的建立,能够实现以较小成本发展当地旅游业,并因此改善当地人的生活,就是好事一桩。再说了,每个人都有娱乐的权利,为什么四川人不能。

……

(白岩松)我肯定是前者(赞同建立 CS 基地),肯定是赞同的角度。另外还有一个,你必须去解释。其实现在我们已经进入到了一个标题阅读时代,一个非常言简意赅的,但是有可能跟真相又不符的标题,会吸引住很多人的注意力,大家已经没有兴趣和耐心去详细读里头的内容。那好了,会起一个非常显著的标题,"地震废墟旁边建游戏基地",可是事实是什么? 刚才我觉得戴军说的都好,大家去四川的时候,四川整个的西部地区受地震的影响非常大,从某种角度来说都叫地震废墟,那是不是什么都不能做了? 如果我们说工厂建在那儿是合理的,一个这样的吸引大家的旅游场所就不可以吗? 更何况我专门去看了一下,它旁边的景区损毁比较严重,但是它这片在地震之前就跟四川登山协会签了协议了。而且它受的损毁很小,植被保存的也很小,那么在这次建这种游戏基地的时候,它都是用激光代替发射,而不是实弹,对环境的污染也都很小，不存在遇难者的遗体等很多因素，有什么不能建的吗？如果它要是不合法，或者不合常规，没经过审批，等等，那不该建。

……

（白岩松）其实从某种角度来说，还是应该让四川人，让灾区人自己去作决定，只要他不违法，在道德方面不触犯更多人的底线。其实我觉得这件事情，反对者可能也有很多的误解，也有很多的不理解，看了一眼标题，声音就出来了，看完之后就出来了。另外可能也有一些不理解的地方。比如说大家不知道有一些不理解会严重到什么地步，我专门抄了一段，其实我很担心。比如说有朋友就会写道，你允许在你家祖坟旁边开妓院吗？很严重了，他自己都觉得这句话不妥，对了，你允许在家门口盖公共厕所吗？然后面对死了八万人，你好意思在埋葬他们的废墟旁找乐吗？其实你没觉得他已经过分严重了吗？他直接把这件事情，好像它就建在了八万遇难者的旁边，废墟的旁边。接下来最后一句话，你就是想挣钱，说粗俗点，你就不怕生个儿子没什么什么，我就不好再引述了。我非常担心，替有这样想法的人担心。

……

（白岩松）而且有一种很可怕的情况，这片地如果继续荒着，没人说什么，所有的人都在愁眉苦脸，祭奠自己所有遇难的亲人，没人说什么，难道不该说什么吗？今年的春节我是在四川过的，其实彭州离成都只有80公里，看到成都很多人在打麻将，所有的餐馆生意非常好，然后锦里、宽巷子、窄巷子人山人海，大家的笑容很多，我非常感动。我很佩服四川人，包括在地震灾区的时候，我们也去都江堰，这次比如说也去都江堰，也去青城山，旅游车专门会在都江堰损毁严重的地方给大家绕一圈，车里都很肃穆。然后地震的时候我去，就已经看到有人在吃、喝，也会有笑容，我拥有的感觉是感动，四川人太棒了，而不是相反。

……

（白岩松）我们有权利要求很多，你比如说我们有权利要求房子得给我盖结实点，因为这里有我的钱；我们有权利要求规划请科学合理一点，因为这有我们的一份责任和期待在里头；我们有权利要求整个我们捐出的钱流向要清白，使用要合理，因为这是我们捐的钱。但是你发现我们所有有权利要求的都是很多的职能部门，你必须去把这件事情做好，但是我们没有权利去要求普通人的生活方式，我们没有权利去要求在那儿进行正常的一种生产经营活动。

唐山现在已经全新地站起来了，也许在很多建筑物的底下曾经有人倒下，就离开了这个世界。但是我觉得看到今天如此现代化和发展非常好的唐山，不正是对埋葬在这个城市里的很多逝去者最好的一种安慰吗？漂亮的唐山就是一座墓碑，一座纪念碑，是对所有逝去者最好的一种纪念，越漂亮越好。四川灾区同样面临这样的一个问题。

我们可以想象，如果我们要求的特别多了，他会不会手足无措？几年前我去采访台湾的证严法师，就是慈济的，他们做的很重要的活动，包括骨髓移植等都是从他们那边过来的。证严法师就对所有的志愿者有这样的要求，当你帮助完别人的时候，要对别人说"谢谢"，要对被帮助者说"谢谢"，你没有权利要求被帮助者对你说"谢谢"。

我觉得我们在做很多类似活动的时候一样如此,我们在捐献很多东西的时候,不要顺手再捐出去一副枷锁,也让对方套上:你要学会感恩,你得按照我的道德标准去做很多很多的事情。可是平常生活中,我们是用很高的道德标准在要求自己吗? 不是。

……

其中,无论是白岩松对于建立真人 CS 基地环境的真正说明,还是对四川人民生活现状的阐释,列举唐山人民生活的例子,都是作为评论员反驳对方论点、并建立自己观点的反证论据。

3. 归谬法

先假定对方的论点是对的,然后以它为前提,推导出一个明显荒谬的结论,从而证明对方论点是错误的。

在驳论中,应该视对方的论点、论据和论证过程为三位一体的结构,只要驳倒其中的任何一点,其余部分就会引起像多米诺骨牌一样的连锁反应,从而使对方整个论证过程不攻自破。

(三)逻辑方法的运用

范荣康曾说,"不管新闻评论有什么特殊性,作为一种议论文体,它的论证过程,也就是逻辑推理过程"。所谓逻辑推理,是指人们在长期的社会实践中,对客观事物的内在联系和相互关系所作出的抽象概括的反映。逻辑推理既是一种认识事物、认识世界的方法,也是一种逻辑论证手段。它通常在驳对方论证逻辑错误时,可以揭露对方论证时出现的循环论证的错误;也可以揭露对方在论证过程中偷换概念;还可以揭露对方的论证违反推理规则,即论据不能推出论点。具体说来,在电视新闻评论的论证中,通常使用的逻辑推理方法主要有以下几种。

首先是直接推理。直接推理是指由一个直言判断前提推导出另一个直言判断结论的推理。

演绎推理,也被称为三段论推理。是指以一个共同概念为中介,把两个直言判断联系起来,从而推导出一个新判断的推理。即一类事物的全部是什么或不是什么,那么,这类事物中的部分也是什么或不是什么。在具体的评论实践中,演绎推理方法主要表现为引证法,即用已被证明的、公认的道理、原则或理论,来论证未被证明的、个别的、具体的论点和道理,也就是用大道理来论证小道理。那么,在驳论过程中,如果能驳斥对方演绎推理过程中大小前提不真或大小前提缺失,对方的结论自然也就站不住脚了。另外,要驳斥对方的演绎推理,除了驳斥对方的前提不真之外,还可以驳斥对方的前提缺失,同样可以达到驳倒对方的目的。

归纳推理,是指由个别或特殊性知识的前提,推导出一般性知识结论的一种推理。在具体的评论实践中,归纳推理方法主要表现为例证法,也就是通过列举典型的具体事例,来证明自身的论点。但如果对方列举的事例与要论述的论点之间是互相矛盾的,那么,这个论据则违反了不矛盾律的要求,不但不能够有力地证明自身的论点,反而授人以柄,成为对方攻击的靶子。

类比推理,是由两个事物的某些相同属性,进而推导出它们的另一属性也可能相同的一种间接推理。

◇◇案例

《今天的老人,明天的"我"》

(主持人 王跃军)您好,欢迎收看今天的《新闻1+1》。今天是九九重阳节,是传统的爱老、敬老的日子。在这样一个日子里,我们想更不应该回避老年人的养老问题,特别是老年人当中的一些弱势群体,首先我们先来看一段片子。

……

【解 说】根据民政部的统计,在我国目前失能老人已经达到940万,而如何照顾这些老人、让他们安度晚年,也成为困扰千万个家庭的问题……

(北京市四季青养老院院长 刘中丽)那么在这个楼里登记的老人已经有1 000多人,那这个(安排需要)很长很长时间,现在目前我知道的已经有排(队)三年的时间,还没有进来的老人。

……

(白岩松)你知道我首先看到的是什么呢,我首先看到的不是可怜、同情或者说福利机构的欠缺,我首先看到的是羡慕。为什么这么说?片子一开始的史大爷,他病了之后会有五个女儿辞职来到他的身边,请问你我将来有可能吗?我们这一代人将来的局面就是四个老人病在里头,外头两个儿子或者媳妇,两口子在那儿哭,不是不孝顺,是没有能力,这是第一种局面。第二个要羡慕的是刚才的老两口,人家夫人都78岁了,但是老两口能相濡以沫,一直走到现在,你想象一下还有相当多的是单身的老人们,那么他们的局面会更悲惨。所以我用"羡慕"这样一个词其实在提醒我们自己、提醒这个社会,如果我们今天不能做好很多事情的话,将来让这些羡慕的局面是不会在我们这一代人身上发生的。因此,如何善待今天的老人,关系到明天我们将得到一种什么样的社会的照料,所以千万不能冷漠,冷漠今天的老人就是冷漠明天的我们的自己。

……

(白岩松)首先有一个数字,在中国这样一个国家里,是居家养老,"养儿防老"的观念是根深蒂固的。目前在中国99%是居家养老,只有1%是社会养老。(这是)两个因素造成的,第一个,社会从观念上来说,不太接受,啊,有孩子送出去养了,孩子不孝,后面戳脊梁骨,即使真不孝也要装孝,对吗?这是第一个原因,观念。第二个经济能力,你想想,包括农村在内,我们这么广泛的,这么多的老年人,现在有多少个(子女)有经济能力能把老人送到社会性的福利机构里,这是很重要的一点。第三,社会福利机构虽然在快速地发展,但是跟不上需求。我们来看这样的一个数字,老年性福利机构,你看到2005年的时候,我们全社会拥有多少张床位。到2005年的时候,在城镇有41万张,在农村有89万张,然后住养了多少人呢?到2005年的时候,连农村带城镇加起来108万,全国多少老人啊,其实我们现在都知道,我给大家看这么一个数字,大家可能感触就更深了。到现在为止,咱们国家超过60岁的老人已经占总人口的12.79%,也就是1.62亿60岁以上的老人。刚才我们说了,全社会的福利机构才能解决 108 万的老年人的养老问题,杯水车薪。所以这三个因素加在一起就构成了这样一种局面。

……

(白岩松)我去日本采访专门做了一期节目,是关于老年人问题的。当时我问日本一个专家,在你们国家什么事情是最重要的? 我以为会听到国防、外交、经济发展等,他说人口问题。第一个方面是日本超过 65 岁以上的老人已经占全社会的 20%多,另一方面出生率极低,因此人口问题成了困扰,包括日本说过去这十年都跟人口变化有关。说到这儿的时候,再回到中国来吧,我再给大家换算一下,大家就明白了,我为什么要提出从更高的政府重视程度和国家战略的角度去看待这个问题? 我们现在是 1.62 亿 60 岁以上的老人,2009 年,也就是说七八个中国人养一个老人。好了,到 2020 年的时候呢,2.48 亿,占总人口 17%,60 岁以上的老人,我们大约是四五个人要养一个老人。2050 年,4.37 亿 60 岁以上的老人,我们不到三个中国人就要养一个老人,请问养得起吗?

……

(白岩松)我觉得首先有一个前提,我们等一会儿探讨更重要的,就是核心的内容,首先要把这个前提说出来。我觉得我们这一代人,包括我们的下一代人,在中国可见的范围之内,居家养老还是一个最根深蒂固、很难改变的一种模式,这跟文化,跟我们的经济的状况,跟整个社会的这种结构,包括观念紧密相关。所以居家养老永远会是最大的一部分,但是逐渐萎缩和减少是一个不可改变的趋势。我们来看这样一个数字,"9064",首先跟它对应的数字是我刚才说过的,全中国 99% 是居家养老,1% 是社会养老,"9064"是哪儿来的? "9064"是北京,我们再具体看一下,"9064"什么意思? 这是北京养老现在已经达成的一种模式,非常让人羡慕,90% 的老年人是在居家养老,这还是大比例,我刚才说的,但是已经有 6% 的老年人是社区养老,还有 4% 的老年人集中养老。你透过这两个数字就知道中国养老未来的发展趋势,从全国的范围来看逐渐减少 99% 的居家养老数字,可能慢慢靠近北京的这种模式,而像北京、上海等这些大城市是一个逐渐减少 90%、而增加 6% 和 4% 这样一个概念。我觉得这里最大的空间在中间在社区,所以我们有时间的话,一会儿详细探讨。虽然这 4% 也会增加,就是说福利院等,但是我觉得它不是无限的,它不能解决全部的问题。我们说突飞猛进,一夜之间翻了番了,我们的福利院能养几百万老人了,但是跟我们的缺口比,跟我们的每年新增加老人比,差远了。

……

(白岩松)在最后的节目结尾处,我不想直接地结束,我只想提出四个问题,第一个问题,计划生育是国策,计划生育是政策,但不是铁板一块,一定会随着人口年龄格局的变化而变化,那么什么时候变呢? 是宁可早一点变还是晚一点变呢? 这是第一个问题。第二个问题,应该允许社会民间的资本进入养老,在国家确定了国家战略和大的政策方向下,中国的事政府一重视就好办。但是在各种资本进入的时候,我们也是否可以(借助)宗教的、团体的这方面的能力,也可以在这个领域发挥重要的作用,这是第二个。第三个,我更主张的是不增加床位的养老模式的尽早建立,在城市的叫社区模式,在农村的像刚才大姐讲的,当地的农村妇女,她正好解决不了劳动力的问题,但是用市场的行为,购买服务,国家给予一定的补贴。那么,这些人在城市里,四零、五零人员就进入到了社区养老,而且不增加床位,还在你们家住着,但是我给你一天提供服务,送餐,等等,北京就打算这么做,我觉得这是很重要的一点。

在整期节目中,无论是从标题《今天的老人,明天的"我"》谈起,还是从评论员白岩松所做的事实推理、比较以及数字呈现,融入了多种逻辑方法,为论点的论证过程增添了很强的说服力。

第三节 广播电视新闻评论的语言

一、抽象语言

语言是人际传播的主要工具,是人们表达情感、传达思想、传达政见、交流思想、共享信息赖以借助的载体。高尔基说过,语言是文学家的武器,正如枪是战士的武器一样。武器越好,战士也就越有力量! 同样,语言也是新闻评论员的武器,是信息传播的主要载体。与新闻语言相比,新闻评论语言具有论理性、分析性;与一般议论文语言相比,新闻评论语言不仅需通俗易懂,还要富有文采,能恰当体现评论者的思想。电视新闻评论是新闻评论与电视媒体相结合的产物。作为在电视这种特殊媒介上播发的评论,除了与包括报纸、广播评论在内的一般新闻评论在地位、作用、基本特点以及样式、题材等方面有相似性之外,又因传播特点、传播手段、传播方式的不同,呈现出独特的个性特征,这些可以囊括在电视新闻评论独特的语言特征之内。

评论者在评论过程中,为了实现准确的表述和最大化的传播意义,从而达到最佳的传播效果,必须力求调动起最大的能力,采用所有能用来阐释态度、负载信息的特殊手段。这些手段中,就包括了抽象语言、现场语言和文字语言。而这里的抽象语言主要指的是评论者的造型语言和抽象音响语言。

造型语言主要指的是评论者在评论过程中所使用的表情语言、形体语言、服饰语言、图表语言、色彩语言、特技语言等。而抽象音响语言指的是新闻评论过程中能准确表达内容和立场的非现场声音语言,例如画外音乐。传播学认为,人对于外界信息的感知80%来源于视觉,而其中又有80%是各式各样的图形。新闻评论员充分调动着一切语言符号和手段,将色彩、服饰等造型手段最大化地填充到受众的视野中,不仅增加了信息含量,而且能有效地实现传播效果最大化。抽象音响语言,使得节目的气氛和情绪更加浓厚,更有感染力,扩充了一个崭新的时空。电视新闻评论将抽象语言与形象的画面语言相结合,突破了传统造型手段的束缚,用具体的视听形象支撑说理,并强化说理的内容,烘托评论的感情色彩,使其具有在道理上说服人、在画面上感染人、在感情上打动人的综合突出优势。

二、现场语言

电视新闻评论的现场语言主要指的是新闻评论录制现场有实质性内容的语言声音,包括了同期声、解说词以及现场的论述性语言。现场语言直接诉诸受众的听觉器官,是对电视画面的解释、补充、引申或评价,不仅可以使受众对画面的理解更为具体、准确和深刻,而且可以传递出画面本身无法传达的内容或思想内涵。电视作为声画兼备的媒体,可积极使用同期声、自然音响的真实感,同时充分发挥后期制作中使用音响蒙太奇的优势,使得电视新闻评论在"视""听"上获得最佳合力。

现场语言的主要作用在于:首先,重现新闻现场,增强新闻评论的真实性和可信度。不同的教育背景、不同的生活环境、不同的宗教信仰、不同的意识形态会使得受众群体在面对同一问题时表现出不同的看法。即使是来源于新闻主播的播报,受众仍然对新闻是否经过了"加工"或"剪辑",记者是否在第一现场获得的信息等方面存在着一定的疑问。而现场语言的出现,营造了一个真实的时空,新闻现场和评论员的现场语言真实地交汇,并与画面语言、抽象语言相对应,一定程度上打消了受众的这种疑问。同时,受众跟随记者回到新闻现场,同记者一起认识和控制周围环境,拉近了受众与记者、与新闻事件、与现场的关系,使得节目获得了更好的传播效果。

其次,现场语言的不同来源,增强了节目本身的节奏感和层次感。从播音的语速和视听接受机制来看,单一的声音来源会使得受众产生一定的接受疲劳,甚至对节目产生排斥心理。新闻现场语言和评论节目录制现场语言的交叉,不仅缓解了受众对声音的接受疲劳,而且不同声源的交替使用形成的节奏,可以改变观众的感觉,增强了节目本身的节奏感和层次感。

再者,评论员的现场语言,增强了节目的权威性。新闻主播往往被受众视为媒体的"形象代言人",播音员的播音和解说一定程度上缺少了说服力。而今天的很多新闻评论节目,都会邀请与新闻事件相关领域的专家来对新闻进行评论,受众在节目中听到了各种声音的交汇,各种观点的交汇,专家的评述让受众对新闻事件有了更全面的认识。

三、文字语言

文字语言,是指出现在屏幕上的各类文字,包括屏幕文字和画面文字。在电视新闻评论中,画面文字与屏幕文字直接诉诸观众的视觉器官,音响和现场解说以及论述性语言诉诸观众的听觉器官,电视媒体传播符号的多样性和感知的多通道,使得观众享受着身临其境的视听盛会,也使得电视新闻评论在众多新闻评论形式中脱颖而出,收获了其他媒体无法与之相比的现场感、真实性和说服力。视与听的紧密结合和双线互补,不仅消除了观众对事物认知的不确定性,同时有利于观众更好地理解和接受评论的内容,强化了传播效应。

(一)屏幕文字

所谓屏幕文字,是指节目根据内容需要,在后期制作时,叠加在屏幕和画面上的文字。屏幕文字是电视媒体视觉符号的另一种形式,其中包括了屏幕上为了易于理解而制作的图表、文字、解说词等。由于屏幕文字本身形式或语义上的特定内涵,经过观众视觉的传递与大脑的加工,同样可以转化为有形的内容,转化为更为抽象的理性思考。对屏幕文字功能的开发已经成为现代电视传播的一个进步,它跨越了图像给人们的限制,将文字搬上屏幕,使之成为和图像、声音一样的传播符号。屏幕文字不仅可以提炼出评论员的主题思想,还能加强受众的记忆。有的屏幕文字在经过特殊处理后,不仅能美化屏幕版面,而且拥有了比文字本身和语言本身更深远的意义。例如屏幕文字中呈现出的一个特殊标点符号、一个双引号、一个问号,都可以强化评论员的态度和观点;对屏幕文字的动画处理,还能使得画面本身呈现出一定的流动感。

(二)画面文字

作为视听结合的评论,电视新闻评论以典型的画面展示人的思想、行为或事物的表现与特征,以连续的画面带领观众重新回到事件本身,目睹人物或事件的发展、变化过程。画面文字,既包括呈现在屏幕上的画面,也包括与画面同期呈现的画面内的文字。

成功的画面,不仅带给观众强烈的视觉冲击力,增强内容的吸引力,还可以对观众产生强烈的感情冲击力。视听结合是电视媒体的独特优势,对于电视新闻评论来说,"视"这一手段的充分发挥在其传播效果中占据最为重要的地位。这就要求评论者在选择论据时尽量使用直观、富有表现力的画面素材,在论证过程中也要充分发挥电视媒体声画的组合方式以及对各种传播符号的综合运用能力,电视新闻记者也应在新闻现场尽力捕捉极有意义的典型画面,在"视"上下功夫,再通过"视听双线互补",才能真正凸显出电视媒体的优势,才能提高评论质量,增强评论的感染力和说服力。

四、语言的环境构成

新闻评论涉及的话题很广,涵盖了社会生活的方方面面,包括政治、经济、文化、教育、道德、法律、体育等。此外,新闻评论关注的问题往往是当前重要的、紧迫的或者是社会公众所关注的。

"现代语言学注重语境的研究,认为语篇语言特点产生的动因来自语篇的外部环境。新闻评论语篇也不例外。就本质而言,新闻评论是一个由多环节组成的言语交际过程,新闻评论语篇只是这个过程中形成的产品。"语言环境对于广播电视新闻评论有着很强的制约作用。它制约着话题的选择,也影响着"产品"的形成过程、传播过程以及传播效应。

我们可以从王建华在《语境歧义分析》一文中提到的语境分类(外显性语境和内隐性语境)来理解这里的新闻评论语言环境。从表现形式来看,广播电视新闻评论语言环境一般可分为显性评论语言环境和隐性评论语言环境两大类。

显性评论语言环境主要是指广播电视新闻评论节目所处的演播室环境和新闻现场环境。演播室环境即在固定的演播室录制的新闻评论节目,新闻现场环境即所评论事件或现象所对应的气氛和场景。由此看来,显性评论环境具有可变性、临时性、传递信息的直接性等特性。

隐性评论语言环境主要指的是评论员在评论过程中受到的源自个人成长经历、教育背景、社会地位、舆论压力、评论时机等因素的影响。隐性评论语言环境具有稳固性、差异性、间接性以及隐藏性的特征。

　　显性评论语言环境和隐性评论语言环境两者是相互依存、相互协调的。显性评论语言环境为新闻评论节目的形成提供了可能性,隐性评论语言环境则直接影响着评论节目的成效和质量水平。

　　思考题:

　　1. 新闻评论的选题来源有哪些?

　　2. 请论述新闻与评论的关系。

　　3. 请举例说明,目前我国突发性事件的广播电视新闻评论出现的新的发展特征。

　　4. 广播电视新闻评论的要素有哪些,请分析具体案例的评论要素。

　　5. 广播电视新闻评论语言类型有哪些? 并举例说明各种语言类型在具体评论节目中的作用。

第七章　广播电视新闻评论的功能

第一节　广播电视新闻评论的舆论引导与舆论组织

一、媒介融合背景下的新闻舆论

大众传媒在社会转型期与网络社会语境下,如何构建一套社会成员所共有的价值观、意义和物质实体的文化与价值的传播力、影响力与凝聚力,推动社会和谐、经济发展、政治进步与科技创新,是当前一个重要的课题,也是广播电视等传统媒体的历史责任。在现有社会语境与媒体环境下,亟需一种新的新闻报道与评论范式实现和形成科学良性的舆论合力与舆情导向。广播电视等传统主流媒体的新闻报道与评论备受网络媒体生存与发展空间的挤压,但是其传播主流与主体影响仍在,对建设社会共识、价值共享与和谐秩序,具有极为重要的、积极的舆论意义。作为新闻媒介的重要宣传手段,广播电视新闻评论与其他形式的新闻评论一样,在组织社会舆论和引导社会舆论方面发挥着重要的作用。舆论导向的正确与否,关系着国家和人民的切身利益,新闻宣传必须坚持正确的舆论导向,才能维护和促进社会的稳定,带来人民的安康。广播电视新闻评论往往被称作广播电台和电视台的"旗帜和声音",其含义就是指通过评论的宣传方式,达到反映人民意见、引导受众、解除疑惑、表明态度的作用。

新闻舆论本身是一个系统,各要素之间的排列、组合和运行,是具有一定的目标、模式、系统的一种经常性的传播活动。所谓"舆论系统"是指个体性、群体性、整体性的舆论结构而组成的相互联系、循序渐进的一个系统。任何社会舆论总是起始于分散无序的个别人的议论,没有个别人始发的议论就难以形成群体舆论,这一现象在广播电视新闻评论中表现得尤为明显,评论员承担起发起评论的任务。从过程意义上看,评论员的评论属于表层性的意见,但它能够影响深层舆论的形成和发展,并具有指导社会生活的重要影响力。当然,个别人的新闻评论还不能成为舆论,因为个人意见总是在一定的制约因素影响下形成的,其中虽有对事物本质的深层性的观点,但仍然存在对事物表象性的意见。从客观上看,事物是需要经过深入发展的过程才能显露出其自身的本质特征,进而为人们所发现、认识和掌握的;从主观上看,个体之间不同的议论,也是一个自我判断、比较和鉴别,进而得出一个比较正确的观点的过程。群体性舆论有其自身的范围和主体,对某一社会问题在一定群体中引起多数人的反响,就构成了这一范围的舆论主体;某些社会问题,不同群体会形成各自不同的意见,就构成了不同范围和主体的若干群体舆论;而当某一问题引起了广大群众大体相同的共识,则构成了不同范围的同一的群体舆论。在舆论系统中,群体舆论起着联结个体议论并引发整体舆论的作用,它既是个体议论的延伸和发展,又是整体舆论的基础和由来,是个体议论和整体舆论的中间环节。舆论系统的个体性、群体性和整体性是一种相互联系的有机体。对于舆论系统来说,个体性是舆论的起始,群体性是舆论的连续和延伸,而整体性则是舆论活动的最终过程。其中任何一个环节阻塞或中断,舆论活动就难以连续并形成一个有机联系的整体系统了。舆论整体性的内涵和主体,是群众对社会重要问题的共识,即广大群众在议论的基础上形成的诸多方面的共识意识。整体性舆论一旦形成,能够为权力机构提供决策依据,矫正行为走向,是一种深层的共识。人民群众对于重大问题所形成的整体性舆论,对社会政治、经济、文化生活是一种重要的精神动力,直接影响到社会生活的各个层面。

社会话语主要由主流话语、精英话语和大众话语构成。主流话语体现统治集团观念意识形态,精英话语主要以知识分子、专家学者为代表构成,数量上最为庞大,能够产生不可抗拒的"多数"压力和力量的是大众话语。主流话语的表达是中央电视台作为国家级电视台必须担当的责任,如果处理不当,很容易教条和空洞化;精英话语因其具有深刻性、批判性和超越性,很容易与大众产生距离感;大众话语传播范围广、影响大,但需要进行提升和引导。这就要求广播电视新闻评论节目在进行舆论引导和舆论组织时,还应当把握好话语的平衡。《今日观察》栏目是中央电视台经济频道在2008年10月27日重磅推出的演播室评论节目。介入角色为演播室的一个主持人和两个评论员、视频延伸到场外专家与媒体观点、网络延伸到普通网友评论,这样就涵盖了主流话语、精英话语和大众话语三个话语空间,以此为基点构建观点和引导舆情。该栏目"看懂中国经济"的议题选取与议程设置的原则,以胡锦涛同志在《讲话》为指导方针,坚持经济舆情"从群众来,到群众中去"的传播路线,以网络舆情为毂和多元(海内外各种媒体、各种观点、各种舆情等)平衡原则,构建观点交流平台、中央电视台舆情引领平台与传播公共语境,创新性地构建聚焦辐射平台传播的新闻评论舆情传播范式。

二、舆论与政治

所有的新闻传播总是带有一定的政治倾向的,即新闻以事态和问题为依据,其中总是渗透了一定的政治主张、观点和意图,以影响社会公众的思想、行为和政治观念。有人将新闻传媒视为一种独立的实体,宣扬"新闻与政治保持一定的距离",也有人主张只有从"新闻学与政治合一的状态中走出来……'新闻有学'才成为可能",甚至有人干脆鼓吹新闻要"摆脱政治控制"。这些观点甚至缺乏最起码的新闻常识。新闻传媒属于上层建筑,这就决定了它必然是具有政治倾向性的。新闻是一种社会意识形态,不同的新闻思想体系表现着不同的社会属性。而新闻作为对于事实的选择与综合,正是一个客观内容和观念形态统一的过程。其中必然包含着不同的倾向,新闻宣传则是运用不同的形式对事态表达着不同的观点和主张,使其具有了政治的目的性。新闻传媒对新闻事实的编排与主次关系的确定,体现的又是一定的政治目的。这种倾向性不是人们随意附加上去的外在因素,而是新闻传媒自其产生之日起就具有的一种内在因素。虽然在不同的历史时期,新闻舆论的政治含义会有所不同,但它却从来没有消失过。这一点就是在自称"绝对自由"的美国,其自由委员会也承认"新闻工作是一种对外政策的政治工具"。

社会舆论的另一大功能是对于政治生活的监督,这也是现代社会行使民主权利的有效形式。作为一种对抗社会"病态"的有力手段,它渗透于社会的一切过程和一切领域之中,没有任何一种方式能够像它那样有效地动员亿万群众自觉地参与到国家管理中来。社会民主意识的强弱,是舆论监督的基础,取决于人们是否有权批评掌权人的违法乱纪行为。一方面,国家权利代表人民监督每一个人是否遵守社会秩序和工作制度,惩治那些违反法律和制度的人。另一方面,人民群众也有权利监督人民的监督者,以舆论实现自己作为国家主人的权利。民主一旦失去了这种平等,民主权利也就变成了少数人的特权,所以,平等原则是舆论监督的前提。

进步的社会制度使用的官员和制定的政策要随时接受人民的监督,使舆论监督经常化和制度化。作为维护平等主体的公民之间、公民与法人之间的权利关系,应当保护人民的正当批评,使舆论监督法制化。为此,我国制定了一系列的法律,任何人都难以凭借手中的权力干预社会舆论的监督。在舆论监督上,新闻传媒不但有责任,而且有自主权,舆论监督一旦受到权力的支配,就会成为一个多余的摆设。在现实社会中,权力是监督的主要客体,而社会公众与新闻传媒是舆论监督的主体。新闻监督代表舆论被称为新闻舆论监督,新闻传媒也成为威力巨大的舆论机构,如果新闻监督受到了权力的支配,就会堕入权力的自我监督之中,其监督机制必然遭到瓦解,民主也就成了虚设的光环。

三、舆论与受众

检验广播电视新闻价值的最终标准是社会,是受众。胡锦涛同志在《在人民日报社考察工作时的讲话》中强调"把坚持正确导向和通达社情民意统一起来,尊重人民主体地位,发挥人民首创精神,保证人民的知情权、参与权、表达权、监督权"。广播电视新闻评论要立足于社会,以受众的需要作为工作的立足点和出发点。社会公众是社会构成的基本成员,也是舆论的主要利益对象,因此成为了新闻舆论的主体部分,并且是新闻舆论的主要传播者。从新闻舆论的传播、接受、反馈来看,受传者的意愿和态度,往往决定了新闻舆论传播过程的流向和效果。从传播活动的整个流程看,即传播—接受—反馈—接受—传播,其中起点和终点都是受传者。这一原理告诉我们,社会公众的活动和生活是新闻舆论的由来,社会实践是新闻舆论的依据,新闻舆论要能够体现社会公众的要求和愿望,社会公众的意志是新闻舆论传播的尺度,公众的社会实践又是检验新闻舆论效益的唯一标准。这也从一个侧面说明,如果新闻传媒不了解社会公众的所做、所思和所需,传媒就不可能有针对性地反映舆论和形成舆论;而传递的信息内容不为社会公众所欲、所需和所知,新闻舆论也就不可能取得理想的社会效益。社会公众作为新闻舆论构成要素,决定了新闻舆论的流向,关系到新闻舆论活动的趋势,也影响着新闻舆论传播的社会效益。

舆论的根本意义是社会公众的意见。但社会公众又是一个复杂的组合体,对应到舆论,又可以划分为政党舆论、团体舆论和群众舆论。在我国,中国共产党代表着人民的利益,各种团体则体现着不同群众的意志,代表着不同群众的利益。而人民大众在根本利益上是一致的,但由于阶层的不同,又存在着个人利益与整体利益,眼前利益与长远利益的区别。在各种因素的联系中,人民大众无疑是新闻舆论的主体。新闻舆论主体性的意义在于规定了新闻舆论的社会属性,影响到新闻舆论的客观效果,关系到新闻舆论活动的发展方向,成为了新闻舆论传播的客观准则。

舆论在对受众观念的引导和塑造方面发挥着重要的作用。一般情况下,人们生活于特定的社会之中,对于社会环境及社会中的各种事态与问题往往既有大致相同的看法,又会因其个体情况的差异而有各自不同的意见,同时,人们还要依照某些约定俗成的公理,并将其当成为自身社会行为的准则。舆论正是其合力下产生出来的,既体现了舆论的内部结构,也包含了各种因素的基本成分。其中社会公众是新闻舆论产生的主体,最新事态是新闻舆论产生的本源,意见表达则是新闻舆论的表现形式。

中央电视台在新闻与评论构建中以"反映民意,充满善意,展示媒意,彰显公意"("四意论")作为评论宗旨。反映民意就是要强调"三贴近",想群众之所想,急群众之所急,评群众之所念。充满善意,就是对待各种问题与矛盾,不回避,不夸大,不进行媒介审判,实事求是,客观评论,善意批评,为政府增强执政能力提出合情、合理与合法的建设性建议。展示媒意,就是对海内外网络、电视、报纸、杂志等各种媒体与社会舆论的各种话语、观点与立场进行整合,充分地、多元地展示与构建媒体的"意见交流市场"。彰显公意,就是中央电视台评论员构建的公共评论平台是党、政府和人民的喉舌,代表党、国家和人民的最高利益。这不但增强舆论传播的亲和力、吸引力和感染力,而且提高舆论引导的权威性、公信力和影响力。

四、舆论与宣传

宣传是阐述某种主义、主张、思想、观点以争取特定对象达到既定目的的活动方式。宣传是一种目的性和功利性非常强的传播活动,宣传带有强烈的主观色彩,主要是向宣传对象进行某种主张或观点的宣扬和传播,并达到影响他人行为的目的。广播电视新闻评论在传播新闻信息、报道客观事实的同时,还可以强化观点,宣传政策,利用其大众媒介信息源广、题材丰富的传播优势。新闻价值是选择和衡量新闻的客观标准,广播电视新闻评论在对新闻进行选择时首先要考虑新闻价值,但也不能忽视宣传价值。新闻价值和宣传价值具有内在的联系,重要性是新闻价值的重要因素,而宣传价值则是衡量事实重要与否的重要标尺,两者是相互影响、相互制约的。新闻所产生的社会效果,往往取决于宣传价值,在具有指导意义题材内容的广播电视新闻评论中,宣传价值是其内在因素。传播信息应当重视群众的需要,在群众的多方面需要中,宣传党的路线、方针、政策,宣传党的中心工作等事关国家命运、人民前途的大事情,是观众的第一需要。另外,从新闻传媒所承担的责任看,一个重要的宣传职能就是对于正确舆论的引导和对于错误舆论的抑制,即所谓的正向舆论和负向舆论的问题。要坚持正确的舆论导向,就必须正确地反映客观事物的真实情况,反映事物发展变化的客观规律,维护绝大多数人的根本利益。在今天,新闻舆论要以弘扬主旋律为基调,对于正确的事物和真理给予肯定和歌颂,构成社会公众应有的生活态度和行为准则,是传播正向舆论的重要目标,同时也是新闻宣传的重要内容。

新闻舆论的一个重要功能,是塑造人们健康的精神追求,净化人们的精神世界。由此,在正向舆论中一个重要的内容是褒扬性舆论。褒扬性舆论反映积极因素和先进事迹,以乐观、热情、鼓舞性的情感与意向,颂扬生活中涌现出来的优秀人物、成功的经验和新鲜事物,使人们对正面事物形成肯定的态度。对于正面事物的肯定,有助于整个社会的健康发展,使社会公众产生巨大的凝聚力。褒扬性舆论包含着生动感人的事实,将社会生活中的典型事例挖掘出来,通过广泛的宣传产生影响,是褒扬性舆论形成的基础。一个充满高尚理想的社会,才会有高尚的社会风气和先进人物的出现,褒扬性舆论正是对于高尚价值观的追求。价值观是社会舆论的核心,借助褒扬性舆论能够传播得更加广泛,为更多的人所接受,而且褒扬性舆论是一种真实思想和真实事实的客观反映,塑造的是一种高尚的文化精神。

确定一种社会制度的优劣,不能忽视考察人民物质生活状况和精神道德面貌,以及用什么性质的舆论去培养社会公众的价值观。社会公正性的丧失会导致许多人价值观的扭曲。劳动与自然向财富的转化通过劳动和分配中介而进行,劳动果实不能成为劳动者全面表征自己本质力量的对象,各种社会丑恶现象也随之产生。在这种情况下,褒扬性舆论的传播诉诸正义的理念,克服消极现象,有助于高尚精神居于社会导向地位。作为社会舆论的一个重要的内容是褒扬正确的文化观念,它是人类历史上最进步、最科学的社会意识,对于社会的发展能够产生出巨大的能动作用,成为发展民主政治和社会经济的重要动力。

由于褒扬性舆论对先进理论和模范人物的肯定,成为造就一代新人的观念基础,能够正确指导人的行动。进入信息时代,人的智能发育成为了人发展的中心问题,也成为了现代人素质的主要标志。先进人物不仅具有全心全意为人民服务的精神,而且以竞争原则和价值准则指导自己的行为,不断汲取知识,具有发明创造的强大动力。机器的智能化将人从物质生产领域中解放出来。褒扬性舆论告诉我们,如何在这一背景下成为经济和政治生活的主人。我们曾经倡导苦干精神,但在今天,褒扬性舆论不再是简单地肯定献身式的苦干,而是倡导掌握新技术、新知识和善于独立思考、具有创新精神的人,激励人取得独立的人格和为社会全面进步而勇于奋斗的精神,提倡人的自由和全面的发展。

舆论造就人是一个长期的历史过程,不能离开现实的经济状况和人的道德与智力发展。褒扬舆论的教化作用,主要体现在对公众道德的塑造方面,指导人们正确获取物质产品的手段和尺度。从社会性上看,道德不仅是人们调整相互关系,调整人与社会、人与自然关系的一种重要手段,也是调整分配关系的杠杆。新闻舆论要确立起人们自我肯定、自我发展和自我完善的巨大精神力量,确定和赞美公正的分配制度,并愿意用一定的道德原则、道德规范、道德准则约束自己不正当的追求财富的行为,坚持分配公正、权利平等的原则。

道德往往是通过舆论发挥其约束作用的,并促进人类提高精神的本体意识,确立起经济平等和政治平等的意识。褒扬性舆论使社会公众确信,只有公正的制度和公正的人,才能感受到人格的尊严和人生的价值,使生活充满崇高意义。道德具有经济地位的指标,不同经济状况的人的道德反映着不同利益的状况和要求,所以对于怎样做才能成为善良、高尚和完美的人,往往标准各不相同甚至相互对立。但是这并不意味着道德的进步与落后,道德行为的善与恶没有任何客观标准。正向舆论客观地评价某种道德的进步与落后,实事求是地衡量着某种道德行为的善与恶,是看对公民的尊严、劳动成果和社会利益是侵犯还是积极维护,在法律面前是否人人平等,对作为生产力决定因素的广大劳动者的生活改善是促进还是阻碍。凡能够促进社会生产力发展和有助于劳动者发挥劳动积极性、主动性和创造性的道德,就是善的或美的高尚行为。

对于新闻传媒来说,进行正确的舆论引导固然重要,避免错误的舆论引导也是同样重要的。新中国成立后的发展历史,那些历史"热情"造成的灾难,新闻传媒应该负有相当的责任,它所造成的严重后果,往往是无法弥补的。所以,对于社会舆论的负功能研究,应该引起我们的充分重视。新闻传媒在新闻评论信息的传播工作中应该做好以下方面的工作。

首先,新闻传媒在新闻评论信息的传播工作中要克服"浮言"。浮言多表现为对于工作不恰当的评价。由于广大公众没有可能进行调查,对媒体赞扬的内容信以为真,而形成了虚假的褒扬性舆论,为社会制造错觉,扭曲了公众的认识。在现实生活中,一些人辨别浮言的能力不高,也没有认真细致地思索,往往将美丽的空话当作真理追求。将吹捧美化事物的言谈称为美言,它能使被欺骗对象获得心理上的满足。由于失去了真实性,一旦新闻传媒进行传播,就会把公众引入到错误的认识中去。浮言是一种舆论欺骗,舆论蒙蔽。特别需要强调的是,虚假的热情使浮言失去了冷静,对人对事丧失了严肃的评价标准,公众的崇高献给了虚伪的荣誉,人类的创造精神遭到了无情的戏弄,社会进步受到噩梦的摧残。

浮言的兴起是思想万能论的反射,是文化的堕落,也是对人考核的非理性的恶果,表明人治机制需要吹捧和套话。浮言导致思想萎缩、曲解和哗众取宠的频频发生,使认识变成了多余的麻烦。每个传播套话的人都可能从中捞到好处。一个社会表现出强烈的人身依附关系,强调以颂扬、赞同的言语画线,浮言就会大量产生,最终形成一种歪风,语言这一人的心灵的反映,成为了美化丑陋与错误的花环,而不再代表思想的真实。浮言最终是麻醉了权力,欺骗了社会。

其次,要注意对于谬理的识别与克服。谬理是貌似有理、实则是违背规律的错误观点。这种负向舆论蒙蔽公众的理智,扭曲实践的全面联系,把事物的片面性、单一现象、局部的变动和偶然的特例视为永恒、稳定的本质。谬理把许多人的认识引向狭隘的经验层次或僵化的思维模式,形成谬理长期泛滥的舆论现象。

任何社会群体或个人一旦将自己视为真理的天然占有者,忽视实践的检验,谬理就会应运而生。他们所制造出来的舆论难以把握社会的脉搏,反映不出社会的真实现状,将人们送入狭窄的思维定势之中,追随荒谬的舆论自欺欺人。特别需要注意的是,谬理的舆论往往包含了蛊惑的成分,对事物错误地否定、荒唐地肯定、强烈地毁誉、肆意地歪曲、荒诞地批判。谬理指向一个事物,就变成对这一事物的荒谬认识;指向一个人,就变成对个人的败坏。谬理担负着蛊惑与败坏的职责,用种种推理去辩护错误,但由于它是荒谬的,脱离生活实际并违背常识,所以,最终会被人们所识破。

一种意识形态是由一种信念发展出来的一套理论,一旦获得统治地位,就容易用固定的方式来解释事实,体现主流思想观察世界一成不变的习惯。意识形态所反映的是固有观念受利益束缚而达到的情境,以致不再能见到某些真实的事实。"社会真实情况"的非意识形态化往往被否认为科学知识,甚至被否认为是客观真实,而脱离实际的意识形态却被视为不容否认的实际,而这正是谬理得以繁衍的母体。历史证明,许多伟人和进步的政治派别,也同样生产出错误的意见,我们许多人却不愿正视这一事实。人们总是刻意、片面地认识世界,却不全面地观察世界,按照世界本来的样子解释世界。为了维护某种权威或达到某种需要,有些人就会以自己的主观思想去代替客观现实,看上去有道理的意见被炮制出来,并进行大信息量的鼓吹,使错误的意见越来越像真理,而实际上这是生产着真理的赝品。

再次是要控制谣言。谣言也是负向舆论中的一种,当社会生活遭到人为或自然力量的破坏,出现危机,使人们陷入惊恐或猜测的忧虑之中,社会意识结构失衡,谣言随之产生。正常渠道的意见传播中断,社会底层群体的自发活动取代了上层组织的信息传播功能,为谣言提供了发展空间。谣言既可能是一种认识上的臆断,也可能是别有用心的制造。谣言多为社会追求或某种意图的产物,以事件为实体的内容是虚构的,结果往往是引起人们的恐慌或愤怒的情绪。谣言的形成包含了传播的若干环节,谣言的制造者总是编造具体的事实,以特殊渠道使公众产生盲目信从的心理,谣言得以广泛而迅速地流传。谣言总是一个具体事件的变故,虚构的情节将原事件引向了荒唐,使人们产生出错误的认识,并开始以讹传讹。由于人们稳定感的丧失,使谣言成为了人们最关注的话题。正是传播渠道不畅为谣言的流行创造了机会,而人际传播具有自然性、随意性的特征。个人按自己的意愿选择表达手段,传播链随时可能改道,谣言便会兴旺起来,而且还会产生出新的谣言。

控制和制止谣言十分复杂,有时尽管有关部门一再公布事实的真相,人们仍不相信,继续传播谣言。谣言与人们的处境有很大关系,只有铲除谣言赖以生存的因素,谣言才会消失。平息谣言,必须创造一种宽松、透明的社会环境,让人们了解所关注问题的内幕。和人们生活密切相关或敏感的问题,往往成为人们关心的热点,需要提供充分的透明度。提高政治透明度,使公众及时了解政治状况以及重大决策产生的原因和条件,政治谣言不仅难以产生,即使出现也难以扩大传播范围。对于涉及重大问题的谣言,政府或新闻传媒应及时发表声明,以证实谣言所传内容与事实不符,以瓦解谣言的传播。对于那些蛊惑人心,危及社会治安或对他人名誉构成诬陷的谣言,应依法打击制造和传播谣言的人。如果谣言是由某些社会问题引起的,在惩处造谣者的同时,还须正视引发谣言的问题,向社会公布解决问题的方法,以安定人心。

控制谣言最有效的措施,就是拿出事实,涉及危机事件时,要注意全面、稳妥地进行报道,不渲染,不夸大。有些新闻报道用自然主义的手法渲染现场,以煽情的细节激起社会的不安,会助长谣言的滋生和传播。

第二节 广播电视新闻评论的信息传播功能

一、信息概述

广播与电视是多功能的媒介,各类丰富多彩的节目形式起着传播新闻信息,普及社会教育,提供社会服务,丰富文化娱乐的作用。但是作为大众传播媒介,所表现出来的多功能并不是平等的,其中最重要最本质的还是它们的新闻功能,新闻节目是广播电视节目的主体和骨干。广播电视新闻评论通过对新闻事件的评论和解读,宣传党的路线、方针、政策,反映群众的呼声和愿望,起到沟通情况,上下交流的作用,它影响、引导社会舆论,密切为政治服务,是党和国家的重要舆论阵地。广播电视新闻节目题材广泛,对新闻事实或作客观简要报道或作详尽分析和深度解释的报道,或针对新闻事实进行评论,发表观点,表明态度。通过传播新闻信息,进而起到社会教育、公共服务、提高文化品位的作用。广播电视因其大众传播媒体角色,决定了其信息传播具有一定的社会性和责任感,体现出作为媒体的职责。

人类自身的发展,是同生产活动紧密结合在一起的。传统的生产思想单纯地把生产理解为人类出于某种需要,而对某一特定对象的加工。这样,人类的生产活动也就自然被模式化为,原材料—加工—产品—交换。但到了现代社会,特别是在科学技术迅速发展的今天,传统的生产思想遭到了彻底的"扭曲"。信息已同物质、能源一起被视为人类社会生产与生活不可缺少的三大资源。现代人是生活在信息的海洋里。我们生活的方方面面,无不同信息紧密相关,信息意识已经被提到了特有的高度,并且直接影响人们的思想与行为。虽然由于各自的文化层次与目的上的差异,会对"信息"提出各自不同的要求,但"信息"在各自生活中的地位与作用应该是相同的。我们在强调人类相互间的交往意义时,重视了人的社会位置,所以,交往作为手段被得到强调。但是当我们思考人类交往内容的时候,可以说,信息是联系人类的纽带。

那么,我们应该怎样来理解"信息"的概念呢? 信息(information)一词来源于拉丁文,是含有"通知、报告、消息、报道、情报、知识、见闻"等多义性的词汇。就"信息"的构成因素看,可以分解为三个层次:①语法或结构形式层次,反映信息的确定度;②语义或逻辑内容层次,反映信息的真实度;③语用或价值层次,反映信息的效用度。其中,对信息的量的研究,同第一层次有关,构成了经典信息论的内容;而对信息的质的研究,则同后两个层次有关,构成了现代信息论的内容。在这一认识的基础上,我们可以从广义和狭义两个方面对"信息"概念进行把握。所谓广义的信息,是指从纯客观或本体论的角度对信息进行理性的认识,信息是事物存在状态及其运动形式的表征。而狭义的信息是从使用者的角度,或认识论的角度对"信息"进行理性的认识,信息是人们对事物存在状态与运动形式的陈述,通常是以语言、文字、图像或数据等形式表现出来,供人们传递、处理和使用。信息是可以减小或消除不确定性的事物的运动状态和形式的反映,它只有依赖信源、信道、信宿才存在。所谓的不确定性是指人们在获取某一信息之前,认识上存在某种模糊状态。从新闻学角度看,新闻信息对接受者来说新闻传播内容是事先不知道或不确知的。信息的概念运用到新闻领域中来,其重要的意义在于将"新闻"的内涵进一步扩展。新闻的起源强调新近发生的事实,事实概念通常是指发生发展的事件,今天已经扩展到新的观念的传播,这一现象在新闻评论中表现得尤为突出。凡是以新闻事实为基点引发某种观点、见解,且观点又具有新意、新质的都属于新闻信息范畴。法国新闻学者贝尔纳曾经说过:"新闻形成社会,因为它给社会以形式。是新闻,实际上也只有新闻……能使潜在的现实明朗化,能够左右潮流,能够引发千百万条件相似,渴望寻觅知音的人民的共同感应。除新闻之外,没有别的东西能把人民连通起来。"

新闻事业是一种社会信息传播活动,它的产生适应了人类社会对信息的需求,它发展的内在动力也正是缘于群众对信息需求的急剧增长,这是新闻的社会属性。不同的新闻媒介有不同的自然属性、传播信息的载体手段不同,会产生不同的传播效果。广播电视新闻是现代化的新闻媒介,是声画多因素的综合传播,传播载体丰富,手段多样,每种手段、每个传播符号都在承载信息,它在同样单元时间内,其信息量要优于报纸。

广播电视新闻评论在新闻事实的基础上,发表评论,阐明观点,同时也在进行信息的传播。观众观看新闻评论,最直接的目的是获取大量的新信息。控制论创始人维纳认为:"接收信息和使用信息的过程就是我们对外界环境中的种种偶然性进行调节,并在该环境中有效地生活着的过程。"[①]人类在社会生活中为适应和改造世界,必须从外界获取信息。人们通过广播电视新闻了解外部世界的最新变化,从而调整自我的行为以适应这些变化,这是人类生活中适应环境的本能需要,也是新闻越来越受社会重视,为广大群众所关注,从而能迅速、飞跃地发展与壮大的根本原因。当社会形成以后,作为社会一分子的个体,他的生活必然受到社会各个因素的影响和制约。在现代社会中,没有足够的信息,人的活动和思维就会陷入盲目和片面。现代社会被称为信息化的社会,信息已经成为重要的资源。新闻传播承担起传播信息、服务社会的功能,广播电视新闻的传播覆盖面广,影响力大,在信息服务上具有极大的优势。

信息传播功能,从广义上说,是通过传播媒介向社会提供各类信息,从而给人们的生产生活带来方便的社会行为。广播电视新闻评论的信息传播功能主要是指通过新闻评论这一新闻形式,提供新闻事实信息的同时,对事实进行评论和价值判断,进而传递某种主张和态度,在使观众在知识层面获得补充的同时,达到在心理层面对深层信息获取的满足感。

---

① 叶子.现代电视新闻学[M].北京:中国广播电视出版社,2005:35.

二、信息的编码

在信息爆炸的时代,普通的民众天天都面对着海量的信息,大众传播媒体不是简单地对原始信息进行传播,同时还应当担负起引领受众思想、指导受众思考方向的责任,这就要求广播电视新闻评论在进行信息传播时进行编码设置。

早在20世纪40年代,美国数学家、贝尔电话研究所的申农就开始了信息论的研究。1948年,申农在《贝尔系统技术杂志》上发表了题为《通信的数学理论》的论文,第二年又发表了论文《噪声中的通信》,从理论上研究了定量描述信息的方法以及如何有效地传递、处理信息的问题,从而奠定了信息论的基础,成为信息论的创始人。在其论文中,他专门讨论了信源与信道的特性,阐明了通讯机理,并提出了通讯系统的基础模型:信源—编码—信道—译码—信宿。他用数字方式对信息作了定量描述,提出了信息量概念与计算方法。信息是信号传输的内容,应该是能够量化的;而信源作为信息的来源,可以是任何物质对象,但信息不是物质,而是以某种符号或信号表现出来,称之为消息,它的形式是具体的、多样的,而它所承载的实质内容就是信息。编码则指将信息转化为信号的措施;"码"即按一定的规则排列出的符号序列,而编排过程即为编码过程。语言、文字、图表、数据等都是人们创造的符号世界。就符号系统而言,人们用各类符号进行思维和交流信息的过程,也就是编码和译码的过程。从这个意义上说,广义上的信息编码包含着人们以文字、图表、数据、声像、色彩等符号对一切信息做出的系统的、形象的、逻辑的表述。因此编码可以表述为,用另外一些物质承担者对一些物质体现者进行精确的或同构的反映。

无论什么传播方式,都有编码标准。传播行为涉及的社会范围越大,对编码的要求就越高。特别是大众传播媒介,标准更具体、更系统,要求也更高。如新闻传播,有新闻价值标准,民族文化规范、法律法规等,不能随意操作。在个人的内向传播中,主要是运用有系统的语言进行思维活动,但感觉系统、感情与情绪、潜意识也更多参与了默默无声的"编码"过程,情况就更加复杂了。

原始信息进入到大众传播领域,经过一系列的编码行为,不再以其原始面貌呈现。其信息编码过程实质上渗透了传播者的意图和策略:采用什么样的方式进行传播,完成怎样的传播效果,达到怎样的预期目的,等等。信息的编码在某种程度上可以看作新闻评论表意的实施策略,具体到操作层面就是新闻评论如何进行表达意见、传播观点。就目前我国广播电视新闻评论的表意方式来看,主要表现为两种形态:言论式和述评式。言论式的新闻评论主要通过评论者的话语对新闻作直接的阐释,指陈观点。述评式的新闻评论则主要是节目制作者对新闻事件进行叙述,以叙事策略的选择与优化来蕴含对事件的评断,观点的表达和评判通过叙事进行。

三、信息的媒介

信息本身虽然是一个变量,但它不能自己流动,其流动是通过载体实现的,即信息的传播是依靠物质(符号和媒体)进行的。宇宙是由物质、能量以及性质完全不同的信息构成的。欧廷格对三者的描述是:"没有物质,就什么东西也不存在;没有能量,就什么事情也不发生;没有信息,就什么东西也无意义。"从某种意义上说,信息不像物质那样具有实物或"质量"。这样,媒介对信息也就有了影响作用,受众是通过媒介获得信息的。媒介既是工具又不是工具,媒介是人创造的,并受人的控制。但媒介一旦产生,也可以影响和左右人的行为,它是一种人格化的传播工具。各种传播媒介由其自身的特点所决定,有其优势,也有其不足,相互间是无法替代的。为了获得理想的传播效果,根据信息内容与传播要求,选择适当的媒介十分重要。受众通过大众传媒得到的信息,已经不再是信息的原始状态,而是传播者加工后的信息,在保证真实的前提下,加工对于传播效果也是直接的影响因素。信息需要以物质为载体,用符号来表现。具体到广播电视而言,广播传播的信息符号主要表现为声音。语言、音响和同期声,而在广播新闻评论方面,主要依赖语言进行信息传播。电视新闻传播的信息符号主要由声音、画面、文字等构成,其中以语言为主,辅助以画面和文字,这样相对于广播而言表现形式更加形象生动,同时由于多媒介的组合使得其承载的信息量更大。

广播电视新闻评论的鲜明特色就在于它的"评论"性,因而最主要的信息媒介应当是话语,其中承担起话语表达的是新闻评论员。新闻评论员定位是"价值守望,民意表达,观点整合,做最有价值观点的传播者",他与作为思想者、叙事者、整合者的主持人,共同构建新闻与评论叙事。评论员主要是专职媒体评论员与专家评论员,海内外特约评论员包括各方面造诣较深、影响较大的学界专家、政界官员与媒介人士,因而更多扮演的是"意见领袖"的角色。在全球化与网络社会语境下,媒体格局嬗变与各种观点如潮之涌,评论员观点引领舆情发展,不仅代表着我们时代新闻传播与媒介发展的水平,而且是我党和国家的喉舌、民族良心与公众心声,其传播价值更具共享性、历史性和穿透力。

四、信息的解码

信息的解码主要针对信息的接受者而言,是指把信号、符号转化成它们所表达的思想内容,使之完全或基本上还原为本来的信息。解码是编码的反转换。对于信息的精确解码可能性更多存在于机器系统内,如电子计算机对指令的忠实接受。但也存在一些干扰因素,如机器故障、程序错误、噪声影响等,会制约解码的精确性。对于进行思维活动主要器官的人类大脑来说,在对信息进行解码时,情况就更加微妙和复杂。

在大众传播领域,主流媒体生产的信息所产生的意义主要有两层:一是编码人建构的意义,二是解码人根据自己的个人背景、社会背景和解读框架而解读的意义。媒体新闻不仅仅是对某个事件的报道,而且是对该事件进行的建构。媒体文本是一种建构好的媒体叙事语言,在预设的语言框架下编码,一般来讲,媒体不会打破其编码规则,假若媒体不断超越其编码框架,则观众便不知所云。当媒体报道一则事件时,这则事件就意味着是书写后的报道。这则报道通过媒体文字、图片、录像和播报语气等综合元素权威性地发布出来,观众由此得以阅读报道、了解何时何地发生了什么事件。可是针对同一事件却有不同的报道,不同的报道意义各不相同,甚至互相矛盾。各种媒体报道并非空穴来风,并非像平时讲故事那么简单。这样,对观众来说就会遇到下面的问题:如何解码媒体语言?如何从媒体事件报道的语言中读出其中蕴含的真正意义?斯图亚特·霍尔认为,媒体阅读者对媒体文本进行解读的意义既不是固定的,也不是完全不确定的,文本虽然有多重意义,但作为每个人而言必然采取一种立场。这一立场在编码人与解码人之间左右平衡,这一立场也是编码人附加的主导意义和解码人的阅读策略其间的张力所带来的结果。一方面媒体编码人试图把基于自身背景和文化视角而附加的意义传递给媒体解码人,另一方面解码人则基于自身的背景和特性使"原初的意义"发生不同程度的改变。霍尔向我们展示了媒体是如何传播信息的,不同的意义可能因为"缺乏通约性"而被误解,也就是说,你指的意思极可能不是我所理解的意思。霍尔在此所阐释的意义还与符号学有关,在进行解码时一个重要的影响因素就是关于符号的意义。意义是一个哲学领域的基本问题。杜威认为:"意义产生于人与环境的互动之中,而语言是我们获得意义的一个必不可少的条件。"理查兹则指出:"意义主要地不存在于符号,而存在于人。"可以看出,意义的存在和阐释是与人紧密联系的,人的存在与活动是意义产生的基础,在很大程度上它又存在于人的主观理解之中,每个人都有自己独特的"意义体系"。霍尔把编码人有意附加的意义叫作"建构信息意义的(媒体)生产"。有意附加的意义一旦生产出来,媒体话语便随之出现,而媒体话语的最终意义则是在媒体解码人那里体现出来的。"在一定程度上,媒体话语必定在有意义的话语结构中生产出原初附加的意义",从而使媒体解码人获取电视媒体话语的意义。媒体观众在解码的过程中解读的意义可能与编码者原初的意义一致,也可能与原初的意义正好相反,在大部分情况下,意义总是处于协商状态。

通过广播电视接受信息,一部分受众满足"发生了什么"的需要,但是还有相当一部分的受众对信息需求是并不满足于知晓阶段,更要知道"为什么"和"将会怎么样"。从新闻学角度说,受众需求的不只是新闻信息的"第一落点",而且还要"第二落点",也就是观点的解读。而广播电视新闻评论的出现和发展,恰恰实现了新闻传播在解读信息上的功能。

在现代社会,大众传播媒介日益发达,媒体越来越丰富多样,是一个"信息爆炸"的社会,心理学家形容现代受众接受信息的心理承受力已近"超载"。面对错综复杂的海量信息,人们似乎无所适从,似乎是得到的信息越多,就越难做到消息灵通,越难以把握这个赖以生存的世界。在这种情况下,受众需要有社会责任感、有影响力、具有权威性的主流媒体能帮助他们来解读信息,梳理思路,确立观点。这里的信息解读具有两个层面的意义:首先是存在于大众传播媒介层面,它们面对原始信息进行的选择和解码;另外一个层面是指受众针对新闻媒体传播的信息进行解码。第二个层面的解码活动有时和第一层面是交叉进行的,也就是说受众也可以根据自身的理解对现实生活中的信息进行解码。从第一个层面来看,广播电视新闻评论的任务不再仅仅是对新闻信息进行快速、及时的报道,而是在此基础上做进一步的深入报道,并解读信息,进而传达观点,以期达到影响受众的目的。例如近些年的"人大""政协"两会报道,中央电视台新闻频道都会在新闻评论节目中请相关专家对政府工作报告中传达的信息特别是一些数字进行解读,通过分析解读将抽象枯燥的数字与百姓的切身利益联系起来,充分体现政府求真务实、注重民生的精神。通过这一系列评论节目的播出,在解读信息基础上形成社会对问题的共识,从而实现上下交流沟通,保障社会的安定团结的作用。传播信息、解读信息是现代传媒的主要职能,它体现了媒体的水准和社会责任,最大限度地发挥广播电视新闻评论的传播信息职能,是现代社会的需求,也是新闻工作者努力的目标。

五、信息的反馈

广播电视作为大众传播媒介,是为受众提供信息服务的,从可能性上看,在广播电视传播过程中,全体社会成员都是它的受众。但从现实性上讲,只有当大众介入其中,实施了收听或收视行为,才成为广播电视的受众。所以,受众就是大众传播媒介的接触者与传播内容的使用者,是使用而非一味被动接受媒介所传播的信息的人。受众作为构成传播过程两极中的一极,作为传播行为双主体的一个方面,是传播的重心,其地位与作用是非常突出,不容置疑的。

传播与反馈是传播者与受众之间的相互沟通、相互作用的两种行为,并由此形成一个循环往复的传播流程。在广播电视传播体系中,受众的反馈也就是他们送回给传播者的意见信息,这种信息也许是他们对于节目的评价,也许是对传播方式和行为的建议。受众对于媒体的监督功能,就是由其反馈作用所衍生的。这种反馈信息对于广播电视事业的发展是非常重要的,它能够极大地激发起媒体从业人员的工作热情,能够指导广播事业的未来发展方向。从受众那里反馈回来的信息,是传播者们检验传播效果最直接和最权威的标准,有利于进一步改进节目形式和内容、传播行为和技术。

下面我们结合中央电视台新闻频道《新闻1+1》的一期节目,具体来看电视新闻评论是如何进行信息传播的。

◇◇ **案例**

《海外大撤离》

段落1

(主持人　董倩)欢迎收看《新闻1+1》。为了尽快地接回滞留海外的中国同胞,今天下午中国空军派出了两架伊尔-76运输机赶往了利比亚,这也是我国空军第一次派出运输机赴海外执行接护人员的任务。

【播放短片】

【字幕提示】利比亚机场候机大厅。

【电话采访】中国国航新闻发言人朱梅。

(朱　梅)从28日起,国航会保持每天都有5架航班的运力高密度穿梭飞行。

按新的部署,从3月1日起,我们国航会在原来5架的基础上再增派一架(波音)777。

傍晚的时候,我们又接到了民航局最新的部署,从3月1日开始,每天7架飞克里特岛。这样每天大约能够接回同胞2 000多人。

……

【字幕提示】

27日,1 600名中国公民安全撤抵突尼斯境内。

27日,利比亚东部1 400名中国公民已经全部撤离。

截至今天10时,我国已从利比亚共撤出近29 000人。其中约25 000人已回国,约3 000人暂时安置在第三国,约3 400人正在赴第三国途中。

(主持人)白岩松,你怎么看我们派出军用飞机去接中国公民回国这件事?

(评论员 白岩松)我觉得首先要强调我们今天做这个新闻的时候,跟做其他新闻不太一样。包括即使我们刚才短片当中看到的很多数字等,也都在随时动态的变化过程中。

比如说到军用飞机的时候,我们知道的消息是在下午4点钟的时候两架飞走了,今天晚些时候,另外两架也将在新疆乌鲁木齐的机场起飞。大约在这个时间的时候,可能也已经起飞了,一共是4架军用飞机。

透过刚才的消息也能看到,它的单次航程就9 500公里。也就是说作为军用的大型运输飞机,它的续航能力强,应对复杂的机场状况的适应能力更强,不像民航飞机那样,对机场要求特别高。

另外有一个细节是非常重要的,咱们这次整个在利比亚大撤离的过程中,只有第一架民用航空飞机是降落在利比亚,从利比亚的机场,的黎波里的机场直接接咱们的国人回家的,剩下的都是要飞到希腊,飞到其他的地方去接,没法到利比亚。

另外还有一点,军用飞机它的空中通信,各种信息的掌控能力都比较强。

但其实我觉得最重要的就是,在情况如此复杂的情况下,千方百计地要赶紧撤离人回家,这个时候就要实施立体式的救援,各种方案都要参与其中。

……

(主持人)刚才我们着重关注了一下民用和军用的飞机前往撤离地区,其实我们也看到有一个徐州号导弹护卫舰前往,这是一个什么样的运用?

(白岩松)你看,在这幅图里大家就知道,整个这个大撤离的活动得是多么繁杂的一个活动。这里面包括有大巴车,因为你要运人到港口,有自己在附近海域的中远集团、中海集团的货轮,有租的船,还有从埃及那边也要派车等。在这样的一种情况下,错综复杂、局势还非常不稳定的情况下,导弹护卫舰能够来保护我们运了同胞的这种船,能够安全地行驶,到达目的地,我觉得这体现了非常非常重要的一种,我们不能在哪个环节、哪个细节上没有做好,使已经开始拥有的安全再失去。所以我觉得这个时候也是安全第一。

段落2

(主持人)接下来,我们就连线中央电视台驻上海的记者李桢,来了解一下东航参与撤离任务的情况。

……

(主持人)我们这次就像你刚才说的,能参与的都参与进去了,怎么看这次花了这么大的力气?

（白岩松）我觉得慢慢地能够感受到（我国的进步）。如果说过去我们当遇到在哪国的局势突然出现巨大变动的情况下，我们撤离所有的工作人员等，像是一个又一个孤立的事件。但是当我们回过头，将这一系列的事件串联起来，尤其这次如此大规模的，恐怕是中国有史以来最大规模的撤离，人数会超过3万，能够看出，它可能在未来的日子里将会变成一种惯例。也就是不管你走得多远，中国人，你就会永远拥有一种属于国家的、与国家有关的安全感，我觉得这一点是非常重要的。过去可能是近距离的，现在是这么远距离的时候，仍然一个不能少，然后每一个人都能找到一种即使走到很远之后的内心的安全感。

我觉得这一点恐怕是"以人为本"，另外一个是"外交为民"。我们现在的外交不仅是国与国打交道，很重要的一点也是要保护很多中国人在世界各地拥有最大程度的安全。

段落3

（主持人）本次从利比亚的大撤离，规模非常大，人员也很多，而且面对的形势非常复杂。但是在相关国家的大力、鼎力协助之下，撤退任务执行得非常有秩序，我们不但撤出了本国的公民，而且也撤离了其他国家的公民。

【播放短片】

……

（主持人）俗话说，一个好汉三个帮。所以我们能这么顺利地撤离，跟人家的帮助密不可分。

（白岩松）所以你有能力的时候也要帮别人。因为你想想，这次我们在第三国，包括希腊也好，包括突尼斯也好，其实突尼斯现在自己的政局也不是很稳（定），埃及、阿联酋等很多国家，你能够相对顺利地使自己人员在撤离过程中得到很多帮助，而且不仅只是一个中转。过去可能认为你只是在希腊待一天或者两天，现在有可能有很多的人要待5天，甚至6天的时间，那么吃、喝、拉、撒、睡，一下子挤进来，一个相对悠闲的希腊，一下子挤进来一两万人，而且这还仅仅说的是中国人，你想想，对于它的挑战是巨大的。

在这样的一种背景下，你看温总理都会带信去感谢希腊的帕潘德里欧，总理代表中国向希腊表示感谢，包括马耳他，等等等等。这个时候当你有能力，你去帮助像越南，像孟加拉，以及我们的一些邻居，包括其他一些国家的人的时候，我觉得也该做。在这个时候，生命是最重要的，安全是最重要的，而生命与安全不是拿平常我们所谈论的国界来衡量的。所以在这样的一种情况下，更要体现出中国作为一个成长中的大国，你应该具有的一种对人道主义救援更深刻的理解。

（《新闻1+1》2011年2月28日。）

《新闻1+1》是典型的言论式新闻评论，正如栏目名称所言，节目形式是由一位主持人和一位评论员组合而成的。主持人站在观众的角度上，以共性的困惑代表观众去关注问题，引导问题的走向，把握节目的流程；评论员代表主流话语，站在媒体的立场上，公开表明倾向。评论员通过对问题进行解答，一方面辅助观众解读信息，进行基本层面信息的传递；另外一方面是在解读信息的基础上对观众的观念进行引导。

从传播方式上看，主持人和评论员之间表现为一种谈话交流的形式，这就赋予了观众一种特权性的视点。观众不再处于被凝视的地位，而是更多表现为旁观者的姿态，获得象征性的独立思考地位。而实际上观众是被隐喻性地参与到整个评论的过程，渐渐使他们忘记了在观看一个节目，顺着主持人和评论员的引导，自然地接受节目的观点。

虽然节目呈现出明显的对话特征，但是整体话语逻辑还是非常清晰的，节目流程非常顺畅。为了便于分析，笔者将这一期的节目文本进行了划分，对三个段落进行分析。通过观察，我们可以很清楚地发现，两个段落明显是由"新闻背景＋信息解读"的方式构成。其中新闻背景表现方式主要有新闻短片、记者连线以及相关人员采访。新闻背景这一部分主要是完成对新闻背景的交代，对新闻信息进行简单的铺陈，给观众提供基本的信息。这些信息的特点是比较原始，对这些信息的获取是需要解读才能完成的。但是需要指出的是，虽然这些信息看似原始，但是他们的选择仍然是渗透了传播者的议程设置意识。由于这些信息的原始性、分散性以及易逝性的特征，观众在解读时会存在一定的困难，这时主持人和评论员的角色功能得以发挥。在段落1中，首先播出了中国公民从利比亚撤离情况的短片，其中蕴含的信息量非常丰富，但这对于观众而言还只是停留在"知晓"阶段，也就是仅仅知道"中国公民撤离利比亚"这件事而已，至于更深层次的信息获取就需要评论员来协助完成了。主持人并没有针对全部信息提问，而是选取了"军用飞机"和"徐州号导弹护卫舰"这两个符号请评论员进行解读。我们说，主持人是代表观众进行提问，但是这只是表面角色，从本质上讲主持人扮演的仍然是媒体代言人角色，在众多的信息中挑选具有明显的国家色彩的符号进行提问，表明深深渗透了媒体的议程设置和引导意识。评论员分析了使用军用飞机和军舰的原因，一方面解答了观众的疑惑，另一方面也表露出国家对这次撤离的重视，同时表达出中国担负更多国际责任的信心——"当越来越多的国家希望中国承担更多大国责任的时候，将来这个世界上如果需要大规模的全世界联手的国际人道救援的时候，我们也可以因为现在积累的经验去投身其中，帮助整个人道主义的救援实施得更好"。

段落2同样是先提供了新闻背景的介绍：撤离人员回国的情况以及利比亚当地的情况。然后，由评论员进行整合——"这都是一个千方百计，以及立体式救援的体现"，并进行详细的解读。接着评论员进行评论，表达自己对这次撤离的观点——"我觉得这一点恐怕是以人为本，另外是一个外交为民，我们现在的外交不仅是国与国打交道，很重要的一点也是要保护很多中国人在世界各地拥有最大程度的安全"。

段落3紧承段落2评论员关于外交的话题，对这次撤离行动涉及的国际性信息进行介绍，如帮助撤离其他国家公民以及第三国对中国这次撤离行动的支持和帮助等。评论员在这一段落主要从国际视野发表评论，并最后总结："在这个时候，生命是最重要的，安全是最重要的，而生命与安全不是拿平常我们所谈论的国界来衡量的。所以在这样的一种情况下，更要体现出中国作为一个成长中的大国，应该具有的一种对人道主义救援更深刻的理解。"

　　通过以上的分析,我们可以很清晰地看到这一期的新闻评论的逻辑脉络:首先对基本信息进行介绍,撤离的方案涉及的人数、目前的情况等;接着阐释这次海外撤离的国际影响、中国取得的外交成果在这次撤离中的体现、应当承担的国际责任等。其中贯穿始终的是"生命与安全"这一核心信息,充分体现新闻评论的人文关怀意识。

第三节　广播电视新闻评论的社会功能

一、认知功能

　　2005 年后,随着我国社会主义和谐社会理论的提出,社会主义建设上升到一个新的阶段,大众媒介也必然要面临新的机遇与挑战。媒介生态变动、数字传输技术设备发展、传播方式变革、热点事件频繁发生、相关法律法规政策出台,这一切都促使我国的电视新闻进行必要的革新。在此浪潮中,中央电视台的新闻改革最为引人关注,这与其不断成功地加强电视新闻评论有莫大的关系。新闻评论作为新闻体裁中的主体,其自身的功能和价值是不容忽视的。可以说,只要广播电视新闻还为大众所需要,广播电视新闻评论就必然在其中发挥重大作用。从一般意义上说,新闻评论不仅传播了新闻事实,还传播了观点,具备上情下达、下情上传、信息认知、舆论引导等方面的功能。这些功能都是由广播电视新闻评论自身的特点及其所担任的社会角色所决定的。

　　如今我们进入了信息时代,政治、经济、文化等各个领域的信息充斥了我们的生活。面对信息的高度膨胀,大众更期望能从这浩瀚的信息汪洋中获取自身需要的真实有效的信息,而新闻传播活动无疑是大众获取可靠信息的重要途径之一。这里所说的新闻传播活动主要包括两个方面,一是由新闻报道提供的新闻事实,二是由新闻评论提供的新闻事实和观点。广播电视新闻评论是针对新闻事实展开的,是对新闻事件的价值判断、对由新闻引发的各类社会问题的思考。因此其本身就容纳了大量的事实信息和观点信息,是大众认识世界、认识社会的一种途径。有时,在新闻评论节目中还包含着在新闻报道中尚未出现的事实信息,甚至会涉及一些新的背景资料。因此,新闻报道并不是受众认知新闻事实的唯一途径,有时富有价值的新闻事实就是通过新闻评论节目使受众获知。因此可以说,新闻评论节目也可以成为受众的第一信息提供者。

　　广播电视新闻评论是在客观真实地报道新闻的基础上,针对新闻事实进行的一种评论形式。新闻评论与新闻报道的区别之一是前者可能在节目中直接表达出对新闻事实的态度和观点,即肯定或否定。广播电视新闻评论也因此具有极强的倾向性,广播电台、电视台可以通过对节目的策划、采访、编辑等多种手段,将自己的态度和观点在节目中直接表达。甚至在一些新闻评论节目中,新闻事实已经被直接定性。因此,研究新闻评论的社会认知功能不能单从受众对新闻事实的知晓入手,还包括对新闻评论中观点的认知和接受。如2011年4月8日中央电视台在《焦点访谈》栏目播出的《利比亚战争之痛》中直接表示:"在你来我往的争斗中,在这场持续升级的武装冲突中,一些昔日喧闹的城镇已人去楼空。一个个无辜的生命瞬间陨落,民众从此失去平静的生活,许多人开始四处逃亡,甚至逃亡途中也不能幸免。这场由动乱引发的战争给利比亚国家和人民带来的是深重的灾难和无尽的痛苦,不断加重的利比亚人道主义灾难已经明显同安理会有关决议所要达到的目标不符。若利比亚今后陷入长期内战或混乱,对于利比亚人民来说无疑是一个噩梦,对地区稳定也将构成严重威胁,而这一切是谁也不希望看到的。"在该则新闻评论中我们可以看到,中央电视台表现出对利比亚战争的极度否定态度,认为该战争是对利比亚人民的迫害。对比一般的新闻报道我们可以发现,在新闻评论节目中不仅存在态度观点,其表达方式也较为直接,语气肯定且态度坚决。尤其是中央电视台或中央广播电台的新闻评论节目中对新闻评论的观点一般都具有极强的权威性,甚至可以代表政府的立场与观点。因此,受众在收看或收听了此类新闻评论节目后必定也会认知到其中的评论观点,从而产生极大的社会影响。

从另一个方面来说,面对社会的高速发展,大众本身对信息的需求量不断加大,且对信息的要求也更加广泛深刻。也就是如今的大众不仅要求知晓信息,还要对信息进行更深刻的掌握,如相对应的他人的观点意见以及主流媒体或权威机构对此信息的态度等。而这些评论往往能成为受众行为思想的参照物,从而使受众确立自身的观点态度,即通过新闻评论实现受众对新闻信息从感性认识到理性认识的飞跃,让受众获取对新闻事实本质的认知。此认知功能的实现主要表现在以下两个方面。

第一,在深刻剖析新闻事实本质和规律的基础上进行准确分析,帮助受众以发展的眼光认知现实。

◇◇ 案 例

《新兴经济体应对通胀》

去年以来,包括中国、巴西、印度、印尼、越南等国在内的新兴经济体国家,通胀都显著上升,成为困扰这些国家的发展难题。为什么多个新兴经济体国家会同时出现通胀?又该如何看待国际上有些人提出的"中国经济即将硬着陆"的说法呢?今天,我们就来关注目前困扰新兴经济体国家的通胀难题。

新兴经济体国家遭遇通胀压力。

6月14日,国家统计局公布了5月份的经济数据,最受关注的消费者物价指数高达5.5%,尽管涨幅比上月稍有回落,但还是创下了34个月以来的新高。在国家统计局宏观经济数据公布5个小时后,央行随即宣布:从今年6月20日开始,再次上调存款类金融机构人民币存款准备金率0.5个百分点,这已经是央行今年以来第6次提高存款准备金率。

通胀,感觉到压力的不仅仅是中国。目前,很多新兴经济体国家都遇到了同样的麻烦。就在中国公布5月份经济数据的同一天,同属亚洲经济体的印度也公布数据,该国5月趸售物价指数较上年同期上扬9.06%,这一反映印度通胀程度的数据同样创下新高;巴西5月消费物价指数比去年同期上涨6.55%。

此外,还有一组数据同样引发关注,"金砖国家"中的巴西、印度和俄罗斯,截至5月的通胀率分别达到了6.5%、8.7%和9.6%,越南5月的通胀率甚至都飙升了19.8%。

在巴西,大豆、咖啡等物资的价格不断上扬;在印度新德里,香蕉价格一年来已经上涨了50%,奶酪也涨了26%。在很多新兴经济体国家,政府和百姓,大家都感觉到了通胀的压力。

通胀压力成因是什么?

国务院发展研究中心金融研究所副所长巴曙松说,巴西矿业等大宗商品价格波动对其国家通胀推动比较大。印度食品价格直接推动其CPI的价格的波动。以美国为代表的发达国家在危机时期,将大量充足的美元流向国际市场,推高了这些大宗商品价格,给这些发展中国家形成了输入型通胀的压力。

包括"金砖四国"在内,新兴经济体出现的高通胀,正在引发世界范围的担心。去年新兴市场国家共为世界经济贡献了72%的增长率。但在今年,面对各国不断高涨的物价指数,大家都在担心,情况还会不会继续恶化下去?

北京大学副校长海闻说,新兴国家的通货膨胀要比发达国家高的一个原因就是新兴国家现在面临着两个方面的通货膨胀因素,一方面它跟欧美国家一样,不得不忍受成本上升的冲击;另外当别的国家粮食价格在涨的时候,其他国家相应也会把粮食价格涨上去。所以从这一点上讲,新兴国家不但有成本推动型的通货膨胀,除此以外,也由于新兴国家的自身经济增长速度比较快。

面对通胀压力,很多新兴经济体国家不约而同地选择的应对方式就是加息。印度是去年率先展开加息行动的国家之一,截至今年6月16日,他们已经10次上调利率;在越南,官方利率在6个月内已提高一倍,至14%;而在巴西,4次加息后利率达到12.25%,成为20国集团中基准利率最高的国家,有人称之为巴西选择了最激进的加息方式。

理性看待通胀压力。

面对大多数新兴经济体国家出现的通胀,有人在理性地面对,有人却又在借机散布和传播最悲观的论调。6月11日,有着"末日博士"之称的纽约鲁比尼全球经济咨询公司董事长努里尔·鲁比尼在新加坡表示,由于过度依赖投资推动经济增长而导致产能过剩,中国经济在2013年后将面临"硬着陆"风险。仅仅两天之后,素有"金融大鳄"之称的乔治·索罗斯在接受美国彭博新闻社采访时声称:"中国已错失抑制通货膨胀的良机,可能面临经济硬着陆的风险。"对新兴经济体的股市,许多人也不再看好。

事实上,针对这些悲观的想法,中美两国著名经济学家不约而同地给出了否定的答案。6月15日,清华大学中国中心主任、著名经济学家胡鞍钢在华盛顿布鲁金斯学会发表学术演讲时表示,不需要过度担心中国当前的通货膨胀问题,中国经济具备很强的灵活性和回弹力。与此同时,美国彼得森国际经济研究所资深研究员尼古拉斯·

拉迪也明确表示，"索罗斯的预测完全是错误的"。拉迪说，中国政府在一年半之前开始采取货币紧缩政策，并取得了积极成效，目前外资增长率已经降低至15%，同时经济仍然保持了相对稳定的增长势头。

国家统计局新闻发言人盛来运说，物价上涨势头得到一定程度的遏制，但是从当前和今后一个时期来看，物价上涨压力仍然比较大。

事实上，除了对通胀保持警惕和理性，与发达国家相比，新兴经济体国家的通胀的确也面临着更大的风险。最不可忽视的因素是，在物价指数构成中，这些国家食品所占的比重过大，亚洲一些国家竟然占到了45%。所以，对新兴经济体国家来说，通胀不仅仅是一个货币问题，处理不好，往往会演变为政治问题和社会问题。既要确保通胀可控，又要顾忌不能"用力过猛"，这让以中国为首的新兴经济体国家也的确面临不小的压力。

国务院发展研究中心金融研究所副所长巴曙松说，任何经济政策可能都有负面作用，中国在调控措施里用数量型的工具比较多，从宏观紧缩以来，提高了十几次存款准备金利率。但是在价格工具上比较审慎，特别是在利率和汇率上的使用上比较审慎。

由于新兴市场国家去年共为世界经济贡献了72%的增长率，尤其是中国的经济总量已经跃居世界第二，所以，应对此轮通胀的效果自然对世界经济影响巨大。而我国经济也会不可避免地受到越来越多的外部环境影响。要加强我国对外部环境变化的适应能力和应对能力，科学理性决策，合理平衡风险，在保持经济增长动力的同时，力争有效遏制通胀，让中国这列充满着希望的列车，继续平稳地前行。

（《焦点访谈》2011年6月20日。）

政府的政策法规对我们的日常生活具有深刻影响。大众面对新的社会环境或新的政策出台总会产生一定的疑惑，如果不及时为大众排疑解惑则有可能影响政策的贯彻落实。因此广播电视新闻评论节目有责任为大众分析社会现状，并解读相关政策。2011年6月20日的《焦点访谈》以《新兴经济体应对通胀》为主题为受众分析了新型经济体国家出现通胀的原因，以及对"中国经济即将硬着陆"的说法进行解读。在节目中，创作者引用多项数据及既定事实说明了我国快速的经济发展对世界的影响，并客观分析了我国目前的经济发展形势，让受众以发展的眼光看待我国目前的局势。此新闻评论节目不仅引导受众正确认识我国的经济发展环境，还对我国的相关经济政策的实施起到了很好的推动作用。

第二，评论时深入浅出，挖掘新闻事实的潜在意义，与社会现实相联系，帮助受众以联系的眼光认知现实。

◇◇案例

《明星吸毒　毒害社会》

中国网络电视台消息：我们离"6·26"国际禁毒日越来越近了，今年的主题是青少年与合成毒品，而青少年很容易受到他们心中的偶像的影响，甚至效仿他们的行为。

而这些年,人们不时会听到娱乐圈传来明星吸毒的消息,一些正值巅峰的演艺明星不仅因吸毒毁了事业,甚至家破人亡。那么,他们为什么会吸毒?毒品让他们付出了怎样的代价?他们的教训又会给青少年带来什么呢?

明星吸毒带来的危害

根据国家禁毒委员会办公室《2011 年禁毒报告》显示,在去年查获的 11.94 万名滥用合成毒品人员中,35 岁以下青少年占比超过 80%,其中 18—35 岁有 9.1 万名,18 岁以下的未成年人有 5 000 多人。小翟今年 19 岁,15 岁时,因为偶然了解到自己崇拜的一个明星在吸食毒品,就好奇地学着尝试了几次,就这样,吸毒成瘾。

作为长期研究药物依赖、酒精依赖课题的专家,中南大学湘雅二医院精神卫生研究所副所长、中国毒理学会理事郝伟从科学的角度告诉青少年,明星通过吸毒来找灵感的说法纯粹是谬论。

作为公众人物的明星,他们的一言一行都会引起广泛的社会关注,尤其是对青少年会产生巨大的示范效应。涉世不深的青少年会误以为明星吸毒是一种时尚,从而去效仿明星们的这种做法,甚至会认为这样做是赶时髦,是要找一种明星那样时尚的感觉。

明星吸毒的另一个特点是以吸食合成毒品为主,比如冰毒、K 粉、摇头丸等。区别于海洛因、鸦片这一类传统毒品成瘾快、会迅速对吸毒人员身体造成严重伤害的特征,这些合成毒品的伤害主要集中在神经方面,成瘾后会造成狂躁、幻觉等精神病症状。因为合成毒品成瘾的个体差异较大,很多人在初期外在表现不如吸食传统毒品那样明显,使得一些没有辨别能力的青少年在看到明星吸毒的新闻之后,也很想进行尝试。由于盲目模仿明星吸毒,四年下来,小翟说,他过着生不如死的生活。

……

在采访中,一些深受毒品之害的明星一再表示,请大家一定要引以为戒,拒绝毒品。只有远离毒品才能过上正常人的生活,一朝染毒必将悔恨终身。尤其是青少年,千万不要效仿个别明星的违法行为,千万不要抱有侥幸心理,无数的惨痛教训告诉我们,毒品只能把人引向深渊。

(节选自《焦点访谈》2011 年 6 月 19 日。)

此新闻评论抓住了"明星吸毒"这一社会热点问题,分析了明星吸毒对社会的严重危害。节目主要从两个方面阐释其危害性,第一是对明星自身的危害,毒品导致当红明星断送事业、家破人亡;第二是针对明星吸毒对青少年的影响进行分析。"明星吸毒的另一个特点是以吸食合成毒品为主……因为合成毒品成瘾的个体差异较大,很多人在初期外在表现不如吸食传统毒品那样明显,使得一些没有辨别能力的青少年在看到明星吸毒的新闻之后,也很想进行尝试。由于盲目模仿明星吸毒,四年下来,小翟说,他过着生不如死的生活。"正是新闻评论主体用联系的眼光引导受众认知现实,明星吸毒造成的真正的社会危害才为受众所知晓。通过此新闻评论节目,有些受众才开始关注明星吸毒对青少年的影响,进而加强对身边青少年的关注和教育。

二、教育功能

广播电视新闻评论是与广播电视新闻报道并存的一种信息处理与传递方式。在此过程中,新闻报道更加注重对新闻事实信息的搜集、处理、整合与加工。而新闻评论则主要是对意见性信息进行传播。从当今的新闻传播来看,深度剖析新闻事实、解读社会现象已经成为广播电视新闻评论最为重要的社会功能。在这其中,也包括对信息的规律性认识和前瞻性的预测。因此,新闻评论可以通过对道理的探讨与求证来实现其社会教育功能。

如中央电视台的《焦点访谈》等新闻评论类节目就特别注重对社会现实进行深度报道,在注重时效性的同时探析社会各事物之间的联系,解释新闻事实发生的真正原因和结果。如今中央电视台的新闻评论类栏目(如《焦点访谈》《新闻1+1》等),都不是采用单纯的说教式评论方式或简单地对新闻事实现象的表面描述,而是通过对新闻的深度剖析来发掘信息背后隐藏的实质性意义。而正是这些实质性意义的深入分析才引发了受众对新闻内涵的思考,从而对受众起到教育作用,在强化了受众的价值观的同时,还增强了受众的判断力。

如2011年5月10日《焦点访谈》播出评论节目《西藏文化的魅力》。西藏一直被认为是世界上最具魅力的地方之一。而它的魅力除了独特的雪域风光,还来自于它多元而丰富的文化生态。比如,戴着面具演出的藏戏、配方独特的藏香、功效神奇的藏药以及精美的唐卡,等等。这些古老的非物质文化遗产如今正焕发着勃勃生机,吸引着越来越多的人。然而,就在前几年,藏戏等一些传统技艺的传承发展也曾遇到困难。节目通过全面剖析西藏的深厚文化积淀,向受众展现了西藏璀璨丰富的文化特质,也深刻地阐释了文化产生经济效益的内涵以及传统文化传承的重要意义。"在推进非遗保护的5年时间里,西藏自治区大量珍贵的民间艺术形式得到了有效保护,1 177名传承人被列入了保护名录,国家级和自治区级的传承人得到了政府的资助。很多民间艺术门类在获得保护、发展的同时,也带来了可观的经济利益。传统的一些手工技艺,在现代的生活当中得到了一定的市场和利润。……西藏地区非遗保护的工作仍很漫长,然而在政府的大力扶持下,民间艺人和文化学者都有信心,让深受老百姓喜爱的文化遗存,能够得到更好保护和发展。……西藏非物质文化遗产的复兴,来自于自身独特悠久的文化魅力,也来自于非物质文化遗产保护工程的支持。2005年以来,已有14个大类、406个非物质文化遗产项目被列入保护规划。从2011年起,西藏自治区还将在全面保护的基础上,从非物质文化遗产项目中选出一些重点项目,投入专项资金加大保护力度。未来,会有更多的西藏传统技艺、传统艺术,走向社会,走向世界,作为人类共有的宝贵财富流行开来,传承下去。"

在社会高度发展的今天,大众对信息的认知需求不断加大,其目的不仅仅是获得心理满足,更深层次上是希望能通过对信息的把握了解自身的生存状态和现实利益。而新闻评论节目正好可以为大众解答疑难、指点方向,成为社会成员或团体的"引导者",从而实现其社会教育功能。

如日本大地震后,我国发生了罕见的抢盐事件。2011年3月16日开始,从小卖部到大超市,很多地方出现了排队买盐的消费者,骤然增加了购买力,很快买空了商家的库存。因为不少商场出现食盐脱销,一些焦急的消费者则转向购买酱油、榨菜等商品。而在群众恐慌性的购买下,一些不法商贩将原本只有一块多钱的食盐开始加价出售。中央电视台针对此情况播发了一系列新闻评论节目,如2011年3月18日《新闻1+1》播出的《危"盐"耸听为哪般》等。节目不仅分析了此次盐荒产生的根本原因——谣言,即日本地震导致海洋污染,影响日后的食盐生产;还从根本上阐释了食盐的食用知识、政府的应对措施等。如吃碘盐能不能预防放射性碘摄入?过量摄入碘对人体有什么负作用?什么情况下服用稳定性碘?用量多少等问题。这样的新闻评论节目从根本上消除了大众的疑虑,起到了为大众排疑解惑的作用,并且对受众的行为进行了正面的引导,实现了社会教育功能。

根据新闻事实与媒体的不同特点,广播电视新闻评论从评论态度上主要有三类,即正面引导、反面批评和客观分析。所有的新闻评论节目都包含了对新闻事实的价值判断,要么给予肯定与褒扬,要么持否定抨击态度,总之在新闻评论节目中都可以形成对某一新闻事实的舆论氛围。受众通过新闻评论节目不仅仅能更完整地认知信息,还能获得评论中所涉及的社会价值标准、社会道德标准等信息,从而对自身的行动起到指导作用。大众可以根据新闻评论节目了解到权威机关对新闻事实的态度,从而得到方向性的指示,在对此问题的处理上不会犯方向性的错误。从另一个角度说,大众还可以从权威舆论部门对一个新闻事实的评论中总结出其在处理问题上的总体态度和立场,在今后发生同类事件时可以预先对其态度进行判断,不至于在面对新闻事实时不知对错。

广播电视新闻评论对大众的教育功能主要表现在以下两个方面。第一,对新闻事实的深化。一般意义上的新闻报道只传播新闻事实,其中可能隐含传播者的观点、态度,但需要受众自己进行理解分析后才能领会。受众因为自身知识结构、文化背景等方面的差异,对一则新闻报道可能会产生不同的理解和认识。但是新闻评论则是在节目中直接地提出观点,这就使其传播后受众的解读变得比较统一。通过新闻评论,不同背景、不同层次的受众可能产生同样的认识。并且在新闻评论节目中可以涉及与主要的新闻事实相关的背景资料等,使受众认识到事件本身之外的社会意义,这无疑就深化了受众对新闻事实的认识。第二,对社会舆论的深化。广播电视新闻评论是在客观、真实地报道新闻的基础上,对新闻事实进行深入剖析的一种评论形式。由于具体社会环境、媒体环境的不同,新闻评论对新闻信息的分析视角也会有所差异。因此,在新闻评论节目中有可能出现对同一新闻事实的不同角度的分析,有时甚至出现不同的价值取向。受众面对诸如此类的情况则会产生迷惑,不知如何进行判断。新闻评论则有必要进行总结性的发言,让受众在繁杂的舆论中得到正确的价值观点。

因为新闻评论具有社会教育功能,因此在传播时应当注意以下几个方面,否则对受众的教育将产生负面影响。首先,传播者要保证新闻评论观点的准确性。新闻评论节目不是简单的对新闻事实的阐述或一般性的分析,而是要通过对新闻事实的深入剖析分析事物的本质意义。因此保证评论观点的正确是整个新闻评论活动的核心,也是新闻评论教育功能正向实现的关键。其次,分析观点要注重方式的合理性。评论者和受众都存在个体差异,因此创作者应根据不同的现实情况科学地选择评论方式。如果评论方式选择不恰当,则有可能使传播的观点不为受众接受,从而也不能起到对受众的教育作用。第三,要注重在评论中增加可感要素。因为新闻评论的文体特征,使得评论的表现多为抽象的说理,这使得新闻评论的传播对受众的要求颇高,要求受众具有较强的逻辑思维。如果在新闻评论中加入一些形象化的可感要素则可使评论显得生动有趣,吸引更多的受众,提高评论的传播效果,从而更好地完成新闻评论的大众教育功能。

三、社会影响与控制

从本质上说,新闻报道和新闻评论还是存在着根本区别的。新闻报道更加侧重对新闻事实的记录与传播,而新闻评论则更注重对新闻事实的理解和判断。它不仅提供了大众需要了解的新闻事实信息,还引导了大众对该信息的认识和判断。通常我们所说的新闻指新闻报道,是从真实性、客观性角度出发。在新闻报道中,不能出现非客观的评论与猜测,只能通过议程设置选择新闻报道的程序和内容,来实现控制大众的信息接收。而新闻评论则突破了这一局限,将评论加入到新闻事实之中,不仅让大众了解事实,还能受到其评论的影响和控制。因此从某种角度上看,广播电视的新闻评论比一般的新闻报道具有更强的社会影响与控制功能。

(一)舆论监督

广播电视新闻评论是一种新闻舆论监督形式,担负着社会舆论监督的作用。如今新闻改革浪潮掀起,新闻评论节目的社会舆论监督功能得到了更加深刻的体现。从整体背景上看,我国的民主法制建设不断完善、大众的民主意识不断增强、新闻队伍素质不断提高,都使得我国的新闻评论节目能够在政策允许的范围内揭露社会事实,曝光丑恶现象。从而起到净化社会环境、维护社会稳定、实现社会公平和公正的作用。如今,中国正处于社会转型期,许多社会的不良行为需要通过新闻媒体来予以揭露。而也正是因为有新闻评论节目的曝光,部分社会现实才得以展现,也正是因为新闻评论节目可以起到社会舆论监督的作用,部分难以解决的案件才得以被关注并得到解决。但这里需要注意的是新闻曝光的目的并不是为了满足观众的好奇心和感官需要,而是为了通过对不良现象的揭露改善社会发展机制。通过新闻评论媒体的监督,在一定程度上可以使我国的民主建设进一步稳固发展,社会的发展也呈现良性态势。

中央电视台非常注重通过新闻评论节目进行舆论监督,如《焦点访谈》《新闻1+1》等节目就充分地体现了这一功能,节目的策划非常关注舆论监督的力度和深度。中央电视台的新闻评论节目也被公认为社会舆论监督的权威,引领着各地方电视台的新闻评论节目。这些新闻评论节目依托广播电视媒体,密切关注社会现象,对社会的难点、热点问题及时捕捉探讨,在社会上产生了极大的影响力。如中央电视台近期在食品安全、拆迁补偿、足坛反腐等问题上都制作了节目。这些节目在播出后取得了较好的社会效果,使违规者得到警诫,消除了社会上的不良影响和不满情绪,维护了社会秩序和社会稳定。

◦◦**案例**

《"金哨"变调成"黑哨"!》

【**深度分析**】

几位曾经引起高度关注的黑哨今天再次走进我们的视野。其中一位在回忆过往的时候说"只对得起官员"。这句话把我们查处黑哨的轻快又打回沉重。同时对于现实能够改变既充满期待,也充满了疑惑。

(评论员　白岩松)原来说到黑哨千夫所指,主要打在这些黑哨身上,觉得他们十分可恶,但是看完之后,可能又加了"可怜"的情感。"官哨"是领导提出合谋要求,拒绝很难。如果拒绝就会稀里糊涂地从裁判界消失,这才是"官哨"的第一可怕之处。

(白岩松)"官哨"的危害最大。潜规则变成明规则,规则就不存在。"钱哨"和"赌哨"都和"官哨"有关。管我的人都这样,我有什么可怕呢?"官哨"促使"钱哨"和"赌哨"存在。裁判的吹罚有合理的面具。谁说裁判不能有失误?合理的失误和有意的失误之间,"聪明"的裁判会很好地掌握。即使被查出,管我的人是和我合谋的人,又有什么关系?

(白岩松)我们整个机制存在问题。裁判员也是运动员,做违法的事情很安全。谁的"官哨"在吹?球迷的眼泪在飞!

(白岩松)篮协无论如何不能说"存在误判漏判但不影响结局"。黑哨敛财的事都是老故事。老故事所依赖的环境还存在吗?

(《新闻1+1》2011年3月30日。)

这样的新闻评论节目以大众最为关心的现实问题出发,深入剖析,强调大众的社会责任感,起到了良好的警示作用。但是从另一个角度来看,反面批评类的新闻评论节目虽然往往能起到更大的社会监督作用,但因为新闻事实本身经常涉及社会的不良因素,传播不慎将可能引起公众的恐慌,影响社会的安定。因此在实现新闻评论的社会监督功能时,一定要把握好新闻评论节目的尺度与导向。将社会核心价值作为评价新闻评论节目的原则,在保证新闻评论真实可靠的基础上发挥舆论监督的正面效应。

广播电视新闻评论并不是单向的传播,而应该是一个与受众互动的传播过程。虽然广播电视的新闻评论不如网络新闻评论容易实现媒体与受众的直接互动,但是广播电视新闻媒体作为政府的喉舌也在新闻评论节目中加入了部分前期调研与反馈的方式,这使得广播电视新闻评论的舆论监督功能形成了一种良性的循环。如在几年前就有"有困难找《焦点访谈》"的说法。《焦点访谈》一度成为我国电视新闻评论的核心阵地,它的报道的确直接或间接地促进了许多社会疑难问题的解决,在政府和大众之间建立了一座沟通的桥梁。

广播电视新闻评论作为舆论监督的一种形式,应当为我国社会主义建设服务,力求成为行政监督、群众监督、司法监督的补充,构建健康向上的社会舆论。创作者在制作节目时应当明确自身立场,认识到新闻评论节目中对社会不良现象的曝光并不是和某个人、某个单位过不去,而是为了树立政府清正廉明的形象,也是替人民群众说话,及时阻止错误的蔓延,促进问题的解决。为了能更好地实现广播电视新闻评论的舆论监督功能,创作者需要遵循以下原则:首先确保新闻评论中涉及新闻信息的准确性。在评论新闻时以事实为依据,用事实说话,切忌以偏概全、先入为主。分析时就事论事,不夹杂评论员个人情绪,做到客观公正。其次,进行新闻评论时力求得到相关政府部门或权威机构的配合及支持,尽可能发表权威言论。评论员不可轻易下结论,以防误导受众。第三,所评论的内容应当具有社会普遍性,不可在节目中一味地追求感官刺激,所作的评论应具有广泛的社会意义。最后,在新闻评论节目中应当给受众思想行为进行正确指引,所选取的问题不能是含混不清、无法解决的。如果在新闻评论节目中出现这样的情况,则会扰乱受众的视听,使受众感到困惑甚至恐慌。

(二)舆论引导

面对不断深入的新闻改革,新闻评论在媒体中的地位更加凸显。广播电视新闻评论针对社会上的各个现象进行监督思考,因此舆论引导也成为新闻评论节目最为重要的社会功能之一。

如今人类已经步入信息社会,以网络为代表的新媒介进入到新闻传播领域中,信息的数量暴增,受众对新闻信息的选择面也随之增大。可以说我们的整个世界已经被信息所充斥,但这并不代表所有为我们获取的信息都是有价值的,如今的垃圾信息也使得受众在信息大潮中显得力不从心。面对这样的现状,新闻媒介加强新闻评论的力度和深度是解决当今信息混乱的方法之一。新闻评论注重的是用事实说话,其评论是以真实可靠的新闻事实作为依据的。因此广播电视媒体可以通过新闻评论节目来对大众提供权威可靠的舆论引导。尤其类似中央电视台这样的主流媒体应当在新闻评论中坚定地表达自己的观点和立场,尽量消除信息大潮中产生的不良噪声,树立符合主流意识形态的社会规范,从而对社会起到良好的引导作用。

从另一个角度来说,如今科技发展日新月异,我国社会在发展中也出现了很多无法避免的问题和矛盾,如公众一直关注的环境问题、医疗改革、农村经济体制改革等和近期热议的房价问题、拆迁补偿问题、食品安全问题等都是广播电视新闻评论节目关注的重点。公众通过广播电视新闻评论节目了解到这些热议问题的信息和主流媒体的态度,在节目发挥其舆论监督功能的同时,也对公众的社会舆论产生了极大的引导作用。

◇◇ **案例**

《为了我们生存的环境》

我们生活的环境是由空气、水、土壤等各种要素组成的,它究竟是一个什么样的质量状况? 未来会得到怎样的改善? 这些人们关心的问题,在 4 月 21 日发布的中国环境宏观战略研究成果中,都能找到答案。这是我国首次开展的环境保护战略研究,由中国工程院和环境保护部牵头组织实施,由 50 多位两院院士和数百位专家历时 3 年多完成。报告对我们国家目前的环境状况进行了系统、全面的分析,提出了一系列重大的政策建议。

我国环境污染状况形势严峻

我国1.9亿人的饮用水有害物质含量超标；约1/3的城市人口暴露在超标的空气环境中；1.5亿亩的耕地因为污染而退化……这些数据来源于4月21日发布的中国环境宏观战略研究报告。报告中仔细分析了水、空气、土壤、生物物种、噪声、固体废弃物、核与辐射等与我们生活息息相关的环境要素的现状。

目前我国的环境形势可以概括为这样四句话：局部有所改善，总体尚未遏制，形势依然严峻，压力继续加大。近50年来，我国东部地区的空气能见度下降了约10千米，西部地区则大概是东部地区的一半，区域性阴霾问题越来越严重。

全国十大流域中，除了珠江流域污染较轻之外，其他9个流域支流都受到不同程度的污染，湖泊富营养化呈迅速增长趋势，近岸海域的环境质量下降。

土地也正在变得越来越贫瘠。土壤污染量大、面广、持久、毒性大。因为污染而退化的耕地数量已经达到1.5亿亩。

粗放式发展方式亟待改变

4年前，2007年5月，这项研究刚刚启动十几天之后，太湖突然大面积暴发蓝藻，小小的蓝藻一夜之间制造了一场无锡全城所有人直面的公共用水危机。当时由于自来水出现臭味，市民开始抢购纯净水。

无锡人一直视太湖为自己的母亲湖，曾有歌曲这样描述太湖："太湖美，美就美在太湖水。"令无锡人没有想到的是，太湖用这样的一种方式向自己的儿女亮起了"红灯"。这场公共用水危机是天灾，也是人祸。多年来粗放式的发展，一直回避着太湖水被污染的问题，工业污染水、农业污染水、生活污染水源源不断地排入太湖，太湖水最终变成了水质最差的劣五类水，这种水已经是没有任何用处的脏水。蓝藻危机让无锡人突然警醒，歌声中那个"水边芦苇青，水底鱼虾肥"的太湖已经不复存在。

无锡市环境保护局局长刘亚民说，我们必须全面地审视过去的发展方式，必须从根本上重视环境保护工作，再也不能走以牺牲环境为代价来换取发展的老路，应该开辟一条新的环保发展道路。

中国工程院院士、中国环境宏观战略研究专家组组长沈国舫说，环境问题既关系到发展，又关系到民生，因此在这样一个时期必须明确环境保护战略，总结经验得失，指导现在和未来。

未来环境保护既要还好"旧账"，也要不欠"新账"

这个新中国成立以来首次的环境宏观战略研究被分为环境宏观战略总论、环境要素保护战略、环境领域保护战略、措施保障战略四个课题组。希望通过研究，对我国环境形势作出评价，对环境问题成因进行分析并正确认识，在此基础上给出未来环境保护的科学建议。

经过3年的全国调研，中国环境宏观战略研究对我们国家目前的环境形势评价是：当前我国面临的环境压力比世界上任何国家都大，资源环境问题比任何国家都突出，解决起来也比任何国家都困难。

基于目前我们生态环境仍然在逐步恶化，但经济也必须要继续发展的两难现状，中国环境宏观战略研究的一个标志性成果就是给出了一个新形势下环境保护的新道路。那就是要走"代价小、效益好，排放低、可持续"的发展之路，要由原来的"先污染后治理"，转变到同时、同步治理，既要还好"旧账"，又不欠"新账"。

被蓝藻危机深深刺痛的无锡人已经开始还以前为了发展经济而欠的"旧账"。

蓝藻危机爆发后，无锡市关闭了"三高两低"和"五小企业"1 607 家，其中化工企业1 301 家，此外还关停并转迁了沿湖企业53 家。在搬走太湖主要污染源的同时，无锡市又建立了68 座污水处理厂，覆盖到无锡管辖的所有乡镇。在无锡市的主城区，为了管理好城市生活污水的排放，无锡市改建污水主管网7 366 公里，这比2007 年蓝藻危机爆发前的2 600 公里多了近两倍。

还好"旧账"，又要不欠"新账"，无锡市以生态环保倒逼助推经济发展转型，在关停并转高污染企业的同时，加快传统产业的升级改造，实施节能和循环项目，并大力引进新能源、新材料等高新技术产业。4 年前太湖蓝藻危机爆发的日期——5 月29 日现在已经成为无锡市"水安全日"。

未来，我国将加快构建符合国情的环境保护宏观战略体系、全防全控的防范体系、高效的环境治理体系、完善的环境法规政策标准体系、健全的环境管理体系和全民参与的社会行动体系。

拥有良好的环境，也就意味着拥有新鲜的空气、洁净的水源、安全的食物。让人们生活得更踏实、更安心。在这份报告中提出了我国未来环境保护的"三步走"战略目标：到2020 年，主要污染物排放得到控制，环境安全得到有效保障；到2030 年，污染物排放总量得到全面控制，环境质量全面改善；到2050 年，环境质量与人民群众日益提高的物质生活水平相适应，与社会主义现代化强国相适应。这些目标的实现，将让人们拥有一个更健康的未来。

（《焦点访谈》2011 年4 月22 日。）

2011 年4 月22 日的《焦点访谈》以目前全球关注的环境问题作为主题，阐述了目前我国的环境污染现状以及相关的应对措施。节目创作者对我国的环境问题进行了理性深刻的分析，不仅以事实为依据分析了我国目前的环境形势，认识到我国的环境状况形式已经相当严峻。受众了解到这些必定会感到担忧或恐慌，为了对受众进行正面的引导和教育，节目后半段以无锡为例，具体分析了改善我国生态环境的办法和可能性，并提出了相应的战略目标。此评论节目使受众在收看后对生活充满信心的同时，还使我国的相关政策目标深入人心，对社会大众的行为进行了正面的引导。从另一个角度分析，该评论节目从问题入手，进行了深度讨论，进而提出了相应的解决方案，可以说整个评论具有极强的逻辑性。此新闻评论还观点鲜明地阐释了对环境污染问题的看法，赞成什么、批评什么、提倡什么、反对什么，如此明示的观点会让受众印象更为深刻，从而在对社会舆论的引导过程中发挥着重大的作用。

如今广播电视新闻评论节目的形式呈现多样化特征，在节目中对某一新闻事实所反映出的立场和判断也不尽相同，这真实的呈现出我国当下复杂的社会现实和多元化的言论空间。因此广播电视新闻评论在进行舆论引导的同时，还要充分考虑将不同的舆论进行整合,并对符合我国主流价值规范的评论进行宣传。

总之,社会舆论作为公众意见,一定要借助广播电视新闻媒体的大众化传播才能够真正地实现正面引导。社会舆论具有分散性的特点,并且容易随着社会的发展变化出现情绪化波动,甚至在特定时期的社会舆论还存在肤浅和片面化的现象。因此广播电视新闻评论要想更好地实现其舆论引导功能,就要尽可能依托意见领袖,将观点信息进行正面有效的传播。节目创作者要找准大众关注的社会热点、疑点事件,准确地发表评论,为受众排疑解惑,真正满足受众的需求。

(三)社会整合

广播电视如今已经深入到大众的生活中,广播电视新闻评论又在人们的生活中长期深刻地发挥着作用。因此,我们可以说广播电视新闻评论已经直接介入到我们的社会生活中,它监督着整个社会系统的运行,并指导着大众在社会生活中的价值判断及立场态度。

广播电视新闻评论主要通过对新闻事实的评价判断影响受众的思想观念,达到社会整合的作用。因此在传播过程中,新闻评论也要坚守新闻传播的基本原则,即以事实为基础,传播现实社会的主流思想文化。通过对主流思想的传播,期望促成受众对主流意识形态的认同,从而形成特定的集体意识。受众在长期接受到此思想后会产生潜意识,从而形成小到社区集团、大到家国民族的共同社会心理。这样的传播形式可以很好地平衡社会成员的心理,凝聚社会成员之间的关系,从而达到社会整合的目的。上文已经分析了新闻评论所具备的舆论引导功能,而正是在此功能实现的基础上,广播电视新闻评论的整合功能才得以显现,具体表现在以下几个方面。

第一,对大众行为的引导。新闻评论中实现了对事实信息和观点信息的同时传播,其对新闻事实的判断会影响受众对现实世界的认识和判断。因此,大众可以通过新闻评论找到在现实中行动的参照标准。如在青海玉树特大地震发生后,新闻媒体发挥了巨大的社会引导作用,使得大众的救灾热情被充分激发。献血、捐款、捐物等已经成为人们表现对地震灾区关心的一种主要行为方式,新闻评论在其中起着重要的引导作用。

◇◇ **案例**

《玉树不孤独——玉树 我们在一起》

玉树地震发生后,一位香港义工的名字被越来越多的人所熟知,他就是46岁的黄福荣,一名普通的货车司机,朋友们都亲切地称他"阿福"。热衷公益事业的他今年4月8号来到玉树的一个孤儿院做义工。这个孤儿院没有图书和玩具,黄福荣就想办法募集资金给孩子们添置。

4月14号,就在黄福荣到达玉树的第7天,地震发生了。当时,黄福荣和孩子们都在孤儿院的四层教学楼内。当时教学楼的右边这一部分完全坍塌了,而在这个教学楼左边,也就是黄福荣所在的教学区域内并没有坍塌。黄福荣跑到了这个院子的空地上,当他得知坍塌的教学楼里面还困着三个学生和一个老师的时候,他又义无反顾地冲进了这个教学楼里。

据黄福荣的姐姐黄月秀后来讲,当时幸免于难的黄福荣曾给远方的家人用电话报了个平安,但是他并没有马上撤离险境。

黄福荣在教室里面把老师和孩子推了出来,这时发生了余震,三个孩子和老师得救了,黄福荣却被压在了厚厚的楼板下面。这时候,他关心的是孩子和老师救出来了没有。半个小时以后,黄福荣停止了呼吸,而22名孤儿和所有的老师全部获救。

黄福荣曾经是香港一位普通的货车司机,身患糖尿病的他每天都要注射胰岛素,但是仍然不断帮助有需要的人。汶川地震后,黄福荣不顾身体患病,执意从香港赶到四川灾区做了两个月义工。他先是在成都,后来又到了重灾区什邡,协助搬运物资和帮助清理瓦砾。

黄福荣曾经说过一句话,如果我们这些志愿者为做公益死在路上的话,是上天给我们的幸福。

4月18号晚上9点,阿福从高原青海回到了故土香港。在阿福的灵车驶入香港时,香港警察仪仗队在他的灵柩上盖上了一面香港特区的区旗,这是香港特区给予他的最高褒奖。香港特区行政长官曾荫权把他称作"香港的光辉榜样",香港市民称他为"香港之子"。

四川出租车司机组成车队支援玉树

在玉树,除了黄福荣,还有不少热心人在第一时间伸出援手。4月16号中午,记者张泉灵在结古镇遇到了由30辆川V牌照的出租车组成的车队。这些出租车司机来自四川甘孜,他们从电视中了解到玉树地震的消息后,就自发组成志愿者车队,行程830多公里,翻越几座海拔5000多米的山脉,于4月16日凌晨一点半到达玉树。

他们向抗震救灾指挥部报到后,在结古镇待命,等待调遣,帮助抢救伤员和转移人员。这群司机志愿者为了不给抗震救灾添麻烦,打算睡在车上,吃方便面。

一位出租车司机志愿者说,他们从2008年的抗震救灾中深刻感受到祖国的大爱。今天,他们将这份爱传递给玉树的父老乡亲们,用他们的行动温暖那里的受灾群众。

玉树受灾群众争当志愿者

除了来自四面八方的热心人士以外,玉树当地的一些受灾群众也加入到了志愿者的队伍当中。

在古镇格萨尔王广场上,尕松才仁和他的几名同学正在帮助看不懂汉字说明书的藏族群众搭帐篷。尕松才仁是当地民族中学的一名高三学生,家里有一栋房子在地震中倒塌了,他幸运地跑了出来,也受了些伤。尕松才仁说:"现在受伤的人很多,需要帮助的人也很多,所以他们在这里帮忙,帮助人家。"

在当地灾民组成的志愿者队伍中,记者还见到了只有十岁的才仁旦舟。小才仁虽然刚上小学三年级,但在这个临时救护点里做起翻译来却非常称职。

小才仁的家在这次地震中全部倒塌了,从15号开始,他和父母就住进了当地政府在体育场建立的受灾群众安置点。这些天,小才仁一直在这些临时救护点里做志愿者。除了帮着医生和患者做翻译、沟通病情以外,他还会给患者送水,跟他们聊天,安慰他们等。

就在此刻,在玉树这片经历灾难的土地上,志愿者、义工和来自各方的救援人员一起全力以赴抢险救灾。他们在生活条件、自然条件极其艰苦的环境中,为灾区人民贡献着自己的力量和爱心。

就在此刻,在玉树之外的许多地方,还有更多的人们在牵挂着玉树,在尽心尽力地帮助着玉树。

就在此刻,玉树并不孤独!

（《焦点访谈》2010 年 4 月 20 日。）

《焦点访谈》的这期节目选取了多个抗震救灾的事例,在讲述的同时给人以启示。整期节目情感丰富,论述富于理性,字里行间都表现了呼吁大众参与到抗震救灾中的强烈愿望。受众在看完节目后,必定会思考自己该做些什么,这些在节目中都可以找到答案,即尽自己所能的奉献力量和爱心。可以说这期新闻评论节目对受众的抗震救灾行动具有极强的引导作用。

第二,对大众思想的整合。我国正处于社会转型期,各种社会思潮涌动并对大众的心理产生了强大的冲击。大众在这样的社会中必须要确定自己的身份,寻求自身的社会平衡点。如青海玉树大地震的发生给每个中国人民都带来了心灵的冲击,在这样的社会背景下,大众的心理一定要找到一个社会平衡点才能够稳定下来。尤其是亲身经历灾难的人,虽然自己在灾难中生存了下来,但是其内心的伤口是不可能在短时间内得到平复的。灾难过后我们应当怎样做?

◇◇ **案 例**

《悼念中铸就坚强——玉树 我们在一起》

今天,玉树飘雪,西宁飘雪,北京细雨。在这肃穆的日子,国旗为玉树地震遇难者低垂。这是以国家的名义向遇难者致哀,这是对生命价值的尊重。2 000 多人在地震中遇难,他们是我们骨肉相连的亲人、血脉相通的同胞。在这个举国哀悼的时刻,四面八方为逝者燃灯,愿他们安息。

今天上午,在北京天安门广场、新华门、青海西宁、玉树、四川、西藏、上海世博馆园区等地方,全国人民都在用各种方式表达哀思。

玉树结古镇举行悼念活动

今天上午9点多钟,志愿者、救援人员以及普通民众等 3 000 多人自发来到玉树结古镇镇政府,悼念在地震中不幸遇难的人们,所有参加悼念活动的人胸前都戴着小白花。

在活动正式开始前,记者采访了一些前来参加悼念的人,这其中就有来自中国国际救援队的队员,他们 14 日当天由北京出发,到达震中玉树。一到玉树他们顾不得休整,就争分夺秒地救人,直至今天他们还坚持在搜救幸存者的第一线。

在现场,记者看到了前几天采访过的结古镇党委书记尼玛扎西,他拄着拐杖前来参加哀悼。从地震发生后,尼玛扎西和很多当地的党员干部一样,顾不得回家,甚至顾不得吃饭睡觉,一直坚持在抗震救灾第一线。

上午 10 时整,在玉树街巷中、倒塌民居旁,许多汽车、救援车辆停靠路边,人们长时间鸣响喇叭,表达哀思。

中央民大各民族师生哀悼遇难同胞

中央民族大学有来自全国 56 个民族的师生,其中藏族学生 500 多名,他们当中有些人家乡就在玉树。4 月 21 日上午 10 点,各族师生在学校操场上集体为玉树遇难同胞默哀 3 分钟。

学生桑央拉毛的家就在玉树,她在参加默哀后一直沉默着。地震后她不停地给家里打电话,但都联系不上家人。两天后她终于跟父母联系上了,父母平安,但家里其他的一些亲人至今都没有找到。桑央拉毛说短短的几天她觉得自己突然长大了。她说她曾经是个只会被人关心的人,现在她开始注意不让家人为自己担心,同时还越来越关心别人。她很少给爸爸妈妈打电话,因为担心占用通信资源,也怕影响父母参与救灾。

现在,桑央拉毛和同学们一起为玉树募捐。她说她要认真学习,毕业后回到玉树做老师。

跟桑央拉毛一样,中央民族大学不少各族学生们在寄托哀思的同时,对玉树的未来,对中国的未来充满了信心。

在这样的时刻,不光有眼泪,有哀伤,更有坚韧。人们说得最多的话是:"玉树不倒!""玉树,我们在一起!"这是国人想对玉树人民倾诉的真情实感。灾难无法避免,灾难,总是让中国人民更加万众一心、众志成城。玉树,离我们很近,不论是藏是汉,不论是俗是僧,不论是民是军,我们在一起。

(《焦点访谈》2010 年 4 月 20 日。)

《焦点访谈》的这期节目简单阐述了地震所造成的人员伤亡情况。创作者并没有在节目中直接告诉受众应该怎样做,而是把论述的重点放在党和政府为抗震救灾所作出的努力上。这样的安排使受众看到灾难虽然可怕,但是我们还有一个强大的国家作为后盾,我们的政府正在为抢救灾民做出最大的努力。"大难兴邦""玉树不倒",就是这种不屈的精神的支撑,减轻甚至消除了人们内心对灾难的恐惧和悲痛。这样的新闻评论可以充分调动大众的积极性,让大众有信息地投入到抗震救灾的行列之中。

以上论述了广播电视新闻评论的主要社会功能,即认知功能、教育功能以及社会影响与控制功能。这些功能均是从正面角度出发,以新闻评论节目成功传播为前提论证的。然而如果新闻评论节目中出现差错那则有可能使得其对社会产生负面作用。如新闻评论节目对新闻事实把握不当则有可能对受众产生负面的错误引导。如节目的记者、主持人或编导可能因为自身学识、文化背景、能力等所限,对新闻事实本身难以理解透彻,从而产生错误的推测或评论。还有部分出现在评论节目中的评论者将自身的价值判断加入新闻评论中,有时因其价值与社会的主流价值有差异,使得受众在看完节目后感到不知所措,这在一定程度上也削弱了大众对主流价值的判断标准。同时,当前我国的电视新闻评论节目在形式上呈现多样化发展趋势,从水平上来看参差不齐。有些评论节目只是一味地在节目中陈述新闻信息,评论不痛不痒,并没有实现新闻评论节目的传播目的。还有一些评论节目虽然在节目中有对新闻事实的相关评论,发表了一些观点,但却缺少理论根据,或人云亦云,对信息没有深入精辟的见解,更加不可能透过新闻事实让受众了解其内在的本质和规律性的存在。新闻评论节目形式的多样化从本质上说其实是有利于新闻评论节目的发展的,但是要看创作者如何对节目进行把握和操作。

思考题:

1. 举例说明你对舆论引导和舆论组织的理解。

2. 媒介融合背景下的新闻评论有哪些变化?

3. 新闻记者在新闻信息的传播工作中应该注意哪些问题?

4. 简述信息的定义。

5. 影响新闻从业者进行信息编码的因素有哪些?

6. 受众是如何解读信息的。

7. 请用案例论述新闻舆论的各项社会功能。

第八章 广播电视新闻评论评析

第一节 广播电视新闻评论评析原理

一、新闻评析的定义

新闻评析是新闻评论的重要组成部分,是连接新闻理论与新闻实践之间的一座桥梁[①]。具体来说,新闻作品评析就是采用分析方法,对新闻作品的采编和播出过程、新闻作品的文本和社会效果等层面进行评价与分析。"评"主要是对新闻作品的新闻价值与传播效果进行评价,评价其新闻价值的大小,并对新闻作品所产生的社会效果进行评价。"析"主要是对新闻作品的社会成因与表现手法进行综合分析,即分析新闻作品的社会背景、历史成因等,并对其写作特色、表现方式等进行客观分析。

新闻评析的目的:评判新闻作品的新闻价值,启迪记者、编辑的新闻实践,引导受众更好地鉴赏新闻作品。具体来说,新闻评析的基本任务就是对新闻作品进行价值判断,通过分析、阐释和评价新闻作品的新闻价值,总结和探索新闻采写经验及其规律,从而规范新闻实践,引导受众鉴赏新闻作品,提高新闻记者和编辑的业务能力和理论水平。[②]

本章针对的是广播电视新闻评论作品的评析,评析的对象主要是新闻评论的文本,对于采编过程和社会效果则会放在文本的分析过程中来讨论,不单独具体论述。学习评析的目的是旨在帮助和指导学习广播电视新闻评论课程的学生和新闻从业者,更好地理解和实践广播电视新闻评论的采编工作。

二、广播电视新闻评论的评析方法

方法是指人们为达到目的、目标、指标所采用的手段、步骤、措施、途径等的设想,也就是为了达到目标,预先考虑如何行动的想法。[③] 我们在对具体的新闻作品展开分

---

① 陈龙.新闻作品评析概论[M].长沙:中南大学出版社,2009:2.

② 夏琼.新闻评析[M].北京:高等教育出版社,2002:9,37.

③ 周吉,陈文.方法百科辞库[M].武汉:湖北科学技术出版社,1989:2.

析之前,同样需要建构起指导分析行为的思路和想法。

广播电视在传递评论观点的过程中有其特殊性和优势,它们可以运用声音符号和图像符号,增强"新闻现场感",营造"人际传播的生动性和有效性",此外,在传播的时效性上,它们能够做到与新闻事件同步进行,传播的范围较广泛,传播的效果也较理想。根据广播电视新闻评论的特性,我们拟从评论的内容(观点、视角和社会价值)和评论的表达形式(语言、音声和图像)展开评析。

(一)新闻评论内容评析

1. 论点

新闻评论是对新闻事实发表观点的,写作的目的就是向受众传播意见和交流观点,这里所说的观点,就是新闻评论作者最终表达的对新闻事实的认识,即论点。研究议论文的学者方武认为,议论文中的观点有四种类型:一是只被论证而不对别的观点起论证作用的观点;二是不被论证只对别的观点起论证作用的观点;三是既被论证又对别的观点起论证作用的观点;四是既不被论证又不对别的观点起论证作用的观点。其中,只被论证而不对别的观点起论证作用的观点就是议论文的论点,是作者对议论对象的观点和主张;不被论证而只对别的观点起论证作用的观点,不是论点,而是对作者的观点和主张起到分析阐释的支持作用;既被论证又对别的观点起论证作用的观点,"被论证"说明,它是作者的观点和主张,但是它又对其他观点起论证作用,说明是论点下的分论点;既不被论证又不对别的观点起论证作用的观点,在议论文中被看成非常次要的论点①。但是在新闻评论中,讲究传播的有效性和直接性,这样的论点就被视为是"赘述",是应该删除的部分。②

对于论点的要求,曾任《人民日报》总编辑的邵华泽对论点提出了以下要求:科学性、有新意、鲜明、全面、深刻③;美国学者艾德沃德和沃尼克在《批判性思维与交流:论说中的推理应用》一书中,对论点提出的要求是:争议性、明确性、平衡性、挑战性。他们的解释是,有争议的论点才有论证的价值,明确地表达观点利于观点的有效传播,评论的特性在于影响他人,作者提出的有新意的观点就意味着要接受既有的价值观、信仰与生存方式的挑战④。

综合来看,新闻评论的论点是对新闻事件进行科学分析的明确观点,而这样的观点对社会现实的发展具有争议性和挑战性,并最终产生正向的推动作用。

譬如,荣获二十一届中国新闻奖一等奖的广播评论《善待民工才能够缓解民工荒》。

① 方武.议论文体新论[M].合肥:安徽大学出版社,2003:83-87.
② 马少华.新闻评论[M].长沙:中南大学出版社,2005:18.
③ 邵华泽.同研究生谈新闻评论[M].北京:人民日报出版社,1999:46-135.
④ 马少华.新闻评论[M].长沙:中南大学出版社,2005:22.

◇◇ **案 例**

《善待民工才能够缓解民工荒》

春节以后,一场始料未及的"民工荒"波及浙江乃至我国沿海地区,并继续在各地发酵、蔓延。企业招不到足够工人,部分生产线停开;一些老板开着小轿车,到车站"抢人"……农民工,似乎一下子变得紧俏起来。

温州中小型企业发展促进会会长周德文,每天都在为当地招工难发愁担忧。

【出录音】在未来2到3年,温州用工缺口大致有70万,所以这成了一个突出的矛盾,也成了制约温州民营企业和中、小企业健康发展一个重要的因素。【录音止】

企业招不到人的原因何在呢?原本岗位上的农民工又去了哪里呢?在杭州劳动力市场,原来在杭州"阿普科技"公司开卡车的安徽人余飞刚刚辞职,想找个条件优厚的新工作。

【出录音】(余飞)我才拿1 800块钱还吃自己,大家住在一起的高低铺,就是简铺,甚至我们现在用那么点电费都是自己出的。始终没给我加工资,像我们驾驶员,一个安全奖你都没有,所以说我才不干了嘛。【录音止】

来自四川南充的蔡熙也辞掉了城里的工作。

【出录音】(蔡熙)搞10个小时以上,星期天什么都没有,人就跟机器一样的。我们那个车间,烧气焊,搞得乌烟瘴气,连排气扇都没有。【录音止】

【解 说】据浙江省社科院最新调查,最近5年,在浙江的农民工,绝大部分年收入只有1万元多一点,并且大都每周工作6天,每天工作10小时。数以亿计的农民工为中国经济发展作出了巨大贡献,可他们却得不到应有的回报。低廉的收入、狭小的蜗居;年年追薪年年欠;医疗和保障无处可寻;身份得不到认同,被看作边缘人……

来自河南商丘的祝令坤,谈起打工的遭遇,心有不平。

【出录音】(祝令坤)我们跟杭州市民,干的是一样的工种,户口不一样,工资要差很多的,这一点太不公平了。【录音止】

来自山东枣庄的农民工陈文强,在杭州打工5年,眼下,就面临这样的难题,他不得不考虑辞掉城里的工作。

【出录音】(陈文强)现在根本没有能力在这边落户嘛,工资只够你吃、喝,房子那么贵,连婚也结不起。将来小孩送回家去,当留守儿童喽,在杭州,没地方上学啊,就是有地方上,什么借读费啊、学费也出不起的。【录音止】

(浙江)省社科院社会学所副所长杨建华教授认为,"民工荒"的背后,萌发着农民工尊严和维权意识的觉醒,昭示了中国廉价劳动力时代已经结束。

【出录音】(杨建华)目前的用工荒、招工难,真正的慌,真正的难,还是我们农民工的社会权利荒,难就难在我们的农民工合理的相应的社会权利没有得到基本的保障。所以对这次用工荒,对我们相应的地方政府,相应的企业都是一个警醒。我们如何来善待农民工?【录音止】

【解 说】面对民工荒,不少企业已经意识到问题所在,纷纷采取措施,"留人留心"。萧山翔盛集团为30多位回族员工开设专门的回族餐厅;浙江德圣龙窗帘有限公司年终给老员工发放中层奖;义乌市一帆日用品有限公司趁着春节假期,专门对员工宿舍进行改造和翻新,配备新的家电;诸暨东伟集团联系学校,为民工子女集体报名入学、入园。

在一些用工稳定的企业,工资稳步增长、配备夫妻房、开放娱乐室、帮民工解决子女入学等,已经成为企业"留人留心"的举措,成效明显。民工们过年回家,企业更是"迎来送往"。如果能够这般善待民工,何愁民工离弃企业而去?中国的社会经济变革与发展,必然伴随着大量农民走向大大小小的城市,这些年来,二代农民工越来越多地走进城市,他们跟肩挑手提蛇皮袋的父辈相比,文化程度更高、维权意识更强,找工作越来越挑剔,对报酬和生活条件的要求越来越高。

此外,这批"新生代农民工"群体很少愿意留在农村,更渴望融入城市,更加注重自身发展,更加渴望得到尊重。然而,想要成为"新城市人"的障碍实在是太多。一方面他们要面对僵化的户籍制度、城市高昂的房价和高生活成本,另一方面,他们又要接受自身缺乏必要的生产技能、缺少城市生活知识、在劳动力市场缺乏竞争力的事实。

"毋庸讳言,农民工不尽如人意的生存状态,是造成'民工荒'的直接原因。现实表明,要缓解"民工荒",企业和社会必须告别劳动力低成本,不断提升农民工生存质量,实行制度创新,让农民工沉淀下来,成为城市的主人。"浙江省社科院社会学所副所长杨建华教授如是说。

【出录音】(杨建华)我们提出大力推进新型城市化,而新型的城市化首先要化人。你要农民工真正跨进城市,应该降低门槛,提供制度安排,让他们愿意或者留在这个城市工作就业、生活,融入城市。如果真这样子,就不太会出现每年都会出现的招工难、用工荒。【录音止】

【解 说】"想要留得住人,留得久人,善待民工的同时,还要把重点放在民工身上,需要社会注重对他们可持续发展的培养,让农民工真正融入城市。"浙江省劳动和社会保障研究院院长陈诗达如是说。

【出录音】(陈诗达)从未来经济发展方式转变,从工业化、城市化发展角度出发,我们共同来推动农民工职业技能开发行动。通过几年下来,使他们无论在教育文化、技能方面有大的提高,很多农民工真正能够融入城市。【录音止】

(浙江之声《浙广早新闻》,2010年3月24日播出,采写记者:袁奇翔、王掌、甘洋。)

案例《善待民工才能够缓解民工荒》,从"用工荒"现象,提出问题:企业招不到人的原因何在呢?原本岗位上的农民工又去了哪里呢?接着,作者到诸暨、温州、杭州等地的企业、劳动力市场,采访了大量的农民工和企业负责人,通过同期声的表现形式,将采访素材作为评论的有力论据,提出分论点:"目前的用工荒、招工难,真正的慌,真正的难,还是我们农民工的社会权利荒,难就难在我们的农民工合理的相应的社会权利没有得到基本的保障。"为了解决分论点中出现的问题,作者接着采访了社会保障的专家和学者,提出了最终的论点:"善待民工才能缓解民工荒。""善待农民工"是对中国社会转型期,劳动力由农村向城市转移过程中出现的"如何保障农村劳动力的城市化发展和生存"这一新的社会问题作出的思考和回应,是对现有的社会保障体系的完善提出的挑战性建议,对中国的城镇化发展具有建设性的现实指导价值。

2. 角度

角度,即看事物的出发点,又称作"视点""观察点"等。所谓"横看成岭侧成峰",就是指同一新闻事件,站在不同的方位去观察和审视,就会产生不同的观点和结论。对于新闻的角度,我国著名记者艾丰认为:"新闻价值在事实内蕴藏是不均匀的,有各种不同的矿床,选择好的角度,就是为了记者更迅速、更顺利地开采这些价值,更准确、更鲜明地表现这些价值。……如果说美术摄影师的角度是为了追求美的价值,那么新闻角度的选择在于追求新闻价值。……新闻角度选择的好坏,直接关系到新闻报道的成败。"①

对于新闻评论角度的评析,可从三个层面来进行判断:评论的角度是否能够揭示新闻事件的本质或能够说明问题;评论角度是否对某方面工作有影响或有指导意义;评论视角是否适应受众心理,利于受众的接受。②譬如,中央人民广播电台的广播评论《何时才能不再"逢节必堵"?》就是一个角度新颖的评论节目,从大家习以为常的"交通拥堵"现象,挖掘出"逢节送礼"的社会问题,而且在节目的制作过程中有效地利用了广播的音效效果,增加了评论形式的趣味性和传播的有效性,得到受众的好评。

◇◇**案 例**

《何时才能不再"逢节必堵"?》

(主持人)每逢佳节,各级部门总是三令五申出台"禁礼令",禁止利用公款相互送礼、借节敛财。但是在今年的两节(中秋、国庆)前后,送礼风仍是大行其道,由此引起的各大城市道路拥堵随处可见。月饼成了"公关饼",送礼经济淹没了城市的节日文化。如何破解"逢节必堵"的现象? 来听中央台记者杨超的报道。

【出录音】(杨超)堵车,还是堵车,从中秋节前一个多星期开始,有人把不久前上映的电影《全城热恋》改成了"全城热堵",来形容北京、上海以及各大城市出现的大堵车。广州、郑州、济南、西安,从南到北、从东到西,这些城市都陷入了堵车的麻烦。北京的士司机张师傅对此已经是见怪不怪了。

【出录音】(张师傅)咱们北京吧,只要是逢节日,你像中秋节、十一、元旦、春节,头节十天左右都是车多,请客、吃饭,送礼!

(记者)节前外地车也特别多吗?

(张师傅)对,有的是上北京来购物的,有的就是送礼来的。

【解 说】在节前的17号,北京拥堵路段多达140条,打破历史纪录。中秋节前广州的主干道几乎全堵了,郑州市区条条车龙不见首尾,市民不得不徒步赴约。难怪有人在拥堵中写下微博:

堵车无聊时蓦然回首,还能看见一个小时前路过的红绿灯。

中国人讲究礼尚往来,过节了,特别是中秋、国庆凑到了一块,送礼是少不了。在

① 艾丰.新闻采访方法论[M].北京:人民日报出版社,1996:128.
② 王灿发.新闻作品评析教程[M].北京:中国传媒大学出版社,2007:33-36.

这样的"公关行动日"里，各家都制订了"维护计划"，有人开车送礼，有人长途跋涉进京送礼，还有人打着"飞的"送礼，而一些手握权力和资源的部门自然成为被公关的重点。中秋节前就有人抱怨，满大街都是月饼在"旅行"，因为它的"旅行"给城市交通添了"堵"。

【出录音】(张师傅)好多车里头，像这种节日搁的是月饼，恨不得半后备厢全是月饼，然后再送去，全是这样。我还替人送过呢，他打上我的车以后去深圳大厦，说能不能给我们送点东西，直接给您钱，我们就不去了。就是一包大的大闸蟹，他忙不过来了。

【解　说】请吃请喝，敬送礼物，维护感情和关系，因为需要送礼的对象太多，一些单位甚至有专门的部门专人负责，每人按区域、单位划分"责任田"。众多行走在"送礼路上"的人们，也颇显无奈。一位公司老板告诉记者：

【出录音】(受访者)总共买了七八百盒，刚开始买了五六百盒，后来不够。一个是你的客户，还有一些周边的主管部门、政府机关，很多很多吧，维护关系吧，最起码觉得我们还是很惦记他、重视他。如果不送的话会不会觉得我们忽视了他?! 你要送的话，他也未必能记得哪盒是你送的，我本人的感觉还是送吧。大家都送我们也送，我一上午出去才拜访了三家就堵得不行，耗在路上的时间、精力这样的成本就没法计算了，你说这样的一盒月饼到底值多少钱?!

【解　说】送礼之风助推了礼品价格年年攀升，刺激了各种购物卡、礼品卡节节创新，"不怕贵，越贵越有人买"。阳澄湖大闸蟹，近年成为北京流行的"送礼佳品"，最高价格的礼盒达 3 000 多元。有的单位还从产地"空运"。送礼送的是情谊，可是在来势汹汹的送礼大潮前，有些礼送得确实是让人哭笑不得。一个朋友给我送了盒月饼，以前别人送我的月饼，我从来不打开直接转送别人了，这次打开吓了一跳，有个信封里面有几百块钱，不知道这是朋友送我的，还是别人送他转送给我的? 最后也不知道这钱哪儿来的，觉得挺奇怪、很新鲜。

[衬乐]【解　说】每逢佳节，各级部门总是三令五申出台"禁礼令"，禁止利用公款相互送礼、借节敛财。但似乎"禁礼令"并没有真的挡住送礼者的脚步，"逢节必堵"的怪现象，给我们带来的是刺痛和反思。形形色色的"送礼车"蜂拥而至，不仅是一种"节日病"，更是一种"社会病"!

(中央人民广播电台，中国之声《新闻纵横》，2010 年 9 月 24 日播出，作者：杨超、王健。)

《何时才能不再"逢节必堵"?》从节日期间北京交通拥堵的现象出发，看到的是中国人逢节必送礼的社会问题，用轻松、幽默和反讽的基调来批评大家司空见惯的"送礼成风"问题，评论视角新颖、独特。此外，该节目利用丰富的广播音响，还在节目中插入了一首反映北京拥堵现状的幽默歌曲，增强了节目的趣味性，吸引了听众的情感共鸣，是一篇角度独特的广播评论作品。

3. 评论价值

新闻评论，作为新闻媒体的旗帜和灵魂，承担着时代前列的瞭望哨和新思想发源地的社会角色和社会功能，因此新闻评论的价值在于有没有为社会发展提供可供参考的思想和观点。

我们对新闻评论价值的理解需要建立在对新闻价值的基础上,在新闻理论研究中,新闻价值的内容包括以下方面:①及时性,新闻报道越及时,为受众提供的新闻信息越新,信息量越大,新闻价值就越高;②接近性,指的是新闻报道的内容与新闻传播的受众之间在地域和心理上的接近,受众往往更加关心和愿意接受发生在自己家门口并与自己有着密切关系的新闻信息;③显著性,指的是新闻信息中的新闻人物、新闻事件和新闻地点等新闻要素的知名度;④重要性,指新闻信息与社会联系的重要性,凡是与国家发展,民众生活等密切联系的新闻都会表现出更加重要的新闻价值;⑤趣味性,受众对新奇、反常和极具人情味的新闻信息总是表现出更高的关注度。

一般而言,新闻评论的价值要高于新闻价值,一个新闻事件,它新鲜而有趣,但未必具有新闻评论的价值。著名报人邹韬奋曾说过:"我向来以为评论应根据事实,倘我得到可以评论值得评论的事实我便评论;倘我得不到可以评论值得评论的事实,我便不评论,决不因为挨骂而动摇这个标准。"①所以,新闻评论是否有价值,一个重要的标志就是他的论题是不是触及现实,时效性和针对性强不强。新闻评论的任务,是及时而广泛地评述特定时期内党和国家的发展方针、政策和路线,并针对现实生活中的某个问题和现象进行评论。它所关注的问题,一般都是党和人民群众所关心并迫切需要解决的现实问题,评论的宗旨是用科学的立场、观点和方法去对待和处理当前的重大问题,推动社会工作的发展。譬如获得中国广播电视新闻评论一等奖的云南电视台的评论节目《土地家庭承包经营不动摇》。评论的背景:1999 年 1 月前后,云南省第二轮土地延长承包工作全面展开,丽江地区试行了近两年的"两田制"(把土地划分为基本口粮田和集体经济田)不符合中央有关稳定和完善农村土地承包关系的政策,并且在现实推广中出现了很多问题,农民强烈要求恢复原有的土地承包关系。云南电视台《今日话题》敏锐地抓住这一问题,深入采访,科学评论,及时地澄清了部分基层干部对土地承包责任制的错误认识,促使丽江地区迅速纠正问题,获得了受众的好评,并得到云南省委、省政府的充分肯定。

在节目中,主持人开门见山地提出论点:"农村土地实行集体所有、家庭承包经营是改革开放 20 年来农村发生巨大变化的根本原因所在,也得到了千百万农民的拥护。但是,一些地方由于认识上的偏差,导致执行这一政策不够坚决。不久前,丽江地区华坪县荣将镇的农民盼来了他们等待已久的事情:在当地的群众会上,有关领导宣布,立即停止试行了近两年的"两田制",恢复原有的土地承包关系。"接着,记者通过对农民的采访,提出了六个论据:农民认为"两田制"不好;农民从一开始就反对"两田制";"两田制"施行之后,导致农民收入大幅度下降;导致集体经济田抛荒;"两田制"不符合党中央对农村土地政策的基本精神,并导致农民对中央现行政策产生疑惑;上级部门明确表示必须终止"两田制"。节目的最后,通过演播室里的讨论,得出结论:"不能因为农村生产力纵向对比发展了,农民收入增加了,就改变土地家庭承包制,增加农民

---

① 邹韬奋. 生活周刊,1931 年第 34 卷。

的负担，这必将影响农村的稳定和农村经济的发展。"①该节目通过强有力的事实论据和理论论据，针对"两亩田"问题不符合中央的农村土地承包政策的问题展开评论，及时地纠正了农村现实发展中出现的错误走向，明确地提出"农村土地实行集体所有、家庭承包经营的政策是农村稳定和发展的根本政策"，这一论点的提出彰显了新闻评论在阐释党政的方针政策，监督国家行政工作方面具有的重要社会价值。

此外，"公共利益"也是衡量新闻评论价值的重要标准。②为了更好地理解"公共利益"，我们先来认识"共同的悲剧"。"共同的悲剧"是生态学家哈定首先提出来的，这一模式是指一种对一部分都是有利的，对整体却是有害的情况。这样的情况在世界发展的过程中不胜枚举。例如，西方发达国家在现代化发展进程中，将很多工业垃圾倾倒在欠发达国家和地区；再如，部分欠发达国家在世界经济产业链上主要承担的是初级加工的产业，这样的产业不仅生产价值低，而且对环境的破坏大，最终破坏的是整个地球的生态环境。同样的，在社会生活中，人们常常使用公共资源来满足个人的利益，对此，古希腊哲学家亚里士多德早在2 000多年前就发表了看法："凡是属于多数人的公共事务常常是最少受人照顾物。人们关心自己的所有，而忽视公共利益，他们至多只留心其中对他们多少有些相关的事物。"③所以，维护公共利益，避免个人利益和部分人的利益损害到公共利益，也是新闻评论写作和传播的目的和任务。

为了公众共同的利益，为公众服务，是新闻评论价值的重要体现和衡量标准。那么，我们应该怎样来认识和把握公共利益？公共利益的原则主要包括以下几方面的内容：①独立——在政治上不为政府或其他利益集团所左右；②平等——实现不分等级享受同样的服务；③全面——满足不同层次、不同口味的现实需要；④多元——反映不同的观点，照顾少数人的兴趣；⑤不迎合——不追求最大的观众数，不一味迎合观众，而是通过节目来培育民主精神，提高公众的文化品位。④简单说来，就是要公正、独立、全面地对社会现实问题发表看法，关照世界问题的同时，也要关注普通人的日常生活中出现的问题和困难。下面，我们主要讨论的是世界性的视角。

中央电视台新闻频道《新闻1+1》，2011年10月31日播出了一期关于世界人口增长的新闻评论节目《70亿人口，矛盾中的人类！》，该节目从世界第70亿人口诞生的新闻说起，站在世界公民的公共立场，评述了人口增长与地球压力的问题。节目的最后，白岩松说道：

"70亿人口有多少呢？其实要真是排起来照一张合影的话，他们占的地方还真不大，也就是美国加州洛杉矶市这么一个区域里头就够了。但是关键问题是人们活着可不能是仅仅这样照合影，关键在于不均衡，我们相当多的是在贫困地区，比如说就有《国家地理》杂志给我们这样一个提醒，它是相对乐观的，'世界人口问题的本质在于发展不均衡'，这不乐观，但是《国家地理》杂志称，即便2050年人口如期达到90亿，

① 李法宝.新闻评论：发现与表现[M].北京：中国传媒大学出版社，2005：28-30.
② 李法宝.新闻评论：发现与表现[M].北京：中国传媒大学出版社，2005：32-34.
③ 亚里士多德.政治学：卷二[M].北京：商务印书馆，1999：324.
④ 赵月枝.公共利益、民主与欧美广播电视的市场化[J].新闻与传播研究，1998(2).

平均人口的密度也只会略超过如今法国的一半。法国从未被称为'炼狱',所以地球也不会是。

"还有人担心人类食品的问题,很多年前大家就在担心,但是现在人们很聪明,不断地发明很多很多的东西,包括像袁隆平,我们的大科学家已经让土地能生产那么多粮食了,但是总靠这样去发展的话,什么时候是个头呢? 1900 年,咱们一天才用几千桶油,现在是 7 200 万桶油。你想想,我为什么要叫很多孩子过来看呢?我们今天所探讨的一切都与你们有关,因此你们也应该听完这些数字之后,来约束大人替我们省一点电吧,替我们省一点水吧,给我们未来留一个更好的生存空间吧。"

白岩松的这段评论,是站在一个世界公民的立场,呼吁大家爱护地球,节约资源,平实的语言里饱含着对未来人类生存环境的关切和担忧,再加上有理有据的图像、图表的视频传播,增强了节目的感染力和说服力,也体现了评论者开阔的评论视角。

此外,事实的组合方式也在传递着评论者的观点。对广播电视新闻评论而言,现场的同期声、新闻事件和新闻当事人的采访画面不仅可以增强评论的现场感和说服力,而且是评论观点的组成部分。譬如,《焦点访谈》2006 年 5 月 1 日播出的节目《王啸飞燕》,节目将青岛港新区的吊桥驾驶舱作为演播室现场,节目呈现的是桥吊师傅王啸娴熟的桥吊技术,画面和现场的采访明确地传达了评论员对工作在基层一线的工人们的敬业精神的肯定和赞扬。

(二)新闻评论形式评析

1. 结构

新闻评论的结构分为外层结构和内层结构。外层结构包括开头、结尾和中间论述三部分;内层结构主要有并列与递进两种关系。并列,反映的是作者对新闻事件认识的广度,呈现了事物的多个侧面;递进结构反映的是事物本身的深度或人的认识的深度,也即"层层推进"的结构方式。

广播电视新闻评论的结构要比报纸新闻评论更加复杂,也更加丰富。报纸新闻评论主要通过文字来进行组织,是一种静态的结构形态。广播电视新闻评论,运用音声符号和图像符号来传递观点,形成的是动态的结构形态,这样的结构更加的灵活多变,可以通过音乐的插入、音响效果的应用、图像的剪辑、字幕和图表的运用等多媒体手段来丰富结构的安排。

譬如,上文提到的案例《善待民工才能够缓解民工荒》,节目的结构属于"递进结构":提出问题—分析问题—寻找解决问题的方法,结构清晰明了,开篇即提出"为什么会出现用工荒",接着通过农民工和企业管理者的回答,找到了用工荒的原因,不在于没有务工者可供选择,而是务工者对于企业提供的社会保障不满意,随后,作者采访了学者和官员,提出了问题的解决办法——善待民工才能缓解民工荒。因为是广播新闻评论,在分析问题部分,作者提供了很多采访民工的现场录音,通过同期声的运用,增强了评论的真实性和感染力,使得节目结构更加立体和生动。

2. 语言

为了有效地传播观点和态度,新闻评论的语言要求准确、简洁,而且要有"人情味",受众都不愿意接受"居高临下"的训导,反而愿意倾听"循循善诱"的引导。广播电视新闻评论的语言除了富有情感和感染力的口头语言,还有音响、音乐、图像、字幕和图表等多媒体的传播手段,这些传播手段帮助广播电视新闻评论更好地将抽象的理论观点和具象的新闻事实结合起来,增强了评论的可视性和说理性。譬如,获得第二十一届中国新闻奖一等奖的电视评论,江苏公共频道2010年7月9日播出的《版权保护——南通家纺市场成功密码》就是一个综合运用多媒体传播手段的评论作品。

◇◇ **案 例**

《版权保护——南通家纺市场成功密码》

【导　语】今天,由世界知识产权组织牵头的全球第一个版权保护专项调研项目——《加强版权保护对南通家纺产业发展的影响调研报告》正式发布,向全世界尤其是发展中国家介绍和推广江苏南通知识产权保护的成功经验。在一个最初由农民自发形成的家纺市场,版权保护为何能获得如此的成就? 版权保护的意识为何会如此地深入人心? 在江苏经济转型升级的关键时期,南通家纺城版权保护的成功经验又能够给我们带来什么样的启示?

【现场＋字幕】2010年7月9日,北京,中国新闻出版总署。

【配　音】今天,《加强版权保护对南通家纺产业发展的影响调研报告》由世界知识产权组织向全球正式发布,并向发展中国家介绍和推广。

【同　期】发布会现场。

【配　音】这是世界知识产权组织全球首个版权保护优秀案例示范点,该报告涉及南通家纺市场管理体制、法律定位、作品登记等10个方面;全面总结了利用中国现行法律法规打击侵权盗版行为、维护市场秩序、规范生产经营活动、促进产品创新的具体做法和成功经验。

【同　期】(世界知识产权组织助理总干事)(克拉克)版权管理的机制和保障体系正在推行,违法现象从未得到如此地减少和遏制。

【配　音】在开展版权保护的13年间,南通家纺业共登记印花、绣花美术作品28 807件,作品登记量占全省的80%。目前,南通家纺城是国内最大的纺织品加工生产基地和交易市场,2009年,南通家纺市场成交额达400亿人民币,成为继德国法兰克福、美国纽约第五大道之后的又一个世界级家纺贸易中心。

【同　期】(世界知识产权组织助理总干事)(克拉克)我知道中国政府有着很强的权威性,能够将南通的经验传播到各地,减少盗版的行为,而我们也正在为其他发展中国家做着同样的工作。

【黑转＋字幕】行政推动带来版权意识大觉醒。

【配音】20世纪80年代初期,在南通通州市川港镇志浩村和海门市三星镇叠石桥村的结合部,一个由当地农民自发组织的布匹和床上用品集市悄然而生,传统家纺产品的简单再生产和民间自发交易行为开始复苏。但随着时间的推移,抄袭成风,花型雷同,花布质量越来越差,布商无利可图,效益迅速下滑,经营难以为继。1996年,经营印花布业务的台湾东帝兴实业股份有限公司进驻志浩市场,并带来一百多个新颖、时尚的花型。当地农民布商们眼红了,开始依葫芦画瓢,模仿。

……

【编　后】2009年,江苏省政府以1号文件印发了《江苏省知识产权战略纲要》,培育具有自主知识产权的核心竞争力,正成为江苏在新一轮竞争中抢抓机遇、抢占先机、抢占制高点的加速器。在推动发展方式转变的全国战略中,南通家纺业提供了一个传统产业成功转型的典型样本。尊重知识产权、掌握自主知识产权就是抓住了发展的生命线,版权管理,成就了南通家纺市场的成功之路。

(作者:顾道远、宋梅、查金。)

案例《版权保护——南通家纺市场成功密码》,采用了导语、编后语、解说评论等多种评论模式,而且在评论节目的播出过程中,有新闻现场的回放,有同期声、解说、字幕等多种传播手段的综合运用,较好地呈现出广播电视新闻评论语言的丰富性。

3. 表达方式

广播电视新闻评论与报纸新闻评论相比,其表达方式上的最大特点——是在信息采集和表达上实现了"纪实性与思辨性的统一"。报纸新闻评论只能通过文字来传递作者的观点和看法,广播电视新闻评论则可以运用口头语言、同期声、现场画面、字幕和图表等一系列的符号资源来传递观点,从而实现纪实与思辨的统一。再以上文提到的《70亿人口,矛盾中的人类!》为例,整个节目共有4个环环相扣的事实:①世界第70亿人口出生(新闻事件回放);②联合国启动"70亿行动倡议"(新闻视频和新闻图片);③世界各国人口发展的不均衡(图表);④人口发展面临的现实问题,粮食和各种资源的需求等(新闻时评+图表);⑤结论:呼吁大家节约资源,爱护地球(新闻短片)。整个节目通过展现事实,评述各方观点,由表及里的缜密论证,在节目表现形态上体现了新闻的纪实性和评论的思辨性,还有受众的可看性等多方面的结合。而且电视新闻评论的图像符号在新闻评论的表现方式上具有报纸新闻评论不可比拟的表现力:长镜头记录史实,展示观点;同期声保证了电视新闻评论声画时空方位的同步;新闻回放增强了评论的可视性,现场传播深化了评论的效果和论点的传播。[①]

此外,该节目还体现了广播电视新闻评论的"人际传播效果"。节目一开始,白岩松语重心长地说道:

"你好,观众朋友,欢迎收看正在直播的《新闻1+1》。平常我一般不会去劝观众说要看我们的节目,但今天我要劝您看,但是更重要的不仅要劝您,如果您的孩子在上小学,或者说在上中学,或者是说在上大学,如果他现在不在电视机前,比如说在那儿上网或者说玩游戏,请您把他叫到电视机前。因为今天将提供一系列的数字可能是课本上没有的,而这些数字可以提醒我们每一个人,今天我们不是我们自己,而是人类中间的一部分。因为今天是一个非常特别的日子,特别在哪儿呢? 来,我们来一起看大屏幕上的一张照片。在这张照片上我们看到的是今天凌晨一个新生儿降生在菲律宾

---

① 李法宝.新闻评论:发现与表现[M].北京:中国传媒大学出版社,2005:291.

的马尼拉。联合国的高级官员去给这位母亲和这个新生儿送上了一个蛋糕,我们看这个蛋糕上前边一个'7',后边一个'B',这个'B'是十亿数字英文的字头,也就预示着第70亿人口来到这个世界上。"

白岩松对家长和孩子的邀请,是广播电视新闻评论的谈话体模式的具体体现,就是通过口头语言的情感传播,模拟日常生活中的谈话方式,让听众和观众产生强烈的"我被邀请,我要参与"的收听和收看体验,从而提高了传播的效果。经由广播电视媒介营造的"人际传播"也被称为"类传播",即类似于现实生活中的人际传播。"类传播"要求评论者站在评论受众的立场说话,用一种商量的态度和口吻说理,讲究铺垫和过渡,并通过多媒体手段来创造一种和谐的谈话语境。①

综上所述,我们对于广播电视新闻评论的评析方法可以从论点、视角和表达方式等方面展开,这是对具体的评论个案而言的。此外,我们还可以对同一个选题的评论在不同的媒体,不同的媒体组织的评论作品和传播效果展开比较性的评析,也可以对同一个人的评论作品进行评析。

第二节　广播电视时政新闻评论评析

一、时政新闻的定义

时政新闻,顾名思义是对时事、政治领域题材进行的新闻报道。《中国新闻实用大辞典》对"政治新闻"下的定义是:报道国家、政党、社会团体、知名人士在国内、国际方面的政治主张、言论、行为与活动,以及社会上的政治思潮、政治事件、政要人物更迭等方面的新闻。② 时政新闻反映的是新闻和政治的关系,二者之间的关系主要体现在三个方面:报道重大的党务、政务活动;宣传党的路线、方针和政策,报道政治领导人的活动。简要概括,时政新闻是关于时事、政治领域的新闻报道,着重于对国家和政党最新的政治活动、国事活动、国家政策,以及国内外发生的重大事件的相关报道。

二、我国广播电视时政新闻评论的发展

我国广播电视时政新闻评论是伴随着广播电视新闻事业的发展而发展的,而我国的实验广播是从1922年年底开始的。1923年1月23日开播的电台叫"中国无线电公司",是由在上海的美国人E. G. 奥斯邦与一位张姓华侨商人合作开办的,内容除了音乐之外,还有美国、欧洲等地的国际新闻以及中国各地的地方新闻,以时事报道为主,因音质不良,只存在了三个月就停播了。中国人自己的广播最开始是1923年初由哈尔滨发出的呼号,对外宣称哈尔滨无线广播电台,用汉语和俄语进行广播,以新闻、

---

① 王振业,李舒.广播电视新闻评论[M].北京:中国传媒大学出版社,2009:213.
② 甘惜分.新闻学大辞典[M].郑州:河南人民出版社,1993:151.

音乐、演艺等为主要节目。中国共产党领导下的广播事业开始于1940年12月开播的延安新华广播电台,播出内容有中共中央文件、《新中华报》社论、《解放周刊》重要论文、国内外新闻等。新中国成立以后,比较有代表性的是1957年中央人民广播电台的《新闻和报纸摘要》,这是一个优秀的广播时政新闻品牌栏目,该栏目分国内要闻、今日天气、简讯、媒体介绍、国际新闻五个子栏目。其中,《国内要闻》及时、充分,并且经常独家报道党和国家领导人的重大活动,宣传中央的大政方针,中央各部委的工作思路、部署、完成中宣部下达的重大典型宣传任务以及重大新闻事件的及时追踪报道。改革开放以后,广播时政新闻增加了现场直播重大时政新闻的数量,新闻性专题节目从内容上"贴近群众、贴近实际、贴近生活",形式上也逐步向板块化、栏目化、主持人化等方向发展。

我国电视新闻的初创时期是由中央新闻纪录电影制片厂摄制的《新闻简报》,这是早期电视台长期的、经常的和大量的新闻节目来源,一部分内容是政治性会议或国家领导人的外事活动,其他大多数都是宣传性的先进工作经验介绍和模范典型人物报道。1958年11月3日,北京电视台开始口播《简明新闻》,每次五分钟,稿件起初由中央人民广播电台提供,节目主持人沈力成为第一位电视播音员。1960年元旦,北京电视台设立了固定的《电视新闻》专栏,每周三次,每次十分钟,专门播放新闻片和纪录片。

20世纪80年代以来,"四级办台"的政策推动了中国市、县级电视台的迅速发展,时政新闻是各级电视台的重要内容。目前,时政新闻在内容上突破了会议新闻占主导的发展模式,出现了各种深度报道专题和新闻评论节目,对国际时政新闻的重视程度也在逐步增加。譬如,2003年3月20日伊拉克战争爆发,中央电视台国际频道采用前方后方连线,演播室访谈、随时插播消息和屏幕文字滚动等多种传播方式,对该事件进行了长达20多天、超过400小时的直播报道,引起了世界同行的关注和好评,很多国家的电视台的报道都出现了借用央视报道素材的情况。[①]

广播电视时政新闻评论,即是采用广播电视的传播手段,对时政新闻事件进行的评论。中央人民广播电台1987年1月1日推出的《午间半小时》,是中央人民广播电台第一个对内广播的主持人节目,"融时政性、知识性、趣味性于一体的主持人谈心式板块节目"[②],节目采取主持人对谈述评的方式来报道新闻,节目播出之后,成了中国听众午餐时的"精神佳肴"。[③] 1980年,中央电视台创办了第一个新闻评论性栏目《观察思考》,节目是周刊栏目,每次15到20分钟;1994年4月中央电视台推出的《焦点访谈》,同样是一个新闻评论性栏目,《焦点访谈》以新闻事实的报道为主,在对新闻事实的挖掘过程中,加入主持人和记者主观的评论和新闻化的论证方式,节目的结构基本上是:演播室主持人评论(1分钟左右),加新闻事实陈述及分析(10分钟左右),加演播室主持人评论(1分钟),现在节目的时长增加到17分钟。评论部分,强调事实依

① 吴信训. 新编广播电视新闻学[M]. 上海:复旦大学出版社,2001:101.
② 钱锋. 广播栏目与广播主持[M]. 广州:暨南大学出版社,2012:21.
③ 陈尔泰. 中国广播发轫史稿[M]. 北京:中国广播电视出版社,2008:21.

据,注重评论的针对性和监督的准确性;在新闻事实的陈述部分,更多采用调查式或披露式,尊重事实发展的逻辑顺序的基础上,揭示事实真相。在叙述的过程,记者的评价和倾向性融进了新闻事件的展示中,较好地把思辨性融进了具象的新闻细节中,提供了电视论证的事实性和可视性,观众在不知不觉的观看过程中,接受了记者通过画面和采访同期声的舆论引导。[①] 在《焦点访谈》获得社会的广泛好评的基础上,中央电视台又推出了《新闻调查》《央视论坛》《环球视线》《新闻1+1》等一系列的新闻评论栏目,国内地、市级电视台也推出了很多优秀的电视新闻评论节目。

三、广播电视时政新闻评论评析

时政新闻有着突出的政治性特征,对于时政新闻评论而言,评论的理论深度如何彰显政治价值显得尤为重要,从新闻现象到新闻本质的挖掘,并呈现出新闻背后所具有的理论高度是评析时政新闻评论的一个重要的标准。同时,广播电视时政新闻评论的图像和声音都是重要的表达评论观点的手段,不同的拍摄视角,不同的画面构图,记者与新闻当事人的交谈等都在表达评论员的观点,尤其是记者的提问,本身就是一种观点的表达方式。

(一)理论的高度与评论的价值

江西人民广播电台《新闻广角》2010年9月9日播出的广播新闻评论《新农村建设岂能让贫困农民失房又失地》,在第二十一届中国新闻奖三等奖的评选中,被评为广播评论三等奖。

反映及时是这篇评论的突出优点。江西省新余市渝水区鹄山乡前山村的村干部们,为了推动该村的新农村建设,采取了拆旧房、建新房的措施。村民在旧房改建项目中,被迫拆了旧房,又陷入没钱改建新房的困境中,只能借住在亲友家里。对此,村干部的解释是政府给予新农村建设的经费是有限的,其余部分只能由村民自行承担。基层干部还认定,只有拆了旧房屋,改建新房屋,才能更好地推进前山村的新农村建设的各项工作。记者接到新闻爆料,及时地判断出该新闻事件存在对新农村建设的错误理解和操作不当的问题,立即展开相应的采访。对村民的采访表明,村干部在"拆旧房建新房"的过程中,没有召开村民大会,单方面制订村屋改造计划,强制村民签订了改造协议,导致部分村民出现拆了旧房,建不起新房,而失去住房的生活困难现象。

明确地表明对新闻事件的观点和态度是该评论的另一优点。在调查并了解了群众的现实困难后,记者将村干部的做法和村民的反对意见等相关问题,反映给了新农村建设的领导部门和研究农村问题的专家学者。通过专家学者的讨论,提出论点:新农村建设是一个系统的工程,拆旧房、建新房仅仅是整个系统工程中的一部分。前山村的做法不仅带有片面理解新农村建设的偏差,而且在实施建设的过程中,出现了不尊重村民权益、单方面制订建设方案等问题。从而呼吁存在类似问题的基层政府停止相关建设活动,认真研究适合村落现实发展条件的新农村建设方案。

评论播出之后,引起了听众的广泛好评,并被多家媒体单位转播,及时地纠正了新

---

① 梁建增.《焦点访谈》红皮书[M].北京:文化艺术出版社,2002:336-337.

农村建设过程中存在的错误理解,从而有效地推动了基层政府对新农村建设工作。

从节目结构来看,递进式结构清晰明了:①广播主持人导语;②农民同期声对事件经过的呈现;③专家同期声对事件的点评;④广播主持人"编后按"的总结评论。

(二)问题的设计与话语的交锋

电视新闻评论在画面表达上有着传播的优势,画面提供了观众"我在现场"的新闻参与感,与此同时,画面也在表达着传播者对于新闻事件和新闻人物的看法和观点,画面中的拍摄角度是较为明显的。在西方报道,尤其是美国报道中,如对于驻伊拉克美国士兵的报道,电视的拍摄视角大多是仰视的,士兵的形象显得比较高大,这样的画面信息传达着美国新闻界对美国参与到伊拉克社会政治的发展过程中的立场和观点。和拍摄视角一样,提问的方式,也是一种评论视角和观点的呈现。白岩松采访过一个在深圳拍卖文稿的从业者,他提了三个问题:①请问你这次文稿拍卖,作为组织方是否想从中获利?②是否你身边组委会都同意你的意见?③让这样的组委会做这样一个仿佛圣人的事情,是否跟市场经济有违背的地方?① 通过三个问题,白岩松对于拍卖活动的公益成分的质疑一目了然,提问本身就是态度的表达。

下面,我们通过水均益采访克林顿的案例来说明,提问如何呈现评论的观点,为了更好地通过提问来表达记者对于时政新闻中的国际政治的观点,如何进行周密的准备和精致的设计等问题。

1998 年 7 月 1 日,水均益作为《焦点访谈》的记者,在上海采访了到中国访问的美国总统克林顿。采访之前,节目组邀请中美问题专家,针对提问进行了专门的研讨。

问题设计的原则——①基于中美共同致力于建立面向 21 世纪的建设性的战略伙伴关系,请克林顿谈谈对两国建设性战略伙伴关系的前景?两国领导人通过热线电话是否加强了双方的沟通?中美在维护地区和世界和平与稳定方面的合作将如何开展;②针对中美之间的分歧,重点关注譬如台湾问题、对中国的制裁、最惠国待遇和中国加入世界贸易组织等问题;③克林顿此次访问中国,是对江泽民主席 1997 年访美的"回访",属于友好访问的性质。因此,应该更多地强调中美友好,问题可以设计得比较轻松、活泼。可以利用克林顿第一站访问西安做一下两国文化传统方面的文章,也请克林顿谈谈对年轻一代的期望,对未来的展望之类的话题,从而呈现出一种友好的交谈氛围。

问题的设计原则说明了中央电视台作为国家电视台的立场和态度,对于美国总统的提问,体现了时政新闻的政治立场,即坚持国家利益至上的原则。所谓的坚持国家利益至上的原则,就是指国际新闻评论要时刻以维护国家利益为己任,把握正确的舆论导向。具体就是,要熟悉我国政府的立场,对我国的政治、经济、社会和文化等方面的基本国情要有所了解,并对国际热点问题的历史和现状、中外关系的发展历史等问题有清楚的了解和深入的认识。② 水均益在采访克林顿之前,与专家学者的研讨,明

---

① 梁建增,孙克文. 解析东方时空[M]. 北京:高等教育出版社,2003:3.
② 江爱民,吴敏苏. 国际新闻报道[M]. 北京:中国传媒大学出版社,2011:9.

确的是我国政府在中美关系中的立场,分析中美两国的政治关系,寻找提问设计的基本原则。

具体的问题——①"台湾问题一直是中美关系中的敏感问题。实际上,多少年来,在台湾问题上,中美两国制定了一系列的原则,集中体现在中美之间的三个联合公报上。许多中国人认为,只要按照这些原则,就应该很好地处理台湾问题。然而,事实上,我们看到,近年来,中美在台湾问题上还是存在着一些矛盾和冲突。那么,这是否意味着中美之间还需要制定更为明确的原则来处理台湾问题?"②我们注意到您到达中国的第一站是中国西北的一个城市西安,您为什么要在平生第一次来到中国的时候,首先访问这个城市?③很多人了解中国是从中国的文明和历史开始的,总统先生,在您的记忆中,您最初了解中国是通过什么? 比如说,是通过一本书? 一部电影? 或者是一件什么事?④看来,您所说的也证实了许多人的一种观点,就是由于历史、文化的不同,对于中国和美国这两个世界大国和这两个国家的人民来说,相互了解是一件长期的事情,而且不断保持这种沟通和了解就会使我们之间的共同语言不断地增多。这是否就是您来华前向美国公众所强调的要和中国保持接触的理由的基本出发点呢? 问题设计好以后,水均益和他的同事还请来美国问题的专家,模拟了整个采访的过程,再根据情况,对某些问题进行了调整和补充。

回到问题本身,在台湾问题中,隐藏着中国政府的立场,那就是中国历来对于台湾问题是重视且态度明确的,希望美国按照联合公报的相关原则对待和处理台湾问题。接下来的几个柔性的文化问题的提出,是希望克林顿从政治以外的其他角度,譬如中国的历史、文化和经济的发展等来对中国进行关注和思考,表达的是提问者的一种开放的国际交往的视野和态度。

经过周密的提问设计,尤其是明确了提问原则之后,水均益在采访克林顿的过程中,掌握了采访的主动权,清晰地抓住克林顿的思维方向,控制了采访的节奏和动向,恰当地表达了中国媒体对于美国总统访华的立场和态度,而且还制造了一个访谈的亮点。

采访开始后,水均益按照当初设计,先问克林顿:"为什么选择西安作为此次访华的第一站。"克林顿回答:"我希望能从一个能够体现中国历史、中国文化的地方开始我的访问。这个地方可以体现出中国人民那种永恒的性格,当然我选择西安也是有个人的考虑。因为我认为要想了解一个民族的现在和她的未来,最好的办法是首先了解她的过去……"

水均益接着提问:"您最初是通过什么途径了解中国的。"

克林顿回答:"噢,我记得我小的时候,我父母给我买的一套百科全书。书里介绍了世界各地的情况,像是索引一样从 A 到 Z,由浅入深。你知道当时没有电脑。我记得那时我一边看着世界地图,一边阅读有关中国的内容。我那时大概八九岁。我被书中的内容迷住了。从那时起我就一直想到中国来。"

接下来,克林顿谈到了他这次来中国的感受,谈到了中国戏剧性的经济增长和对外开放,也谈到中国国有企业和私有企业的变化,并关注到了在基层领导人的任用及其政策的制定方面,中国老百姓的发言权在增大。这时,水均益意识到克林顿开始发散思维,并有可能会进入对中国事务的"美国评价"中去,他即兴插入一个问题:"除了这些以外,你有没有什么意想不到的事情。"克林顿被打断了思路,稍有些迟疑地回答道:"我不知道有没有什么惊喜……让我想想,啊。我想我是有一点吃惊。是的,我有两点。首先,在我来之前,我没有想到我与江主席的联合记者招待会会被现场直播。随后,我在北京大学的讲演,我昨天在上海电台热线对话都被直播了。我没有预期到能够和中国人民有如此公开和广泛的交流……"①

"我没有预期到能够和中国人民有如此公开和广泛的交流",成为采访中的亮点,这一句话也成为了西方媒体在报道克林顿接受中央电视台专访时广泛引用的一句话,而这句话就代表着中央电视台的观点:中国正在以一种开放的姿态应对世界的发展。所以说,评论并非是通过明确的观点性的语言的传达来进行的。广播电视新闻评论与报纸相比,其现场采访的声音和画面,采访记者的提问方式都成为表达观点的重要组成部分。需要强调的是,在时政新闻评论的过程中,广播电视新闻评论的观点表达更多是通过新闻事实画面的提供和采访记者与被访对象之间的"话语交锋"来完成观点的呈现,是一种具象与思辨统一的传播效果。

电视时政新闻的话语交锋往往体现出采访记者良好的新闻素养、丰富的知识背景、敏锐的心理素质和睿智的现场反应。水均益对于普京和基辛格的采访就表现了较为精彩的中国时政新闻评论记者的综合素质。

1994 年 5 月,美国国会对是否延长中国的最惠国待遇问题争执不休,同一时间,美国前国务卿基辛格博士到北京参加"九十年代中国外经贸战略国际研讨会",《焦点访谈》节目组认为,就最惠国问题采访基辛格博士是一个比较好的时机。于是,水均益和他的同事就来到基辛格下榻的宾馆,通过沟通和努力,争取到五分钟的采访时间。约定采访时间之后,水均益就到新华社国际部的资料室,查阅了有关基辛格的资料,发现了一个有价值的信息,基辛格的生日是 5 月 27 日,也就是采访两周以后。为了应对有着丰富的外交经验和广博知识背景的基辛格博士,水均益和同事在设计问题时,明确了一个原则,问题一定要有难度,才能提起基辛格的兴趣。他们设计的第一个问题是:"基辛格博士,在冷战结束前后的这些年,国际关系显然发生了很多变化,您认为冷战结束后中美两国是一种什么关系? 我们是朋友呢还是敌人?"第二个问题是:"博士先生,既然您认为冷战前后,中美两国都是政治上的朋友,那么为什么这么多年来,我们两国一直存在着分歧和争论,特别是在像最惠国待遇这样的问题上?"在中美关系的发展历史上,基辛格是一个重要的推动者和见证者,因此,让他来回答中美两国的关系是非常恰当的,他也会给出意料之中的答案,从而为第二个问题埋下伏笔。第二个问题直面中美两国当时面临的现实问题,美国对中国的"最惠国待遇"存在争论,基辛格作为中美问题的专家对此的发言极具价值。接下来的采访更是精彩迭出,节目的最后,水均益提起采访前一晚知道基辛格两周之后过生日,并祝他生日快乐,现场气氛很好,水均益顺势说道:"许多中国人在电视上看见您,感觉您十分严肃,不过我看您

---

① 水均益. 专访美国总统克林顿 [OL]. [2011-11-30]. http://www. cctv. com/oriental/sj/szsb/20011130/42. html.

现在呢(此时,水均益有意顿了一下,只见基辛格脸上不由自主地露出了灿烂的笑容),却是笑容可掬。那么,是否请您对将要看到您的众多中国观众说几句话?"基辛格很配合地说道:"我想告诉我的中国朋友,我对你们取得的成就感到钦佩,我也对你们对朋友的忠诚感到钦佩,我祝你们万事如意!"①这一期节目获得《东方时空》的季度金奖,节目的成功不仅在于提问的设计,还在于水均益在采访现场的机智应对以及他对采访现场节奏的掌控。

同样的,他对普京的访谈也说明了国际时政新闻评论的高难度和高要求。采访普京之前,水均益同样对普京的个人情况有了深入了解,发现普京对俄罗斯历史上的彼得大帝时代是比较推崇的,就在提问中设计了这个问题。这个问题打开了采访的局面,吸引了普金的注意和思考,采访画面上观众看到了严肃的普京展露出难得一见的笑容,水均益也一改往日冷峻的表情,访谈呈现出"轻松问答,巧妙回答"的传播效果,这同样是一期出彩的国际时政新闻评论节目。

◈◈ 案例

水均益采访普京

(记者)观众朋友,我现在站在著名的莫斯科红场上,而我背后是俄罗斯的心脏克里姆林宫。2个月以前,一位新主人进驻这克宫,他似乎无太多领袖风采,但他语言铿锵,行事果断。他似乎面容冷峻,难得一笑,但他深孚众望,成为俄罗斯政坛一颗耀眼的明星,他就是俄罗斯总统弗拉基米尔·普京。

【解　说】普京1952年10月出生在现已改名圣彼得堡的列宁格勒。他的家庭很普通,父亲是工厂门卫,母亲是家庭主妇。列宁格勒保卫战夺去了普京两个哥哥的生命,他是他们家唯一的儿子。普京1970年考入列宁格勒大学学法律,摔跤和柔道是他最大的两个爱好。作为前苏联国家安全部官员,普京曾很长时间在原民主德国工作。90年代中期,普京进入政坛,从圣彼得堡市长助理一跃而成第一副市长。而后普京的政治生涯从圣彼得堡转到了莫斯科。在担任了俄国家一系列重要职务后,普京在今年3月的大选中当选为俄国第三任总统。舆论普遍认为,普京是一位冷峻务实、说到做到的铁腕人物。这正好满足了俄国人民重振强国地位的心愿。

在普京即将访问中国之前,中央电视台记者访问了普京总统

(记者)感谢你接受我们的采访。在您访问中国之前,请问,中俄关系的现状如何? 两国关系在21世纪将有何新的发展?

(普京)我即将对中国的访问,对我个人来说是很重要的,它使我有机会与中国领导人对话,有机会了解伟大的中国人民。我深信中俄战略伙伴关系在新的世纪会保持下去。中俄经济、文化交流发展迅速,但中俄两国关系还有很大的潜力需要发挥。我对此有很多具体的设想和具体的计划。在即将到来的访问中,我将与中国领导人一一谈起。

---

① 水均益.老谋深算的基辛格[OL].http://www.cctv.com/oriental/sj/szsb/20011130/43.html.

我经常做中国菜

（记者）听说总统非常喜欢中国菜。你最近是否吃过中国菜？

（普京）中国菜非常丰富，我经常做中国菜。中国有南方菜系和北方菜系，中国菜有饺子，俄罗斯菜也有饺子。这是民族文化的一部分。一句话，中国菜非常好吃，我很喜欢。

（记者）中国饺子、筷子、柔道都属于外国的理念，而你本人的背景是欧洲理念。请问这是否影响你的外交政策的定位，中国在俄罗斯对外关系中处于什么位置？

（普京）丰富多彩的各民族文化也有共同点，它使世界文化成为一种体系。俄罗斯是一个地域复杂、地跨欧亚的国家。我赞成多种文化的相互交流、相互渗透。俄对外政策将力求平衡发展同欧亚两大洲国家的关系。中华人民共和国迅速发展，俄将优先发展同中国的关系，这不仅是我个人的看法，也是俄国外交专家们的共同看法。我确信，发展中俄关系是维护世界多极化格局和世界和平稳定的重要因素之一。

我信奉：坚持主见，深藏于胸

（记者）听说在您的办公室里挂有彼得大帝的像。在俄历史上有很多有影响的时代、如彼得大帝时代、叶卡捷琳娜时代、亚历山大时代，也包括苏联时代，在这些历史时代中，你最喜欢哪一个时代？

（普京）在彼得堡市工作时，我确实挂有彼得大帝的画像。我现在的办公室里没有挂什么画像。我尊重一条古训，"不要盲目崇拜"。我认为一个人应有主见，一个人的喜好要深藏于心，而不是四处张扬。我对彼得大帝心怀敬意十分尊重。彼得大帝对建立现代俄国作出了贡献。非常类似的是，在今天的俄罗斯改革中，我们要推行一些看似复杂，却不得不果而断之的政策，并坚定不移地推行。

我不会迎合所有的人

（记者）有人说你面容冷峻，有人说你如铁匣子一言不发，也有人说你是办事果断的铁腕人物，你同意哪种说法？

（普京）你首先提到了一张神秘莫测的面孔，而后又提到铁匣子。要知道铁匣子可是一种没有任何语言的东西。每个人看到和说出的都是他们所想看到和所想说的那一部分，也都是不完整的。俄国人民信任我，推举我为总统。当我决心竞选总统时，我相信我可以改善俄国人民的生活，使国家强大。一个政治家不会去迎合所有的人，也不会试图推行一种不触及任何人利益的政策。如果这样，我将损害那些深深信任我的人民的利益。

我夫人幸福地哭了

（记者）听说，当你当选为代总统后，你的夫人哭了整整一天。因为作为总统，你和家人一起生活的时间将很少。你能否用些方法消除夫人的忧虑。

（普京）我夫人是幸福地哭了。当选总统后，我和家人在一起的时间的确大大减少。我不能像往常一样见到我的女儿们了。因为我上班的时候，她们正在睡；我下班的时候，她们又睡着了。总之，这给个人生活带来了种种不便，但更为不便的是与外界太隔绝，一方面是太忙，另一方面是安全的考虑，生活的圈子太小，往往是一种不真实的生活，对人民的愿望缺乏足够的了解。但我将通过一些计划外的访问来补偿。

我深信中俄人民的情谊

(记者)许多观众都很关注你访问中国,请您就这次访问说几句话。

(普京)感谢中国记者的采访。俄罗斯人民一直对中国人民怀有美好的情感。特别是当我听到江泽民说俄国话,唱俄语歌的时候,我更加对这种友好情谊深信不疑。可惜的是,我不能同样讲汉语。但我想用我唯一能说的汉语来结束这次采访——"谢谢!"

【解　说】普京作为新一任总统,正踌躇满志,正在选择一条符合俄国国情的发展道路,他希望在10年后,能让俄罗斯达到现在巴西的生活水平或1955年西班牙的生活水平。

俄罗斯的国旗是白蓝红三种颜色。据说普京喜欢的颜色既不是旧俄罗斯帝国的白色,也不是苏联的红色,而是介于红白之间的蓝色。至于普京的政治倾向,说法各异。有人说普京在政治上是务实主义,有人说他是开明的保守主义,或保守的自由主义,也有人说他是政权紧缩,经济开放。不管怎样说,俄罗斯人民把希望寄托在普京身上,希望普京能带领他们重振大国雄风。

(中央电视台,《焦点访谈》,2000年7月12日播出。)

第三节　广播电视法制新闻评论评析

一、法制新闻的定义

法制新闻的特殊性在于"法制"二字,所谓法制,指的是国家的法律和制度。"法律"既包括以规范性文件形式出现的成文法,如宪法、法律和各种法规,也包括国家机关认可的不成文法,如习惯法和案例法等;"制度"指的是依法建立起来的政治、经济、文化等方面的各种制度。[①]

对于法制新闻的定义,各国学者都提出了各自的看法。蓝鸿文认为,法制新闻就是社会生活各方面新近发生的与法制相关的、有新闻价值的事实的报道。[②] 甘景山的观点是,法制新闻主要是新近发生的、重要的、有价值的,有关立法、司法、执法、守法和各行各业、社会生活各方面与"法"有关的新闻报道。[③] 陈应革则将其定义为:法制新闻就是以法制事件、法制问题、法制动态为依托的新近发生的具有为受众及时知晓意义的法制信息。[④] 以上对于法制新闻的定义都是从"新闻是新近发生的事实的报道"的视角来阐释的,说明了法制新闻的时效性和行业性两个方面的特征。此外,法制新闻相对于其他新闻信息而言,有着较为突出的专业性特征,即法制新闻报道的任务不

---

① 姚广宜.法制新闻采访教程[M].北京:北京大学出版社,2007:8.

② 蓝鸿文.专业采访报道学[M].北京:中国人民出版社,1997:113.

③ 甘景山.法制新闻写作纵横谈[M].福州:海峡文艺出版社,1997:14.

④ 陈应革.法制新闻的特点与功能[J].中国记者,1999(8).

仅是法制新闻信息的传播,还应该承担起向受众进行法律知识的传播和普及的社会责任,而且向受众进行的"普法"工作在很大程度上对于社会的发展具有重要的推动作用。综上所述,法制新闻报道是对新近发生或发现的法制信息进行传播,并对受众的法制知识起到提升作用的新闻报道。

广播电视法制新闻评论,就是指以广播电视为载体,对法制领域新近变动的事实进行评论,从而提高受众的法制素养的广播电视评论节目。

二、我国广播电视法制新闻评论的发展

我国的广播电视法制新闻节目起步于 20 世纪 80 年代,是随着国家社会主义法治和民主建设、增强国民法制意识的需要而出现的。①

1985 年,我国全面普法工作正式展开,同年 6 月,中宣部、司法部制定了《关于向全体公民基本普及法律常识的五年规划》,即"一五普法",要求"报刊、广播电台、电视台都要由专人负责,办好法制宣传栏目"。1985 年上海东方电视台《法律与道德》栏目的创办,标志着我国电视法制节目的产生。2004 年 12 月 28 日,中央电视台开播"社会与法"频道。

在广播方面,从 20 世纪 80 年代法制广播节目诞生开始,法制广播节目就一直在广播节目中占有重要地位。目前,中央人民广播电台、各省台以及部分市台都开办了专门的法制栏目,并在节目的内容和形式上进行了有效的探索。山东人民广播电台专门投入较大的资金打造品牌节目《法眼看社会》,广东人民广播电台针对广东流动人口多的特点,开办《妇女心声热线》,由专门的法律、心理专家为特定的人群解答疑难,同时运用市场化的运作方式大办有影响力的社会活动。包头台的《法制 30 分》、青岛台的《华金法制时间》、大连台的《法制经纬》、沈阳台的《法制新视野》等,都赢得了大量的受众。② 昆明广播电视台政法频道的《风雷说法》也是一档优秀的法制栏目,从 2005 年 6 月 26 日开播至今,发展成一个日播的法制节目,该节目把镜头对准普通百姓,在案例讲述中穿插主持人风雷的评论,向老百姓传播法治意识和普及法律知识。

三、广播电视法制新闻评论评析

以中央电视台的《今日说法》为例,广播电视法制新闻评论主要是借助广播电视的制作和表现手法,以宣传法制为主题,以法制与社会生活方面的密切联系为切入点,其宗旨是"重在普法、监督执法、促进立法",选题贴近老百姓的日常生活,节目模式是"案例评述 + 主持人提问 + 嘉宾"的法律点评。所以,我们对广播电视法制新闻评论节目的评析,重在评价其普法的效果,监督执法的力度和促进立法的作用等方面;从节目模式来看,我们重点关注的是案例评述过程中,对于广播电视特有的制作和表现手法运用的情况,在主持人和嘉宾方面,我们观察的是主持人的提问和嘉宾的专业素养。

---

① 哈秋艳.彩练当空舞电波传九州——纪念人民广播 60 周年[J].现代传播,2000(6).

② 吴信训.新编广播电视新闻学[M].上海:复旦大学出版社,2001:38.

(一) 普法宣传与法治建设

广播电视法制新闻评论在我国普法的宣传教育方面有着突出的作用和功能,因为广播电视作为大众传播媒体中的电子媒体,对法制信息的传播可以做到即时传播的效果,也就是说在法制新闻发生的同时进行法制新闻信息的传播和评论,而且受众的传播范围广泛,在传播的过程中,受众还可以通过电话连线、网络在线沟通等多媒体的形式即时地参与法制新闻评论的现场,形成交互式的传播效果,从而帮助受众及时、全面地了解和思考相关的法律问题,解决现实生活中存在的法律困难。

譬如中央电视台《今日说法》1999年播出的节目《家法与国法》,节目关注了1995年发生在重庆市巫山县高峰村的一起案件,该村一个雷姓的小伙子因为和族长的儿媳妇相好,被族长指挥村民将其五花大绑,严刑拷打一天之后,扔进了滚滚的长江。通过记者的采访和报道,推动了巫山县公安局对该案件的侦破。[①]

从节目的标题"家法与国法"就可以看出,这期节目关注的是在中国乡村社会存在了上千年的族规家法,这些族规家法在很长一段时间里是中国乡村社会村民必须遵守的行为规范和行事准则,随着国家法治化进程的发展,家法与国法之间的矛盾逐渐凸显出来,广播电视法制新闻评论对此类问题的关注,就是要帮助生活在乡村社会的村民认识并运用现代法律武器维护自己的权益,教育并引导乡村农民学法用法。再譬如,中央电视台《今日说法》1999年10月26日播出的《骂人也犯法吗》,从乡村百姓日常生活中出现的一个运用法律维护个人名誉的案例说起,向电视机前的受众进行了一次关于名誉权的普法教育传播活动。

◇◇ **案 例**

《骂人也犯法吗》

今年52岁的周春红在北京房山区崇各庄乡土生土长。她的个性和为人也一直被村里人称道。她年轻的时候在村上的广播站工作,后来她从小队里的妇联主任当到村里的妇联主任。妇联主任官不大,管着全村1 700多口人、500多户的计划生育工作。走东家串西家,大大小小的事,她都得管。自己家里的里里外外都由老伴和两个儿子承包了,周春红也安心地当着她的"芝麻官"。没想到,一次村民之间的纠纷把周春红纠缠了进去,还为此打了一场官司。

说起官司的事,她的嗓门高了八度。"陈述义抢着胳膊说:'周春红你和张宗海瞎着',我当时听了以后,特别地生气,我做梦都想不到他能说我这话。"可"瞎着"究竟是什么意思呢? 我们还一时摸不着头脑。"瞎着"就是说男女之间不正当关系,这是句老话,是一个方言。村民向我们解释道。当然被这话激怒的还有张宗海。张宗海是本村的村长,今年48岁,是一个干练的农村汉子,也是在本村长大的。乡里乡亲的论起来,周春红还算是张宗海的长辈。听说我们采访,正在乡里开会的张宗海急忙赶了回来。"当时我没在场,开会回来以后,周主任他们就跟我说了,这等于侵犯了我的人权

① 尹力. 今日说法[M]. 北京:中国人民公安大学出版社,2001:295-300.

了。因为是无凭据地骂人、侮辱人,用极其下流的(语言),侮辱诽谤,要是平常老百姓、村民之间骂,随便骂两句都可以。这语言太下流了,还当着好些人。"刚放下自行车,张宗海就急急地向我们表白着。

可这话又是因为什么而起的?骂人的陈述义又是谁?为什么会在大庭广众之下骂人?他们当时又想没想到一句话会给自己惹来一场官司呢?

并非是故意

经村民指点,我们推开了陈述义家的大门。这是一处标准的老北京农家小院,陈老汉和老伴闻声打屋里走了出来。说明来意后,老两口把方桌摆在院子里,沏上了一壶茶招待我们。提起骂人那档事,他们倒觉得自己有点冤得慌。说事情是因为儿子和村里的电工打架引起的。1999年开春,村里为落实富民政策,划出一块地搞蔬菜大棚,以抓阄的方式分给承包户,陈述义的儿子陈亚东也包了一个大棚,但后来因不满意自己包的那块地,打算不包了,按村里的规定退回承包时发放的贷款。"那大棚钱,我们不包(大棚)了,不包以后我们给你钱,我们也没说不给钱,就(把电)给掐了,掐了以后正好那孩子(陈亚东)在家,出去就打起来了。"陈老汉说。因为迟迟没交回贷款,村委会决定以限电的方式,让陈亚东尽快交钱。可事与愿违,就在村电工纪祥奉命把陈家的电掐掉,还没从电线杆子上下来的时候,陈亚东就用铁锹照纪祥的腰拍了下去。"掐完电我刚下杆子,他(陈亚东)拿铁锹就拍我,拍我腰,把我拍得动不了了,住院了。"纪祥回忆起被打的经过,现在还觉得后怕。陈亚东不仅为此付出了一笔医药费,还把自己的父母牵扯了进来。吵架的事立即引来了围观的群众。我们问村民当时究竟有多少人围观,他们如是说:"当时乱哄哄的,人不少,有过路的,有本村的。"

有人立即通知了村委会,周春红和其他的村干部急忙赶过去调解。

"过去以后,纪祥不是被打了,被拉走了嘛,陈亚东他爸爸(陈述义)说:'你们大队(村委会)来这么些人,谁管事?'我说我管,他说:'你负得了责吗?'"

"我作为一名干部,我接的电话,我值班,我能不过来吗?我知道马上就得过来,那么这里打坏(伤)了人了,我能说不管吗?主要领导都去开会了,在家的领导还就数我大,要不为什么我说我负责任呢,我的官职,比他们其他的几个村干部都高些,所以我就得承担这个责任。"

这是周春红与陈述义对当时事态发展描述的一段对话。听得出事情发展到这儿,局面开始有些失控。争吵中陈老汉老两口说出了不该说的话。事后陈述义和老伴儿也觉得当时自己太冲动了。

"那句话就不知道怎么就溜达出来了,大文盲不是?"陈述义老伴儿的话,说得倒也蛮实在的。可村党支部书记赵金鹏说,周春红和张宗海作为村干部,绝对没有说不清楚的个人关系,这一点他可以用人格担保。也就是说陈老汉两口子顺嘴"溜达"出的话是无中生有的。这事让周春红大病了一场。

法断是非

说者无心,听者是否有意了呢?这句话的影响究竟有多大?此事对周春红和张宗海的"名誉权"造成了伤害吗?我们在村子里进行了调查。

(记者)"回来大家议论这事吗?"

(村民)"反正有时也议论。"

(记者)"您怎么看这事?"

(村民)"这事?现在一人一个说法,我说她不应该骂,有事情说事情,不应该骂人。"

骂人当然不对,可现在已不是简单的骂一句人的事了。为了澄清事实、消除影响,周春红和张宗海都认为还是"法"能断是非,能维护自己的权益。

"我要用法律来讨回公道,讨回我的人格权。"周春红说。

"通过法院,如果说是事实,那我没理。如果说不是事实,那你应该赔礼道歉,从各个方面挽回我的损失。"张宗海更是信誓旦旦。

1999年5月,周春红和张宗海分别将民事诉讼状递交到北京市房山区人民法院,以名誉权受侵害为由,状告陈述义和白淑兰,要求赔礼道歉,消除影响、恢复名誉并赔偿精神损失费10 000元和8 000元人民币。房山区法院受理了此案。

我们在采访主审法官——北京市房山区法院审判员李金茹时,她说:"我们认为这是个侵权的案件。根据《民法通则》第101条和最高法院关于贯彻《民法通则》若干问题的意见,我们依法判决二被告向原告赔礼道歉,恢复名誉及赔偿精神损失。"

根据法院的判决,陈述义、白淑兰给周春红、张宗海分别赔偿精神损失费800元和500元。陈老汉老两口虽然至今也闹不明白,自己怎么会因为一句没影儿的话当了被告,并付出了经济上的代价,但至少他们知道了一件事,那就是"骂人也犯法"。

专家点评

嘉宾:王佚(北京大学民法博士后)。

主持人:撒贝宁。

(主持人)您说名誉权究竟是一个什么东西?

(王佚)这个名誉就是说社会公众对于特定人,他的人格价值所作出的一个评价。这种名誉如果受到了法律的明确保护,它就成为一种权利。像我们《民法通则》第101条就明确规定,公民和法人享有名誉权,公民的人格尊严受法律保护,禁止以侮辱、诽谤等方式侵害公民和法人的名誉。这就说明我们现行的民事立法上已经把名誉权作为一种独立的民事权利来进行保护。

(主持人)名誉权是一种无形的东西,是大家对你的评价,那么法院如果来判定的话,它通过什么来认定你的名誉权确实受到侵害?

(王佚)在纠纷里边,当时骂人的人,他所说的这句话已经在群众中间产生了不好的影响,那么在这种情况下,我想侵权的实施已经发生了,而且又是属于在很多人面前实施了这种行为,在这种情况下就可以认定侵害了名誉权。

(主持人)我想可能很多观众会有这样的疑问,前两天我还跟邻居吵了架,那么他骂了我,但是当时可能没有那么多人听见,但是就是因为他骂了我这一句,我能不能够到法院去提起诉讼?要求法院判定他侵犯了我的名誉权?

(王佚)这里我想要区分一个问题,就是名誉感和名誉权,那么名誉权的侵害我们刚才说了,必须是造成对他的社会评价的降低;而名誉感呢,是你自己的感觉,自己受到了侮辱,自己的人格尊严受到了侵害。在这种情况下,依据我们《民法通则》第101

条的规定,尽管人格尊严也是受到法律保护的,但在这个时候不能以侵害名誉权为由,来要求法院对自己的权利进行保护。

(王佚)像我们这个案例里面没有出人命,在有一些侮辱和诽谤案中间,甚至还会导致被侮辱、诽谤的人精神上承受不了,最后自杀了,后果就更严重了。所以为了遏制这种行为,就不仅仅是让他承担民事责任了,还要让他承担刑事责任,才能防止以后出现类似的情况。

(中央电视台,《今日说法》1999 年 10 月 20 日播出,记者:尚婧。)

案例《骂人也犯法吗》是《今日说法》比较典型的节目结构,采用倒叙的方式提出问题,回溯事件,再进入演播室现场,由专家进行点评。具体来看,节目结构是:①"只为一句话",简单介绍了事件概况:一名村干部在调解村民纠纷的过程中,被当事村民骂了一句话,由此引出了一场官司,这是怎么回事呢? ②"并非是故意",记者带着摄像机采访当事人及在场的村民,回溯整个事件发生的始末。③"法断是非",法院受理并最终裁定骂人的村民侵犯了被骂村干部的名誉权,判决赔礼道歉并赔偿精神损失。④"专家点评",回到《今日说法》的演播室现场,主持人提问+嘉宾的法律解答。清晰明了的节目结构,较好地运用了广播电视语言、声音和画面符号的传播优势。尤其是在回溯事件经过的部分,通过对事件当事人的采访,村民的采访,用画面和同期声呈现了事实的真相,让电视机前的观众产生了"我进入现场"的收视体验。了解了事情的梗概之后,法院的裁决部分相对抽象,因此,节目转回演播室现场。主持人和嘉宾的对话,实际上是一种"观众和嘉宾对话"的效果。主持人的第一个问题:"您说名誉权是一个什么东西?"完全是站在一个普通的老百姓的立场来提问的。尤其是第三个问题:"我想可能很多观众会有这样的疑问,前两天我还跟邻居吵了架,那么他骂了我,但是当时可能没有那么多人听见,但是就是因为他骂了我这一句,我能不能够到法院去提起诉讼? 要求法院判定他侵犯了我的名誉权?",直接表明了老百姓的立场,把日常生活中吵架的情景作为提问的背景,看似很简单的一个生活场景,实际上隐藏了两个重要的问题:名誉权和名誉感的区别。名誉感被侵害潜在的社会危害后果。由此看来,主持人提问是充分考虑到老百姓在日常生活中遇到的法律问题和法律需求,并注意将这些法律问题和法律需求与法理法条进行结合,从而为专家的法律点评的现实应用性做好了铺垫。所以,以《今日说法》为代表的广播电视法律新闻评论节目的重要社会功能是普法的宣传,这些节目的播出强有力地推动了我国法治化进程的发展。

(二)舆论监督和预警功能

新闻舆论监督是指通过新闻报道的方式,对某种事物或现象进行披露、评价和议论,从而引起公众的广泛关注和议论,并由此形成公众的舆论,从而达到对某种事物或现象进行监察和督促的目的。法制新闻评论的舆论监督与一般新闻评论的舆论监督相比,有其特殊的方面。一是拥有法律的权威性。在当代法治国家,宪法和法律是社会全体成员的行为准则,而且是依靠国家强制力来保证其实施的,具有不容置疑的权威力和约束力,法制新闻评论的监督本质上就是依法监督,所以,法制新闻评论的舆论监督具有更加不容置疑的法律权威性。二是监督范围的广泛性。我国确定了"依法治国"的治国策略,法律成为社会各个行业的行为准则,因此,法制化新闻评论的监督渗透到社会的方方面面,具有对社会影响的广泛性特征。① 譬如中央电视台《今日说法》和《看见》栏目联合推出的《十年冤狱谁之罪》就是法制新闻评论舆论监督的体现。节目关注的是 2013 年 3 月 26 日,浙江省高级人民法院以再审程序对十年前(2003年)杭州发生的一起"5·19 强奸致死案"进行审理,对该案被告张高平、张辉叔侄作出宣告无罪的再审刑事判决。

这期节目是《今日说法》和《看见》联合制作的,关于《今日说法》的节目样式,我们在上文已经有所论述。下面,我们主要来认识《看见》的节目特点。《看见》是中央电视台综合频道 2010 年 12 月 6 日推出的一档记录现实题材的专题节目,节目官网上对其的介绍如下:"观察变化中的时代生活,用影像记录事件中的人,努力刻画这个飞速转型的时代中,人的冷暖、感知、思想与渴望,期待和观众一起,了解陌生,认识彼此;端详相似,审视自我。"由此看来,《看见》是用影像记录社会生活变迁过程中的人和事,重点记录的是人的内心感知、思维脉络和情感变化。两个栏目的结合,是一种影像记录与法理评述的结合,节目的看点体现在以下方面。

一是延续讲故事的叙述风格。节目一开始,是一个纪实片段:叔侄十年平反回家,在老房子,想起去世的母亲,突然嚎啕大哭。字幕:安徽黄山市歙县,张高平的老家。张高平:"这是我母亲住的房子,这个房子(外面)是个水塘,我母亲盼不到我们都想跳塘……(突然开始痛哭)……"张哽咽着说,"可怜我给她送终的机会都没有……我就想不通,我一趟车开了十年,十年才开回家。"纪实短片从一个具体的细节入手,张高平对母亲的缅怀,情感真挚,画面生动,电视机前的观众很快就被这样的画面和故事深深地打动,并被快速地卷入案件的讲述过程中。而且,这样的故事实际上传递着记者的观点:十年冤狱对于张氏叔侄而言,失去了亲情、失去了自由、失去了普通人基本生活的很多权利,这些失去是不能用量化的数据或物质价码来衡量的。故事的评论力量远远高于话语的直白评论,这是广播电视法制新闻评论的优势和特色。

二是主持人提出问题。主持人撒贝宁:"这个男人叫张高平,十年前,他和侄子张辉因为一起'强奸致死案',分别被判死缓和 15 年徒刑,两人在新疆服刑已近十载。然而今年 3 月 26 日,浙江省高院依法对该案启动再审,认定原判定罪、适用法律错误,撤销原审判决,宣告张辉、张高平无罪。那么,这是一起什么样的案件呢?"这是《今日说法》的固定模式,讲述案件的结果,采用倒叙的方式引出问题,回溯案件。

三是用一种"陪伴式"的影像记录方式,将案件当事人个体对于案件的认知、理解和情感融入案件的回溯中,陪同当事人一起回溯案件的始末,让电视观众对于案件的了解带入人性的思考,也就是说从基本的情感体验和理性思考来参与节目对案件的回溯。这个部分的叙述风格是典型的《看见》模式,电视机前的观众跟随着柴静的视角,用一种"陪伴式的聆听"来观察、聆听和感受着张高平叔侄俩对案件的讲述。在讲述的过程中,画面多次出现叔侄俩的特写镜头,这样的镜头重在表达的是他们的内心活

① 刘斌,李矗.法制新闻的理论与实践[M].北京:中国政法大学出版社,2005:47.

动;同时,节目采用中近景的镜头,交代案件的具体环节和情节,以及案件中人与人的关系;再通过解说将整个案件的始末串联和呈现出来。观众在特写镜头、中近景和空镜头的切换中,体验着张氏叔侄二人的心理活动,感受十年冤狱给他们生活带来的实实在在的影响和改变,内心的澎湃和法律思考交织在一起,形成了较好的传播效果。

四是节目的结尾部分,主持人与专家的对话,把观众带回演播室,进入对该案件的法理分析。

◆◆**案例**

《十年冤狱谁之罪》结尾节选

(撒贝宁)最后这个案件,在浙江省高级人民法院启动再审的程序之后,认定了原审判决当中是存在定罪和适用法律错误,因此宣告这叔侄俩无罪。但是作为当事人来讲,10年的时间同样无法挽回了,怎么来补偿当事人存在的这些损失?

(嘉宾)(陈卫东,中国人民大学法学院教授)就是国家赔偿。张氏叔侄这个案子,国家赔偿是必然的。但是,我觉得赔偿是一种事后的,带有一种补偿、带有一种抚慰(的意味)。其实,我更想说,研究、探讨这样的一个案子,给我们的教训是什么? 我们今后要注意什么? 我想第一点,我们的公、检、法机关一定要把坚持刑事诉讼中的惩罚犯罪与保障人权,把二者统一起来,就是要坚持《刑事诉讼法》规定的"无罪推定""疑罪从无"这样一种精神;第二点,所有的刑事案件,特别是命案一定要注重口供之外的其他证据的搜集,特别是实物证据的搜集,实际上有司法它就伴随着有错案。我们不能认为出了一个错案,就否定整个司法。但是我们对待错案的态度,一定要正确,就是要从这样一种错案中,去查找它发生的原因。整个案子,我们在感到惋惜,甚至悲愤的同时,我们也看到了我们共和国这种治法前进,这样一种发展的趋势。

总体来看,节目主体部分是最大亮点,专家的法律点评显得相对常规,反倒是节目最后的画面比较出彩。画面里是叔侄两人到派出所办理户口等相关手续,工作人员给两人拍照,叔叔张高平对侄子张辉说:"把腰杆挺直了!"这句话传达出一种人性的光芒。节目播出之后,2013年4月15日在《人民日报》登载了一篇时评《尽心呵护公众对法治的信仰》,文章写道:"党的十八大重申全面推进依法治国的目标。进一步树立法治理念、弘扬法治精神,让深化司法体制改革成为立法者的不懈追求,让公正文明执法成为执法机关的共同意识,让学法、遵法、守法、用法成为全社会的共同理念,让法治不仅成为一种治国方略,更成为一种全民自觉的生活方式,则法治中国可期,公平正义长在。"①看过《今日说法》的《十年冤狱谁之罪》,再来看《人民日报》时评的《尽心呵护公众对法治的信仰》,电子媒体和纸质媒体在法制新闻评论上的特点更加充分地体现出来,纸质媒体更加擅长抽象理性评论,而广播电视媒体的长处是具象与思辨的统一。

此外,广播电视法制新闻评论还具有预警的社会功能,尤其是在社会反腐中,广播电视法制新闻评论起到了很好的预警作用,推动了我国反腐行动的发展。譬如《今日

说法》2001 年推出的"追逃系列"节目，其中《"追逃"系列之四跨国追逃》，讨论的是 1998 年 9 月 1 日发生在广东省东莞市建设银行金库的 950 万元现金不知去向的 案件。

◇◇案 例
《"追逃"系列之四——跨国追逃》

（主持人）谈到反腐败，现在我们经常可以在很多国际新闻上看到"国际反贪大会"，每两年一次，5 月 28 日在荷兰海牙也举行了一个全球反腐败的论坛会议，可见现在"反腐败"不是某一个国家内部的事了。

今天我们要看的案子，是两名犯罪嫌疑人卷了钱以后跑到了国外的案例。

1998 年 9 月 1 日，广东省东莞市建设银行金库的 950 万元现金不知去向，就在调查此事时发现，金库的保管员陈国强、林进财突然失踪。原来，陈国强、林进财在事发的前两天以旅游为由，同时向单位请假，至今未归，保管员的失踪与金库丢失的 950 万元有没有关系呢？

接到报案的东莞市检察院立即赶赴现场，通过调查和分析，案件已基本定性。东莞市检察院反贪局侦查科科长刘满光说："这是监守自盗，是贪污行为。950 万元在我们国家来说是新中国成立以来最大一例。"

随着案件的定性，检察院反贪局担负了此案的追逃工作，成立了追逃组。

经查，犯罪嫌疑人陈国强，32 岁，中专毕业，广东惠州人。林进财，31 岁，高中毕业，广东汕头人。两人在建设银行从事金库保管员 3 年之久。

由于报案的时间和作案的时间相隔两天两夜，犯罪嫌疑人有充分的时间逃离事发地，追逃工作不知如何着手。

就在这时，办案的检察官了解到了一个重要线索。案发两个月后的一天下午，一个皮肤黑黑、个子不高、操着外地口音的男子出现在东莞，并且与犯罪嫌疑人的家人频频交往。

确定了目标之后，当天下午，追逃组采取抓捕行动，将这个与犯罪嫌疑人家属联系的人抓获。经过审讯得知，此人叫阿明，今年 52 岁，是泰国人。他到东莞是为了给犯罪嫌疑人陈国强、林进财取那笔留在家里的钱。

追逃小组意识到要破此案，就要跨国追逃，就要涉及国际刑警，凡是动用国际刑警的都是一些重大、特大的政治、刑事、经济案，如果说贪污挪用金库 950 万元在中国是首例，影响很大，那在国际上这类数额的贪污案算不算是大案？国际刑警能否给予配合？追逃小组找到了东莞市公安局，希望给予支持，并且配合协调跨国追逃。公安局、检察院立即成立了跨国追逃组，2000 年 6 月中旬飞往泰国，跨国追逃就此开始。

到了泰国，追逃工作不但无法展开，而且又面临了新的困难。因为根据泰国警方的规定，中国追逃组的办案人员在泰国所能行使的权力是有限的，只能提供犯罪嫌疑人的相关资料，抓捕工作由泰国警方负责。然而两个月过去了，泰国警方却没有获得任何线索。为了获取有利的信息，办案的检察官在东莞再次审问阿明得知，在曼谷的老爷酒店，有一位马丽小姐与陈国强交往密切。通过这一线索，泰国警方随即对马丽进行调查。经过跟踪,了解到马丽的住所,并且在其住所听到她与一个讲中文的男子对话。经过辨认,此人就是陈国强。2000 年 7 月 14 日晚 7:20,泰国警方采取抓捕行动,逃亡了 11 个月的陈国强被缉拿归案。不久,林进财在泰国青曼也被抓获。

经审讯得知,陈、林二人相互配合,从 1997 年 12 月开始,挪用金库的现金炒股、开公司,精心策划为自己换取利益。据了解,他们每次挪用现金二三百万元。这么多的钱,他们是怎么拿出金库的呢? 据陈国强交代,由于银行管理松散,他们才有机可乘。他们把当天分行寄存在金库的现金与账单扣留,放在垃圾桶中拖出金库,经警认为这是正常的工作,没有检查,而放在垃圾桶中成捆的钱就被他们据为己有。到了月末查账的时候,他们再把改过日期的账单和现金放回金库。两年来从未被人发现,直到 1999 年 8 月,眼看就要到月底了,拿出的钱不能按时放回金库,陈国强与林进财感到害怕。经过密谋之后,他们决定先办护照,然后逃往泰国。1999 年 8 月 23 日,陈国强、林进财决定从金库再拿一笔钱,最后决定挪用盗取金库现金 950 万元。陈国强交代:"超过 1 000 万(元)的话,就动用国际刑警,如果拿了不超过 1 000 万元的话就可能不动用。"带着侥幸心理的陈国强、林进财于 8 月 30 日,在金库被盗还不为人知的时候逃往泰国。

当陈国强、林进财后来清醒地意识到自己跑到哪儿都是个逃犯的时候,他们在泰国的朋友也知道他们到泰国的目的,因此开始恐吓并控制了他们的自由,还以换钱为理由把他们的钱骗走。他们身处异国他乡,语言不通,日子也一天比一天困难。

就在陈国强、林进财为能够糊口一筹莫展时,2000 年 7 月 14 日,泰国警方将他们抓获。金库被盗一案终于大白于天下,与本案有关的 3 名犯罪嫌疑人全部缉拿归案,为国家挽回损失 253 万元,历时 11 个月的追逃终于划上了圆满的句号。

(主持人)这两个犯罪嫌疑人从国内跑到了国外,但是最终还是被抓了回来。现在大家最关心的问题是,他们将面临法律怎样的惩处?

(北京大学法学院副教授 梁根林)这两个犯罪嫌疑人先实施了挪用公款的行为,并且数额特别巨大;在罪行即将败露之际,又利用职务上的便利,监守自盗,盗窃银行 950 万元的巨款,他们的行为已经分别构成了挪用公款罪和贪污罪。我们《刑法》规定,贪污数额在 10 万元以上的,处十年以上有期徒刑或者无期徒刑,可以并处没收财产;情节特别严重的处死刑,并处没收财产。

(主持人)我们经常听见,有某某人卷了公家的巨款以后就逃往国外,逃往境外。那么逃往境外是不是能够比他待在国内要更安全一点儿,或者是对我们来讲,抓捕的难度可能会大一些?

(最高人民检察院反贪局副局长 王建明)我们国家已经成为国际刑警组织的成员,我们警方和国际刑警组织有非常密切的合作关系,嫌疑人逃到国外以后,我们也可以通过国际刑警组织发出红色通缉令进行逮捕。这几年我们通过国际刑警组织,已经成功地抓捕了一大批犯罪嫌疑人。

(梁根林)应当说在当今世界贪污腐败已经是在国际范围内成为"过街老鼠"、人人喊打了,没有一个国家会公开地庇护这些贪污腐败犯罪分子,所以在这种情况下,没有哪个国家可以成为犯罪分子逃避法网的"天堂"。一方面我们还是需要充分利用既有的这种国家刑事司法合作的机制,特别是国际刑警这样一个机制;另一方面我们更多的是需要加强双边的国际刑事司法合作。在国内立法上,我们还需要一个重要的措施,尽快制定、通过我们国家的《引渡法》,与国际刑事进行司法合作,把潜逃往境外的重大罪犯的引渡工作法律化。

(主持人)在今后加大对贪污贿赂等这样一些经济犯罪的打击力度上面,我国跟国际之间的合作是不是也要加强?

(王建明)是的,中国检察机关现在已经同 30 多个国家检察机关签订了友好合作的协议,同时我们国家和相当多的国家已经签订了司法协助条约和引渡条约,我们正在积极地开展国际间的合作。我们相信,随着我们国家对外司法合作的加强,我们和国际间的这种司法协作工作会越做越好,犯罪分子不管逃到哪个地方,我们都能够及时地把他追捕回国。

(主持人)真是法网恢恢,疏而不漏。对于那些抱着想要伸手念头的人来讲,千万别伸这个手,因为伸出去的手拿到的不是你想要的幸福,而是担惊受怕和一种痛苦。除此以外,对于那些仍然在逃的犯罪嫌疑人,也有一条路可以走,那就是尽快找到我们的检察机关或是公安机关投案自首,争取宽大处理。

案例《"追逃"系列之四——跨国追逃》以东莞建设银行金库现金失踪案两名犯罪嫌疑人的跨国追逃过程为讨论对象,针对案件中出现的国际司法对于贪污腐败的司法合作、我国在跨国追逃方面的司法机制建设等情况展开评述。正如主持人撒贝宁在节目的最后评论道:"真是法网恢恢,疏而不漏。对于那些抱着想要伸手念头的人来讲,千万别伸这个手,因为伸出去的手拿到的不是你想要的幸福,而是担惊受怕和一种痛苦。除此以外,对于那些仍然在逃的犯罪嫌疑人,也有一条路可以走,那就是尽快找到我们的检察机关或是公安机关投案自首,争取宽大处理。"这一段话很好地传达了法制新闻评论的预警功能。所谓的预警,是指当某种可能触犯法律尊严的事件和现象出现时,法制新闻评论通过及时评论,向全社会发出警告,从而引起公众的关注和警惕,并采取相应的趋利避害的措施。相对于报纸法制新闻评论的预警功能而言,广播电视法制新闻评论的预警功能在传播的范围和传播的效果方面有着更加显著的作用。就案例《"追逃"系列之四——跨国追逃》来说,对于两名犯罪嫌疑人的追逃过程的同期声的采访,通过现身说法的方式,由犯罪嫌疑人来亲自传达他们在逃亡过程中的生活境况和心理感受,更加具有说服力和感染力。而主持人和嘉宾在节目过程中,通过口头语言传递出来的,理性的分析和感性的劝说也比单纯依靠文字来进行的劝说和警示更加具有说服力。所以说,以《今日说法》为代表的广播电视法制新闻评论节目在中国法治化进程中,承担起了向大众进行法理知识的普及宣传、对法制化过程展开监督,并对社会有可能出现的违法行为及时预警等方面的社会功能,也是我们在评析广播电视法制新闻评论时需要重点把握的方面。

第四节　广播电视经济新闻评论评析

一、经济新闻的定义

经济活动是与我们每个人都息息相关的社会活动,随着我国进入 21 世纪全球经济一体化的发展进程中,经济的发展与国家和个人有着更加密切的关系。什么是经济新闻?"经济新闻是新近发生的经济事实的报道。"[1]"是报道人类一切经济活动的新闻,或以经济活动为主要内容的新闻。经济活动包括经济建设、经济改革、经济生活等。"[2]"是对受众欲知而未知的、经济事实的最新状态和发展趋向及时、公开传播的非指令性经济信息。"[3]"对人们如何进行经济选择和经济决策的报道。"[4]"是关于人们从事经济活动的行为及动态情况的能动性的报道,能动性体现在经济新闻对纷纭复杂的种种经济现象进行深入细致的分析和解剖,抓住经济活动的本质,阐释其市场规律,从而启发读者思考,解决现实的经济活动存在的问题。"[5]

综合各家所言,经济新闻是对新近发生的经济事实的报道,其报道的目的是指导受众的现实经济活动。经济新闻评论是对经济事实(包括经济活动和经济行为)的评论,其作用是向受众解释动态的经济事实背后的市场规律,预测经济发展的走向和趋势,指导受众在经济活动中用最小的成本换取最大的收益。

二、我国广播电视经济新闻评论的发展

广播电视经济新闻评论是广播电视对经济新闻事实所进行的评论。社会的发展变化、受众的需求以及媒体自身的发展,共同促使广播电视经济新闻评论产生。2003年 12 月 1 日起,中央人民广播电台第二套节目中央人民广播电台"经济之声"全面改版,打造成经济、财经专业频道。中央电视台第二频道自 2003 年 10 月 20 日起全面改版,一个崭新的"经济频道"取代原先的"经济·生活·服务频道"亮相荧屏,其开办的《中国财经频道》栏目倾力打造中国第一财经时事评论类栏目。上海东方传媒集团推出的第一财经频道,是一个以投资者为收视对象的专业财经频道,频道推出的《经济观察》等栏目,以独特的视角关注社会生活中的经济热点,深入报道经济事件并分析经济现象。此外,广东卫视的《财经郎眼》、凤凰卫视的《视屏大财经》等都是值得关注的电视经济新闻评论节目。

———————————

① 张颂甲.经济新闻写作浅说[M].北京:经济日报出版社,1991:5.

② 徐人仲.经济新闻学初稿[M].北京:新华出版社,1993:5.

③ 仇学英.热点经济新闻采访技巧[M].北京:新华出版社,1998:29.

④ 樊凡,时统宇.经济新闻范文评析[M].北京:新华出版社,2001:15.

⑤ 闻学.经济新闻评论:理论与写作[M].武汉:武汉大学出版社,2007:2.

三、广播电视经济新闻评论评析

经济新闻评论的特点是实用性、辩证性、深刻性的有机统一，经济新闻评论不是经济新闻信息的"内容提要"，而是对经济新闻背后的经济规律的揭示，要求评论员把经济现象、经济活动放到整个社会背景下进行透视，把经济的、非经济的所有因素融合在一起，既透过经济看社会，也透过社会看经济，从而为受众的现实经济活动中存在的经济问题服务。所以，我们在评析广播电视经济新闻评论的过程中，重点抓住两个方面：是否有效地运用广播电视的传播手段揭示经济新闻现象背后的经济规律；提出的观点是否对国家、经济组织或个人的现实经济行为和经济活动产生具体且实用的指导作用。

（一）现实性和实用性

广播电视经济新闻评论，旨在分析经济新闻信息，揭示经济活动的规律，指导并帮助受众解决现实经济活动中的问题，具有突出的实用性特征，因此，我们在评析广播电视经济新闻评论的首要指标就是，该评论对现实的经济活动有没有实用性。

下面，我们先来看一个案例。

◇◇ **案 例**

《仔猪热销与蔬菜烂在地里的启示》

最近，来自四川泸州和彭州两地农村的信息引起记者的兴趣，也引起记者的深思。一则是：在全国仔猪供大于求的市场状态下，四川泸州仔猪却在去年外销95万头、创利1.7亿元的基础上持续热销，今年1—5月售出23万头，比去年同期有大幅增长，而且价格比其他地区每公斤高出0.2～0.6元。当地农民喜上眉梢。

原因是，泸州1998年由市畜牧局牵头成立了仔猪批发市场信息中心，通过互联网上联农业部，下接当地喻寺、雨坛等九个乡镇基地仔猪协会的信息采集点，形成了"信息源→乡镇仔猪协会信息采集点→泸州仔猪批发市场信息中心→农业部信息中心中国农业信息网"的信息传播渠道。借助互联网的传播优势，外地客商可及时了解泸州仔猪的价格、数量、新品种等，并可以电话、信函或来人订货。同时中心把互联网上收集到的市场信息传递给各协会，及时通知到农户。

"触网"促进了农户观念的转变，引导农户围绕市场进行仔猪品种的更新换代，销售手段变活了，生意也做活了。

另一则信息是：全国十大蔬菜生产基地的彭州，生意曾经十分红火，蔬菜远销西北、华北、东北和华东，当地农民种蔬菜发了财，盖房、买车的也不少。但是，今年蔬菜外销受阻，烂了市，5月份莲花白、茄子、西红柿每公斤的价格分别为3分、5分、8分。望着一大片又大又红的西红柿，彭州市西郊乡的村民丝毫没有丰收的喜悦，而是满脸愁云。村民陈生富伤心地说："价格那么低，就让它烂在地里，做肥料好了。"

泸州、彭州，两地的农民一喜一愁，难道不值得我们深思吗？

搞市场经济，尤其是在供大于求的时代，如何指导农民生产和销售农产品，如何指导农民上科技含量高、附加值高的农产品,是摆在我们面前的一大课题。泸州畜牧局紧跟时代步伐,利用现代科学手段,指导农民走向信息时代,走向市场的经验,值得借鉴。

而彭州农民,由于没有适应市场变化,有关部门也指导不力,加之信息闭塞,今年仍在盲目扩大种植面积,还是大种没有特色的蔬菜,到头来,农民吃了大亏。

目前,彭州市政府痛定思痛,吸取蔬菜跌价狂澜的教训,决定投资4 000万元,在五年之内逐步淘汰一批传统蔬菜品种,代之以高科技生产的无公害绿色食品蔬菜,重振全国十大蔬菜基地雄风。

(中央人民广播电台,2000年7月26日。)

在案例《仔猪热销与蔬菜烂在地里的启示》中,泸州畜牧局重视利用互联网信息的传播平台,将仔猪养殖和销售两个环节的信息及时、有效地进行沟通:一方面,引导农民根据市场信息调整养殖方式;另一方面,将农民仔猪养殖的情况传递给销售商,提高了养殖的质量,扩大了销售的市场,最终帮助农户实现了养殖致富的发展目标。而彭州,因为缺乏对市场信息的反馈,导致农民种植的蔬菜滞销。一喜一愁,揭示出高科技在现代农村经济发展过程中的重要作用。这则评论采用讲故事的方式,将泸州和彭州农民不同的做法进行对比,其中彭州农民的同期声"价格那么低,就让它烂在地里作肥料好了"极具震撼力,接着,记者给出了理性的分析,引导听众思考并认识到科技手段在现代农业经济发展中的重要性。很显然,该评论对于农村经济活动具有直接的指导作用,彰显了经济新闻评论的实用价值。

(二)预测性和前瞻性

预测性和前瞻性是经济新闻评论的独特之处。所谓前瞻性,强调的是以社会经济活动为出发点,以经济事件发展变化的规律性为依据,实事求是地剖析和评价,客观地引导,为不确定的新闻事实寻求相对确定的解释和分析,来达到全面总结、兴利除弊的目的。对于经济新闻评论来说,前瞻性包含着三个层面的含义:第一,记者面对经济新闻事实时,能够基于现实世界的经验以及事物之间的必然联系,对事物发生、存在可能性的一种预测;第二,经济新闻事件发生后,记者经过超前的分析对它的意义进行提炼,写出具有指导性的新闻评论,给迷惑中的人们提供行动的指向;第三,从具体的经济新闻事件出发,揭示出新闻事件发展变化的规律,最终给予现实经济活动提供"决策性的依据"。[①]广东卫视的《财经郎眼》在关注股市波动和汇率变化的节目上就很好地体现了前瞻性的原则。2009年10月3日,西方七国集团在土耳其伊斯坦布尔举行了财长和央行行长会议,再次要求我国人民币升值。《财经郎眼》2009年10月23日播出的《汇率大战开打在即》对这一国际经济事件作出了合理的预测,随后又播出了《汇率大战硝烟起》和《汇率大战:醉翁之意不在酒》。三期节目系统性地展示了汇率变动的进程和国际经济局势的动态,将美国对我国现行汇率的态度与20世纪80年代的美国对待日本汇率的处理方式进行对比,让受众很好地理解了汇率的问题,并对未

---

① 彭焕萍.亟待增强的经济新闻的前瞻性[J].社会科学论坛,2007(9).

来汇率的发展有了科学性的认识和把握。①

同样的,辽宁人民广播电台的经济新闻评论《旗舰遇坚冰——"大显"陷入困境的启示》,也体现了较好的前瞻性,该评论获得第十六届中国新闻奖一等奖。

◇◇ **案例**

《旗舰遇坚冰——"大显"陷入困境的启示》

【**解 说**】7月11号,中国建设银行一纸诉状将我省电子信息产业的旗舰——大连大显集团告上法庭,要求"大显"归还到期未能支付的2.5亿元贷款。随后,中信银行、工商银行、交通银行为了保全资产,也先后将"大显"告上了法庭。

四家银行同时起诉"大显",犹如一枚重磅炸弹,瞬间击碎了笼罩在"大显"头上的"中国电子百强企业、辽宁电子信息产业第一创税大户、第一出口创汇大户"等诸多光环。转眼间,一个巨额亏损、资产负债率高达109%的"大显"暴露在人们面前。

去年,大显集团首度出现巨额亏损,今年上半年,集团的经济效益继续下滑。1—6月,累计亏损达1.61亿元。集团三大主导产品、核心产品——电视机、手机和传统显像管在市场上全面失去了竞争力。

曾经辉煌一时的大显集团为何陷入了资不抵债的窘境呢? 大连市副市长祁玉民一针见血地指出。

[**出录音**](祁玉民)它这个大显啊,一个就是创新能力不足,造成企业推出新产品的速度明显缓慢于市场;第二个是由于创新意识不强,造成企业发展后劲不足和效益下降的被动状态。

【**解 说**】"大显"的主打产品——背投电视在国内市场上的销售量曾经名列前茅。然而,进入2004年,三星、康佳、TCL等国内外公司研发出液晶、等离子平板电视并相继推向市场,而"大显"还是死守老背投当家,结果在市场上刚一交手就败下阵来。

如今,在省城沈阳的中兴、联营、国美、商业城等各大商场,过去"风光无限"的背投电视已完全被小巧、轻薄的液晶、等离子电视取代。

沈阳中兴大厦家电商场促销员王莉

[**出录音**](王莉)液晶、等离子出来以后,背投马上就完了。它那个占地方不说,清晰度也不够,而且背投的寿命也是有限的。现在人讲话了,哎呀妈呀,农民伯伯都不买了。现在别说电视,就咱们人也是,没有一技之长,你搁这社会生存不了。

【**解 说**】大显集团的电视产品去年就亏损3.9亿元,今年前6个月再度亏损2.6亿元。

电视产品在市场竞争中节节败退,大显集团的另一个王牌产品——手机,在市场上也难觅踪影。

沈阳国美电器通讯部主任石磊

[**出录音**](石磊)大显手机在我们国美销售时间不是特别长。因为它的产品性

---

① 刑春燕.《财经郎眼》选题策划分析[J].商品与质量,2010(5).

能、技术更新能力跟不上咱们这个市场节奏。别的手机它支持 MP3 真人真唱,它那时候还是简单的一些手机铃音,你这样的话就跟不上咱们这个需求、老百姓采购这个节奏。

【解　说】作为国家确定的 CDMA 手机定点企业,大显集团原本占有先天的市场优势。但由于缺乏该领域的核心技术,大显手机在技术水平、产品差异化等不少领域与国际知名品牌存在着明显差距,技不如人让大显集团显得力不从心。

大显集团副总经理李世宽

[出录音](李世宽)我们自己研发的产品,研发到市场,市场已经把价格降到一半了,所以这方面我们觉得压力比较大。

【解　说】李世宽副总经理所说的压力大,就是近几年"大显"只注重铺摊子、上规模,而忽略了对新产品的研发与投入。

确实,大显集团自 1995 年末组建至今,曾在大连工业史上写下了一段"资产重组、合资合作、做大做强"的佳话。然而与高速扩张的企业规模相比,大显集团的创新能力却滞后许多。

大连市副市长祁玉民

[出录音](祁玉民)从电视机到手机,再到原来传统的显像管,这是它的三大主要产品、核心产品,全线现在都亏损。亏损的原因就两条,一没有核心技术,二没有足够的经济批量。

【解　说】同样位于大连的我国电子百强企业——中国华录集团,也有着类似的境遇。今年上半年,华录集团的主打产品——DVD 的销售量和销售收入大幅度下滑,利润总额更是下降了一半以上。

省知识产权局局长胡权林分析说,华录集团利润空间越来越小的一个主要原因,就是企业创新能力不足,缺乏核心技术。

[出录音](胡汉林)DVD 的核心技术是国外的,人家要收取你的专利费,20 多美金的销售收入要交 3.5 美金到 9 美金的专利费用,就一台机器要给人家拿这么多钱。所以也看出我们的企业要想发展,辽宁要振兴,应当要重视自主创新。

【解　说】创新能力不够、缺乏拥有自主知识产权的核心技术,是我省电子信息产业大多数企业所面临的最大障碍。就辽宁电子信息产业而言,尽管在过去五年的时间里,其增长速度居全省所有产业之首,但产品结构却是低端多、高端少,大路产品多、叫硬产品少。另外,在电子信息产业领域,我省很多企业在与国外企业的合资合作过程中,由于缺乏核心技术,往往受制于人,仅仅扮演了打工者的角色,结果是流了大汗,挣了小钱。

对于辽宁电子信息产业的现状,省信息产业厅厅长李兵忧心忡忡

[出录音](李兵)我们的产品没有竞争力,虽然说我们的行业去年销售了 654 亿元人民币,但是我们都卖了什么,我们有什么产品,大家所熟悉的信息产品,我们自己说不上来。你问我,我几乎也不知道都有什么品牌。没有知名品牌,也就是说没有我们自主创新,没有竞争力。

【解　说】创新能力薄弱,不但制约我省电子信息产业加快发展的瓶颈,同时也是

辽宁所有产业的软肋。

据统计,"十五"前四年,辽宁省上千家工矿企业申请的专利数量还不抵深圳华为一个企业一年的申请量。去年,全省国有及国有控股企业专利申请量仅为495件,而此时的山东海尔,平均每天申报三项专利,一周推出一个新产品。

"技不如人就只能受制于人",这应该成为我省众多企业的共识。依赖引进和模仿,会弱化自主创新的动力,久而久之,就会失去创新活力。缺乏核心竞争力的企业,只能处于产业链的低端,永远成不了气候。如果核心部件都是舶来品,一台彩电的利润还不如修理工开一次机盖的费用,一台个人计算机也只能赚"几捆大葱的钱"。

事实证明,自主创新是企业的灵魂。增强创新能力,掌握核心技术,已经成为我省众多企业的当务之急。曾一度处于濒临倒闭边缘的鞍钢集团,近几年凭借技术改造和技术创新,一步步走出了困境。今年1—7月,鞍钢的销售收入完成420亿元,实现利润近80亿元,创历史最高水平。

鞍钢集团总经理刘介

[出录音](刘介)我们开发一批拥有自主知识产权的尖端技术,锻炼培养了一批优秀的人才队伍,在核心竞争力上,不再受制于人,使鞍钢这个有89年历史的老企业焕发了青春。

【解 说】如今,辽宁这艘老工业基地振兴的旗舰正在破冰前行。时任辽宁省委书记李克强把科技创新作为辽宁发展不竭的动力和振兴的爆发力之一。

[出录音](李克强)辽宁要实现老工业基地的振兴,必须依靠科技创新,要以科技创新为动力,来推动经济和社会发展。对于辽宁老工业基地来说,我们现在必须把科技创新放在更加突出的位置,使科技创新成为推进辽宁振兴的新的爆发力。

【解 说】竞争是残酷的,转型是痛苦的,但抓住了自主创新这一核心竞争点,决心作为,耐心培育,辽宁经济就能成功转入科学发展的良性轨道。这,正是老工业基地振兴的希望和动力所在。

(辽宁人民广播电台,2005年8月26日播出,作者:金众、刘险峰、王红宇、陈夕。)

案例《旗舰遇坚冰——"大显"陷入困境的启示》,通过大显集团和鞍钢集团的对比,提出"自主创新"是未来企业发展的重要趋势,并提醒辽宁各大企业要"加强自主创新的能力"。"自主创新"的论点在当时是非常具有前瞻性的,评论播出之后的一个多月,在党的十六届五中全会上,明确提出"着力自主创新"的企业发展理念。

实用性和前瞻性是我们评价广播电视经济新闻评论的两个重要的指标,正是因为广播电视经济新闻评论敏锐地抓住中国改革开放和发展过程中值得关注的经济现象,挖掘出经济现象背后的经济规律,再通过广播电视丰富的传播手段,在广泛的社会领域进行传播,有效地指导经济组织和个人共享了改革开放的经济成果。譬如,中央电视台经济频道的《中国财经报道》栏目推出的"一同走过的日子"系列节目,以《小岗村——光环闪耀的日子》《元宝村——远离贫穷的日子》《华西村——走在前面的日子》《大寨村——不举"旗帜"的日子》《南街村——理想主义的日子》为5个具体的节目,通过记录处于中国东西南北中地区,在中国改革开放的不同时期创造了中国农村经济辉煌业绩的"明星"村的发展和变迁过程,生动形象地展现了当代中国农民在致富道路上思想意识的变革以及创新之举,从经济视角、历史眼光、回顾改革历程,展现改革开放 30 年成就等不同的角度,探索中国农村未来发展趋势,对中国农村经济的发展作出了具有前瞻性的评论,节目的播出,使得 5 个农村成功的改革开放经验在全国其他地区得到很好的分享,推动了中国农村的发展。

第五节　广播电视文化新闻评论

一、文化新闻的定义

何谓文化新闻,《新闻传播手册》的定义是:记者对有关文艺、教育、卫生、科技、体育等方面的内容所进行的报道。① 也有学者提出,文化新闻有广义和狭义之分。从广义来说,文化新闻包括:文艺作品的出版、演播、展出、评论和研究的信息;文艺工作者的创作、生活;文艺界各种活动的信息;群众文艺活动的信息;民间传统文艺的形式、兴衰、挖掘、研究及相关信息;民风民俗的信息;中外文艺交流的信息;文艺方针、政策和文艺改革的信息等。狭义的文化新闻,指相对于娱乐新闻在目前电视中播出的具有电视特点的专业文化新闻。它是报道文艺界动态消息,剖析文化现象,在满足受众的文化信息需求的同时能够引导和提升受众文化品位的文化新闻。② 结合新闻实践,我们发现,目前新闻界对于文化新闻的采写和评析主要指向的是文艺领域的新闻,在广播电视文化新闻的相关报道中,关注的领域主要是文艺领域相关的新闻报道,包括文艺演出、文艺作品、文艺创作者及表演者,也包括民间文艺方面的内容。

二、我国广播电视文化新闻评论的发展

广播电视文化新闻大致可分为三类:一是文学艺术类的,以中央电视台第 10 套节目的《读书时间》,综合频道的《艺术人生》为代表;二是文化咨询类的,诸如中央电视台第 3 套节目的《综艺快报》和新闻频道新近推出的《文化报道》节目,它是对画展、歌舞演出、音乐会、图书咨询等国内外文化咨询进行的一般性报道,还有像《娱乐现场》、东方卫视的《娱乐新天地》、湖南台的《娱乐无极限》和凤凰台的《娱乐串串烧》等节目,是报道影、视、歌领域流行歌手、影星日常活动等内容的娱乐文化咨讯;三是文化专题类,例如时尚、消费类的、旅游休闲的,吃穿住行用等方面的,既能反映大众文化,又作为大众文化的推动者和积极建构者的专题报道。③ 从目前活跃的广播电视文化新闻节目来看,与狭义的文化新闻的定义是一致的,都是主要关注了文艺活动的相关新

① 邱沛篁.新闻传播手册[M].成都:四川大学出版社,2004:206.
② 张帆,王羚,盛启立.把脉文化新闻[J].现代传播,2002(6).
③ 吴信训.新编广播电视新闻学[M].上海:复旦大学出版社,2001:38.

闻事件。本节对于文化新闻评论的评析主要是从文化新闻评论节目或文化新闻评论内容如何建构了社会文化的视角,所以评析的对象主要是凤凰卫视的《世纪大讲堂》和《新闻1+1》中涉及文化的相关节目和内容,这两个节目严格来讲,都不是文化新闻评论节目,但是它们在节目中有涉及文化层面的问题,我们对它们的评析旨在引导读者思考文化新闻评论的社会价值和文化意义。

三、广播电视文化新闻评论评析

广播和电视作为大众传播媒介中的电子媒介,有着广泛的社会影响力和渗透力。加拿大媒介理论家麦克卢汉认为电视延伸了人类的所有感觉器官,包括人的中枢神经系统,人们在观看电视的过程中,极易产生"情感卷入"的传播效果。美国传播理论家梅罗维茨拓展了麦克卢汉理论的社会学层面,提出电子媒介产生新的社会秩序:少年与成年的区别被重新组合、性别的和种族的地位和角色开始融合、政治权威与权力关系以更民主的方式进行了改造。他还认为,电视独特的权力是打破了此与彼、现场与传播、个人与公共的区别。[①] 所以,电子媒介不仅强制规定了人们的意愿和规范他们的社会行为,它还对文化模式产生相应的反应。[②] 由此看来,广播电视在社会文化的建构方面发挥着重要的作用,而我们正处在一个全球化的时代,东方与西方的跨文化传播,地方文化与全球文化的对话与融合,大众文化与精英文化的交流与碰撞,都将在广播电视文化新闻中呈现出来,因此要求广播电视文化新闻评论能够站在开阔的、理性的文化视野来呈现当代文化的精彩,挖掘其中隐藏的值得珍视的文化观念,从而推动社会文化的发展;提升普通人日常生活中的文化品位,从而帮助社会中的个体更好地实现其个人价值的追求。

(一)文化评论与社会价值的建构

周宪在《文化表征与文化研究》中提出,中国当代文化是一个多元并存的结构,一方面,中国当代文化中同时存在着传统的现代的甚至后现代的诸种文化要素;另一方面,当代中国文化中同时地存在着不同的亚文化,以及相应的意识形态或价值观,也即主导文化、大众文化和精英文化三元共存。主导文化是"有中国特色的社会主义"文化的体现,对大众文化和精英文化具有制约和诱导功能;中国的精英文化的主导者主要是艺术家和文化人,他们处在政治—市场经济二元结构中,是一种弱势文化;中国的大众文化区别于民间文化,是在全球化文化背景下,伴随着工业化和都市化的发展而出现,并接受着大众媒体所传播的各种信息,文化产业的消费者。[③] 按照文化多元并存结构的观点,广播电视文化新闻评论的视角应该呈现出中国当代文化的历史传承性,同时引导受众关注和思考主导文化、精英文化和大众文化中值得珍视的文化观念,从而建构起符合现实发展的社会价值。关于这一点,我们可以中央电视台推出的《感动中国》大型评选活动为例,自2002年开始,《感动中国》每年从社会各行各业推选出

---

① 詹姆斯·罗尔.媒介、传播、文化——一个全球性的途径[M].董洪川,译.北京:商务印书馆,2005:48.

② 詹姆斯·罗尔.媒介、传播、文化——一个全球性的途径[M].董洪川,译.北京:商务印书馆,2005:55.

③ 周宪.文化表征与文化研究[M].北京:北京大学出版社,2007:55-61.

十位人物,这些人物或推动时代进步,或爱岗敬业,或以个人的行为,代表了社会发展方向,譬如获得 2002 年感动中国人物的郑培明、姚明和濮存昕,他们在某种程度上是中国当代文化的一种生动的写照。我们来看中央电视台给他们三位的评价。

郑培民,湖南省委原副书记。他身居高位而心系百姓,他以"做官先做人,万事民为先"为自己的行为标准,直到生命的最后时刻仍然不忘自己曾经许下的诺言。他树立了一个共产党人的品德风范,他在人民心里树立起一座公正廉洁、为民服务的丰碑。

濮存昕,预防艾滋病义务宣传员。他用人们熟悉的微笑温暖着艾滋病患者的心,他紧握艾滋病患者双手的手传递着社会对他们的关爱,更传播着艾滋病知识,激发着人类战胜这个世界杀手的勇气。他把人们对他的喜爱和信任再度回报给社会,投入到社会公益事业中,以公众人物的号召力,承担起社会责任。

姚明,篮球运动员。他用高超的体育技能,在一个强手如林的国家运动项目中占有了一席之地,成就了很多人的梦想,更成为中国人的骄傲。他出色的表现和随时听从祖国召唤的爱国精神,使他带给人们的思考已经远远超过了体育本身。对祖国的情感,对现在的把握和对未来的期待,都将使他成为中国体育和 NBA 的历史人物。

从对人物的评价中,我们就可以看出,感动中国评论活动本身就是对中国当代文化的观察、思考和评价,那些评选出来的人物和他们的事迹经过电视声画并茂的传播,在社会产生了广泛的影响,引起受众的反思,在很大程度上建构起中国当代的文化价值体系。中国当代的文化价值体系包括了主导文化、精英文化和大众文化三种不同文化主体的文化诉求,郑培明代表着主导文化的精神内涵,濮存昕的行为是对社会弱势人群的关照,而姚明在某种程度上代表着精英文化对社会的期待。

(二)文化评论对普通人的关照

我们在上文提到,大众文化是中国当代文化的主流,而中国大众文化的主体是伴随着工业化、都市化的进程成长起来的,他们与大众媒体保持着密切的联系。从大众的心理学视角来看,广播电视文化新闻评论的文化意义在于提升普通人在日常生活中的审美能力,帮助他们更好地建构自己的个人价值。所谓的个人价值主要有两个基本层面的内容:一是个人生存的维护,即对个体生存、成长、发展的各种需求及满足,其中既有满足生理的各种需求,也包括心理和精神的需求;二是个人自我价值的实现,即个体以一定的方式来说明自己生存的意义,其中既包括证明个体所具有的某种能力,同时又表明个体对于其他人以及社会的影响。如个体具备了某方面的知识和技能,在运用于生产活动中产生了特定的效果,个体便会感到自己对他人、对社会是有用的,同时也就获得了他人和社会的承认,而得到自我实现的满足。[①] 广播电视文化新闻评论主要是对个人的心理和精神层面的引导和满足,并对个人自我价值的实现提出建设性的建议。譬如凤凰卫视《世纪大讲堂》播出的一期节目《发现东方》,节目邀请北京大学中文系教授王岳川就"发现东方"和"文化输出"的关系发表看法。节目最后,主持人王鲁湘的提问和王岳川的回答就很好地传达了如何发现东方以及怎么来输出文化的

---

① 王宏维.社会价值:统摄与驱动[M].北京:人民出版社,1995:28.

问题,并对个体在日常生活中如何建构自己的个人价值提出建议。

❖❖ 案例

《发现东方》(节选)

(王鲁湘)说到文化交流,我们听到最多的两个概念就是所谓强势文化、弱势文化,或者高位文化、低位文化。就是说在文化的传播过程中间,一定是高位文化往低位文化进行传播,一定是强势文化往弱势文化进行传播。总体来说,东方文化也好,或者东方文化中间的中国文化,或者中国文化中间的儒教文化也好,面对西方这种基督教文化的时候,它目前还处于低位和弱势地位。那么在这一种态势没有根本改变之前,你的这种输出,有可能性吗?

(王岳川)我是比较悲观的乐观主义者。怎么说呢? 我曾经想过这个问题。我去过云南的丽江,那么多老外跑到云南丽江去看什么呢? 难道是去看比纽约更豪华的大厦吗? 去过比巴黎更美好的夜生活吗? 去吃比东京更好吃的日本料理吗? 不是。他们去发现一种人类丢失的精神。曾经有一个美国人看见一个老太太从早晨开始在那晒太阳,他就不理解。他说我们每天的时间非常忙碌,你那么闲悠悠地生活,有意义吗? 为什么不可以快点呢? 老太太没有什么文化,就说,小伙子别着急呀,前面就是坟墓啊,慢慢走啊! 这说明什么呢,一种生存的法则,一种生存的智慧,它是不一样的。很多时候我们学会了很多生活的技巧和法则,丢掉了生存的智慧。也许东方不能够为这个世界的竞争、抉择提供更多的生产力和机件,也许东方不能够为整个世界弱肉强食提供一种基本的伦理价值,但是它在 21 世纪的崛起,可以促进人类的思考,就是说汉字文化圈的崛起是必然的。

还有一个很重要的问题,当我们的经济,我们的 GDP 已经相当高的时候,如果经济、科技进一步发达,我想提出的问题是,当我们中国已经非常强盛的时候,我们的文化还剩什么呢? 如果说我们今天所有的文化都是"拿来"的,那个时候我们才发现,我们的"输出"是一手硬、一手软。从这个角度看,我为什么叫作带有更悲情的、更悲观的乐观主义者呢? 它包括两点:第一是中国人的文化自觉。这个文化自觉要铁面无私地批判我们过去腐朽没落的东西,不能够"红肿之处艳若桃李",绝对不可以。同时,也要提倡对西方强势文化的文化透视能力。就是说要像美国青年人听了老太太的话一样突然大悟,当头棒喝,打破西方的那种单一的、线性的文明观。

人类发展有两条线,我称之为"十字架"。一条叫作横轴:过去、现在、未来,换成今天的概念叫作"前代"和"现代""后现代"。因此,"追新""逐后"变成今天每个现代人的努力和方向,所以拼命地努力,这叫作"超越",包括赶超英美,都是这种思路。但是要注意到人类还有一个纵轴,纵轴的最下端叫作"功利境界",中间叫作"艺术境界",最高叫作"天地境界"。如果一个人终其一生只知道是从过去到现代到后现代,那一个人可能是走遍了天涯海角,他都不知道什么叫幸福,什么叫感动,什么叫心醉。相反,得到一种超越功利境界的艺术境界,超越艺术境界的天地境界,我们就知道今天的美女作家没有超过李清照,也没有超过屈原。艺术不是说新的就是好,而是好就是好。①

从上面的对话,我们可以看出,王岳川教授倡导的"发现东方",是以中国人作为发现的主体,用一种文化自觉的意识对中国文化的传统进行批判的同时,对西方文化进行理性吸收,并在此基础上向西方输出中国文化中优秀的文化理念。同时,参与到全球文化交流与互动的过程中,占据跨文化传播的主导权。与此同时,王岳川对人类发展的横轴和纵轴的分析,某种程度上是在建议电视机前的观众,只有超越功利境界达到艺术境界,甚至天地境界的人生才能感受到幸福,也就是他讲到的故事——忙碌的美国人被丽江晒太阳的老太太"当头一棒"的"彻悟":人生的价值除了物质层面的追逐以外,还要有生命意义和生命智慧的思考。

对普通人的日常生活中的文化问题的关照,我们还可以看中央电视台《新闻1+1》2012年11月2日播出的《同"肝"共苦的爱情》,节目讲述了两个关于爱情的故事。故事之一是一对离婚的夫妇,妻子离婚两个月后,得知丈夫肝硬化中晚期,并伴有新生小肝癌,需要尽快进行肝脏移植,就毅然复婚并捐出自己的肝,挽救了丈夫的生命。故事之二是"爱情天梯"的女主人公徐朝清去世。1956年8月,19岁的重庆江津区中山古镇高滩村村民刘国江,与比他大10岁的寡妇徐朝清相爱。为躲避闲言碎语,刘国江带着徐朝清私奔进海拔1 500米的深山老林。为了能让妻子和孩子方便走出大山,刘国江一辈子都忙着在悬崖峭壁上凿石梯通向外界,直到2007年其去世前,已凿出6 000多级"爱情天梯"。通过对这两个故事的讲述,评论员白岩松在节目的最后,针对社会普遍流行的对爱情和婚姻家庭的失望,提出了他的看法:"专栏作家魏英杰写了一句话很有意思,'在一个小三上位,商学院成婚介所的年头,那些私守一生、相依为命的故事更让人感到温馨'。这可能就是今天接连两个爱情的故事,让我们觉得可以相信爱情的一个重要的理由和社会背景吧,但是其实这一切都不重要。我特别想说的是这样的一段话,千万不要因为别人的分手或者离婚,你就打算不相信爱情了,其实,那跟你有什么关系吗?如果你把握住自己的眼前,真正地去爱你正在爱的人,那么你就完全可以相信爱情,并且给更多人信心。"②节目播出之后,很多网友纷纷留言,"我再一次相信爱情了",很好地说明了广播电视文化新闻评论在个人日常生活中的文化思考中的引导作用。作为中国目前知名的电视新闻评论员,白岩松对电视新闻评论员的评论风格提出过看法:"这不是英雄的时代而是平民的时代;这不是喜欢表演的时代,而是喜欢自然的时代;不是故事的时代,而是讲述的时代。"③所以,关注普通老百姓的日常生活,用一种自然的、朴素的视角,去思考并提出能够提升普通人的文化素养的文化品味是我们评析具体评论作品的重要指标。

---

① 世纪大讲堂[M].沈阳:辽宁人民出版社,2005:34-50.
② 同"肝"共苦的爱情[OL].[2012-11-02].http://news.cntv.cn/china/20121102/108632.shtml.
③ 梁建增,孙文.解析东方时空[M].北京:高等教育出版社,2003:1.

第六节　广播电视体育新闻评论评析

一、体育新闻的定义

从新闻事业的发展历史来看,体育新闻是伴随着大众化的报纸产生而发展的,1883年,美国报业大亨约瑟夫·普利策买进著名的纽约《世界报》后,为了提高报纸的发行量而增加体育新闻的内容,获得读者的认可,从而推动了体育新闻的发展。当时的体育新闻,主要是对美国的体育比赛进行预测,并提供最新的赛事报道。从信息论的角度来看,信息是减少不确定性的东西,而体育新闻在赛事报道中要求有专业预测和评论,这些预测和评论都在一定程度上消除了受众对于赛事的不确定性。综合来看,体育新闻就是新近发生的或正在发生的体育事实的报道,其中也包括一定数量的对体育赛事的预测和评论。[①]

基于对体育新闻定义的理解,我们来看广播电视体育新闻评论的定义。广播电视体育新闻评论就是评论员综合运用声音、画面等手段,对体育领域中以及体育领域相关的最新变动的事实,尤其是针对新近发生或正在发生的重大体育比赛、体育界关注的热点问题等向一定范围的广大受众作出分析并发表意见、表明态度。[②] 实际上,体育新闻报道中对体育赛事的预测,也是一种评论,换句话说,体育新闻报道与其他新闻报道的区别就在于,体育新闻报道是一种"报道体育事实 + 体育赛事评论"的报道模式,所以,广播电视体育新闻评论主要有三种呈现方式:一是在体育报道中对赛事的预测和评价;二是在体育赛事的转播过程中的评述;三是体育赛事过后的述评。

二、我国广播电视体育新闻评论的发展

1955年4月,中央人民广播电台开设了体育专题节目《体育谈话》,1958年改名为《体育运动》节目。1956年,中国国际广播电台开办了《体育爱好者》专题节目。1958年底中央电视台《体育爱好者》节目开始不定期播出,1960年1月,该节目成为中央电视台的固定体育节目,每周二、五播出。体育比赛的转播也是广播电视体育新闻评论中的一个重要组成部分。新中国第一次电视体育实况转播是在1958年6月,中央电视台转播了"八一"男女篮球队对北京男女篮球队的表演赛。因为技术设备的原因,当时电台和电视台合用一个呼号,人员也是合在一起工作的,所以,同一个体育解说员为电台的听众解说比赛的同时,还要为电视机前的观众分析赛程。[③]

20世纪80年代,中国人在竞技体育比赛中的获胜(如中国女排的五连冠)契合了

---

① 毕雪梅,贾静.体育新闻学概论[M].北京:北京体育大学出版社,2007:15.
② 杨新敏.当代广播电视新闻评论[M].北京:中国广播电视出版社,2005:313.
③ 毕雪梅,贾静.体育新闻学概论[M].北京:北京体育大学出版社,2007:191.

民族振兴、国家强盛的国人心理,推动了中国专业体育频道的产生和发展。1980年、1982年,中央电视台和中央人民广播电台先后成立了体育部。进入21世纪,尤其是随着足球世界杯和奥运会的转播,广播电视体育专业频道迎来了新的发展期。2002年北京人民广播电台推出了全国第一家专业体育电台——北京人民广播电台体育广播。2004年后,上海和广东等地也相继推出了专业的体育广播频率。中央电视台体育频道则是在1995年1月1日正式开播,广东、上海等地也推出了专业的电视体育频道。①

体育评论员是广播电视体育新闻评论的主体,我国的广播电视体育新闻评论员的发展可分为三个时期:20世纪60年代到80年代中期,代表人物是宋世雄。美国奥林匹克运动委员会主席勒罗伊·沃克尔曾经这样评价:"在这个世界上最大的国家,宋世雄先生为把体育节目带给这里的男人、女人和儿童做出了贡献。36年中,他是中国人民的眼和耳;他是世界上最受人尊敬的国际广播电视体育节目主持人之一。"②沃克尔把宋世雄比喻为中国人民的眼睛和耳朵,从一个侧面说明当时体育信息的传播渠道主要是广播,宋世雄更多承担的是体育解说员的任务。20世纪80年中期到90年代中期,代表人物是韩乔生和孙正平。这个时期是处于体育赛事实况转播的发展阶段,观众不再是"听"比赛,而是"看"比赛,要求体育解说员向体育评论员转变。20世纪90年代末期到现在,广播电视体育评论进入专业化评论的发展阶段,国内比较知名的体育评论员有梁宏达、黄健翔、张斌、刘建宏、唐蒙等。③

三、广播电视体育新闻评论评析

体育是健康与美的结合,挑战征服、公平竞争、团结协作是体育运动的价值标准,参与或观看体育比赛,帮助人们更好地建构个人价值,引导人们更好地理解权利、自由和尊严,从而收获乐观、自信和友爱。广播电视体育新闻通过声音和图像的传播,可以再现,甚至是直播体育比赛,营造一种观看者与体育事实"直接且亲密"的关系,充分调动了受众的感觉器官,并在很大程度上控制着他们的情感,因此广播电视体育新闻的特点有娱乐性、情感性、象征性、规定性和文学性等特征。④ 广播电视体育新闻评论往往是伴随着体育新闻事实的发生而进行的评述,所以,娱乐性、情感性、象征性和文学性等特征同样存在。但是评论的要求是科学分析和理性判断,评论的目的是给予受众对具体的体育新闻事实的正向引导和认识,所以在情感性和理性、文学性和专业性方面,广播电视体育新闻评论员需要找到适度表达的方式和合理平衡的技巧。

(一)情感性与理性的把握

广播电视体育新闻评论的一种存在方式是在比赛过程中,对比赛相关信息的旁征博引,穿插比赛队员的背景情况、比赛双方技能技术的介绍等方面的分析和评价,再借

① 毕雪梅,贾静.体育新闻学概论[M].北京:北京体育大学出版社,2007:192-224.
② 杨新敏.当代广播电视新闻评论[M].北京:中国广播电视出版社,2005:313.
③ 李力铨.从电视体育评论的变迁看传播技巧与传播效果[J].今日科苑,2010(6).
④ 杨新敏.当代广播电视新闻评论[M].北京:中国广播电视出版社,2005:309-313.

助声音和画面,诉诸观看者的听觉、视觉、触觉、嗅觉,甚至包括观看者的思维系统,从而充分调动起观看者的情感,打动他们的心灵,让他们跟随评论员为成功而喜悦,为失败而悲伤。所以说,广播电视体育新闻评论是一种极具情感性的评论方式。譬如,黄健翔在 2006 年北京时间 6 月 27 日凌晨,意大利队在 2006 年德国世界杯八分之一决赛中对阵澳大利亚队比赛时的一段带有着强烈情感色彩的解说就是一个典型的代表。

◇◇ 案例

《黄健翔2006 年德国世界杯八分之一决赛的激情解说》

"点球! 点球! 点球! 格罗索立功啦! 不要给澳大利亚人任何的机会! 伟大的意大利的左后卫,他继承了意大利的光荣的传统! 法切蒂、卡布里尼、马尔蒂尼在这一刻灵魂附体! 格罗索一个人,他代表了意大利悠久的光荣传统! 在这一刻,他不是一个人在战斗! 他不是一个人! ……托蒂! 托蒂面对这个点球。他面对的是全世界的意大利球迷的目光和期待! ……球进啦! 比赛结束啦! 意大利队获得了胜利! 淘汰了澳大利亚队! 他们没有再一次倒在希丁克的球队面前! 伟大的意大利! 伟大的意大利的左后卫! 马尔蒂尼今天生日快乐! 意大利万岁!"

"伟大的意大利,意大利人的期望,这个点球是一个绝对理论上的决杀。绝对的死角,意大利队进入了八强! 这个胜利属于意大利,属于卡纳瓦罗,属于布冯,属于马尔蒂尼,属于所有热爱意大利足球的人!"

"澳大利亚队也许会后悔的,希丁克在下半时他们多一人的情况下打得太保守、太沉稳了,他失去了自己在小组赛的那种勇气,面对意大利悠久的历史,他失去了他在小组赛中那种猛扑猛打的作风,他终于自食其果。澳大利亚队该回家了,也许他们不用回遥远的澳大利亚,他们不用回家,因为他们大多数人都在欧洲生活,再见!"

黄健翔的激情解说引起了轩然大波,国外媒体纷纷对此作出评价——英国路透社:"黄健翔是在给中国中央电视台的数百万球迷受众解说这场比赛,他却未能在意大利队的后卫格罗索在澳大利亚球员的防守下倒在澳大利亚禁区内并在最后一分钟为意大利创造一个点球时控制住自己的激动"[①];法国法新社:"中国一位知名的电视解说员因为在意大利淘汰澳大利亚的世界杯八分之一决赛后放弃了所有的中立立场狂赞意大利队而引起了争议"[②];西班牙《世界报》对黄健翔解说事件进行报道,文章标题是《因为一个完全主观的评述,这个亚洲国家愤怒了——一个中国电视解说员在托蒂进球后忘记了自己的角色》[③]。作为广播电视体育评论员,个性化的语言和个人的

---

① 新浪:路透社点评黄健翔激昂解说:热爱意大利引发危机[OL].[2013-07-21].http://2006.sina.cn/ita/2006-06-27/170576977.shtml.2006-06-27.
② 新浪:法新社点评黄健翔解说:他放弃了一切中立立场[OL].[2013-07-21].http://2006.sina.cn/ita/2006-06-27/221077114.shtml.2006-06-27.
③ 新浪:西班牙《世界报》评黄健翔:他忘记了自己的角色[OL].[2013-07-21].http://2006.sina.cn/others/2006-06-30/94082548.shtml.2006-06-27.

主观判断是非常容易在广播电视的平台中传播出来的,一个体育评论员不可能做到绝对中立、客观地评述,但是面对极富情感性的体育比赛,把握主观情感的感受和理性评价之间的尺度是广播电视体育评论员重要的素养。

(二)文学性与专业性的结合

广播电视体育新闻评论要想充分调动观看者的情感,就需要在语言上掌握更多的技巧。广播电视体育新闻评论多是灵活、生动的,体现了突出的文学审美特征。譬如,2008年6月19日,北京时间凌晨,俄罗斯队在奥地利的因斯布鲁克2比0完胜瑞典队,中央电视台的体育评论员刘建宏进行现场解说。他在介绍两队的首发阵容时,用了一个很形象的文学比喻"五松与六丈夫之间的决斗"。该场比赛瑞典队首发阵容中,共有伊萨克森、汉森、尼尔森、斯文森、安德森、亨·拉尔森六名队员名字后面带着经典的瑞典"森",刘建宏戏言这是"五松"(他漏了一个松)。而俄罗斯队有阿金费夫、阿纽科夫、日科夫、瑟姆索夫、兹里亚诺夫、比亚莱特迪诺夫六名球员的名字后面带着一个夫,刘建宏笑称他们为"六丈夫"。他分析俄罗斯打的是4231阵型,将倾力进攻,而瑞典队将主要防守。对于这场"恶斗",刘建宏认为这是"五松与六丈夫之间的决斗。"①这种极具文学特征的形象比喻在体育评论中的运用是比较常见的,也产生了极具震撼力的评论效果。但是,就体育评论而言,因为体育赛事分为不同的类型,各种类型的赛事都有明确的比赛时间、比赛地点和比赛规则,因此体育新闻评论的文学性需要建立在体育赛事的规定性和专业性的基础上来发挥,实现文学性与专业性较好的结合。譬如,在体育评论中享有盛誉的梁宏达,他在中央人民广播电台和中国教育电视台等国内媒体主持过《体育评书》节目。他对于体育赛事的评述,引经据典,博古通今,从体育到政治,从政治到文化,包罗万象,让球迷们既享受到文学语言的美感,也领略了体育赛事的独特魅力。

◇◇**案 例**

《总统与乔丹》②

世界第一大运动是什么?毫无疑问是足球,然后才轮到篮球,可是这种秩序几乎被一个天才完全颠覆,他的成就、他的影响力、他永恒的个人魅力超越了当代所有的足球明星,更准确地说是所有的体育明星,这个人毫无疑问只能是迈克尔·乔丹。

讲个真事。1999年,乔丹赴西班牙马德里为耐克公司做宣传,临行前,乔丹的小儿子、皇家马德里队的球迷央求老爸给他弄一件偶像劳尔签名的球衣。到达马德里后,耐克公司的工作人员向皇马打了招呼,受宠若惊的劳尔马上托人送来一件最新款的队服,上面签着"献给尊敬的乔丹陛下,永远崇拜您的劳尔·冈萨雷斯"。

乔丹在全世界的风光体育界无人可及,即使他已不再打球,退了役却没过了气的球员地球上也只有乔丹这么一个大佬。此番乔丹来北京,掀起了有如沙尘暴一般的追

① 孙永军.刘建宏解说不输黄健翔 倾情打造刘氏十大语录[OL].腾讯体育,http://sports.qq.com/a/20080619/000299.htm.2008-06-11.

② 梁宏达.梁宏达:体育评书[M].上海:华东师范大学出版社,2008:53.

星狂潮,声势之隆、人气之旺、影响之大、追捧之狂,只有去年皇马进京堪与之相比,可那是贝克汉姆、罗纳尔多等六大巨星再加上皇马的金字招牌合力作用的结果,算是"非常6＋1"。再看看昔日名声不逊于乔老爷的混世魔王马拉多纳,中国行连机票的费用都要犯一番口舌官司。科比来北京,动静也不小,可跟乔老爷一比,就像刘德华站到周润发身边,怎么着都是个小弟。乔丹雄霸九十年代的NBA,他的伟大主要是这一时期铸就的。彼时,乔丹当红的时代也是克林顿执政的时代,克林顿下台,乔丹也退役了,这两个人是那一时期最受关注的美国公众人物,是同时代的风云魁首。说来有趣,克林顿管理的是世界头号的强国,全世界都受他影响,乔丹再红,也不过是个打球的,两者怎能相提并论? 可是,在美国到处都有人喊伟大的乔丹,却没人喊伟大的克林顿。是克林顿绯闻多、总统不称职吗? 在他执政期间,美国经济稳定发展、失业率有所下降,再说,美国人还有把道德与政绩分开的度量。在美国历史上,一直少有被颂为伟大的总统,美国人可以把"伟大"的帽子送给阿里、送给张伯伦、送给爱因斯坦、送给猫王和白兰度,却吝于赐给尼克松、布什、里根这些把握国家命运的总统政要。美国从来不乏伟大的拳王、伟大的球星、伟大的科学家、伟大的歌手和演员,唯独匮乏伟大的总统。

……

是总统贡献大还是乔丹贡献大? 只要是心智正常的成人都会理智地选择前者。但为什么美国人居然不颂总统伟大而景仰伟大的乔丹呢? 最重要的原因在于总统是可以替代的,而乔丹是不可替代的。总统的不幸是他无法通过同场竞技来证明自己的伟大,而同场竞技却使乔丹脱颖而出,以卓尔不群的姿态保证了无可替代。同时,同场竞技保持了乔丹良好的状态,而总统却不可能在任职期间与竞争者同时上台执政。当然,在上台前的竞选可以视作同场竞技,但相比他的任期来说是极为短暂的,而且选举的弊端极多,这一点美国人很清楚。总统上台后,好比一个球星独占一个球场五年,这五年内任何人都不能进入球场与他较量,可以想见,与时时面对挑战的乔丹相比,总统很难保持其良好的竞技状态,也就失去了许多成就伟大的机会,正是所谓的"沧海横流方显出英雄本色"。总统具有可替代性而又不能随便替代,决定了他很难像乔丹一样伟大,这种认知是美国式的。

无奈的是,总统"独霸球场"的现象是必然的,你总不能选两个或多个总统上台同时执政,这样的同场竞技非乱不可。我们看到,乔丹之所以伟大,是因为他战胜了诸多伟大的对手,伯德、托马斯、魔术师、德雷克斯勒、巴克利……而且他曾面临无数次惊涛骇浪般的危险局面,把握住了这些只手定乾坤的机会,乔丹才在风口浪尖上流芳百世,而和平年代的美国总统,却少有相类的证明伟大的场面。美国历史上几个称得起"伟大"二字的总统,无一不是在关乎国家命运前途、生死存亡的斗争中名垂青史的,在无法"内斗"的情况下,只有这些来自外部的压力才有可能激发出总统的"伟大基因"。华盛顿之伟大,在于反殖民与美国的独立;林肯之伟大,在于南北战争和废奴运动;罗斯福之伟大,在于顶住了经济危机与法西斯的双重威胁。"借问君家何处是,浪花尖上过一生",与和平年代的总统相比,他们无疑是幸运的,也算是"江山不幸英雄幸"。

……

在美国人看来,总统与总统本人是不同的概念,总统这一位置是美国的象征,它因此而伟大,但当上总统的人是美国人的勤务员,之所以选他上来是要他好好服务,所以总统本人稍有不检点,美国人马上会受不了,不仅大加议论,还要训斥甚至弹劾。与我们的观念大相径庭……

对总统本人的苛求是美国民主的一部分。克林顿玩儿的是一个庞大的国家机器,而乔丹玩儿的只是一个小小的篮球,轻重不可同日而语,但在美国人看来,乔丹是至善至美的,是把篮球玩儿得最好的球员,而克林顿却称不上是把美国玩儿得最好的总统,还有太多的改进余地,因此就职业来说,乔丹是伟大的,而克林顿远远称不上伟大。这样的认识源自对人自身价值的尊重,而不是用社会角色赋予的光环来定位,人是独立的具体的精神个体还是抽象的社会关系总和,这是东西方文化最重要的差异。

乔丹是不需要选举的,他的伟大使他能完全独立地"成为自己"(伏尔泰语)。而总统是美国人选上来的,这里面有种种弊端,很难保证总统本人是最优秀的,更不用提那些靠刀枪与阴谋上台的人了。对于选举的底细,三权分立的国家体制使美国人知道得一清二楚,每个人的选举权都能得到保障,所以要他们对能部分掌控的事情高歌"伟大",那是万万不能的。乔丹就不同了,除了他自己,没有人能决定他下一次爆发是如何的炫目。

和平年代的主题是发展,一个国家越先进,总统的影响力就越小,像卡斯特罗和金正日的名气,便是有力的反证。人类社会的进步使得象征文化的球星、影星、歌星影响越来越大,如今,没有哪个国家的总统选举能比一场世界杯决赛更轰动。失去了布什,并不会使美国乃至世界少了什么,也许换个总统明天会更好,但失去了乔丹,这个世界就永远少了一个带给我们神奇感受的绝代飞人;同样,失去了赵本山,这个世界也就少了一个给我们欢乐的东北农民。目前来看,还没有人像取代布什与克林顿一样取代乔丹与赵本山。

从伟大的林肯到伟大的乔丹,不仅是从战争到和平的进步,更是从丑陋的政治到不朽的文化之间伟大的进步。我非常认可并十分羡慕人家的进步。

思考题:

1. 简述新闻评析的定义、目的和任务。
2. 简述广播电视新闻评论的评析方法。
3. 举例说明广播电视时政新闻评论如何把握公共利益。
4. 用具体的时政新闻评论案例来分析它的提问原则和技巧。
5. 简述广播电视法制新闻评论的目的及评析指标。
6. 简述广播电视经济新闻评论的要求及评析指标。
7. 简述广播电视文化新闻评论的社会功能及评析指标。
8. 简述广播电视体育新闻评论的特点及评析指标。

参考文献

［1］范荣康.新闻评论学［M］.北京:人民日报出版社,1988.

［2］文龙,秦硅,涂光晋.新闻评论教程［M］.北京:中国人民大学出版社,1998.

［3］丁法章.新闻评论学［M］.上海:复旦大学出版社,2000.

［4］丁法章.新闻评论教程［M］.上海:复旦大学出版社,2002.

［5］李法宝.新闻评论:发现与表现［M］.北京:中国传媒大学出版社,2005.

［6］马少华.新闻评论［M］.长沙:中南大学出版社,2005.

［7］廖艳君,等.新闻评论［M］.北京:清华大学出版社,2010.

［8］王振业,李舒.新闻评论与电子媒介［M］.北京:中国广播电视出版社,2004.

［9］闻学.经济新闻评论:理论与写作［M］.武汉:武汉大学出版社,2007.

［10］王振业,李舒.新闻评论作品选［M］.北京:中国广播电视出版社,2007.

［11］仲富兰.广播电视评论教程［M］.上海:复旦大学出版社,2007.

［12］王振业,李舒.广播电视新闻评论［M］.北京:中国传媒大学出版社,2009.

［13］杨新敏.当代广播电视新闻评论［M］.北京:中国广播电视出版社,2005.

［14］徐舫州.电视解说词写作［M］.北京:北京师范大学出版社,2007.

［15］曹璐,罗哲宇.广播新闻业务［M］.北京:中国传媒大学出版社,2012.

［16］叶子.电视新闻节目研究［M］.北京:北京师范大学出版社,1999.

［17］郝朴宁.话语空间——广播谈话节目研究［M］.北京:中国社会科学出版社,2005.

［18］李岩.广播学导论［M］.杭州:杭州大学出版社,1997.

［19］吴信训.新编广播电视新闻学［M］.上海:复旦大学出版社,2001.

［20］桑义燐.新闻报道学［M］.杭州:杭州大学出版社,1996.

［21］叶子.现代电视新闻学［M］.北京:中国广播电视出版社,2005.

［22］李东.广播节目策划论［M］.北京:中国广播电视出版社,1999.

［23］艾丰.新闻采访方法论［M］.北京:人民日报出版社,1996.

［24］陈龙.新闻作品评析概论［M］.长沙:中南大学出版社,2009.

［25］夏琼.新闻评析［M］.北京:高等教育出版社,2002.

［26］王灿发.新闻作品评析教程［M］.北京:中国传媒大学出版社,2007.

［27］甘惜分.新闻学大辞典［M］.郑州:河南人民出版社,1993.

［28］钱锋.广播栏目与广播主持［M］.广州:暨南大学出版社,2012.

［29］姚广宜.法制新闻采访教程［M］.北京:北京大学出版社,2007.

［30］蓝鸿文.专业采访报道学［M］.北京:中国人民出版社,1997.

[31] 甘景山.法制新闻写作纵横谈[M].福州:海峡文艺出版社,1997.

[32] 刘斌,李矗.法制新闻的理论与实践[M].北京:中国政法大学出版社,2005.

[33] 张颂甲.经济新闻写作浅说[M].北京:经济日报出版社,1991.

[34] 徐人仲.经济新闻学初稿[M].北京:新华出版社,1993.

[35] 仇学英.热点经济新闻采访技巧[M].北京:新华出版社,1998.

[36] 樊凡,时统宇.经济新闻范文评析[M].北京:新华出版社,2001.

[37] 邱沛篁.新闻传播手册[M].成都:四川大学出版社,2004.

[38] 毕雪梅,贾静.体育新闻学概论[M].北京:北京体育大学出版社,2007.

[39] 梁宏达.梁宏达:体育评书[M].上海:华东师范大学出版社,2008.

[40] 梁建增.《焦点访谈》红皮书[M].北京:文化艺术出版社,2002.

[41] 梁建增,孙文.解析东方时空[M].北京:高等教育出版社,2003.

[42] 郭庆光.传播学教程[M].北京:中国人民大学出版社,1999.

[43] 张国良.传播学原理[M].上海:复旦大学出版社,2009.

[44] 汪晖,陈燕谷.文化与公共性[M].北京:生活·读书·新知三联书店,2005.

[45] 王岳川.媒介哲学[M].郑州:河南大学出版社,2004.

[46] 周宪.文化表征与文化研究[M].北京:北京大学出版社,2007.

[47] 汪民安.文化研究关键词[M].南京:江苏人民出版社,2007.

[48] 黄华新,陈宗明.符号学导论[M].郑州:河南人民出版社,2004.

[49] 于建章,叶舒宪.符号:语言和艺术[M].上海:上海人民出版社,1988.

[50] 李幼蒸.理论符号学导论[M].北京:中国人民大学出版社,2007.

[51] 岑麒祥.语言学史概要[M].北京:世界图书出版公司,2008.

[52] 张汝伦.意义的探究[M].沈阳:辽宁人民出版社,1986.

[53] 斯蒂文·小约翰.传播理论[M].陈德民,等,译.北京:中国社会科学出版社,1999.

[54] 皮埃尔·布尔迪厄.关于电视[M].许钧,译.沈阳:辽宁教育出版社,2000.

[55] 詹姆斯·罗尔.媒介、传播、文化——一个全球性的途径[M].董洪川,译.北京:商务印书馆,2005.

[56] 格雷姆·伯顿.媒体与社会:批判的视角[M].史安斌,译.北京:清华大学出版社,2007.

[57] 罗兰·巴尔特.符号学历险[M].李幼蒸,译.北京:中国人民大学出版社,2008.

[58] 费尔迪南·德·索绪尔.普通语言学教程[M].高名凯,译.北京:商务印书馆,1980.

[59] 罗兰·巴尔特.符号学原理:结构主义文学理论文选[M].李幼蒸,译.北京:生活·读书·新知三联书店,1988.

[60] 沙夫.语义学引论[M].北京:商务印书馆,1982.

[61] 约翰·洛克.人类理解论:下[M].关文云,译.北京:商务印书馆,1985.

[62] 特伦斯·霍克斯.结构主义和符号学[M].瞿铁鹏,译.上海:上海译文出版社,1987.